Die Nichtigkeitsgründe des § 241 AktG – de lege lata und de lege ferenda

Schriften zum Gesellschafts-, Bilanz- und Unternehmensteuerrecht

Herausgegeben von Barbara Grunewald und Joachim Hennrichs

Band 35

Zur Qualitätssicherung und Peer Review der vorliegenden Publikation

Die Qualität der in dieser Reihe erscheinenden Arbeiten wird vor der Publikation durch den Herausgeber der Reihe geprüft.

Notes on the quality assurance and peer review of this publication

Prior to publication, the quality of the work published in this series is reviewed by the editor of the series.

Sarah Gertrud Söntgerath

Die Nichtigkeitsgründe des § 241 AktG – de lege lata und de lege ferenda

PETER LANG

Bibliografische Information der Deutschen Nationalbibliothek
Die Deutsche Nationalbibliothek verzeichnet diese Publikation in der Deutschen Nationalbibliografie; detaillierte bibliografische Daten sind im Internet über http://dnb.d-nb.de abrufbar.

Zugl.: Köln, Univ., Diss., 2019

Gedruckt auf alterungsbeständigem, säurefreiem Papier.
Druck und Bindung: CPI books GmbH, Leck

D 38
ISSN 1867-500X
ISBN 978-3-631-81423-9 (Print)
E-ISBN 978-3-631-83050-5 (E-PDF)
E-ISBN 978-3-631-83051-2 (EPUB)
E-ISBN 978-3-631-83052-9 (MOBI)
DOI 10.3726/b17327

Peter Lang – Berlin · Bern · Bruxelles · New York ·
Oxford · Warszawa · Wien

Diese Publikation wurde begutachtet.

www.peterlang.com

Meinen Eltern

Vorwort

Die vorliegende Arbeit wurde als Dissertationsschrift im Sommersemester 2019 bei der Rechtswissenschaftlichen Fakultät der Universität zu Köln eingereicht. Berücksichtigt sind Literatur und Rechtsprechung bis Juni 2019 mit einzelnen Aktualisierungen bis Dezember 2019.

Mein besonderer Dank gilt meiner Doktormutter, Frau Prof. Dr. *Barbara Grunewald*, für die Anregung zu diesem Thema und ihre großartige Unterstützung und hervorragende Betreuung während des gesamten Promotionsverfahrens, womit sie wesentlich zum Gelingen der Arbeit beigetragen hat. Frau Prof. Dr. *Barbara Grunewald* hat mir stets mit Rat und wertvollen Anregungen zur Seite gestanden, mir jedoch zugleich alle Freiheiten bei der Ausgestaltung der Arbeit gelassen. Ihr und Prof. Dr. *Michael Schlitt* danke ich zudem für die schnelle und umfassende Begutachtung der Arbeit.

Den Herausgebern der »Schriften zum Gesellschafts-, Bilanz- und Unternehmenssteuerrecht« Prof. Dr. *Barbara Grunewald* und Prof. Dr. *Joachim Hennrichs* bin ich für die Aufnahme der Arbeit in diese Schriftenreihe sehr verbunden.

Ein weiterer Dank gilt Herrn Prof. Dr. *Jens Koch*, der bereits während der Anfertigung meiner Dissertation großes Interesse an diesem Thema gezeigt hat und mir stets für einen anregenden Austausch zur Verfügung gestanden hat.

Zudem bedanke ich mich bei der Kanzlei Loschelder Rechtsanwälte, insbesondere bei Herrn Dr. *Sebastian Kalb* und Herrn Dr. *Felix Ebbinghaus*, die mir als Promotionsstipendiatin die Möglichkeit eröffnet haben, mein Promotionsvorhaben durchführen zu können und mir zudem durch die Einbindung in Mandate, die im Zusammenhang mit meinem Promotionsthema standen, wichtige praxisrelevante Einblicke in die Rechtsmaterie gegeben haben.

Großen Dank schulde ich meinen Eltern, *Elisabeth* und *Wilfried Schmidt*, die mich während meiner gesamten Ausbildung unterstützt, mit Wohlwollen begleitet und mich zu dieser Arbeit motiviert haben. Ihnen und meiner Familie gebührt Dank für die Unterstützung in guten sowie schlechten Phasen des Promotionsvorhabens.

Vorwort

Inhaltsübersicht

Inhaltsverzeichnis

Abkürzungsverzeichnis

a.A.	andere Ansicht
a.F.	alte Fassung
abgedr.	Abgedruckt
Abs.	Absatz
AcP	Archiv für civilistische Praxis
ADHGB	Allgemeines Deutsches Handelsgesetzbuch
AG	Aktiengesellschaft; Die Aktiengesellschaft
AktG	Aktiengesetz
Alt.	Alternative
Anm.	Anmerkung
AR	Aufsichtsrat
Art.	Artikel
ARUG	Gesetz zur Umsetzung der Aktionärsrichtlinie
BankA.	Bankarchiv
BayObLG	Bayerisches Oberstes Landesgericht
BB	Der Betriebs-Berater
BeurkG	Beurkundungsgesetz
Bd.	Band
Begr.	Begründung
BGB	Bürgerliches Gesetzbuch
BGBl.	Bundesgesetzblatt
BGH	Bundesgerichtshof
BGHZ	Entscheidungen des Bundesgerichtshofes in Familiensachen
BKR	Zeitschrift für Bank- und Kapitalmarktrecht
bspw.	Beispielsweise
BT-DrS.	Bundestagsdrucksache
bzw.	Beziehungsweise
CDU	Christlich Demokratische Union
CSU	Christlich-Soziale Union
d.h.	das heißt
DNotZ	Deutsche Notar-Zeitschrift
DStR	Deutsches Steuerrecht
Durchf.VO	Durchführungsverordnung
-E	Entwurf
EGBGB	Einführungsgesetz zum BGB
Einl.	Einleitung
etc.	et cetera
f.	Folgende
FamFG	Gesetz über das Verfahren in Familiensachen und in den Angelegenheiten der freiwilligen Gerichtsbarkeit

FDP	Freie Demokratische Partei
ff.	Fortfolgende
FGG	Gesetz über die Angelegenheiten der freiwilligen Gerichtsbarkeit
FGPrax	Praxis der Freiwilligen Gerichtsbarkeit
Fn.	Fußnote
FS	Festschrift
GBVO	Goldmarkbilanzverordnung
gem.	gemäß
ggf.	Gegebenenfalls
ggü.	Gegenüber
GmbH	Gesellschaft mit beschränkter Haftung
GoldmarkVO	Goldmarkverordnung
grds.	Grundsätzlich
HGB	Handelsgesetzbuch
h.M.	herrschende Meinung
Hs.	Hauptsatz
i.d.R.	in der Regel
i.e.	id est
i.E.	im Ergebnis
i.S.v.	im Sinne von
i.V.m.	in Verbindung mit
JW	Juristische Wochenschrift
KG	Kammergericht
LG	Landgericht
MittBayNot	Mitteilungen des Bayerischen Notarvereins, der Notarkasse und der Landesnotarkammer Bayern.
m.w.N.	mit weiteren Nachweisen
n.F.	neue Fassung
NJW	Neue juristische Wochenschrift
NJW-RR	NJW-Rechtsprechungs-Report Zivilrecht
Nr.	Nummer
NZA-RR	Rechtsprechungs-Report Arbeitsrecht
NZG	Neue Zeitschrift für Gesellschaftsrecht
OLG	Oberlandesgericht
OLGZ	Entscheidungen der Oberlandesgerichte in Zivilsachen
RA	Rechtsausschuss
Reg.	Regierung
RG	Reichsgericht
RGBl.	Reichsgesetzblatt
RGZ	Entscheidungen des Reichsgerichts in Zivilsachen
Rn.	Randnummer
RNotZ	Rheinische Notar-Zeitschrift
ROHG	Reichsoberhandelsgericht

S.	Seite
SPD	Sozialdemokratische Partei
str.	Strittig
u.a.	unter anderem
UMAG	Gesetz zur Unternehmensintegrität und Modernisierung des Anfechtungsrechts
u.s.w.	und so weiter
UmwG	Umwandlungsgesetz
v.	vom
vgl.	Vergleiche
WM	Wertpapier-Mitteilungen
z.B.	zum Beispiel
ZBH	Zentralblatt für Handelsrecht
ZGR	Zeitschrift für Unternehmens- und Gesellschaftsrecht
ZHR	Zeitschrift für da gesamte Handelsrecht
ZIP	Zeitschrift für Wirtschaftsrecht
ZPO	Zivilprozessordnung
ZRP	Zeitschrift für Rechtspolitik

A. Einleitung

I. Aktuelle Relevanz der Thematik

Die Aktionäre einer Aktiengesellschaft üben ihre Rechte in Bezug auf die Gesellschaftsangelegenheiten und mithin ihren Einfluss auf die Geschicke der Aktiengesellschaft vornehmlich im Rahmen der Hauptversammlung aus.[1] Der ordnungsgemäße Ablauf einer Hauptversammlung ist daher von erheblicher Bedeutung für die Aktionäre, aber auch für die Organe der Gesellschaft. Zum Schutz der Aktionäre gibt es in Bezug auf die Hauptversammlung zwingende Regelungen, um ihre Mitbestimmung zu schützen.[2] Um ihre Einhaltung zu gewährleisten, stehen den Aktionären, aber auch den Organen der Aktiengesellschaft, die Anfechtungs- und Nichtigkeitsklage zur Verfügung.[3] Sie dienen der Rechtskontrolle[4] und Rechtssicherheit[5] und ermöglichen es, im Grundsatz jeden Hauptversammlungsbeschluss, der unter einem Gesetzes- und Satzungsverstoß zustande gekommen ist, anzugreifen.[6] Somit geben sie dem Aktionär nicht nur die Möglichkeit, seine individuelle Rechtsposition zu schützen und rechtwidrige oder nichtige Beschlüsse zu beseitigen, sondern setzen auch präventiv Anreize für die Einhaltung des Gesetzes und der Satzung.[7] Hat die Anfechtungsklage Erfolg, wird der Beschluss für nichtig erklärt.[8] Im Fall eines Verstoßes gegen einen in § 241 AktG normierten Nichtigkeitsgrund tritt die Nichtigkeit sogar unmittelbar ex lege ein und kann auch auf andere Weise als durch Klageerhebung geltend gemacht werden.[9] Somit bergen auch kleinste Gesetzes- oder Satzungsverstöße im Rahmen der Hauptversammlung die Gefahr, dass jegliche Beschlüsse der oft monatelang vorbereiteten Hauptversammlung zu Nichte gemacht werden.

Trotz der Vorteile solcher *polizeilichen Befugnisse*[10]und individual-schützender Kompetenzen der Aktionäre im Rahmen der Hauptversammlung, gibt es eine Kehrseite der Medaille. Das Missbrauchspotenzial eines solchen Systems ist hoch[11] und ermöglicht es räuberischen Aktionären, die nicht an der Überprüfung des

---

1 Siehe § 118 I S. 1 AktG, vgl. auch *Koch* in: Hüffer/Koch, AktG, § 118, Rn. 1.
2 Vgl. § 119 ff. AktG.
3 Siehe § 241 ff. AktG.
4 Vgl. hierzu *Hüffer/Schäfer* in: Goette/Habersack, MüKo, AktG, § 243, Rn. 6 f. *Ehmann* in: Grigoleit, AktGKo, § 241, Rn. 2; *Drescher* in: Spindler/Stilz, AktG, § 241, Rn. 17.
5 *Hüffer/Schäfer* in: Goette/Habersack, MüKo, AktG, § 243, Rn. 7, Rn. 5; § 241, Rn. 6.
6 Vgl. §§ 241, 243 AktG.
7 *Habersack/Stilz*, ZGR 2010, 710 (712).
8 Vgl. § 241 Nr. 5 AktG.
9 Vgl. § 249 I S. 2 AktG.
10 *Goll/Schwörer*, ZRP 2008, 245 (245).
11 Siehe hierzu *Bayer/Fiebelkorn*, ZIP 2012, 2181 (2181).

Beschlusses an sich, sondern an dem Erhalt einer Abfindung für eine Klagerücknahme oder die Aufhebung des Widerspruchs interessiert sind,[12] durch Klageerhebung die Eintragung und damit auch die Umsetzung eines gefassten Beschlusses hinauszuzögern.[13] Die Problematik liegt darin, dass im Grundsatz jeder Aktionär, selbst wenn er an der Aktiengesellschaft nur mit einer einzigen Aktie beteiligt ist, durch die Erhebung selbst einer unbegründeten Klage die Umsetzung eines Beschlusses dadurch behindern kann, dass entweder eine formelle Registersperre für die Eintragung durch Klageerhebung erfolgt oder aber der Registerrichter – für den das Spruchrichterprivileg des § 839 II BGB nicht gilt[14] – aus Angst vor einer späteren Haftung die Eintragung verweigert.[15] Bestehen Anhaltspunkte für die Nichtigkeit des einzutragenden Beschlusses – etwa aufgrund der Erhebung einer Nichtigkeitsklage – muss der Registerrichter diese im Hinblick auf § 241 AktG überprüfen, da nichtige Beschlüsse nicht eingetragen werden dürfen.[16] Aktiengesellschaften können daher insbesondere bei Beschlüssen, die für den Fortbestand der Gesellschaft von hoher Bedeutung sind, durch ein solches Vorgehen leicht unter Druck geraten und sehen sich daher gezwungen, entweder den klagenden Aktionären die Klagerücknahme „abzukaufen" oder durch einen Vergleich den Prozess schnell zu beenden.[17]

Der Gesetzgeber wurde schließlich aktiv und führte im Rahmen der UMAG[18] Reform das Freigabeverfahren ein, welches durch die ARUG[19] Reform weiter ergänzt wurde. Das Freigabeverfahren ermöglicht es den Gesellschaften bei Anfechtungs- oder Nichtigkeitsklagen gegen Beschlüsse, die bestimmte Strukturmaßnahmen[20] zum Gegenstand haben, auf Antrag beim OLG feststellen zu lassen, dass die Klageerhebung der Eintragung nicht entgegensteht und Beschlussmängel die Wirkung der Eintragung unberührt lassen.[21] Eine solche Freigabeentscheidung soll ergehen, wenn entweder die Klage unzulässig oder offensichtlich unbegründet ist, der Kläger nicht einen Mindestanteilsbesitz vorweisen kann oder aber nach einer Abwägung der Interessen des Klägers und der Gesellschaft das Wirksamwerden des Beschlusses vorrangig erscheint, es sei denn, es liegt eine besondere

---

12 Siehe hierzu *Poelzig*, DStR 2009, 1151 (1152); ausführlich zu der Vorgehensweise räuberischer Aktionäre *Kiethe*, NZG 2004, 489 (489 ff.).

13 Siehe *Koch* in: Hüffer/Koch, AktG, § 245, Rn. 23; ausführlich hierzu *Kiethe*, NZG 2004, 489 (490 f.).

14 *Koch* in: Hüffer/Koch, AktG, § 245, Rn. 23.

15 *Bayer/Fiebelkorn*, ZIP 2012, 2181 (2181).

16 Siehe hierzu m.w.N. *Drescher* in: Spindler/Stilz, AktG, § 241, Rn. 96.

17 *Bayer/Möller*, NZG 2018, 801 (802).

18 Gesetz zur Unternehmensintegrität und Modernisierung des Anfechtungsrechts vom 22.09.2005, BGBl I, 2802.

19 Gesetz zur Umsetzung der Aktionärsrichtlinie vom 30.07.2009, BGBl I 2479.

20 Siehe § 246a I S. 1 AktG: Maßnahmen der Kapitalbeschaffung, der Kapitalherabsetzung oder einen Unternehmensvertrag.

21 Siehe § 246a I S. 1 AktG.

Schwere des Rechtsverstoßes vor.[22] Sollte eine Freigabe ergehen, kann der Aktionär zwar noch die Klage weiterverfolgen, jedoch bei Erfolg nur noch seinen individuellen Schaden ersetzt verlangen, nicht jedoch die Bestandskraft des Beschlusses aushebeln.[23] Obwohl der Rechtsschutz der Aktionäre hierdurch nicht verkürzt werden sollte, wurde er de facto durch die Einführung des Freigabeverfahrens – welches gem. § 249 I S. 1 AktG auch für die Nichtigkeitsklage gilt – weitgehend minimiert.[24]

Die Stimmen nach einer grundlegenden Reform des Beschlussmängelrechts werden daher immer lauter.[25] Jüngst wurde auch auf dem 72. Deutsche Juristentag im Rahmen des Ausschusses für Wirtschaftsrecht darüber diskutiert, ob sich eine Reform des Beschlussmängelrechts im Gesellschaftsrecht empfiehlt. Wenig überraschend hat sich die überragende Mehrheit der stimmberechtigten Teilnehmer des 72. Deutschen Juristentags in Leipzig für eine Reformierung des Beschlussmängelrechts ausgesprochen.[26] Auch der Gesetzgeber selbst sieht das derzeitige Beschlussmängelrecht als dogmatisch widersprüchlich und im Einzelfall ungerecht an und plädiert daher für eine Überprüfung und Reformierung[27], derer sich die Große Koalition laut Koalitionsvertrag von 2018 annehmen will.[28]

Das Ziel dieser Arbeit ist es, diese Überprüfung in Bezug auf die Nichtigkeitstatbestände des § 241 AktG vorzunehmen. Diese sind seit ihrer Kodifizierung im Jahr 1937 nahezu unverändert im Aktiengesetz festgeschrieben.[29] Neben der Aufarbeitung der historischen Entwicklung der Nichtigkeitstatbestände zielt diese Arbeit daher vornehmlich darauf ab, eventuelle Inkonsistenzen der Nichtigkeitsgründe sowie der diesbezüglichen Begleitvorschriften aufzudecken und ausgehend von den Ergebnissen dieser Untersuchung in Abwägung mit bereits getätigten Reformvorschlägen einen fundierten Beitrag zur aktuellen Debatte, ob und wie die Nichtigkeitsgründe de lege ferenda zu reformieren sind, zu leisten.

---

22 Siehe § 246a II AktG.

23 Siehe § 246a IV AktG.

24 Siehe *Koch* in: Hüffer/Koch, AktG, § 241, Rn. 31; siehe auch *Noack*, NZG 2008,441 (446).

25 *Arbeitskreis Beschlussmängelrecht*, AG 2008, 617 (619); *Fiebelkorn*, Beschlussmängelklagen, S. 25; *Bayer/Fiebelkorn*, ZIP 2012, 2181 (2183 f.); *Habersack/Stilz*, ZGR 2010, 710 (723); *Diekmann/Nolting*, NZG 2011, 6 (9); *Verse*, NZG 2009, 1127 (1132); *Helm/Manthey*, NZG 2010, 415 (418).

26 Stimmverhältnis 51:3:1, siehe Beschlüsse 72. Deutscher Juristentag Leipzig 2018, S. 33.

27 Vgl. RAusschuss BT-Drs. 18/6681 S. 12 [Vorabfassung].

28 „Im aktienrechtlichen Beschlussmängelrecht werden wir im Interesse des Minderheitenschutzes und der Rechtssicherheit Brüche und Wertungswidersprüche beseitigen (...)“, Koalitionsvertrag zwischen CDU, CSU und SPD, 19. Legislaturperiode, Rn. 6167 f.

29 *Dornbach*, Anfechtungsklage, S. 46.

II. Untersuchungsansatz / Gang der Darstellung

Der Untersuchungsansatz dieser Arbeit basiert auf der Beleuchtung der Nichtigkeitsgründe aus drei Perspektiven. Zum einen wird die historische Entwicklung der Nichtigkeitsgründe eruiert. Sinn und Zweck dieser Untersuchung ist es zu ergründen, wie sich die einzelnen Nichtigkeitsfälle von ihren Ursprüngen bis heute entwickelt haben und warum sie gesetzlich kodifiziert wurden. In einem zweiten Schritt folgt sodann eine Analyse der Nichtigkeitsgründe des § 241 AktG de lege lata. Im Rahmen dessen werden die von der Nichtigkeit erfassten Fälle und die Funktionen der Vorschriften bzw. Fallgruppen, bei deren Verstoß § 241 AktG die ipso iure eintretende Nichtigkeit anordnet, erläutert. Ziel dieser Untersuchung ist es zum einen die Konsistenz der einzelnen Nichtigkeitsgründe für sich genommen herauszufinden, aber auch die Konsistenz der Nichtigkeit im Gesamtgefüge des Beschlussmängelrechts i.e. in Abgrenzung zur Anfechtbarkeit zu bewerten. In einem dritten Schritt wird die Nichtigkeit sodann aus einer zukunftsorientierten Perspektive beleuchtet. Eine Reformierung des Nichtigkeitstatbestands ist nur dann sinnvoll, wenn die Nichtigkeit auch weiterhin eine Daseinsberechtigung im beschlussmängelrechtlichen Gefüge hat. Um dies herauszufinden, stellt die Arbeit nicht nur die de lege lata bestehenden Vorgehensmöglichkeiten der Aktionäre und Organe, Gesellschaftsexterner und des Registergerichts in Bezug auf nichtige Beschlüsse dar, sondern untersucht auch, welche Konsequenzen sich für diese Personengruppen / Institutionen ergeben würden, wenn die Kategorie der ipso iure eintretenden Nichtigkeit de lege ferenda abgeschafft würde. Die gewonnenen Erkenntnisse aus dieser dreiperspektivischen Betrachtung werden sodann eine fundierte Grundlage für einen Reformvorschlag bilden.

Der Gang der Darstellung ist wie folgt: Die Arbeit gliedert sich in vier Hauptteile. Der erste Teil der Arbeit (B.) soll Grundlagenwissen schaffen und erläutert zu diesem Zweck zunächst, was ein Hauptversammlungsbeschluss ist und wie die Nichtigkeit von der Anfechtbarkeit und Unwirksamkeit abzugrenzen ist. Der zweite Teil (C.) stellt sodann die historische Entwicklung der Nichtigkeitsgründe von Hauptversammlungsbeschlüssen im deutschen Aktienrecht dar. Die Arbeit erhebt hierbei nicht den Anspruch auf Vollständigkeit im Hinblick auf die historische Entwicklung des Beschlussmängelrechts, sondern fokussiert sich auf die für die Nichtigkeitsgründe einschlägigen Ereignisse. Insbesondere wird die Anfechtbarkeit von Hauptversammlungsbeschlüssen hierbei nur am Rande beleuchtet und als Nichtigkeitsgrund – wenn auch seit 1937 im Zusammenhang mit den hier zu untersuchenden Nichtigkeitsgründen normiert – im Rahmen der Untersuchung ausgeklammert, da die Nichtigkeit in diesem Fall eben nicht ex lege, sondern erst durch ein die Nichtigkeit feststellendes Urteil als Folge der erfolgreichen Anfechtungsklage eintritt. Ebenso wird die Unwirksamkeit eines Hauptversammlungsbeschlusses, die daran anknüpft, dass entweder überhaupt keine Hauptversammlung vorliegt oder die Mindestvoraussetzungen für einen Beschluss nicht gewahrt sind, von der Untersuchung der Nichtigkeitsgründe ausgenommen. Seit Normierung der Nichtigkeitsgründe ist Grundvoraussetzung für deren Anwendbarkeit, dass überhaupt ein Beschluss der Hauptversammlung vorliegt.[30]

Der dritte Teil der Arbeit (D.) setzt sich mit den Nichtigkeitsgründen de lege lata auseinander und untersucht die Tatbestände des § 241 AktG ausgehend von den erfassten Fällen und ihrer Funktion auf ihre Konsistenz. Daran anknüpfend werden auch die Nichtigkeitstatbestände in einer Gesamtbetrachtung des Beschlussmängelrechts untersucht und bewertet. Ausgeklammert von dieser Untersuchung werden – wenn auch im Rahmen des historischen Kapitels noch der Vollständigkeit halber mitberücksichtigt – die im Eingangssatz des § 241 AktG angeführten Nichtigkeitsfälle. Ebenso werden die Normen zur Nichtigkeit von Aufsichtsratsbeschlüssen und des Jahresabschlusses nicht mitberücksichtigt. Es handelt sich ebenfalls um Sonderfälle, die im Rahmen der hier vorgenommenen Untersuchung der Nichtigkeit von Hauptversammlungsbeschlüssen keine Relevanz haben.

Der vierte Teil der Arbeit (E.) widmet sich den Nichtigkeitsgründen de lege ferenda. Im ersten Teil wird eruiert, ob die Kategorie der Nichtigkeit weiterhin eine Daseinsberechtigung im beschlussmängelrechtlichen Sanktionssystem hat. Zu diesem Zweck werden zunächst die Schutzmechanismen der Aktionäre, Gesellschaftsexterner und des Registergerichts gegen nichtige Beschlüsse dargestellt. Im Anschluss wird untersucht, welche Möglichkeiten den genannten Gruppen verbleiben, wenn die Kategorie der ipso iure eintretenden Nichtigkeit abgeschafft werden würde. Ausgehend von den aus den vorgehenden Untersuchungen gewonnen Erkenntnissen wird im zweiten Teil dieses Kapitels sodann die Reformbedürftigkeit bewertet und ein Reformvorschlag unterbreitet. Im Rahmen der Untersuchung, wie die Nichtigkeitsgründe und die diesbezüglichen Begleittatbestände zu modifizieren sind, werden auch die bisherigen Reformvorschlägen seitens der Literatur einbezogen und bewertet.

Der letzte Teil dieser Arbeit (F.) präsentiert sodann das Ergebnis dieser Arbeit und fasst die Erkenntnisse der Untersuchungen in Thesen zusammen.

30 *Eberspächer*, Nichtigkeit, S. 133; siehe hierzu auch *Hüffer/Schäfer* in: Goette/Habersack, MüKo, AktG, § 241, Rn. 8a, sowie nachfolgend Kapitel B. I.

B. Die Nichtigkeit von Hauptversammlungsbeschlüssen

I. Der Hauptversammlungsbeschluss als Bezugspunkt der Nichtigkeit

Anknüpfungspunkt der in § 241 AktG normierten Nichtigkeitsgründe sind Hauptversammlungsbeschlüsse. Unter einem Hauptversammlungsbeschluss versteht man die durch eine Abstimmung der Aktionäre zu einem bestimmten Antrag gefasste Willensbildung der Hauptversammlung.[31] Diese Willensbildung und -äußerung wird der Aktiengesellschaft als eigener Wille zugeschrieben.[32] Es handelt sich nach nunmehr wohl übereinstimmender Meinung um ein mehrseitiges, aber nicht vertragliches Rechtsgeschäft eigener Art.[33] Der rechtsgeschäftliche Charakter ergibt sich hierbei aus dem privatautonomen Regelungswillen der Beteiligten.[34] Für die Einordnung als Vertrag fehlt es indes an einem hierfür erforderlichen Konsens der Beteiligten in Bezug auf das Anliegen, da Hauptversammlungsbeschlüsse nach dem Mehrheitsprinzip zustande kommen.[35] Die Kategorisierung als Rechtsgeschäft eigener Art beruht zudem darauf, dass teilweise die für Rechtsgeschäfte geltenden Normen des BGB – wie bspw. §§ 134, 138, 125 BGB – durch spezialgesetzliche Vorschriften wie § 241 AktG verdrängt werden.[36]

Die Fälle, die der Beschlusskompetenz der Hauptversammlung zugewiesen sind, sind grundsätzlich abschließend in § 119 AktG normiert[37] und umfassen u.a. Satzungsänderungen und die Entlastung der Mitglieder des Vorstands und des Aufsichtsrats. Ungeschriebene Hauptversammlungskompetenzen sind nur in eng gefassten Ausnahmefällen anerkannt.[38]

---

31 Vgl. *Koch* in: Hüffer/Koch, AktG, § 241, Rn. 2; *Drescher* in: Spindler/Stilz, AktG, § 241, Rn. 34.

32 *Koch* in: Hüffer/Koch, AktG, § 133, Rn. 2.

33 *Koch* in: Hüffer/Koch, AktG, § 119, Rn. 3; *Hüffer/Schäfer* in: Goette/Habersack, MüKo, AktG, § 241, Rn. 8; *Drescher* in: Spindler/Stilz, AktG, § 241, Rn. 34; siehe auch *Noack*, Fehlerhafte Beschlüsse, S. 15 ff.

34 *Hüffer/Schäfer* in: Goette/Habersack, MüKo, AktG, § 241, Rn. 8; *Herrler* in: Grigoleit, AktGKo, § 133, Rn. 2; *Koch* in: Hüffer/Koch, AktG, § 133, Rn. 3.

35 *Hüffer/Schäfer* in: Goette/Habersack, MüKo, AktG, § 241, Rn. 8; *Drescher* in: Spindler/Stilz, AktG, § 241, Rn. 34.

36 *Hüffer/Schäfer* in: Goette/Habersack, MüKo, AktG, § 241, Rn. 8.

37 Vgl. *Hoffmann* in: Spindler/Stilz, AktG, § 119, Rn. 1.

38 Vgl. „Holzmüller-Entscheidung" BGH, II ZR 174/80 v. 25.02.1982, NJW 1982, 1703; siehe auch „Gelatine-Entscheidung" BGH, II ZR 155/02 v. 26.04.2004, BB 2004, 1182.

Kein Hauptversammlungsbeschluss liegt vor, wenn das Ergebnis des Beschlussverfahrens nicht protokollierungsfähig ist.[39] Ebenso sind Minderheitsverlangen und das Übergehen eines Antrags keine Hauptversammlungsbeschlüsse.[40] Beschlüsse des Aufsichtsrates und des Vorstands sind ebenfalls nicht von § 241 AktG erfasst.[41] Sonderbeschlüsse sind Beschlüsse bestimmter Aktionärsgruppen[42] und mithin auch nicht als Hauptversammlungsbeschlüsse zu qualifizieren, es gelten jedoch gem. § 138 S. 2 AktG die Bestimmungen über Hauptversammlungsbeschlüsse entsprechend.[43]

Inhaltlich entspricht der Beschluss den Feststellungen des Versammlungsleiters in Bezug auf das zusätzlich festzuhaltende Ergebnis einer Abstimmung.[44] Diese Feststellungen sind konstitutiv für die Wirksamkeit des Beschlusses, der andernfalls auch nicht angreifbar ist.[45] Die objektive Unrichtigkeit der Feststellung hat hingegen keinen Einfluss auf die Wirksamkeit des Beschlusses, führt aber zur Fehlerhaftigkeit desselben, so dass dieser anfechtbar ist.[46]

Die Nichtigkeitsgründe des § 241 AktG umfassen sowohl positive als auch negative oder ablehnende Beschlüsse.[47] Nichtige negative Beschlüsse bleiben ohne Konsequenz für die materiell-rechtliche Lage, so dass der Aktionär seine Ansprüche ohne vorherige Nichtigkeitsklage gegenüber der Gesellschaft geltend machen kann[48] bzw. sogar muss, falls er kein besonderes Feststellungsinteresse vorweisen kann[49].

---

39 Siehe *Schmidt* in: Hopt/Wiedemann, AktG Großkommentar, § 241, Rn. 10; *Englisch* in: Hölters, Aktiengesetz, § 241, Rn. 4.

40 Siehe *Koch* in: Hüffer/Koch, AktG, § 133, Rn. 6.

41 Str. Vgl. m.w.N.: *Spindler* in: Spindler/Stilz, AktG, § 108, Rn. 77; *Ehmann* in: Grigoleit, AktGKo, § 241, Rn. 4; ausdrücklich gegen analoge Anwendung auf AR- und Vorstandsbeschlüsse BGH, II ZR 90/03 v. 10.10.2005, BGHZ 164, 249 (252).

42 Vgl. § 138 S. 1 AktG.

43 Vgl. hierzu auch *Koch* in: Hüffer/Koch, AktG, § 133, Rn. 6; § 138, Rn. 4.

44 Vgl. *Hüffer/Schäfer* in: Goette/Habersack, MüKo, AktG, § 241, Rn. 8a.

45 *Hüffer/Schäfer* in: Goette/Habersack, MüKo, AktG, § 241, Rn. 8a; *Koch* in: Hüffer/Koch, AktG, § 130, Rn. 22 f.

46 Siehe hierzu Hüffer/Schäfer in: Goette/Habersack, MüKo, AktG, § 241, Rn. 8a; BGH, II ZR 308/87 v. 21.03.1988, NJW 1988, 1844 (1844); Kubis in: Goette/Habersack, MüKo, AktG, § 130, Rn. 62; RG, II 100/33 v. 24.10.1933, RGZ 142, 123 (129); Koch in: Hüffer/Koch, AktG, § 241, Rn. 3; OLG Düsseldorf, 16 U 79/02 v. 28.03.2003, NZG 2003, 816 (818).

47 Siehe *Hüffer/Schäfer* in: Goette/Habersack, MüKo, AktG, § 241, Rn. 9; so auch schon RG, II 100/33 v. 24.10.1933, RGZ 142, 123 (130).

48 Siehe *Hüffer/Schäfer* in: Goette/Habersack, MüKo, AktG, § 241, Rn. 9; zur Anfechtung negativer Gesellschafterbeschlüsse bei der GmbH: BGH, II ZR 70/70 v. 17.05.1972, WM 1972, 931 (933).

49 Vgl. *Hüffer/Schäfer* in: Goette/Habersack, MüKo, AktG, § 241, Rn. 9; RG, II 89/40 v. 28.02.1941, RGZ 166, 175 (188); zur GmbH BGH, II ZR 136/62 v. 17.09.1964, WM 1964, 1188 (1191).

II. Der Begriff der Nichtigkeit

Die Nichtigkeit von Hauptversammlungsbeschlüssen hat weitreichende Konsequenzen für die Organe und Aktionäre, aber auch die Gläubiger der Aktiengesellschaft. § 241 AktG ist hierbei lex specialis zu §§ 134, 138, 125 BGB, aber auch zu § 181 BGB und verdrängt diese.[50] Der Begriff der Nichtigkeit wird jedoch im Bürgerlichen Recht wie im Aktienrecht gleich verstanden und versagt dem Beschluss jegliche rechtliche Wirkung sowohl im Innen- als auch im Außenverhältnis der Gesellschaft.[51] Die Nichtigkeit wirkt zudem absolut, so dass es weder einer Kausalität noch einer Relevanz des Beschlussmangels für das Zustandekommen des Hauptversammlungsbeschlusses bedarf.[52] Ist ein Hauptversammlungsbeschluss gem. § 241 AktG nichtig, darf der Vorstand ihn nicht umsetzen und der Registerrichter ihn nicht eintragen.[53] Anders als bei anfechtbaren Beschlüssen kann die Nichtigkeit nicht nur von jedermann, sondern gem. § 249 I S. 2 AktG auch „ auf andere Weise als durch Erhebung der Klage geltend" gemacht werden. Somit bedarf es nicht zwingend der Beschreitung des Klagewegs oder einer besonderen Erklärung.[54] Zudem unterliegt die Nichtigkeit des Beschlusses – im Gegensatz zur Anfechtbarkeit[55]– auch grds. nicht der privatautonomen Regelungsmacht der Aktionäre bzw. der Organe der Gesellschaft.[56] Dies bedeutet, dass die Nichtigkeit des Beschlusses nicht durch eine Zustimmung der Aktionäre oder die Bestätigung des Beschlusses überwunden werden kann.[57] Ist ein Beschluss nichtig, bedarf es grundsätzlich eines neuen (nicht nichtigen) Beschlusses, um der gewünschten Rechtsfolge Geltung verschaffen zu können.[58] Eine Ausnahme von diesem Grundsatz ist nur in den begrenzten Fällen der Heilung der Nichtigkeit gem. § 242 AktG gegeben.[59]

---

50 Siehe *Hüffer/Schäfer* in: Goette/Habersack, MüKo, AktG, § 241, Rn. 8; *Drescher* in: Spindler/Stilz, AktG, § 241, Rn. 14; ausführlich hierzu *Eberspächer*, Nichtigkeit, S. 35 ff.

51 *Drescher* in: Spindler/Stilz, AktG, § 241, Rn. 24; Siehe *Koch* in: Hüffer/Koch, AktG, § 241, Rn. 4; Vgl. auch *Hüffer/Schäfer* in: Goette/Habersack, MüKo, AktG, § 241, Rn. 14; *Casper*, Die Heilung nichtiger Beschlüsse im Kapitalgesellschaftsrecht, S. 33.

52 Vgl. *Drescher* in: Spindler/Stilz, AktG, § 241, Rn. 26.

53 Siehe hierzu *Drescher* in: Spindler/Stilz, AktG, § 241, Rn. 24, 80, 96.

54 Siehe hierzu *Koch* in: Hüffer/Koch, AktG, § 241, Rn. 4.

55 Vgl. hierzu § 244 AktG.

56 siehe hierzu Drescher in: Spindler/Stilz, AktG, § 241, Rn. 24; Koch in: Hüffer/Koch, AktG, § 241, Rn. 4.

57 Siehe hierzu *Hüffer/Schäfer* in: Goette/Habersack, MüKo, AktG, § 241, Rn. 14; BGH, II ZR 167/52 v. 16.12.1953, BGHZ 11, 231 (233); RG, II B 10/25 v. 19.05.1925, RGZ 111, 26 (28); *Koch* in: Hüffer/Koch, AktG, § 241, Rn. 4.

58 Siehe *Hüffer/Schäfer* in: Goette/Habersack, MüKo, AktG, § 241, Rn. 14.

59 Vgl. *Hüffer/Schäfer* in: Goette/Habersack, MüKo, AktG, § 241, Rn. 14.

Aufgrund dieser einschneidenden Rechtsfolge und um Rechtssicherheit zu schaffen, ist die Anfechtbarkeit von Hauptversammlungsbeschlüssen die Regel, die Nichtigkeit die Ausnahme.[60] So sind Hauptversammlungsbeschlüsse gem. § 241 AktG nur nichtig bei besonders schwerwiegenden Verfahrensmängel (§ 241 Nr. 1 und 2 AktG), wenn sie mit dem Wesen der Aktiengesellschaft nicht zu vereinbaren sind oder inhaltlich Vorschriften verletzen, die ausschließlich oder überwiegend zum Schutz der Gläubiger oder sonst in öffentlichem Interesse gegeben sind (§ 241 Nr. 3 AktG), inhaltlich gegen die guten Sitten verstoßen (§ 241 Nr. 4 AktG), in einem Anfechtungsprozess aufgrund eines rechtskräftigen Urteils für nichtig erklärt (§ 241 Nr. 5 AktG) oder aufgrund rechtskräftiger Entscheidung in einem Verfahren gem. § 398 FamFG als nichtig gelöscht worden sind (§ 241 Nr. 6 AktG). Ergänzt werden diese Nichtigkeitstatbestände durch die in § 241 AktG im Eingangssatz genannten Fälle: während gem. § 192 IV AktG auch ein Hauptversammlungsbeschluss, der dem Beschluss über die bedingte Kapitalerhöhung entgegensteht, nichtig ist, regelt § 212 I S. 2 AktG die Nichtigkeit eines Beschlusses, welcher bei einer Kapitalerhöhung aus Gesellschaftsmitteln den Aktionären die neuen Aktien nicht im Verhältnis zu ihren Anteilen am bisherigen Grundkapital zuspricht. Die übrigen im Eingangssatz genannten Nichtigkeitsfälle (§§ 217 II, 228 II, 234 III, 235 II AktG) regeln hingegen streng genommen Fälle der Unwirksamkeit[61] eines Hauptversammlungsbeschlusses, da sie die Nichtigkeit an die Nichteintragung bestimmter Beschlüsse in das Handelsregister innerhalb einer bestimmten Frist knüpfen.[62] Weitere spezifische Nichtigkeitsfälle sind in §§ 250 I, 253 I und 256 AktG geregelt.

Die vorgenannten Nichtigkeitsgründe sind im Gegensatz zu anfechtbaren Beschlüssen, die allgemein auf eine Verletzung des Gesetzes oder der Satzung abstellen, grundsätzlich abschließend normiert.[63] Anfechtbarkeit bedeutet im Gegensatz zur Nichtigkeit „die Vernichtbarkeit des Beschlusses wegen der Mängel, die ihm anhaften."[64] Während die Nichtigkeit des Beschlusses grundsätzlich von jedermann geltend gemacht werden kann,[65] bedarf es für die Anfechtbarkeit noch der Erfüllung besonderer Voraussetzungen wie die Anfechtungsbefugnis und die Wahrung der Anfechtungsfrist.[66] Nichtig ist der anfechtbare Beschluss erst dann, wenn er aufgrund rechtskräftigen Urteils für nichtig erklärt worden ist, § 241 Nr. 5 AktG.

---

60 Vgl. *Hüffer/Schäfer* in: Goette/Habersack, MüKo, AktG, § 241, Rn. 6; *Koch* in: Hüffer/Koch, AktG, § 241, Rn. 1.

61 Siehe zur Begriffserläuterung den nachfolgenden Abschnitt.

62 Vgl. hierzu *Hüffer/Schäfer* in: Goette/Habersack, MüKo, AktG, § 241, Rn. 24.

63 Vgl. hierzu *Hüffer/Schäfer* in: Goette/Habersack, MüKo, AktG, § 241, Rn. 7; aber nicht unstrittig, vgl. hierzu m.w.N. *Drescher* in: Spindler/Stilz, AktG, § 241, Rn. 8.

64 *Hüffer/Schäfer* in: Goette/Habersack, MüKo, AktG, § 241, Rn. 15.

65 *Drescher* in: Spindler/Stilz, AktG, § 241, Rn. 6.

66 Vgl. §§ 245 f. AktG.

Die anfechtbaren und nichtigen Beschlüsse sind von den unwirksamen Beschlüssen zu unterscheiden.[67] Als solche werden Beschlüsse der Hauptversammlung bezeichnet, deren Wirksamkeit nicht nur von der (wirksamen) Beschlussfassung durch die Hauptversammlung, sondern von der Erfüllung weiterer Tatbestandsvoraussetzungen abhängt.[68] So wird bspw. eine Satzungsänderung gem. § 181 III AktG erst mit Eintragung in das Handelsregister wirksam. Bis zu der (noch möglichen) Erfüllung der zusätzlichen Wirksamkeitsvoraussetzungen sind diese Beschlüsse *schwebend* unwirksam[69] und korrespondieren bezüglich ihrer Rechtsfolge mit der nichtiger Beschlüsse.[70] Für den Fall, dass der Nichteintritt der Voraussetzungen gewiss ist, wird der Beschluss schließlich endgültig unwirksam.[71]

III. Ergebnis

Die ex lege eintretende Nichtigkeit von Hauptversammlungsbeschlüssen ist das schärfste Schwert, um Gesetzesverstöße im Rahmen der Beschlussfassung zu ahnden. Sie entzieht den Aktionären und den Organen der Aktiengesellschaft grds.[72] jegliche privatautonome Regelungsmacht im Rahmen ihres Anwendungsbereiches. So ist eine Heilung der Nichtigkeit allein durch eine bloße Genehmigung des nichtigen Beschlusses durch alle Aktionäre im Grundsatz[73] nicht zulässig.[74] Es bedarf vielmehr eines neuen nicht nichtigen Beschlusses. Darüber hinaus kann die Nichtigkeit eines Beschlusses – im Gegensatz zur Anfechtbarkeit – nicht nur von den Aktionären und den Gesellschaftsorganen, sondern von „jedermann" geltend gemacht werden. Im Unterschied zur Anfechtbarkeit ist auch eine Klageerhebung nicht zwingend notwendig, um der Nichtigkeit des Beschlusses Geltung zu verschaffen.[75]

---

67 Siehe *Drescher* in: Henssler/Strohn, GesR, § 241, Rn. 16; *Koch* in: Hüffer/Koch, AktG, § 241, Rn. 6.
68 Siehe *Drescher* in: Henssler/Strohn, GesR, § 241, Rn. 16; *Koch* in: Hüffer/Koch, AktG, § 241, Rn. 6.
69 *Englisch* in: Hölters, Aktiengesetz, § 241, Rn. 10; *Koch* in: Hüffer/Koch, AktG, § 241, Rn. 6.
70 *Drescher* in: Spindler/Stilz, AktG, § 241, Rn. 51.
71 Wohl h.M., siehe hierzu *Englisch* in: Hölters, Aktiengesetz, § 241, Rn. 10; *Koch* in: Hüffer/Koch, AktG, § 241, Rn. 6; *Hüffer/Schäfer* in: Goette/Habersack, MüKo, AktG, § 241, Rn. 18, m.w.N; a.A. *Schmidt* in: Hopt/Wiedemann, AktG Großkommentar, § 241, Rn. 18, der Nichtigkeit annimmt; ausführlich hierzu und m.w.N. *Casper*, Die Heilung nichtiger Beschlüsse im Kapitalgesellschaftsrecht, S. 38 ff.
72 Zu den Ausnahmen von diesem Grundsatz bei Einberufungsmängeln siehe § 242 II S. 5 AktG sowie § 121 VI AktG.
73 Zu den Ausnahmen siehe Fn. 72.
74 Vgl. hierzu die abschließend aufgeführten Fälle der Heilung der Nichtigkeit gem. § 242 AktG.
75 Siehe § 249 I S. 2 AktG.

Vor diesem Hintergrund stellt sich die Frage, warum gerade die in § 241 AktG normierten Fälle als der Nichtigkeit „würdig" angesehen wurden und welche Beweggründe der Gesetzgeber hatte. Diese Hintergründe aufzuzeigen ist Gegenstand des nächsten Kapitels.

C. Die historische Entwicklung der Nichtigkeitsgründe

Im Folgenden wird die historische Entwicklung der Nichtigkeitsgründe aufgezeigt. Die Darstellung erhebt nicht den Anspruch auf Vollständigkeit, sondern arbeitet die für die Nichtigkeitsgründe wichtigsten Entwicklungsetappen heraus und untersucht insbesondere, welche Grundsätze und Leitlinien die Rechtsprechung und Literatur für die Abgrenzung der Nichtigkeit von der Anfechtbarkeit aufgestellt haben, bevor es eine gesetzlich normierte Nichtigkeitsklage und entsprechende Nichtigkeitsgründe gab.

I. Die Nichtigkeit von Hauptversammlungsbeschlüssen vor 1937

Laut *Eberspächer* wurde die Grundlage für das moderne Beschlussmängelrecht nach Aufgabe des Konzessionssystems und mit Einführung des Normativsystems geschaffen.[76] Voraussetzung für die Gründung einer Aktiengesellschaft war im Rahmen des Konzessionssystems die Erteilung einer staatlichen Konzession.[77] Dieses zuerst im Code de Commerce von 1807 niedergelegte System wurde später auch vom preußischen Gesetzgeber adaptiert und zunächst auf die Eisenbahnaktiengesellschaften und später generell auf Aktiengesellschaften ausgeweitet.[78] Entsprechend den Befunden *Eberspächers* war der Minderheiten- und Gläubigerschutz auch zur Zeit des Konzessionssystems ein Anliegen des Gesetzgebers, jedoch hat er diese Schutzfunktion im Wege einer staatlichen Kontrolle in Bezug auf die Gründung von Aktiengesellschaften und die Beschlussfassungen der Generalversammlungen selbst übernommen.[79] Selbst das ADHGB von 1861 enthielt noch eine entsprechende Klausel, ermöglichte jedoch den Landesgesetzgebern von dem Konzessionssystem abzuweichen.[80] Damit wurde der Anfang vom Ende des Konzessionssystems im deutschen Aktienrecht eingeläutet[81] und der Weg zum Übergang zum Normativsystem geebnet, welchen der Gesetzgeber im

76 *Eberspächer*, Nichtigkeit, S. 53 f.

77 Siehe Art. 27 Code de Commerce von 1807; ausführlich hierzu *Eberspächer*, Nichtigkeit, S. 43 ff.

78 Siehe hierzu *Eberspächer*, Nichtigkeit, S. 44; *Kießling*, Aktienrecht im Wandel, Bd. I, 126 (152 ff.); *Kießling*, Aktienrecht im Wandel, Bd. I, 193 (193 ff.); sowie § 1 Abs. I PreußAktG 1943.

79 *Eberspächer*, Nichtigkeit, S. 47 f., 53.

80 Vgl. Art. 208, Art. 249 ADHGB 1861; ausführlich hierzu *Eberspächer*, Nichtigkeit, S. 44 f.

81 *Eberspächer*, Nichtigkeit, S. 45.

Rahmen der Aktienrechtsnovelle von 1870 vollendet hat.[82] Kennzeichnend für das Normativsystem war, dass es den Aktiengesellschaften ihre Rechtspersönlichkeit durch Eintragung in das Handelsregister unter der Voraussetzung der Wahrung der gesetzlichen Anforderungen zuschrieb.[83] Dieses System intendierte, Missbräuche im Aktienwesen einzudämmen und mehr an die eigene Wachsamkeit der Aktionäre zu appellieren, indem man ihnen die Illusion nahm, dass die staatliche Aufsicht des Konzessionssystems ausreichend Schutz gebiete.[84] Dennoch stiegen alsbald nach der ersten Reform die Missbräuche im Aktienwesen an.[85] Obwohl der Gesetzgeber die Notwendigkeit des Schutzes der Minderheitsaktionäre laut den Motiven zum Entwurf eines Handelsgesetzbuches von 1857 bereits erkannt hatte,[86] sah das Gesetz jedoch keine Regelung vor, wie sich die Aktionäre gegen missbräuchliche Vorgehensweisen im Rahmen der Beschlussfassung zur Wehr setzen und fehlerhafte Beschlüsse beseitigen konnten.[87] Während die Literatur begann, sich mit dem Schutz des einzelnen Aktionärs und dessen Rechten auseinanderzusetzen, hat sich das ROHG zwar nur langsam der Problematik angenähert,[88] aber dennoch im Verlauf wichtige Ausführungen für die spätere Kodifizierung der Anfechtung von Generalversammlungsbeschlüssen getätigt.[89] So war es laut *Emmerich* das ROHG, „ das als erstes Gericht einen klagbaren Anspruch des Einzelaktionärs bejahte und damit den Individualrechten zur endgültigen Anerkennung verhalf."[90] Im Folgenden stellte das ROHG mehrmals fest, dass der einzelne Aktionär Klage gegen Beschlüsse erheben könne, durch die ihm seine Vermögensrechte entzogen würden.[91] Auch das Reichsgericht, welches 1879 das ROHG ablöste,[92] führte diese vom ROHG aufgestellten Grundsätze nicht nur fort, sondern entwickelte sie dahingehend weiter, dass auch die Verletzung von Teilnahmerechten ein Anfechtungsrecht begründen könne.[93]

---

82 *Eberspächer*, Nichtigkeit, S. 53; *Habersack* in: Goette/Habersack, MüKo, AktG, Einl., Rn. 16.

83 *Habersack* in: Goette/Habersack, MüKo, AktG, Einl., Rn. 16.

84 *Eberspächer*, Nichtigkeit, S. 55 f.

85 *Eberspächer*, Nichtigkeit, S. 56.

86 *Emmerich*, Historische Entwicklung Beschlußmängelrecht, S. 107 f.; Entwurf 1857, II S. 93 (zu Art. 184), S. 83 (zu Art. 157).

87 Siehe *Emmerich*, Historische Entwicklung Beschlußmängelrecht, S. 109.

88 *Emmerich*, Historische Entwicklung Beschlußmängelrecht, S. 116 ff.

89 *Emmerich*, Historische Entwicklung Beschlußmängelrecht, S. 126 ff.

90 *Emmerich*, Historische Entwicklung Beschlußmängelrecht, S. 117.

91 ROHG, Rep. 734/74 v. 26.10.1874, ROHG 14, 354 (355 ff.); ROHG, Rep. 530/73 v. 13.09.1873, ROHG 11, 118 (122 ff.); ausführlich hierzu *Emmerich*, Historische Entwicklung Beschlußmängelrecht, S. 116 ff.

92 *Emmerich*, Historische Entwicklung Beschlußmängelrecht, S. 121.

93 *Emmerich*, Historische Entwicklung Beschlußmängelrecht, S. 121; RG, I 872/80 v. 19.02.1881, RGZ 3, 123 (126) siehe den nachfolgenden Abschnitt zur diesbezüglichen Rechtsprechung des RG.

So stellte das RG bereits 1881 fest, dass „der einzelne Aktionär ein Recht darauf <hat>, daß von den Gesellschaftsorganen den gesetzlichen Bestimmungen gemäß verfahren werde, und [...] zur Realisierung dieses Rechts die richterliche Hilfe anrufen <kann>."[94] Diesbezüglich führte das Reichsgericht aus, dass ein solches Anfechtungsrecht des Aktionärs nur mit Verstößen gegen Rechtsnormen und nicht mit Gesellschaftsinteressen begründet werden könne: „Wie einerseits bei gesetzmäßigem Verhalten der Organe der Gesellschaft der einzelne Aktionär nicht geltend machen kann, daß der gefaßte oder ausgeführte Beschluß den Interessen der Gesellschaft zuwiderlaufe, so kann andererseits bei rechtswidrigem Vorgehen der Gesellschaftsorgane dem Anfechtungsrecht des einzelnen Aktionärs der Einwand nicht wirksam entgegengestellt werden, daß der rechtswidrig gefasste Beschluß den Interessen der Gesellschaft förderlich gewesen sei."[95]

In diesem vom Reichsgericht zu entscheidenden Fall ging es um die Frage, ob die Generalversammlung einer rumänischen Eisenbahn-Aktiengesellschaft zu Berlin die Überlassung des Betriebs ihres Eisenbahnnetzes an den rumänischen Staat gegen eine den Aktionären zu zahlende Dividende von jährlich gleichem Betrag, die Einsetzung eines von den Beschlüssen der Generalversammlung unabhängigen von einem anderen zu besetzenden Vorstand und die Verpfändung des Gesellschaftsvermögens für eine fremde Schuld wirksam beschließen kann.[96] Der dem Beschluss zugrundeliegende Vertrag stattete die Aktionäre nicht mit der Kompetenz aus, den Vorstand zur Umsetzung verbindlicher Generalversammlungsbeschlüsse aufrufen zu können.[97] Ebenso führte das vertraglich bestimmte Weisungsrecht der rumänischen Regierung dazu, dass die Aktiengesellschaft Vorstandsmitglieder nicht zur Rechenschaft ziehen oder abberufen konnten, falls diese nicht den Anweisungen der Aktiengesellschaft Folge leisteten, aber im Einklang mit den Weisungen der Regierung handelten.[98] Das Reichsgericht kam daher zu dem Schluss, dass die beklagte Aktiengesellschaft nur noch formal einen Vorstand besaß[99]: „Die beklagte Gesellschaft entbehrt mithin infolge der Änderung der Statuten der zur Wesenheit der Aktiengesellschaft erforderlichen Organisation."[100] Ebenso hielt das Gericht die Bestellung der Hypothek für „eine dem Zwecke der Aktiengesellschaft fremde Maßregel, welche zu beschließen der Generalversammlung nicht zustand."[101] Das Gericht stellte daher die Unwirksamkeit der genannten Bestimmungen fest und ordnete die Rückgängigmachung an.[102]

94 RG, I 872/80 v. 19.02.1881, RGZ 3, 123 (126).
95 RG, I 872/80 v. 19.02.1881, RGZ 3, 123 (126).
96 RG, I 872/80 v. 19.02.1881, RGZ 3, 123 (123).
97 RG, I 872/80 v. 19.02.1881, RGZ 3, 123 (131).
98 RG, I 872/80 v. 19.02.1881, RGZ 3, 123 (131).
99 RG, I 872/80 v. 19.02.1881, RGZ 3, 123 (130).
100 RG, I 872/80 v. 19.02.1881, RGZ 3, 123 (132).
101 RG, I 872/80 v. 19.02.1881, RGZ 3, 123 (136).
102 RG, I 872/80 v. 19.02.1881, RGZ 3, 123 (138).

Mithin begründete das Reichsgericht in dieser Entscheidung nicht nur den wichtigen Leitsatz, dass der Aktionär, aufgrund seines Aktienbesitzes ein Recht hat, eine Klage gegen Generalversammlungsbeschlüsse anzustreben,[103] sondern entwickelte bereits wichtige Grundsätze, wann ein Beschluss unwirksam ist, und zeigte auf, dass das Interesse der Gesellschaft an der Gültigkeit der Beschlüsse keine Rolle spielen kann.

Auch der Gesetzgeber erkannte schließlich ein Recht der Aktionäre an, sich gegen rechtswidrige Beschlüsse zu wehren. So schuf er im Rahmen der Aktienrechtsnovelle von 1884 ein kodifiziertes Instrument,[104] welches den Aktionären „gesellschaftsinterne Selbsthilfe" ermöglichen sollte.[105] Indem er jedem Aktionär ein Anfechtungsrecht im Fall eines Gesetzes- oder Gesellschaftsvertragsverstoßes einräumte, sollten diese zum einen selbst präventiv auf die Einhaltung des Gesetzes und des Gesellschaftsvertrags hinwirken und sich gegen dennoch eintretende Verstöße eigenmächtig wehren können.[106] Das Anfechtungsrecht ermöglichte es den Aktionären (und dem Vorstand) – unter den Voraussetzungen der Teilnahme an der Generalversammlung, der Wahrung der Anfechtungsfrist und des vorhergehenden Widerspruchs zu Protokoll gegen den Beschluss in der Generalversammlung – ihre Rechte bei einem Verstoß gegen das Gesetz oder den Gesellschaftsvertrag im Rahmen eines Generalversammlungsbeschlusses eigenständig durchzusetzen.[107] Die Gläubiger der Aktiengesellschaft und die Allgemeinheit blieben hingegen schutzlos, da das Anfechtungsrecht in personeller Hinsicht auf die Aktionäre und den Vorstand beschränkt war.[108] Nicht gesetzlich kodifiziert war zudem die Konsequenz der Nichtanfechtung eines fehlerhaften Beschlusses – wie bspw. einer kraft Gesetzes eintretenden Nichtigkeit.[109] Somit konnte die Hauptversammlung – sofern bei einem Verstoß keine Anfechtungsklage erhoben wurde – im Prinzip in einem gesetzesfreien Raum agieren.[110] Die gesetzlichen Voraussetzungen für die Erhebung der Anfechtungsklage hingegen bewirkten für die Aktionäre insoweit Rechtssicherheit, als dass die Verfahrensanforderungen – wie etwa der vorherige

---

103 RG, I 872/80 v. 19.02.1881, RGZ 3, 123 (137).

104 Vgl. Art. 222 i.V.m. Art. 190a des Gesetzes betreffend die Kommanditgesellschaften auf Aktien und die Aktiengesellschaft vom 18. Juli 1884.

105 *Schubert/Hommelhoff*, Hundert Jahre Aktienrecht, S. 86.

106 *Schubert/Hommelhoff*, Hundert Jahre Aktienrecht, S. 86; Vgl. auch *Eberspächer*, Nichtigkeit, S. 54; Art. 190a I, 222 ADHGB 1884.

107 Art. 190a I S. 2 und 3 ADHGB 1884; siehe hierzu auch *Eberspächer*, Nichtigkeit, S. 61.

108 Vgl. Art. 222 i.V.m. Art. 190 a des Gesetzes betreffend die Kommanditgesellschaften auf Aktien und die Aktiengesellschaft vom 18. Juli 1884; siehe auch *Eberspächer*, Nichtigkeit, S. 63.

109 *Eberspächer*, Nichtigkeit, S. 62; *Huber*, FS Coing, 167 (169 f.); siehe auch *Casper*, Die Heilung nichtiger Beschlüsse im Kapitalgesellschaftsrecht, S. 10.

110 *Drescher* in: Spindler/Stilz, AktG, § 241, Rn. 13; *Hueck*, Anfechtbarkeit und Nichtigkeit, S. 12; *Huber*, FS Coing, 167 (169 f).; siehe auch *Eberspächer*, Nichtigkeit, S. 63.

Widerspruch öffentlich zu Protokoll des Notars oder die öffentliche Bekanntmachung der Klageerhebung – eine gewisse Transparenz schafften.[111]

Die Rechtsprechung und die Rechtslehre hatten jedoch der „Möglichkeit der Nichtigkeit im Sinne einer von Anfang an bestehenden dauernden Unwirksamkeit"[112] von Generalversammlungsbeschlüssen bereits unter der Geltung des ADHGB und des 1897 in Kraft getretenen HGB zugestimmt.[113] Auch nach gesetzlicher Normierung der Anfechtungsklage im Rahmen der Aktienrechtsnovelle von 1884 erkannte das Reichsgericht eine ex lege eintretende Nichtigkeit für Generalversammlungsbeschlüsse an, die unter schwerwiegenden Verstößen – wie etwa Verstöße gegen zwingende vornehmlich im öffentlichen Interesse gegebene Vorschriften, auf deren Einhaltung die Aktionäre nicht verzichten können[114] – zustande kamen.[115] Dies führte jedoch zu erheblicher Rechtsunsicherheit[116]: „Die Möglichkeit, die Nichtigkeit zeitlich unbeschränkt geltend zu machen, führte in Verbindung mit der Tatsache, daß die Grenze zwischen Nichtigkeit und Anfechtbarkeit nur sehr schwer zu ziehen war und auch die Rechtsprechung bei ihrer Feststellung zunächst sehr schwankte, zu einer Unsicherheit in den wirtschaftlichen Verhältnissen der Aktiengesellschaften [...]."[117] Mangels der gesetzlichen Normierung einer Nichtigkeitsklage konnten die Nichtigkeit gegebenenfalls bereits umgesetzten Beschlüsse nur im Wege der Feststellungsklage und damit unbefristet angeprangert werden.[118]

Zu untersuchen ist daher, wie Rechtsprechung und Rechtslehre mit dieser ungeregelten Rechtslage umgingen, wie sie Anfechtbarkeit und Nichtigkeit abgrenzten und welche Grundsätze und Leitlinien sie sodann für die ipso iure eintretende Nichtigkeit aufstellten. Daran anschließend gilt es zu eruieren, wie der historische Gesetzgeber der Nichtigkeit von Hauptversammlungsbeschlüssen gegenüberstand und welche Schritte bis zur Kodifizierung der Nichtigkeitsgründe unternommen wurden.

---

111 *Hueck*, Anfechtbarkeit und Nichtigkeit, S. 24 f.

112 *Weipert* in: Gadow/Heinichen/Schmidt/u. a., Großkom AktG 1939, § 195, Anm. 1.

113 *Weipert* in: Gadow/Heinichen/Schmidt/u. a., Großkom AktG 1939, § 195, Anm. 1.

114 RG, II 281/27 v. 20.01.1928, RGZ 120, 28 (31).

115 RG, I 163/88 v. 27.06.1888, RGZ 21, 148 (159); RG, I 340/95 v. 08.02.1896, RGZ 36, 134 (136); RG, I 13/96 v. 29.04.1896, RGZ 37, 62 (65); vgl. hierzu auch *Eberspächer*, Nichtigkeit, S. 64.

116 Siehe Begr. zu §§ 195 – 202 AktG 1937, abgedr. bei *Klausing*, AktG 1937, S. 171 f.; *Dornbach*, Anfechtungsklage, S. 46.

117 Begr. zu §§ 195 – 202 AktG 1937, abgedr. bei *Klausing*, AktG 1937, S. 172.

118 Siehe Begr. zu §§ 195 – 202 AktG 1937, abgedr. bei *Klausing*, AktG 1937, S. 172; *Dornbach*, Anfechtungsklage, S. 46.

1. Die Leitlinien des Reichsgericht

a) Die Rechtsprechung des Reichsgerichts

Wie aufgezeigt, machte das Reichsgericht bereits im Jahr 1881 deutlich, dass für die Wirksamkeit eines Beschlusses nur Verstöße gegen Rechtsnormen und keine Gesellschaftsinteressen von Relevanz sein können.[119] Zudem erklärte es solche Beschlüsse für unwirksam, die die Kompetenz der Generalversammlung überschritten oder mit dem Wesen der Aktiengesellschaft nicht zu vereinbaren waren, weil sie – wie in dem vom Reichsgericht in diesem Zusammenhang zu entscheidenden Fall – entgegen der gesetzlichen Bestimmungen die Kompetenz der Aktionäre, den Vorstand zur Umsetzung verbindlicher Generalversammlungsbeschlüsse aufrufen zu können, einschränkte.[120]

Im Jahr 1888 stellte das Reichsgericht zudem klar, dass elementarer Bestandteil des Wesens der Aktiengesellschaft sei, dass sich die Beitragspflicht der Aktionäre in einem festbestimmten Betrag am Grundkapital widerspiegeln muss.[121] Entsprechend der Satzung der klagenden Aktiengesellschaft war jeder Aktionär verpflichtet, pro Aktie einen Hektar Land mit Rüben zu bepflanzen und die Erträge an die Fabrik der Gesellschaft gegen Entgelt zu liefern.[122] Andernfalls mussten die Aktionäre eine Konventionalstrafe zahlen.[123] Das Statut der Aktiengesellschaft in Bezug auf diese Rübenlieferungspflicht der Aktionäre, welche selbst als gesellschaftlicher Beitrag, aber nicht als Einlage auf das Grundkapital zu qualifizieren sei, wurde dahingehend geändert, dass den Aktionären pro Zentner Rüben 65 Pfennig gezahlt werde, die Aktionäre sich aber für den Fall, dass der Bruttoertrag der Fabrik nicht ausreiche mit einem geringeren Betrag zufrieden geben müssen.[124]Diesen Generalversammlungsbeschluss, der die Aktionäre zwar zum Anbau und Lieferung von Rüben verpflichtete ohne ihnen zugleich eine Vergütung zuzusichern, sah das Reichsgericht als mit dem Wesen der Aktiengesellschaft unvereinbar und mithin als unwirksam an.[125] Hervorzuheben ist, dass das Reichsgericht bereits zu diesem Zeitpunkt den Grundsatz aufstellte, dass weder die Zustimmung aller Aktionäre noch der Ablauf der Anfechtungsfrist diesem Beschluss zur Wirksamkeit verhelfen könne.[126]

1896 hatte das Reichsgericht einen Fall zu entscheiden, bei dem die Generalversammlung einer Aktiengesellschaft eine Kapitalherabsetzung durch die

119 RG, I 872/80 v. 19.02.1881, RGZ 3, 123(126).
120 RG, I 872/80 v. 19.02.1881, RGZ 3, 123(132).
121 RG, I 163/88 v. 27.06.1888, RGZ 21, 148(156).
122 RG, I 163/88 v. 27.06.1888, RGZ 21, 148(149).
123 RG, I 163/88 v. 27.06.1888, RGZ 21, 148(149).
124 RG, I 163/88 v. 27.06.1888, RGZ 21, 148(149).
125 RG, I 163/88 v. 27.06.1888, RGZ 21, 148 (155 ff.).
126 RG, I 163/88 v. 27.06.1888, RGZ 21, 148(159).

Zusammenlegung von Aktien beschloss.[127] Die Aktien von Aktionären, die entweder die erforderliche Aktienanzahl zur Zusammenlegung nicht besaßen oder sich nicht beteiligen wollten, sollten gemäß des Beschlusses von der Aktiengesellschaft verkauft und auf ihre Rechnung verwahrt werden.[128] Das Reichsgericht kam zwar zu dem Schluss, dass die Klage auf Unwirksamkeitserklärung des Beschlusses unbegründet sei, stellte jedoch klar, dass der Ablauf der Anfechtungsfrist vorliegend unbeachtlich war: „Die Klage bezweckt also, das Eigentumsrecht des Klägers an den in seinem Besitze befindlichen Aktien und die Fortdauer der hieraus hervorgehenden Mitgliedschaftsrechte gegenüber einer Maßregel zu wahren, die, wenn die Auffassung des Klägers zutreffend wäre, unzweifelhaft einen Eingriff in ein dem Willen der Gesellschaft und der Zuständigkeit der Generalversammlung entzogenes Sonderrecht des Aktionärs enthalten würde. Eine solche Klage aber ist, wie das Reichsgericht bereits mehrfach ausgesprochen hat, nicht an diejenigen Erfordernisse geknüpft, die das Gesetz für die Anfechtung von Generalversammlungsbeschlüssen aufstellt."[129]

Im gleichen Jahr hatte das Reichsgericht zudem über die Frage zu entscheiden, ob ein angefochtener Generalversammlungsbeschluss, der eine bestimmte Dividende vorsah, ein Jahr später durch einen neuen Generalversammlungsbeschluss ersetzt werden konnte, der bestimmte, dass diese Dividende auf ein Dividenden-Reservekonto eingezahlt werde.[130] Im Rahmen dieses Falles hatte das Reichsgericht zudem zu klären, ob der Aktionär zunächst den zeitlich späteren Beschuss beseitigen muss, um seinen Dividendenanspruch geltend zu machen.[131] Vor Erhebung der Klage des Aktionärs wurde die Anfechtungsklage in Bezug auf den ersten Beschluss rechtskräftig abgewiesen.[132] Der Kläger hatte jedoch keine Anfechtungsklage gegen den zweiten Beschluss erhoben.[133] Das Reichsgericht führte aus, dass eine solche Anfechtungsklage zur Aufrechterhaltung des Anspruchs des Klägers auch nicht notwendig war: „Denn die Folge der Nichtanfechtung eines Beschlusses der Generalversammlung – daß nämlich derselbe, obwohl er gesetz- oder statutenwidrig ist, gültig wird – kann nur insoweit als eintretend angenommen werden, als es sich bei dem Beschlusse um dispositive, dem Verfügungsrechte der Generalversammlung unterliegende Gegenstände handelt, nicht aber bei Beschlüssen, die gegen das öffentliche Recht verstoßen oder Sonderrechte der Aktionäre betreffen, welche diesen nicht entzogen werden dürfen."[134]

---

127 RG, I 340/95 v. 08.02.1896, RGZ 36, 134 (136).
128 RG, I 340/95 v. 08.02.1896, RGZ 36, 134 (135 f.).
129 RG, I 340/95 v. 08.02.1896, RGZ 36, 134 (136).
130 RG, I 13/96 v. 29.04.1896, RGZ 37, 62 (62 f.).
131 RG, I 13/96 v. 29.04.1896, RGZ 37, 62 (62 f.).
132 RG, I 13/96 v. 29.04.1896, RGZ 37, 62 (63).
133 RG, I 13/96 v. 29.04.1896, RGZ 37, 62 (65).
134 RG, I 13/96 v. 29.04.1896, RGZ 37, 62 (65).

In einer weiteren Entscheidung aus dem Jahr 1898 erklärte das Reichsgericht zudem einen Generalversammlungsbeschluss einer eingetragenen Genossenschaft für ungültig, da durch diesen das freiwillige Austrittsrecht des Genossen mit Verpflichtungen einherging und daher unzulässig erschwert würde.[135] Das freiwillige Austrittsrecht dürfe nicht an Verpflichtungen geknüpft werden, die über das Gesetz hinausgehen, so dass der Beschluss gegen zwingende im öffentlichen Recht gegebene Normen verstieß.[136]

Im Jahr 1901 hatte das Reichsgericht darüber zu entscheiden, ob ein Generalversammlungsbeschluss, durch den ein Aktionär ausgeschlossen wurde, weil dieser aus dem Bund der Landwirte ausgetreten war und somit den Statutenbestimmungen nicht mehr gerecht wurde, rechtsgültig war.[137] Die Statutenbestimmungen sahen vor, dass ein Aktionär insbesondere dann durch Beschluss der Generalversammlung ausgeschlossen werden könne, wenn er aufhöre, Mitglied des Bundes der Landwirte zu sein.[138] Das Reichsgericht entschied, dass eine solche Statutenbestimmung nicht mit dem Wesen der Aktiengesellschaft zu vereinbaren und daher ebenso wie der darauf beruhende Beschluss unwirksam sei.[139] Die Verpflichtungen des Aktionärs dürften nicht an persönliche Qualifikationen sondern nur an vermögensrechtliche Beiträge anknüpfen.[140] Zudem seien die im Gesetz genannten Gründe für einen von den Aktionären ungewollten Ausschluss als abschließend zu betrachten und nicht im Gesellschaftsvertrag erweiterbar.[141]

Im Jahr 1905 hatte das Reichsgericht zu entscheiden, ob im Rahmen der Generalversammlung einer Genossenschaft der Beschluss über eine Kapitalerhöhung, der nicht mit der erforderlichen gesetzlichen Majorität gefasst wurde, nichtig oder nur anfechtbar sei.[142] Entgegen der Revision, die in diesem Fall eine ipso iure eintretende Nichtigkeit annahm, kam das Reichsgericht zu dem Schluss, dass nur Anfechtbarkeit gegeben sei.[143] Das Gericht argumentierte, dass andernfalls die Anfechtungsklage in wesentlichen Teilen ihrer Bedeutung beraubt sei und die fehlende Majorität nur dann zur Nichtigkeit führe, wenn gegen zwingende Rechtsvorschriften verstoßen werden würde oder der Beschluss so fehlerhaft sei, dass von einem solchen nicht mehr gesprochen werden könne.[144]

1909 klagte ein Aktionär auf Nichtigkeit eines Generalversammlungsbeschlusses in Bezug auf die Bilanz und Gewinn- und Verlustrechnung für das vergangene

---

135 RG, I 265/98 v. 09.11.1898, RGZ 42, 79 (79 ff.).
136 RG, I 265/98 v. 09.11.1898, RGZ 42, 79(82).
137 RG, I 142/01 v. 25.09.1901, RGZ 49, 77(77).
138 RG, I 142/01 v. 25.09.1901, RGZ 49, 77(77).
139 RG, I 142/01 v. 25.09.1901, RGZ 49, 77(79).
140 RG, I 142/01 v. 25.09.1901, RGZ 49, 77(79).
141 RG, I 142/01 v. 25.09.1901, RGZ 49, 77(80).
142 RG, I 138/05 v. 03.05.1905, RGZ 60, 409(414).
143 RG, I 138/05 v. 03.05.1905, RGZ 60, 409(414).
144 RG, I 138/05 v. 03.05.1905, RGZ 60, 409 (414 f.).

Geschäftsjahr mit der Behauptung, dass die Abschreibungen böswillig und willkürlich zu niedrig angesetzt worden seien.[145] Das Reichsgericht stellte fest, dass eine solche Überbewertung gegen zwingende im öffentlichen Interesse gegebene Vorschriften verstoße:[146] „Diese Vorschriften über die Höchstgrenzen enthalten ein gesetzliches Verbot, das im öffentlichen Interesse gegeben ist, und über welches sich weder der Gesellschaftsvertrag noch der Generalversammlungsbeschluß hinwegsetzen können (§ 134 BGB.). Zuwiderhandlungen sind nichtig, ohne daß es einer Anfechtung nach § 271 bedürfte."[147] Es sei zwingend, dass Anschaffungs- oder Herstellungskosten von Betriebsanlagen und -gegenständen nur unter Berücksichtigung der Abnutzung in der Bilanz aufgeführt werden.[148] Über die durch Abnutzung erfolgte Wertminderung, also die Höhe der Abschreibung, entscheide jedoch die Generalversammlung nach Schätzung der Mehrheit oder der Gesellschaftsvertrag.[149] Sei diese Bewertung wirtschaftlich unrichtig, führe sie jedoch nicht zur Nichtigkeit, da sie nicht gegen zwingende Vorschriften verstoße, sondern allenfalls zur Anfechtbarkeit, falls sie arglistig oder willkürlich und nach kaufmännisch nicht zu rechtfertigenden Grundsätzen erfolge.[150]

Eine Abgrenzung der Anfechtbarkeit zur Nichtigkeit musste das Reichsgericht auch 1911 vornehmen, als es darüber zu entscheiden hatte, ob ein Generalversammlungsbeschluss, der mit einfacher Mehrheit statt mit der hierfür erforderlichen gesetzlichen Mehrheit gefasst wurde, anfechtbar oder nichtig sei.[151] Das Reichsgericht führte im Rahmen der Entscheidung zunächst die Argumente des preußischen Kammergerichts aus, welches bei einer Beschlussfassung durch eine den Anforderungen nicht entsprechende Mehrheit den Beschluss als „Scheinbeschluss" wertete, selbst wenn dieser protokolliert worden sei.[152] Das Reichsgericht selbst argumentierte, dass diese Ausführungen im Lichte einer objektiv ordnungsgemäßen Beschlussfassung zu werten seien.[153] So gäbe es im Rahmen einer Generalversammlung so gewichtige Verfahrensverstöße, dass nicht mehr von einem Beschluss gesprochen werden könne (also ein Scheinbeschluss vorliege), wie bspw. wenn die Generalversammlung von einer offenkundig unzuständigen Person oder gar nicht einberufen wurde, ferner, wenn es an der gem. § 259 HGB erforderlichen Protokollierung fehle.[154] In diesem Fall könne diese „Scheinnatur" der Beschlüsse jederzeit von jedermann geltend gemacht werden.[155] Wurde jedoch mit

145 RG, II 717/08 v. 15.10.1909, RGZ 72, 33 (33).
146 RG, II 717/08 v. 15.10.1909, RGZ 72, 33 (36 f.).
147 RG, II 717/08 v. 15.10.1909, RGZ 72, 33 (37).
148 RG, II 717/08 v. 15.10.1909, RGZ 72, 33 (37).
149 RG, II 717/08 v. 15.10.1909, RGZ 72, 33 (37).
150 RG, II 717/08 v. 15.10.1909, RGZ 72, 33 (38).
151 RG, I 227/10 v. 18.02.1911, RGZ 75, 239 (239 ff.).
152 RG, I 227/10 v. 18.02.1911, RGZ 75, 239 (242).
153 RG, I 387/10 v. 15.02.1911, RGZ 75, 234 (242).
154 RG, I 227/10 v. 18.02.1911, RGZ 75, 239 (242).
155 RG, I 227/10 v. 18.02.1911, RGZ 75, 239 (242).

einfacher, statt mit qualifizierter Mehrheit abgestimmt, aber dennoch die Generalversammlung und Beschlussfassung der Form nach ordnungsgemäß durchgeführt (ordnungsgemäße Einberufung, Verkündung des Beschlusses durch den Vorsitzenden, ordnungsgemäße Protokollierung), so sei der Beschluss nur anfechtbar.[156] Im Hinblick auf die Nichtigkeit wegen der Verletzung zwingender Gesetzesvorschriften machte das Gericht deutlich, dass hiervon nur Beschlüsse betroffen seien, die inhaltlich gegen zwingende Vorschriften verstießen.[157] In Bezug auf die Ausführungen des Revisionsgericht betreffend die Eingriffe in Sonderrechte der Aktionäre nahm es ebenfalls Stellung: „Die Revision hat endlich hervorgehoben, dass nach der Rechtsprechung des Reichsgerichts Beschlüsse nichtig seien, die einen Eingriff in ein Sonderrecht eines Aktionärs enthalten. Hierzu ist zu sagen, dass die Terminologie der verschiedenen Klassen der Aktionärsrechte nicht völlig feststeht."[158] Hinsichtlich der Anerkennung nichtiger Beschlüsse äußerte sich das Gericht kritisch: „Die Theorie, wonach die Gültigkeit oder Ungültigkeit des Beschlusses dauernd in der Schwebe bleibt, setzt die Entwicklung der Aktiengesellschaften schweren Erschütterungen aus und verzichtet in weitem Umfang auf die Vorteile, die durch die Anfechtungsklage mit ihrer Bindung an feste Formen und Fristen erreicht werden sollten."[159]

Im Jahr 1918 hatte das Reichsgericht[160] darüber zu entscheiden, ob das Mitstimmen Nichtstimmberechtigter die Nichtigkeit oder bloß die Anfechtbarkeit des Beschlusses begründe. Es entschied: „Beschlüsse, die auf den Stimmen von Nichtstimmberechtigter beruhen, sind bei gehöriger Protokollierung nicht nichtig, sondern nur anfechtbar [...]."[161] So führe allein die Beteiligung Nichtstimmberechtigter bei der Abstimmung nicht zu einer durch eine Inhaltsittenwidrigkeit begründete Nichtigkeit.[162]

In einer Entscheidung aus dem Jahr 1922 erläuterte das Reichsgericht, dass es sich bei § 259 II HGB um ein zwingendes Formerfordernis für die Gültigkeit eines Beschlusses handelt, so dass ein Verstoß hiergegen unmittelbar die Nichtigkeit des Beschlusses bewirke.[163] § 259 II HGB verlangte, dass in dem über die Verhandlung aufzunehmenden Protokoll auch die Art und das Ergebnis der Beschlussfassung festzuhalten sei. Das Reichsgericht stellte jedoch klar, dass kein die Nichtigkeit begründender Fehler vorliege, „wenn nach der Gesamtheit des Beurkundeten kein Zweifel über die Ordnungsmäßigkeit des Hergangs bestehen kann, als dessen Ergebnis das Protokoll den Beschluß feststellt."[164] Somit könne es insbesondere

156 RG, I 227/10 v. 18.02.1911, RGZ 75, 239 (242 f.).
157 RG, I 227/10 v. 18.02.1911, RGZ 75, 239(243).
158 RG, I 227/10 v. 18.02.1911, RGZ 75, 239(244).
159 RG, I 227/10 v. 18.02.1911, RGZ 75, 239(245).
160 RG, II 257/17 v. 11.01.1918, RGZ 91, 316 (316 ff.).
161 RG, II 257/17 v. 11.01.1918, RGZ 91, 316(324).
162 RG, II 257/17 v. 11.01.1918, RGZ 91, 316(324).
163 RG, II 864/21 v. 17.11.1922, RGZ 105, 373 (374 f.).
164 RG, II 864/21 v. 17.11.1922, RGZ 105, 373(375).

unerheblich sein, wie ein Aktionär Widerspruch erhoben hat (mündlich, schriftlich etc.)[165] Ebenso verstoße ein Beschluss, durch den die Mehrheit der Aktionäre beschließt, das Bezugsrecht aller Aktionäre auszuschließen und Vorzugsaktien mit beschränkter Gewinnbeteiligung auszugeben, nicht ohne das Hinzutreten weiterer Umstände gegen die guten Sitten, da der Generalversammlung dieses Recht gesetzlich zustehe.[166]

Im Rahmen einer Entscheidung aus dem Jahr 1925 machte das Reichsgericht weitere wichtige Ausführungen zur Bedeutung der Nichtigkeit: „Ist ein Rechtsgeschäft, weil es gegen ein gesetzliches Verbot verstößt, gemäß § 134 BGB nichtig, so ist die Nichtigkeit eine absolute. Sie zerstört das Rechtsgeschäft, gleichgültig, ob die Beteiligten seinen Inhalt und seine Wirkung billigen oder nicht. [...] Denn wenn die Gültigkeit des Beschlusses von der Zustimmung der Beteiligten abhängig ist, so handelt es sich eben nicht um zwingendes, sondern um nachgiebiges Recht, und die Folge wäre dann, daß nicht ohne weiteres Nichtigkeit des Beschlusses eintritt."[167] In Bezug auf den angeprangerten Verstoß des Beschlusses gegen § 11 GoldmarkVO sei daher zunächst festzustellen, ob es sich um zwingendes Recht handele.[168] Da sich dies aus dem Wortlaut der Norm nicht folgern ließe, wandte sich das Reichsgericht dem gesetzgeberischen Zweck der Norm zu:[169] „Es wird also, um die Nichtigkeit eines derartige Vorschriften verletzenden Beschlusses anzunehmen, erforderlich sein, daß der Beschluß gegen die guten Sitten oder gegen solche Bestimmungen verstößt, die nicht ausschließlich die Interessen der zurzeit vorhandenen Aktionäre betreffen und auf deren Innehaltung daher im Einzelfall nicht gültig verzichtet werden kann [...]."[170] Das Reichsgericht stellte bezüglich des Schutzzweckes fest, dass § 11 der GoldmarkVO keine Norm sei, die dem Schutz öffentlicher Interessen diene.[171] Ebenso verneinte es eine Nichtigkeit aufgrund eines Verstoßes gegen die guten Sitten: „Daß der vom Registerrichter beanstandete Beschluß der Generalversammlung gegen die guten Sitten verstoße, wird von den Vorinstanzen nicht geltend gemacht und kann auch nicht geltend gemacht werden; denn er läßt keine Absicht erkennen, eine Minderheit von Aktionären zu schädigen oder aus der Gesellschaft zu verdrängen. Er ergibt vor allem keine ungleichartige Behandlung der Aktionäre."[172] Für den vorliegenden Fall sah das Reichsgericht daher nur eine Anfechtbarkeit als gegeben an: „Gerade für die Wahrung von Rechten und Interessen, welche den derzeitigen Aktionären und nur diesen eigen sind

---

165 RG, II 864/21 v. 17.11.1922, RGZ 105, 373 (374).
166 RG, II 864/21 v. 17.11.1922, RGZ 105, 373 (375 f.).
167 RG, II B 10/25 v. 19.05.1925, RGZ 111, 26 (28).
168 RG, II B 10/25 v. 19.05.1925, RGZ 111, 26 (28).
169 RG, II B 10/25 v. 19.05.1925, RGZ 111, 26 (28 f.).
170 RG, II B 10/25 v. 19.05.1925, RGZ 111, 26 (29).
171 RG, II B 10/25 v. 19.05.1925, RGZ 111, 26 (29).
172 RG, II B 10/25 v. 19.05.1925, RGZ 111, 26 (29).

und nicht über ihren Kreis hinaus die Allgemeinheit (spätere Aktionäre, Gläubiger usw.) angehen, ist die Anfechtungsklage der gegebene Rechtsbehelf."[173]

Im Jahr 1926 hatte das Reichsgericht darüber zu befinden, ob die Tatsache, dass der Notar dem Generalversammlungsprotokoll ein Teilnehmerverzeichnis, das auf einem vorher unbeschriebenen, aber vom Vorsitzenden unterzeichneten Bogen niedergeschrieben wurde, anstelle der angefertigten Anwesenheitsliste zufügt, die Beschlüsse nichtig macht.[174] Das Reichsgericht schloss sich der Ansicht des Berufungsgerichts an, dass ein Verstoß gegen § 259 III HGB, ebenso wie ein Verstoß gegen §§ 259 I und II HGB, die Unwirksamkeit des Protokolls und sämtlicher gefasster Beschlüsse der Generalversammlung zur Folge habe.[175] Die Anwesenheitsliste habe den Zweck, Rechtssicherheit zu schaffen, so dass eine spätere Nachprüfung der Gültigkeit der gefassten Beschlüsse sicher gewährleistet werden solle, insbesondere dann, wenn es um die Nachprüfung der für einen Beschluss erforderlichen Stimmenmehrheit geht oder zusätzlich ein bestimmtes Grundkapital von der Stimmenmehrheit erreicht werden müsse.[176] Der Schutzzweck sei jedoch nicht nur auf die gegenwärtigen Aktionäre begrenzt, sondern weite sich auch auf die Gläubiger und das Publikum aus.[177] Das Teilnehmerverzeichnis könne mit Einreichung zum Handelsregister von jedermann eingesehen werden und diene somit auch Nichtaktionären der Überprüfung der Gültigkeit von Generalversammlungsbeschlüssen.[178] Aus diesem Grund führe ein Verstoß gegen § 259 III HGB zur unheilbaren Unwirksamkeit der Generalversammlungsbeschlüsse, die von jedermann geltend gemacht werden könne.[179]

Im gleichen Jahr stellte das Reichsgericht abermals klar, dass die *unheilbare Nichtigkeit* von Generalversammlungsbeschlüssen im Rahmen der Feststellungsklage geltend gemacht werden könne.[180] „Das trifft nicht nur beim Vorliegen von formellen Mängeln, sondern auch dann zu, wenn der Beschluß seinem Inhalt nach gegen zwingende Rechtssätze verstößt."[181] Im vorliegenden Fall kam es zu dem Schluss, dass ein Beschluss, der Aktionäre verpflichtet, bereits vor der Umstellung auf den Goldmarkbetrag Einzahlungen für Aktien vorzunehmen, mit zwingenden Grundsätzen des Aktienrechts nicht im Einklang und daher nichtig sei.[182]

In einem weiteren Prozess aus dem Jahr 1926 musste das Reichsgericht darüber befinden, ob ein Generalversammlungsbeschluss, der die Ausgabe von Aktien

---

173 RG, II B 10/25 v. 19.05.1925, RGZ 111, 26 (30).
174 RG, III 358/25 v. 02.07.1926, RGZ 114, 202 (202 ff.).
175 Siehe RG, III 358/25 v. 02.07.1926, RGZ 114, 202 (204).
176 RG, III 358/25 v. 02.07.1926, RGZ 114, 202 (203 f.).
177 RG, III 358/25 v. 02.07.1926, RGZ 114, 202 (204).
178 RG, III 358/25 v. 02.07.1926, RGZ 114, 202 (204).
179 RG, III 358/25 v. 02.07.1926, RGZ 114, 202 (204 f.).
180 RG, II 412/25 v. 19.03.1926, RGZ 113, 152 (155).
181 RG, II 412/25 v. 19.03.1926, RGZ 113, 152 (155).
182 RG, II 412/25 v. 19.03.1926, RGZ 113, 152 (158).

an ein befreundetes Konsortium unter Ausschluss des Bezugsrechts der Aktionäre vorsah und auf Verlangen der Gesellschaft gegen die geleistete Einzahlung dieser wieder zur Verfügung zu stellen waren, wegen Sittenwidrigkeit nichtig ist[183]: „Die Frage der Sittenwidrigkeit des Beschlusses selbst hat das Berufungsgericht aus zutreffenden Erwägungen verneint. Es geht in Übereinstimmung mit der Rechtsprechung des Reichsgerichts [...] davon aus, daß es hierbei nicht sowohl auf den äußeren Inhalt und die formale Rechtsbeständigkeit des Beschlusses ankomme als auf die aus dem Zusammenhang der einzelnen Maßnahmen sich ergebende Wirkung für die Gesellschaft selbst und die nicht zur Mehrheit gehörenden Aktionäre; auf die Beweggründe und den Zweck des Vorgehens der Mehrheit; ein Verstoß gegen die guten Sitten liege dann vor, wenn die Mehrheit bei ihrem Vorgehen ohne Rücksicht auf das Wohl der Gesellschaft eigensüchtige Zwecke auf Kosten der Minderheit verfolge."[184] Allein die vorliegende Möglichkeit des Missbrauchs seitens der Verwaltung aufgrund der gestärkten Machtstellung reiche hingegen nicht aus, um Sittenwidrigkeit zu begründen.[185]

Im Jahr 1927 musste das Reichsgericht abermals über eine Nichtigkeitsklage entscheiden, die auf eine angebliche Unterbewertung von Aktivposten in der Goldmarkteröffnungsbilanz gestützt wurde.[186] Das Reichsgericht stellt jedoch wiederholt klar, dass eine Unterbewertung von Vermögensgegenständen in der Goldmarkeröffnungsbilanz – auch wenn sie willkürlich oder bewusst erfolge- einen diese Bilanz genehmigenden Beschluss und die Umstellung auf Goldmark nicht nichtig, sondern nur anfechtbar mache.[187] Zwar handele es sich bei § 40 HGB, der auf den Wert der Vermögensgegenstände zum Zeitpunkt der Aufstellung abstellt, um eine im öffentlichen Interesse gegebene zwingende Vorschrift, die im Fall eines Verstoßes die Nichtigkeit begründen könne, jedoch nur soweit als es sich um eine Überbewertung der Aktivposten handele.[188] Zudem stützte der klagende Aktionär die Nichtigkeit der Beschlüsse auf eine behauptet arglistige Täuschung im Vorfeld der getroffenen Beschlüsse.[189] Das Reichsgericht sah jedoch auch hierin keinen Nichtigkeitsgrund, da zwar anerkannt sei, dass die Sittenwidrigkeit eines Beschlusses zu dessen Nichtigkeit führt, dies beträfe jedoch nur die Inhalts- und nicht die im Falle der Täuschung allenfalls gegebene Umstandssittenwidrigkeit.[190] Zudem wäre die Annahme einer unheilbaren Nichtigkeit im Fall einer mit den guten Sitten nicht zu vereinbarenden arglistigen Täuschung mit den Grundsätzen

---

183 RG, II 226/25 v. 30.03.1926, RGZ 113, 188 (188, 193).
184 RG, II 226/25 v. 30.03.1926, RGZ 113, 188(193).
185 RG, II 226/25 v. 30.03.1926, RGZ 113, 188(196).
186 RG, II 178/26 v. 11.01.1927, RGZ 115, 378 (378 ff.).
187 RG, II 178/26 v. 11.01.1927, RGZ 115, 378(382).
188 RG, II 178/26 v. 11.01.1927, RGZ 115, 378 (381 f.).
189 RG, II 178/26 v. 11.01.1927, RGZ 115, 378(382).
190 RG, II 178/26 v. 11.01.1927, RGZ 115, 378 (383); siehe hierzu auch RG, II 257/17 v. 11.01.1918, RGZ 91, 316(324).

des bürgerlichen Rechts nicht vereinbar, die in diesem Fall auch nur die Anfechtbarkeit (§ 123 BGB) vorsähen.[191]

Das Reichsgericht nahm im gleichen Jahr abermals Stellung zur Nichtigkeit von Generalversammlungsbeschlüssen: „Nur wenn die Beschlüsse mit dem Wesen der AktG. unverträglich sind, weil sie zwingende, in erster Linie im öffentlichen Interesse gegebene Vorschriften verletzen, auf deren Innehaltung die Aktionäre nicht verzichten können, greift nicht nur die Anfechtung nach § 271 HGB. Platz, sondern es kann eine derartige unheilbare Nichtigkeit auch noch nach Ablauf der Frist unter dem Gesichtspunkte einer Klage auf Feststellung der Nichtigkeit geltend gemacht werden."[192] In Bezug auf einen Sittenverstoß führte das Reichsgericht aus, dass „in dem Vorgehen der Mehrheit ein gegen die guten Sitten verstoßender Mißbrauch ihrer Stimmenmacht, um sich eigene Vorteile auf Kosten der Stammaktionäre und zum Schaden der Gesellschaft zu verschaffen, nicht erblickt werden <kann> […]."[193] Weiter bekräftigte es, dass eine Täuschung der Aktionäre im Rahmen der Abstimmung nur die Art des Zustandekommens des Beschlusses betreffe, die Nichtigkeit wegen Sittenwidrigkeit sich jedoch aus dem Inhalt ergeben müsse, so dass in ersterem Fall der Beschluss nur anfechtbar sei.[194]

In einem weiteren Prozess aus dem Jahr 1927 hatte das Reichsgericht über die Wirksamkeit eines Generalversammlungsbeschlusses zu entscheiden, der zum Inhalt hatte, dass im Rahmen einer Kapitalerhöhung das gesetzliche Bezugsrecht der Aktionäre ausgeschlossen und alleiniger Bezugsberechtigter ein einzelner Aktionär war.[195] Das Reichsgericht entschied, dass die Generalversammlung in Bezug auf das Bezugsrecht der Aktionäre bei einer Kapitalerhöhung nur an die Begrenzungen durch §§ 138, 826, 226 BGB gebunden sei.[196] Hinsichtlich des ebenfalls vom Kläger angeprangerten Verstoßes des Beschlusses gegen den Grundsatz der Gleichbehandlung der Aktionäre und der vom Berufungsgericht daraus folgenden Nichtigkeit statt der Anfechtbarkeit, nahm das Reichsgericht auch hier unter Berufung auf frühere Rechtsprechung des Reichsgericht eine klarstellende Wertung vor: „Für die Annahme der Nichtigkeit ist jedoch nur dann Raum, wenn es sich um Beschlüsse handelt, die mit dem Wesen der Aktiengesellschaft schlechthin unerträglich sind, weil sie zwingende, in erster Linie im öffentlichen Interesse gegebene Vorschriften verletzen, auf deren Einhaltung die Beteiligten nicht verzichten können […]."[197] „In allen Fällen aber, in denen durch gesetzwidrige Beschlüsse nur einzelne Aktionäre „geschädigt" sind, die sich mit dem so geschaffenen Zustand auch abfinden können, ist eine von selbst eintretende Nichtigkeit

---

191 RG, II 178/26 v. 11.01.1927, RGZ 115, 378 (384 f.).
192 RG, II 231/26 v. 04.03.1927, JW. 1927, 29, 1677 (1677).
193 RG, II 231/26 v. 04.03.1927, JW. 1927, 29, 1677 (1678).
194 RG, II 231/26 v. 04.03.1927, JW. 1927, 29, 1677 (1678).
195 RG, II 21/27 v. 16.09.1927, RGZ 118, 67 (67, 71 f.).
196 RG, II 21/27 v. 16.09.1927, RGZ 118, 67 (71).
197 RG, II 21/27 v. 16.09.1927, RGZ 118, 67 (72).

nicht anzunehmen. Der Senat hält vielmehr in solchen Fällen, unter Aufgabe seines früheren abweichenden Standpunkts, nur die Anfechtungsklage aus § 271 HGB. für gegeben, welche die Vernichtung von Generalversammlungsbeschlüssen wegen unterlaufener Rechtsverstöße im Hinblick auf die besonderen Bedürfnisse des aktienrechtlichen Verkehrs, in erster Reihe aus Gründen der Rechtssicherheit, an weitere besondere Voraussetzungen knüpft, namentlich was Frist und Form der Geltendmachung betrifft."[198]

Im Jahr 1928 musste das Reichsgericht darüber entscheiden, welchen Einfluss die unheilbare Nichtigkeit von Generalversammlungsbeschlüssen auf spätere Beschlüsse hat.[199] Die klagenden Aktionäre griffen einen Generalversammlungsbeschluss mit der Begründung an, dass ein früherer Beschluss, an den der mit der Klage angegriffene Beschluss anknüpft, unheilbar nichtig sei.[200] Der Zivilsenat sah eine solche Vorgehensweise gegen den Beschluss als legitim an, da die Geltendmachung der unheilbaren Nichtigkeit eines gegen zwingende im öffentliche Interesse gegebene Vorschriften, auf deren Einhaltung der Aktionär nicht verzichten könne, verstoßenden Generalversammlungsbeschlusses nicht an die Anfechtungsfrist gebunden sei.[201] Es stellte klar, dass spätere Beschlüsse ebenfalls nichtig sind, wenn sie „auf unheilbar nichtigen Beschlüssen beruhen, sich sachlich an sie anschließen und inhaltlich ihre Gültigkeit voraussetzen [...]"[202] Zudem vertrat der Senat ebenfalls die Ansicht, dass bei einer Bewertung der Aktiven im Rahmen der Eröffnungsbilanz lediglich die in kaufmännischer Weise nicht zu rechtfertigende Überbewertung zu einer unheilbaren Nichtigkeit führe, da in diesem Fall gegen zwingende im öffentlichen und im Gläubigerinteresse gegebene Vorschriften verstoßen werden würde, die die Generalversammlung nicht missachten könne.[203] Im vorliegenden Fall war jedoch der erstere Generalversammlungsbeschluss bereits aus anderen Gründen unheilbar nichtig. Die Generalversammlung hatte die Umstellung auf Goldmark schon für das Geschäftsjahr 1923/1924 beschlossen, jedoch die Reichsmarkeröffnungsbilanz erst auf den 1. Oktober 1924 errichtet.[204] Hierin sah der Zivilsenat einen Verstoß gegen §§ 4 und 5 GBVo und mithin einen Verstoß gegen zwingende im öffentlichen Interesse gegebene Vorschriften.[205] Als Folge war auch der Folgebeschluss, der die Gültigkeit des ersten Beschlusses voraussetzte, nichtig.[206]

---

198 RG, II 21/27 v. 16.09.1927, RGZ 118, 67 (72 f.).
199 RG, II 281/27 v. 20.01.1928, RGZ 120, 28 (28 ff.).
200 RG, II 281/27 v. 20.01.1928, RGZ 120, 28 (30).
201 RG, II 281/27 v. 20.01.1928, RGZ 120, 28 (31).
202 RG, II 281/27 v. 20.01.1928, RGZ 120, 28 (31).
203 RG, II 281/27 v. 20.01.1928, RGZ 120, 28 (32).
204 RG, II 281/27 v. 20.01.1928, RGZ 120, 28 (34).
205 RG, II 281/27 v. 20.01.1928, RGZ 120, 28 (34).
206 RG, II 281/27 v. 20.01.1928, RGZ 120, 28 (35).

Im gleichen Jahr machte das Reichsgericht nochmals deutlich, dass ein Generalversammlungsbeschluss, der sich „sachlich an einen absolut nichtigen Beschluß anschließt und auf ihm beruht [...]", ebenfalls nichtig sei.[207] Zudem sei ein Generalversammlungsbeschluss über die Genehmigung der Goldmarkeröffnungsbilanz, in deren Rahmen die Schulden zu niedrig angesetzt seien, nichtig, so dass auch der spätere Umstellungs- und Umwertungsbeschluss, der auf diesem Beschluss beruht, nichtig sei.[208] Vorliegend waren die Passivposten in der Goldmarkeröffnungsbilanz in kaufmännisch nicht zu rechtfertigender Weise und damit willkürlich zu niedrig angesetzt worden, so dass ein Verstoß gegen §§ 261, 40 HGB und § 4 GBVo gegeben war.[209] Da es sich hierbei um zwingende im öffentlichen Interesse gegebene Vorschriften handele, waren beide Beschlüsse absolut nichtig.[210] Das Reichsgericht macht zudem klar, dass auch eine Eintragung des Umstellungsbeschlusses in das Handelsregister die absolute Nichtigkeit nicht heilen könne.[211]

Im Rahmen eines im Jahre 1929 zu entscheidenden Falles bekräftigte das Reichsgericht abermals den Grundsatz, dass allein die Umstandssittenwidrigkeit nicht ausreiche: „Sittenwidriges Zustandebringen eines Beschlusses macht diesen nicht nichtig, und für unheilbare Ungültigkeit liegt nichts vor."[212]

In einer Entscheidung aus dem Jahr 1931 stellte das Reichsgericht nochmal klar, dass eine absolute Nichtigkeit eines Generalversammlungsbeschlusses nur dann vorliege, wenn er gegen zwingende im öffentlichen Interesse gegebene Normen verstößt, auf deren Einhaltung die Aktionäre nicht verzichten können, mit dem Wesen der Aktiengesellschaft nicht zu vereinbaren oder sittenwidrig sei.[213] Eine Nichtigkeit wegen Sittenwidrigkeit liege jedoch nur dann vor, wenn der Beschluss inhaltlich gegen die guten Sitten verstößt.[214] Sollte sich die Sittenwidrigkeit dagegen aus den Umständen des Zustandekommens des Beschlusses ergeben, so sei der Beschluss nur anfechtbar.[215]

Im Jahr 1933 entschied das Reichsgericht[216], dass ein Beschluss der Generalversammlung, der abgelehnt worden ist, aber dessen Ablehnung auf dem Mitzählen von Stimmen von Personen beruhte, die einem Stimmrechtsverbot unterfallen, allein aufgrund dieses Fehlers nur anfechtbar und nicht ex lege nichtig sind[217]. Zudem machte es deutlich, dass die Anfechtung des abgelehnten Beschlusses nicht

---

207 RG, II 534/27 v. 12.06.1928, RGZ 120, 363 (365 f.).
208 RG, II 534/27 v. 12.06.1928, RGZ 120, 363 (366 f.).
209 RG, II 534/27 v. 12.06.1928, RGZ 120, 363 (368).
210 RG, II 534/27 v. 12.06.1928, RGZ 120, 363 (366, 368).
211 RG, II 534/27 v. 12.06.1928, RGZ 120, 363 (369).
212 RG, II 313/28 v. 13.05.1929, RGZ 124, 279 (306).
213 RG, II 158/30 v. 09.01.1931, RGZ 131, 141 (144 f.).
214 RG, II 158/30 v. 09.01.1931, RGZ 131, 141 (145).
215 RG, II 158/30 v. 09.01.1931, RGZ 131, 141 (145).
216 RG, II 100/33 v. 24.10.1933, RGZ 142, 123 (123 ff.).
217 RG, II 100/33 v. 24.10.1933, RGZ 142, 123 (129).

zugleich positiv die Annahme des Beschlusses bewirke.[218] Ebenso würde die Zulässigkeit einer Klage auf Feststellung, welcher Beschluss (gültig) gefasst wurde, zu einer erheblichen „Rechtsunsicherheit und Verwirrung" führen.[219] Denn zum einen hätte ein solches Urteil nur inter partes Wirkung und zum anderen sei die Feststellungsklage nicht an eine Frist gebunden.[220]

Die Tatsache, dass eine absolute Nichtigkeit von Generalversammlungsbeschlüssen nur im Falle der Inhaltssittenwidrigkeit gegeben ist, stellte das Reichsgericht auch im Jahr 1935 abermals klar.[221]

b) *Schlussfolgerung*

Die Untersuchung der Urteile zeigt auf, dass das Reichsgericht bereits vor einer Normierung der Nichtigkeitsklage Fallgruppen der Nichtigkeit herausgearbeitet hatte. Auffällig ist, dass die Rechtsprechung hinsichtlich der Begrifflichkeiten noch stark variierte. Insbesondere im 19. Jahrhundert verwendete die Rechtsprechung Begriffe wie der „Klage auf Ungültigkeitserklärung"[222], „Feststellung der Ungültigkeit der Beschlüsse"[223] und variierte auch dahingehend, ob ein Beschluss „unwirksam"[224] oder „(un)gültig"[225] sei.[226] Im 20. Jahrhundert hat sich sodann der Begriff der „Nichtigkeit" von Beschlüssen manifestiert.[227] Zudem entwickelten sich auch die Termini der „ipso jure"[228] eintretenden oder „unheilbaren"[229] Nichtigkeit von Generalversammlungsbeschlüssen. Trotz dieser begrifflichen Modifikationen war die rechtliche Wirkung, namentlich, dass der Beschluss weder durch die Eintragung noch durch Nichterfüllung der Voraussetzungen oder Nichterhebung der Anfechtungsklage Rechtsgültigkeit erlangen kann, stets dieselbe.

Eine weitere Erkenntnis der Untersuchung der Rechtsprechung ist, dass für die Begründung der Ungültigkeit bzw. Nichtigkeit aus den Urteilen nicht immer erkennbar ist, worauf sich diese stützt. Während das Reichsgericht teilweise einen

218 RG, II 100/33 v. 24.10.1933, RGZ 142, 123 (129 f.).
219 RG, II 100/33 v. 24.10.1933, RGZ 142, 123 (128 f.).
220 RG, II 100/33 v. 24.10.1933, RGZ 142, 123 (128 f.).
221 RG, II 198/34 v. 22.01.1935, RGZ 146, 385 (388).
222 RG, I 872/80 v. 19.02.1881, RGZ 3, 123 (125).
223 RG, I 872/80 v. 19.02.1881, RGZ 3, 123 (138).
224 RG, I 163/88 v. 27.06.1888, RGZ 21, 148 (151, 155 ff.); RG, I 340/95 v. 08.02.1896, RGZ 36, 134 (135).
225 RG, I 340/95 v. 08.02.1896, RGZ 36, 134 (136); RG, I 13/96 v. 29.04.1896, RGZ 37, 62 (65).
226 Zur Begriffsvariation auch *Huber*, FS Coing, S. 167.
227 Vgl. RG, I 142/01 v. 25.09.1901, RGZ 49, 77 (78); RG, I 138/05 v. 03.05.1905, RGZ 60, 409 (414); RG, II 717/08 v. 15.10.1909, RGZ 72, 33 (37); RG, I 227/10 v. 18.02.1911, RGZ 75, 239 (243).
228 RG, I 138/05 v. 03.05.1905, RGZ 60, 409 (414).
229 RG, I 387/10 v. 15.02.1911, RGZ 75, 234 (243).

inhaltlich sittenwidrigen Beschluss wegen Verstoßes gegen § 138 I BGB für nichtig erklärt,[230] wird in anderen Urteilen für die Nichtigkeit wegen eines Verstoßes gegen zwingende Rechtsvorschriften, auf deren Einhaltung die Aktionäre nicht verzichten können, plädiert, ohne auf eine gesetzliche Grundlage Bezug zu nehmen.[231]

Hinsichtlich der Fallgruppen, die der Nichtigkeit unterfielen, war sich die Rechtsprechung hingegen weitgehend einig, dass eine ex lege eintretende Nichtigkeit dann anzunehmen sei, wenn der Beschluss gegen die guten Sitten (Inhaltssittenwidrigkeit) verstößt, zwingende in erster Linie im öffentlichen Interesse gegebene Vorschriften verletzt, auf deren Einhaltung die Aktionäre nicht verzichten können, in die unentziehbaren Sonderrechte der Aktionäre eingreift, mit dem Wesen der Aktiengesellschaften nicht zu vereinbaren ist oder zwingende Beurkundungsanforderungen missachtet wurden.

Eine klare Definition dessen, was das Wesen der Aktiengesellschaft charakterisiert, bietet die Rechtsprechung des Reichsgerichts hingegen nicht.[232] So wurde zum Teil das Wesen der Aktiengesellschaft als die „Vereinigung von Vermögen oder vermögensrechtlichen Leistungen zu den Zwecken der Gesellschaft."[233]charakterisiert und somit ein Wesensverstoß bejaht, wenn der Aktionär laut Satzung ausgeschlossen werden kann, weil er persönliche Qualifikationen – wie die Mitgliedschaft im Bund der Landwirte[234] – nicht mehr erfüllt. Im Jahr 1881 entschied das Reichsgericht, dass eine Satzungsänderung, die eine Aktiengesellschaft nur noch formal mit einem Vorstand ausstattete, nicht mehr die „zur Wesenheit der Aktiengesellschaft erforderlichen Organisation."[235] besaß. In einem weiteren Urteil stellte das Reichsgericht zudem klar, dass elementarer Bestandteil des Wesens der Aktiengesellschaft sei, dass sich die Beitragspflicht der Aktionäre in einem festbestimmten Betrag am Grundkapital widerspiegeln muss.[236] Als Konsequenz sah es einen Generalversammlungsbeschluss, der das Statut einer Aktiengesellschaft in Bezug auf eine Rübenlieferungspflicht der Aktionäre, welche nicht als sekundärer, sondern als gesellschaftlicher Beitrag, aber nicht als Einlage auf das Grundkapital zu qualifizieren sei, änderte, als mit dem Wesen der Aktiengesellschaft unvereinbar und mithin als unwirksam an.[237] Hingegen qualifizierte das Reichsgericht in einer Entscheidung aus dem Jahr 1927 Hauptversammlungsbeschlüsse als nichtig, „die mit dem Wesen der Aktiengesellschaft schlechthin unerträglich sind, weil sie zwingende, in erster Linie im öffentlichen Interesse gegebene Vorschriften

---

230 RG, II 178/26 v. 11.01.1927, RGZ 115, 378 (383).
231 Siehe bspw. RG, II 281/27 v. 20.01.1928, RGZ 120, 28 (34).
232 So im Ergebnis auch *Eberspächer*, Nichtigkeit, S. 71.
233 RG, I 142/01 v. 25.09.1901, RGZ 49, 77 (79).
234 RG, I 142/01 v. 25.09.1901, RGZ 49, 77 (79).
235 RG, I 872/80 v. 19.02.1881, RGZ 3, 123 (132).
236 RG, I 163/88 v. 27.06.1888, RGZ 21, 148 (156).
237 RG, I 163/88 v. 27.06.1888, RGZ 21, 148 (155 ff.).

verletzen, auf deren Einhaltung die Beteiligten nicht verzichten können [...]"[238]. Während mithin die ersteren Ausführungen den Schluss zulassen, dass das Wesen der Aktiengesellschaft die die Aktiengesellschaft prägenden Merkmale und Grundstrukturen – wie die Unterteilung der Zuständigkeiten zwischen Vorstand, Aufsichtsrat, Generalversammlung und der Ursprungsgedanke als Kapitalsammelstelle – betrifft, begründet nach letzterer Definition jeder Verstoß gegen zwingende im öffentliche Interesse gegebene Vorschriften einen Wesensverstoß.

In Bezug auf die Nichtigkeit des Beschlusses wegen Sittenwidrigkeit war sich die Rechtsprechung weitgehend einig, dass eine Inhaltssittenwidrigkeit erforderlich ist.[239] Allein die Umstandssittenwidrigkeit, bspw. im Rahmen des Zustandekommens des Beschlusses, reiche nicht aus.[240] Zwar gab es auch vereinzelt Rechtsprechung, die hinsichtlich der die Nichtigkeit begründenden Sittenwidrigkeit auch auf den Zweck und die Beweggründe des Vorgehens der Mehrheit abstellten,[241] jedoch war diese Ansicht die Ausnahme.

Im Hinblick auf schwerwiegende Verstöße gegen bestimmte Verfahrensvorschriften vertrat die Rechtsprechung zunächst die Auffassung, dass es sich um Scheinbeschlüsse handele. So gäbe es im Rahmen einer Generalversammlung so gewichtige Verfahrensverstöße, dass nicht mehr von einem Beschluss gesprochen werden könne (also ein Scheinbeschluss vorliege), wie bspw. wenn die Generalversammlung von einer offenkundig unzuständigen Person oder gar nicht einberufen wurde, ferner, wenn es an der gem. § 259 HGB erforderlichen Protokollierung fehle.[242] In diesem Fall könne diese „Scheinnatur" der Beschlüsse jederzeit von jedermann geltend gemacht werden.[243] Später vertrat es die Auffassung, dass jedenfalls ein Verstoß gegen die in § 259 I, II und III HGB 1897 geregelten Beurkundungsanforderungen (u.a. notarielle Beurkundung, Tag, Ort der Versammlung, sowie Beifügung des Teilnehmerverzeichnisses) die „Unwirksamkeit" oder „Nichtigkeit" sämtlicher gefasster Beschlüsse der Generalversammlung zur Folge habe.[244] Dennoch sollte auch hier die Nichtigkeit nicht uneingeschränkt gelten. § 259 II HGB

---

238 RG, II 21/27 v. 16.09.1927, RGZ 118, 67 (72).

239 RG, II 313/28 v. 13.05.1929, RGZ 124, 279 (306); RG, II 178/26 v. 11.01.1927, RGZ 115, 378 (383); RG, II 257/17 v. 11.01.1918, RGZ 91, 316 (324); RG, II 198/34 v. 22.01.1935, RGZ 146, 385 (388); RG, II 158/30 v. 09.01.1931, RGZ 131, 141 (145).

240 RG, II 313/28 v. 13.05.1929, RGZ 124, 279 (306); RG, II 178/26 v. 11.01.1927, RGZ 115, 378 (383); RG, II 257/17 v. 11.01.1918, RGZ 91, 316 (324); RG, II 198/34 v. 22.01.1935, RGZ 146, 385 (388); RG, II 158/30 v. 09.01.1931, RGZ 131, 141 (145).

241 RG, II 226/25 v. 30.03.1926, RGZ 113, 188 (193); RG, II 231/26 v. 04.03.1927, JW. 1927, 29, 1677 (1678).

242 RG, I 227/10 v. 18.02.1911, RGZ 75, 239 (242).

243 RG, I 227/10 v. 18.02.1911, RGZ 75, 239 (242); so auch im Fall der Einberufung der Gesellschafterversammlung einer GmbH durch eine unbefugte Person, mit Ausnahme der Vollversammlung RG, II 59/18 v. 23.04.1918, RGZ 92, 409 (412 f).

244 RG, II 864/21 v. 17.11.1922, RGZ 105, 373 (374 f.); Siehe RG, III 358/25 v. 02.07.1926, RGZ 114, 202 (204).

1897 verlangte, dass in dem über die Verhandlung aufzunehmenden Protokoll auch die Art und das Ergebnis der Beschlussfassung festzuhalten sei. Das Reichsgericht vertrat diesbezüglich die Auffassung, dass kein die Nichtigkeit begründender Fehler vorliege, „wenn nach der Gesamtheit des Beurkundeten kein Zweifel über die Ordnungsmäßigkeit des Hergangs bestehen kann, als dessen Ergebnis das Protokoll den Beschluß feststellt."[245] Somit könne es insbesondere unerheblich sein, wie ein Aktionär Widerspruch erhoben hat (mündlich, schriftlich etc.)[246]

In Bezug auf den Verstoß gegen zwingende Vorschriften stellt das Reichsgericht recht präzise Grundsätze auf. Zunächst ermittelten die Gerichte, gegen welche Norm verstoßen wurde. In einem zweiten Schritt wurde untersucht, welche Interessen die Norm zu schützen bezweckt und ob die Norm dispositiv ist. Kamen die Gerichte zu dem Schluss, dass die Norm zwingenden Charakter hat, wurde in einem dritten Schritt bezugnehmend auf den Schutzzweck der Norm untersucht, ob der Verstoß zur Nichtigkeit führt.[247] Diesbezüglich wurde in der Rechtsprechung die Auffassung vertreten, dass zwingende Vorschriften, die bei einem Verstoß hiergegen eine ex lege eintretende Nichtigkeit rechtfertigen, nur vorliegen, wenn jedenfalls auch andere Interessen als die der zurzeit vorhandenen Aktionäre – also Vorschriften zum Schutz öffentlicher Interessen – von der Norm geschützt sind und die Aktionäre daher auf die Einhaltung der Vorschriften nicht verzichten können.[248] Mithin hielt man allein die Tatsache, dass die Norm zwingend ist, als nicht ausreichend für eine Begründung der Nichtigkeit, da andernfalls die Anfechtung eines weiten Anwendungsbereiches beraubt wäre. Denn andernfalls wären gesetzeswidrige Beschlüsse, die nur einzelne Aktionäre schädigen, von der ex lege eintretenden Nichtigkeit erfasst worden, obwohl in diesem Fall den Aktionären die Anfechtungsklage zur Verfügung stand.[249] Daher wurden Hauptversammlungsbeschlüsse, die eine qualifizierte Majorität erforderten, jedoch nur mit einfacher Majorität gefasst wurden, sowie Beschlüsse, die durch das Mitstimmen Nichtstimmberechtigter zustande kamen, nur als anfechtbar qualifiziert.[250]

Mitunter lässt sich hieraus schlussfolgern, dass die Rechtsprechung den Schutz der Aktionärsrechte primär in die Verantwortung der Aktionäre selbst legte, die sich mithilfe der Anfechtungsklage gegen rechts- und statutenwidrige Beschlüsse

---

245 RG, II 864/21 v. 17.11.1922, RGZ 105, 373 (375).

246 RG, II 864/21 v. 17.11.1922, RGZ 105, 373 (374).

247 Zum gleichen Ergebnis kommt auch *Eberspächer* im Rahmen seiner Untersuchungen: Die Argumentationsstruktur habe drei Fragen zu beantworten: (1) welche Vorschrift des materiellen Rechts verletzt wurde, (2) kommt der Vorschrfit zwingende Geltung zu, (3) führt der Verstoß zur ipso iure eintretenden Nichtigkeit. *Eberspächer*, Nichtigkeit, S. 72.

248 RG, II B 10/25 v. 19.05.1925, RGZ 111, 26 (29); RG, II 178/26 v. 11.01.1927, RGZ 115, 378 (383).

249 RG, II 21/27 v. 16.09.1927, RGZ 118, 67 (72 f.).

250 Siehe hierzu RG, I 138/05 v. 03.05.1905, RGZ 60, 409 (414 f.); RG, II 257/17 v. 11.01.1918, RGZ 91, 316 (324).

wehren sollten. Eine Ausnahme stellte der nicht der Disposition der Hauptversammlung unterliegende Entzug von Sonderrechten der Aktionäre dar. In diesem Fall sollte sich der Aktionär unabhängig von den Anfechtungsvoraussetzungen auf die ipso iure eintretende Nichtigkeit des Beschlusses berufen dürfen.[251] Beschlüsse, die unter Verstoß gegen zwingende und jedenfalls auch im öffentlichen Interesse gegebene Vorschriften zustande kamen, mit dem Wesen nicht zu vereinbaren waren oder unter einer inhaltlichen Sittenwidrigkeit litten, sollten hingegen per se der Nichtigkeit unterfallen.

2. Die Behandlung der Nichtigkeit von Hauptversammlungsbeschlüssen in der Literatur

Die Literatur fing bereits in der Mitte des 19. Jahrhunderts an, sich mit den Aktionärsrechten und den Folgen rechtswidrig gefasster Beschlüsse auseinanderzusetzen.[252] So plädierte *Jolly* bereits 1847 dafür, dass jedenfalls Mehrheitsbeschlüsse der Generalversammlung, die nicht mit wesentlichen Verfahrensvorschriften in Einklang seien, ungültig sein können.[253] Mit dem Anfechtungsrecht des Aktionärs beschäftigte sich sodann erstmalig *Renaud*[254] ab 1863, ließ jedoch diesbezüglich viele Fragen ungeklärt.[255] Im Jahr 1872 plädierte *Bekker*[256] hingegen dafür, dass gesetz- oder statutenwidrige Beschlüsse von der Aktiengesellschaft selbst vertreten durch ihren Vorstand gegen die den Verstoß zu verantwortenden Aktionäre geltend gemacht werden können und diese den Schaden als Gesamtschuldner zu tragen haben.[257] Aufgrund der schwer zu klärenden Frage der Schuldzuweisung schlug er als Alternative die präjudizielle Feststellung der Rechtswidrigkeit (Gesetzes- oder Statutenwidrigkeit) der Beschlüsse sowie die Schaffung von Mechanismen um die Durchführung der Beschlüsse zu verhindern vor[258] und näherte sich somit im Grundgedanken einem Anfechtungsrecht an.[259] Konzeptionelle Probleme bereitete *Bekker* sein Vorschlag in Bezug auf Rechte, die den Aktionär nicht in

251 RG, I 13/96 v. 29.04.1896, RGZ 37, 62 (65); RG, I 340/95 v. 08.02.1896, RGZ 36, 134 (136); RG, I 227/10 v. 18.02.1911, RGZ 75, 239 (244).
252 Ausführlich hierzu *Emmerich*, Historische Entwicklung Beschlußmängelrecht, S. 110 ff.
253 *Jolly*, ZDR 1847, 317 (407).
254 *Renaud*, Actiengesellschaften 1. Aufl., S. 465; *Renaud*, Actiengesellschaften 2. Aufl., S. 522 f.
255 *Emmerich*, Historische Entwicklung Beschlußmängelrecht, S. 111 f.; *Renaud*, Actiengesellschaften 2. Aufl., S. 523.
256 *Bekker*, ZHR 1872, 379 (379 ff.).
257 *Bekker*, ZHR 1872, 379 (427); siehe hierzu auch *Emmerich*, Historische Entwicklung Beschlußmängelrecht, S. 113.
258 *Bekker*, ZHR 1872, 379 (428).
259 *Emmerich*, Historische Entwicklung Beschlußmängelrecht, S. 113.

seiner Gesellschafterstellung sondern als Gläubiger der AG tangierten.[260] So schlug *Bekker* daher vor, dass ein Beschluss über die Gewinnverteilung, der mit dem Gesetz oder Statut im Widerspruch stand, von dem einzelnen Aktionär im Wege der Klage auf Feststellung der Nichtigkeit angegriffen werden könne.[261] Für den Fall, dass der Aktionär in seiner Gesellschafterposition betroffen sei, sei eine Klage des Aktionärs nur dann möglich, wenn die AG, die eigentlich die Klage gegen sich selbst anstreben müsste, dieses Recht an den Aktionär abtrete.[262]

Ab 1879 wurden sodann seitens der Literatur weitere Vorschläge zur Ausgestaltung des Anfechtungsrechts gemacht.[263] So plädierte bspw. *Reinganum* 1881 dafür, dass die persönlichen Rechte des Aktionärs diesem durch einen gesetzes- oder statutenwidrigen Beschluss nicht entzogen werden dürfe und dieser daher im Falle eines Verstoßes gegen diesen Grundsatz den Beschluss mittels Klage anfechten könne.[264] Hervorzuheben ist auch das Gutachten von *Behrend*, der 1873 forderte: „Alle Beschlüsse der Gen. Vers. enthalten eine Entscheidung in Gesellschaftsangelegenheiten. Demnach muss eine richterliche Instanz bestehen, die im Falle formeller wie materieller Rechtswidrigkeit eines Beschlusses angerufen werden, und denselben für nichtig erklären kann."[265] *Behrend* kritisierte, dass zwar die Möglichkeit der Erhebung einer Nichtigkeitsklage bestünde, jedoch das Gesetz keine Voraussetzungen hierfür aufstelle, und zudem, dass das die Nichtigkeit feststellende Urteil nur inter partes Wirkung entfalten könne. Sein Reformvorschlag zielte daher darauf ab, eine Nichtigkeitsklage einzuführen, die sowohl von den Aktionären als auch von Dritten, die ein rechtliches Interessen vorweisen, innerhalb von dreißig Tagen nach Beschlussfassung gegen den Vorstand erhoben werden kann.[266] Die Zulässigkeit der Nichtigkeitsklage sollte gegeben sein, wenn bei der Einberufung, den Verhandlungen oder Abstimmungen der Generalversammlung wesentliche Formvorschriften verletzt worden seien, wenn die für die Beschlüsse notwendige Mehrheit nur durch das Mitzählen ungültiger Stimmen erreicht werden würde oder der Beschluss inhaltlich die Befugnisse der Generalversammlung überschreite.[267] Zudem plädierte *Behrend* dafür, dass der Termin, der

---

260 *Emmerich*, Historische Entwicklung Beschlußmängelrecht, S. 114; *Bekker*, ZHR 1872, 379 (409).

261 *Bekker*, ZHR 1872, 379 (438 f.); siehe hierzu auch *Emmerich*, Historische Entwicklung Beschlußmängelrecht, S. 114.

262 *Bekker*, ZHR 1872, 379 (438); siehe hierzu auch *Emmerich*, Historische Entwicklung Beschlußmängelrecht, S. 114.

263 *Emmerich*, Historische Entwicklung Beschlußmängelrecht, S. 114 ff.

264 *Reinganum*, Die Rechte der Actionäre, S. 21, 25, 29 ff.

265 *Behrend*, in: Wiener/GoldSchmidt/Behrend, Zur Reform des Actiengesellschaftswesens, (76).

266 *Behrend*, in: Wiener/GoldSchmidt/Behrend, Zur Reform des Actiengesellschaftswesens, (76 f.).

267 *Behrend*, in: Wiener/GoldSchmidt/Behrend, Zur Reform des Actiengesellschaftswesens, (76).

Klageantrag und später der Tenor in öffentlichen Blättern bekanntzumachen sei.[268] Das die Nichtigkeit feststellende Urteil sollte sodann inter omnes Wirkung entfalten.[269] Wie *Bekker* verlangte er zudem Mechanismen, die es dem Richter ermöglichen sollten, die Ausführung der Beschlüsse zu blockieren.[270]

Auch nach der Normierung der Anfechtungsklage verstummten die Diskussionen in der Literatur nicht, jedoch fokussierte man sich auf die Problematik der Abgrenzung der Nichtigkeit von der Anfechtbarkeit.[271] Laut *Emmerich* habe man erkannt, dass die Ausgestaltung der Anfechtungsklage nicht alle möglichen Alternativen einer fehlerhaften Beschlussfassung erfassen konnte.[272] Außerdem sei ungeklärt gewesen, welches Schicksal fehlerhafte Beschlüsse haben sollten, die nicht angefochten wurden oder bei denen die entsprechende Frist verstrichen war.[273]

Während die überwiegende Ansicht in der Literatur[274] die Kategorie der ipso iure eintretenden Nichtigkeit neben der Anfechtbarkeit anerkannte, gab es auch vereinzelt Stimmen[275], die der Meinung waren, dass die Möglichkeit der Anfechtung fehlerhafter Beschlüsse ausreichend Schutz biete.

Hervorzuheben ist diesbezüglich *Ludewig*, der sich 1929 dafür aussprach, die Nichtigkeitsfeststellungsklage für Aktionäre abzuschaffen und für jegliche Rechtsverstöße nur die Anfechtungsklage zuzulassen.[276] Seiner Ansicht nach sei dies notwendig gewesen, um die unternehmerischen Aktivitäten und Interessen davor zu schützen, dass auch nach einem längeren Zeitraum Beschlüsse nachträglich noch für nichtig erklärt werden.[277] Ihm war zwar bewusst, dass hierdurch in einigen Fällen der Rechtsschutz der redlichen Aktionäre ausgehebelt werden würde und eine Abschaffung der ipso iure eintretenden Nichtigkeit für Klagen von Aktionären auch nicht systemkonform mit dem Bürgerlichen Gesetzbuch sei, jedoch sei ein

---

268 *Behrend*, in: Wiener/GoldSchmidt/Behrend, Zur Reform des Actiengesellschaftswesens, (77).

269 *Behrend*, in: Wiener/GoldSchmidt/Behrend, Zur Reform des Actiengesellschaftswesens, (77).

270 *Behrend*, in: Wiener/GoldSchmidt/Behrend, Zur Reform des Actiengesellschaftswesens, (77).

271 *Emmerich*, Historische Entwicklung Beschlußmängelrecht, S. 141; siehe auch *Ludewig*, Hauptprobleme der Reform des Aktienrechts, S. 152.

272 *Emmerich*, Historische Entwicklung Beschlußmängelrecht, S. 141.

273 *Emmerich*, Historische Entwicklung Beschlußmängelrecht, S. 141.

274 *Horrwitz*, Aktiengesellschaften, S. 199 ff.; *Höppner*, Aktienrecht, S. 296 ff.; *Hueck*, Anfechtbarkeit und Nichtigkeit, S. 11 ff.; siehe hierzu auch *Emmerich*, Historische Entwicklung Beschlußmängelrecht, S. 143.

275 So *Ludewig*, Hauptprobleme der Reform des Aktienrechts, S. 155 ff.; So auch (mit wenigen Ausnahmen) *Lehmann/Ring* in: Lehmann/Ring, HGB-Kommentar, § 271, Rn. 5 ff.

276 *Ludewig*, Hauptprobleme der Reform des Aktienrechts, S. 155 ff.

277 *Ludewig*, Hauptprobleme der Reform des Aktienrechts, S. 155 ff.

solches „Sonderrecht“ im Hinblick auf die Gewichtigkeit der unternehmerischen Interessen geboten.[278] Eine Ausnahme sollte bei Nichtigkeitsfeststellungsklagen seitens Dritter gelten, wobei laut *Ludewig* in diesem Fall auch keine vorrangigen Interessen des Unternehmens gefährdet sein könnten.[279] Kritisch stand er den Alternativen gegenüber, konkrete Nichtigkeitsfälle zu normieren, eine Frist für die Erhebung der Nichtigkeitsfeststellungsklage oder eine Heilungsvorschrift einzuführen.[280] Alle drei Vorschläge bargen seines Erachtens weiterhin die Gefahr in sich, dass das Hauptproblem – sprich die Abgrenzung der Nichtigkeit von der Anfechtbarkeit – nicht gelöst werde und weiterhin zu viel Unsicherheit diesbezüglich bestünde.[281]

In Bezug auf die die Nichtigkeit befürwortende Meinung ist insbesondere *Hueck*[282] hervorzuheben. Seiner Ansicht nach war die ipso iure eintretende Nichtigkeit als eigenständige Kategorie neben der Anfechtbarkeit unverzichtbar.[283] Insbesondere Beschlüsse, die unter Verstoß gegen Vorschriften zustande gekommen waren, die den Schutz zukünftiger Aktionäre oder der Gläubiger bezweckten, hätten seiner Ansicht nach nicht dadurch Gültigkeit erlangen können, dass gegen sie keine Anfechtungsklage erhoben wurde.[284] Andernfalls hätte die Generalversammlung in einem gesetzesfreien Raum agieren können, solange niemand Anfechtungsklage erhoben hat.[285] Dennoch war er der Ansicht, dass auch nach der gesetzgeberischen Intention die Anfechtung die Regel und die Nichtigkeit die Ausnahme sein sollte.[286] Die Anfechtungsregeln sorgten für Rechtssicherheit. Aktionäre sollten Gesetzes- und Statutenverletzungen zwar nicht hinnehmen müssen, falls sie sich wehrten, sollte dies jedoch in einem transparenten Verfahren und zügig erfolgen, so dass möglichst schnell Klarheit über die Gültigkeit des Beschlusses herrsche.[287]

Der die Nichtigkeit befürwortende überwiegende Teil der Literatur befasste sich daher mit dem Problem der Abgrenzung der Anfechtbarkeit von der Nichtigkeit: So war man sich weitgehend einig, dass bei einer Verletzung **zwingender Gesetzesvorschriften** der Beschluss nichtig und ansonsten nur anfechtbar sei[288]

---

278 *Ludewig*, Hauptprobleme der Reform des Aktienrechts, S. 155 ff.
279 *Ludewig*, Hauptprobleme der Reform des Aktienrechts, S. 157, Fn. 4.
280 *Ludewig*, Hauptprobleme der Reform des Aktienrechts, S. 156 f.
281 *Ludewig*, Hauptprobleme der Reform des Aktienrechts, S. 156 f.
282 *Hueck*, Anfechtbarkeit und Nichtigkeit.
283 *Hueck*, Anfechtbarkeit und Nichtigkeit, S. 11 ff.
284 *Hueck*, Anfechtbarkeit und Nichtigkeit, S. 11 f.
285 *Hueck*, Anfechtbarkeit und Nichtigkeit, S. 12.
286 *Hueck*, Anfechtbarkeit und Nichtigkeit, S. 24.
287 *Hueck*, Anfechtbarkeit und Nichtigkeit, S. 24 f.
288 So *Hueck*, Anfechtbarkeit und Nichtigkeit, S. 75; *Ludewig*, Hauptprobleme der Reform des Aktienrechts, S. 153; *Horrwitz*, Aktiengesellschaften, S. 119; *Höppner*, Aktienrecht, S. 296 ff.; Siehe hierzu auch m.w.N. Koenige/Pinner/Bondi in: Staub, Staub HGB Kom., § 273, Anm. 17; a.A. *Flechtheim*, BankA. 1917, S. 373; kritisch hierzu später auch *Horrwitz*, ZBH 1926, 181 (182 f.).

Teilweise wurde diesbezüglich zusätzlich gefordert, dass eine Norm zwingend ist in dem Sinn, dass diese auch mit Zustimmung aller Aktionäre nicht überwunden werden könne, sprich die Norm nicht dispositiv ist.[289] Diese Voraussetzung sei insbesondere bei Vorschriften, die den Schutz öffentlicher Interessen oder Dritter – wie Gläubiger oder zukünftiger Aktionäre – bezwecken, gegeben.[290] *Hueck* verlangte zudem, dass der Beschluss inhaltlich gegen zwingende Vorschriften verstößt und nicht nur durch die Art seines Zustandekommens.[291] So seien Beschlüsse, die gegen Verfahrensvorschriften verstoßen, grds. nur anfechtbar. Sollte jedoch die Generalversammlung beschließen, eine Verfahrensvorschrift nicht zu beachten, zu löschen oder zu modifizieren, sei der Beschluss nichtig, da er in diesem Fall wiederum inhaltlich gegen zwingende Gesetzesvorschriften verstoßen würde.[292] *Horrwitz* hingegen war der Ansicht, dass jeder Verstoß gegen zwingende Vorschriften die Nichtigkeit begründe, es sei denn, die Anfechtbarkeit sei ausdrücklich angeordnet.[293] Somit seien auch Beschlüsse, die entgegen des Gesetzes nicht mit qualifizierter sondern einfacher Mehrheit gefasst wurden, nichtig.[294] *Brodmann* hingegen plädierte dafür, dass ein Beschluss inhaltlich nichtig ist, „Wenn etwas beschlossen wird, was nach dem Gesetz nicht sein soll, BGB § 134, [...]."[295]

Ebenso befürwortete der überwiegende Teil der Literatur eine Nichtigkeit wegen **Sittenwidrigkeit** von Generalversammlungsbeschlüssen.[296] Diskutiert wurde diesbezüglich jedoch, ob nur die Inhaltssittenwidrigkeit die Nichtigkeit des Beschlusses begründen könne[297] oder die Beschlüsse auch dann nichtig seien, wenn die Sittenwidrigkeit die Art bzw. Umstände des Zustandekommens des Beschlusses betrifft[298].

Auch in Bezug auf Verstöße gegen zwingende **Verfahrensvorschriften** gab es unterschiedliche Ansichten bezüglich der Rechtsfolge. Während *Hueck* – wie bereits oben erwähnt – bei einem Verstoß gegen Verfahrensvorschriften Beschlüsse grds. nur für anfechtbar hielt,[299] sah er jedoch in Einklang mit der wohl

289 So *Hueck*, Anfechtbarkeit und Nichtigkeit, S. 75; *Ludewig*, Hauptprobleme der Reform des Aktienrechts, S. 153; *Horrwitz*, Aktiengesellschaften, S. 119.

290 So *Hueck*, Anfechtbarkeit und Nichtigkeit, S. 75 f; siehe auch: *Koenige/Pinner/Bondi* in: Staub, Staub HGB Kom., § 273, Anm. 17.

291 *Hueck*, Anfechtbarkeit und Nichtigkeit, S. 65.

292 *Hueck*, Anfechtbarkeit und Nichtigkeit, S. 68 f.

293 *Horrwitz*, Aktiengesellschaften, S. 228 f.

294 *Horrwitz*, Aktiengesellschaften, S. 120, 228 f.

295 *Brodmann* in: Brodmann, AktG Kom 1928, § 271, S. 404.

296 *Horrwitz*, Aktiengesellschaften, S. 120; a.A. *Ludewig*, Hauptprobleme der Reform des Aktienrechts, S. 154; *Brodmann* in: Brodmann, AktG Kom 1928, § 271, S. 404; *Höppner*, Aktienrecht, S. 296 ff.

297 So *Brodmann* in: Brodmann, AktG Kom 1928, § 271, S. 404.

298 So *Hueck*, Anfechtbarkeit und Nichtigkeit, S. 117; *Horrwitz*, Aktiengesellschaften, S. 120; Vgl. hierzu auch *Brodmann* in: Brodmann, AktG Kom 1928, § 271, S. 404 f.

299 *Hueck*, Anfechtbarkeit und Nichtigkeit, S. 68 f.

h.M.[300] einen Verstoß gegen die Protokollierungsvorschriften des § 259 I-IV HGB als so gravierend an, dass dieser die Nichtigkeit begründe.[301] Er stellte jedoch gleichzeitig auch klar, dass diese Vorschriften „erschöpfend" seien[302]: „Für die Gültigkeit der Beschlüsse sind nur diejenigen Formvorschriften unbedingt wesentlich, die unmittelbar die Protokollierung als solche betreffen."[303] So führte seiner Ansicht nach die Nichtbeachtung von Formvorschriften in Bezug auf das Verfahren vor oder nach der Protokollierung grds. nur zur Anfechtbarkeit.[304] Nach überwiegender Ansicht sollte die ipso iure eintretende Nichtigkeit wegen eines Verstoßes gegen Verfahrensvorschriften grundsätzlich die Ausnahme sein[305] und daher nur bei Verstößen gegen zwingende Vorschriften eintreten.[306]

Ebenso war man der Ansicht[307], dass ein Beschluss, der den Aktionären ihre gesetzlichen **Aktionärssonderrechte**, die diesen nicht entzogen werden dürfen, entzieht, nichtig sei. Eine allgemein gültige Definition dessen, was diese Sonderrechte umfassen, gab es jedoch nicht.[308] *Ludewig* differenzierte bezüglich der Rechtsfolge eines unerlaubten Eingriffs danach, ob letzterer einen einzelnen Fall betreffe oder „durch allgemeine Anordnung" vollzogen werde.[309] Nur in letzterem Fall sollte der Beschluss nichtig sein.[310]

3. Die Leitlinien des Gesetzgebers

Der Gesetzgeber hatte bei der Schaffung des ADHGB die Notwendigkeit des Minderheitenschutzes erkannt und im Rahmen des ADHGB auch einige Vorschriften bezüglich der Befugnisse der Generalversammlung eingefügt.[311] Ein Instrument, sich gegen rechtswidrige Beschlüsse zu wehren, wurde den Aktionären zu diesem Zeitpunkt vom Gesetzgeber jedoch nicht geschaffen, da man davon ausging, dass die in den Statuten üblichen staatlichen Genehmigungsvorbehalte ausreichend Schutz böten.[312] Auch die Aktienrechtsreform von 1870 schuf diesbezüglich keine

---

300 So auch *Horrwitz*, Aktiengesellschaften, S. 119; *Brodmann* in: Brodmann, AktG Kom 1928, § 259, S. 341; *Höppner*, Aktienrecht, S. 297 f.
301 *Hueck*, Anfechtbarkeit und Nichtigkeit, S. 52 ff.
302 *Hueck*, Anfechtbarkeit und Nichtigkeit, S. 56.
303 *Hueck*, Anfechtbarkeit und Nichtigkeit, S. 58.
304 *Hueck*, Anfechtbarkeit und Nichtigkeit, S. 58 ff.
305 Siehe hierzu *Brodmann* in: Brodmann, AktG Kom 1928, § 271, S. 404.
306 *Höppner*, Aktienrecht, S. 297 f.
307 *Horrwitz*, Aktiengesellschaften, S. 119 f.; *Brodmann* in: Brodmann, AktG Kom 1928, § 271, S. 403 f.
308 So *Ludewig*, Hauptprobleme der Reform des Aktienrechts, S. 154 f.
309 *Ludewig*, Hauptprobleme der Reform des Aktienrechts, S. 155.
310 *Ludewig*, Hauptprobleme der Reform des Aktienrechts, S. 155.
311 Siehe hierzu *Emmerich*, Historische Entwicklung Beschlußmängelrecht, S. 107 f.; sowie Entwurf 1857, II S. 83, 93.
312 Siehe hierzu *Emmerich*, Historische Entwicklung Beschlußmängelrecht, S. 108; Entwurf 1857, S. 93, Teil II (zu Art. 184).

Abhilfe.[313] Die nachfolgenden Jahre waren von großen Missbräuchen im Rahmen der Aktiengesellschaft (Schwindelgründungen) geprägt und zeigten die fehlenden Schutz- und Abwehrinstrumente des Aktienrechts auf.[314] Der Gesetzgeber führte erstmals 1884 das Anfechtungsrecht der Aktionäre für fehlerhafte Beschlüsse ein.[315] Hatte die Anfechtungsklage Erfolg, wurde der Beschluss rückwirkend für nichtig erklärt.[316] Eine von der Erhebung dieser Klage unabhängig eintretende Nichtigkeit von fehlerhaften Generalversammlungsbeschlüssen wurde hingegen zu diesem Zeitpunkt nicht gesetzlich kodifiziert. Ebenso wurde auch mit Einführung des HGB 1897 diese Tatsache nicht geändert. Auch die Regelungen zur Anfechtung selbst wurden nur geringfügig modifiziert.[317] Dennoch führte der Gesetzgeber in der Denkschrift zum HGB aus: „Verstößt ein Beschluß der Generalversammlung gegen zwingende Gesetzesvorschriften, welche nicht blos die Interessen der vorhandenen Aktionäre berühren, sondern zur Sicherung der Gläubiger oder zum Schutze des Publikums dienen, so kann er selbstverständlich weder durch die Unterlassung rechtzeitiger Anfechtung seitens der Aktionäre oder des Vorstandes noch durch die Eintragung in das Handelsregister Gültigkeit erlangen. Ebenso unterliegt es keinem Zweifel, daß die Mitglieder des Vorstandes und des Aufsichtsraths, welche einen solchen Beschluß zur Ausführung bringen, sich nicht auf die unterbliebene Anfechtung oder auf die geschehene Eintragung berufen können, um sich von der Verantwortlichkeit gegenüber Dritten, insbesondere gegenüber den Gesellschaftsgläubigern, zu befreien [...]"[318] Mithin stellte sich auch der Gesetzgeber auf den Standpunkt, dass es so schwerwiegende Beschlussmängel gibt, die auch durch eine unterlassene Anfechtung nicht „geheilt" werden können. Jedoch erwog er statt der Einführung eines Nichtigkeitstatbestands, die Anfechtungsbefugnis in personeller Hinsicht auf öffentliche Behörden auszuweiten, nahm jedoch alsbald von dieser Idee wieder Abstand und plädierte stattdessen dafür, dass „das nach den Grundsätzen der freiwilligen Gerichtsbarkeit geordnete Verfahren vor dem Registergericht [ist] für einen solchen Zweck ausreichend <ist>. Die Entscheidung der Frage ist deshalb der Regelung des gedachten Verfahrens in dem Gesetz über die freiwillige Gerichtsbarkeit vorzubehalten."[319] Somit erkannte der Gesetzgeber zwar die Problematik, sah jedoch zu diesem Zeitpunkt für eine Regelung im HGB noch keinen Bedarf.[320]

---

313 Siehe *Emmerich*, Historische Entwicklung Beschlußmängelrecht, S. 109.
314 Siehe hierzu *Emmerich*, Historische Entwicklung Beschlußmängelrecht, S. 109.
315 Siehe Art. 190a I, 222 ADHGB 1884.
316 Siehe Art. 190a V ADHGB 1884.
317 Siehe § 271 ff. HGB 1897.
318 Denkschrift zum Entwurf eines Handelsgesetzbuches und EinfG., S. 153, abgedr. bei *Schubert/Schmiedel/Krampe*, Handelsgesetzbuch, S. 1077.
319 Denkschrift zum Entwurf eines Handelsgesetzbuchs und EinfG., S. 153, abgedr. bei *Schubert/Schmiedel/Krampe*, Handelsgesetzbuch, S. 1078.
320 Auch *Eberspächer* kommt diesbezüglich zu dem Schluss: „Diesen Ausführungen lässt sich zwar die Anerkennung einer weiteren Mängelkategorie neben der

Die Missstände des Aktienrechts, die sich insbesondere im Missbrauch der geschaffenen Mehrstimmrechtsaktien[321] zeigten, veranlassten schließlich das Reichsjustizministerium, Fragebögen zur Reform des Aktienrechts Universitäten, Gewerkschaften, der Handelspresse und Spitzenverbänden von Industrie und Handel zukommen zu lassen.[322] Basierend auf der Auswertung dieser Fragebögen veröffentlichte das Reichsjustizministerium 1930 einen „Entwurf eines Gesetzes über Aktiengesellschaften und Kommanditgesellschaften auf Aktien".[323]

Erstmalig sah ein Gesetzesentwurf die ex lege eintretende Nichtigkeit von Generalversammlungsbeschlüssen vor:

§ 135

Nichtigkeit von Generalversammlungsbeschlüssen.

„Ein Beschluß der Generalversammlung ist nur dann nichtig, wenn er:

1. im öffentlichen Interesse gegebene Vorschriften verletzt, auf deren Innehaltung die Beteiligten nicht verzichten können oder sonst mit dem Wesen der Aktiengesellschaft unverträglich ist, oder
2. auf Anfechtungsklage durch Urteil für nichtig erklärt ist."

Die Fälle, die der Nichtigkeit unterfallen sollten, waren – neben der Nichtigkeitserklärung aufgrund Anfechtungsurteils – laut Entwurf mithin auf Verstöße gegen zwingende im öffentlichen Interesse gegebene Vorschriften und Verstöße gegen das Wesen der Aktiengesellschaft begrenzt. Zusätzlich sah der Entwurf eine Nichtigkeitsklage vor.[324] Ein Heilungstatbestand für ipso iure nichtige Beschlüsse wurde hingegen nicht vorgesehen. Ebenso wenig wurde eine Frist für die Nichtigkeitsklage eingeführt. Zwar seien sich die Entwurfsverfasser laut Gesetzesbegründung

---

Anfechtbarkeit entnehmen; der Gesetzgeber beschränkte sich jedoch auf die registerrechtliche Sicht der Problematik und glaubte, die Frage der materiellen Beschlussnichtigkeit weiterhin der Rechtsprechung überlassen zu können."" *Eberspächer*, Nichtigkeit, S. 66.

321 Siehe hierzu *Emmerich*, Historische Entwicklung Beschlußmängelrecht, S. 145; siehe hierzu sowie zu den Beratungen des Aktienrechtsausschusses zur Mehrstimmrechtsaktie: *Schubert/Hommelhoff*, Die Aktienrechtsreform am Ende der Weimarer Republik, S. 25, 89 ff.

322 *Emmerich*, Historische Entwicklung Beschlußmängelrecht, S. 145; siehe auch *Schubert/Hommelhoff*, Die Aktienrechtsreform am Ende der Weimarer Republik, S. 29 ff.

323 Entwurf eines Gesetzes über Aktiengesellschaften und Kommanditgesellschaften auf Aktien sowie Entwurf eines Einführungsgesetzes nebst erläuternden Bemerkungen; veröffentlicht durch das Reichsjustizministerium, Berlin 1930; Siehe hierzu *Emmerich*, Historische Entwicklung Beschlußmängelrecht, S. 145.

324 Vgl. § 141 des Entwurfes eines Gesetzes über Aktiengesellschaften und Kommanditgesellschaften auf Aktien sowie Entwurf eines Einführungsgesetzes nebst erläuternden Bemerkungen; veröffentlicht durch das Reichsjustizministerium, Berlin 1930.

der Gefahren, die für die Gesellschaft von einer unbefristeten Nichtigkeitsklage ausgingen, bewusst gewesen, hätten jedoch im öffentlichen Interesse von der Einführung einer Frist abgesehen, da es nichtige Beschlüsse gäbe, die auch nicht durch einen Fristablauf „geheilt" werden dürften.[325] Stattdessen sei der Versuch unternommen worden, die Fälle, die der Nichtigkeit unterfallen sollten, möglichst zu beschränken.[326] So sollte insbesondere der Stimmrechtsmissbrauch zu eigensüchtigen Zwecken, auf den viele Nichtigkeitsklagen gestützt worden seien, nur zur Anfechtbarkeit führen.[327] In diesem Fall seien meist keine öffentlichen Interessen tangiert, so dass die Aktionäre selbst über die Gültigkeit disponieren könnten.[328]

Aufgrund vieler Anregungen zur Modifikation des ersten Entwurfes,[329] wurde 1931 daher ein zweiter Entwurf eines „Gesetzes über Aktiengesellschaften und Kommanditgesellschaften auf Aktien" auf Anordnung des Reichsjustizministeriums veröffentlicht.[330] Dieser sah bezüglich der Nichtigkeit von Hauptversammlungsbeschlüssen vor:

§ 136

Nichtigkeit von Hauptversammlungsbeschlüssen

„Ein Beschluß der Hauptversammlung ist nur dann nichtig, wenn er:

1. Vorschriften verletzt, die ausschließlich oder vorwiegend im öffentlichen Interesse gegeben sind, oder
2. auf Anfechtungsklage durch Urteil für nichtig erklärt ist."

Wie beim ersten Entwurf wurde die Nichtigkeitsklage nicht an eine Frist gebunden und die Stimmrechtsauübung zu eigensüchtigen Zwecken wurde der Anfechtbarkeit zugewiesen.[331] Anders als der erste Entwurf wurden Verstöße gegen das

325 Siehe Entwurf eines Gesetzes über Aktiengesellschaften und Kommanditgesellschaften auf Aktien sowie Entwurf eines Einführungsgesetzes nebst erläuternden Bemerkungen; veröffentlicht durch das Reichsjustizministerium, Berlin 1930, S. 106.

326 Siehe Entwurf eines Gesetzes über Aktiengesellschaften und Kommanditgesellschaften auf Aktien sowie Entwurf eines Einführungsgesetzes nebst erläuternden Bemerkungen; veröffentlicht durch das Reichsjustizministerium, Berlin 1930, S. 106.

327 Siehe Entwurf eines Gesetzes über Aktiengesellschaften und Kommanditgesellschaften auf Aktien sowie Entwurf eines Einführungsgesetzes nebst erläuternden Bemerkungen; veröffentlicht durch das Reichsjustizministerium, Berlin 1930, S. 106.

328 Siehe Entwurf eines Gesetzes über Aktiengesellschaften und Kommanditgesellschaften auf Aktien sowie Entwurf eines Einführungsgesetzes nebst erläuternden Bemerkungen; veröffentlicht durch das Reichsjustizministerium, Berlin 1930, S. 106.

329 *Emmerich*, Historische Entwicklung Beschlußmängelrecht, S. 146.

330 Amtlicher Entwurf eines Gesetzes über Aktiengesellschaften und Kommanditgesellschaften auf Aktien sowie Entwurf eines Einführungsgesetzes; veröffentlicht auf Anordnung des Reichsjustizministeriums, Berlin 1931.

331 Vgl. §§ 137, 142 des Amtlichen Entwurfes eines Gesetzes über Aktiengesellschaften und Kommanditgesellschaften auf Aktien sowie Entwurf eines Einführungsgesetzes; veröffentlicht auf Anordnung des Reichsjustizministeriums, Berlin 1931.

Wesen der Aktiengesellschaft nicht als Nichtigkeitsgrund normiert. Laut den Ausführungen *Geßlers* wurden gegen den Wesensbegriff starke Bedenken erhoben.[332] Zudem wurde der Verstoß gegen öffentliche Interessen dahingehend präzisiert, dass die Vorschrift, gegen die der Beschluss verstößt, „ausschließlich" oder „vorwiegend" im öffentlichen Interesse gegeben sein muss. Ebenso wurde der Begriff Generalversammlung durch den Begriff Hauptversammlung ersetzt.

Der Gesetzesentwurf wurde zunächst ohne Begründung veröffentlicht.[333] Diese wurde noch nachträglich in maschineller Form für die Beratung im vorläufigen Reichswirtschaftsrat 1932 ausgegeben.[334] Die Gesetzesbegründung in Bezug auf die Nichtigkeitsfälle entspricht in vielen Aspekten der Begründung zum AktG Entwurf 1930. So blieb der Entwurfsverfasser auf dem Standpunkt, dass trotz der Gefahr, die von einer zeitlich unbeschränkten Möglichkeit der Geltendmachung der Nichtigkeit ausgeht, dennoch eine zeitliche Befristung nicht mit rechtlichen Grundsätzen zu vereinbaren sei.[335] Ziel sei es daher gewesen, weiterhin die Nichtigkeitsfallgruppen weitgehend einzuschränken[336] und damit auch das Erpressungspotenzial räuberischer Aktionäre einzudämmen.[337] Der Entwurf plädierte abermals dafür, dass die Fälle des Stimmrechtsmissbrauchs zu eigensüchtigen Zwecken gem. § 137 I S. 2 des Entwurfes nur der Anfechtbarkeit unterliegen sollten.[338] Im Rahmen von Konzernverhältnissen sei diese Vorschrift jedoch dahingehend auszulegen gewesen, dass „wirtschaftlich gesunde und vernünftige Beschlüsse" trotz der von einer konzernangehörigen Gesellschaft angestrebten „gesellschaftsschädlichen Sondervorteile" nicht der Anfechtbarkeit unterfallen sollten.[339] Dieser Sonderfall sollte im Einzelfall im Rahmen einer Interessensabwägung seitens der Rechtsprechung

---

332 *Geßler*, ZGR 1980, S. 432, 427; so bspw. von *Brodmann*, JW 1931, S. 776, 775.

333 Siehe Einl. zu Bd. I, abgedr. bei *Schubert/Schmid/Regge*, Akademie für Deutsches Recht, Ausschuß für Aktienrecht, S. XXII.

334 Vgl. Einl. zu Bd. I, abgedr. bei *Schubert/Schmid/Regge*, Akademie für Deutsches Recht, Ausschuß für Aktienrecht, S. XXII, Fn. 19.

335 Erläuternde Bemerkungen des Reichsjustizministeriums zum Entwurf von 1931, abgedr. bei *Schubert/Hommelhoff*, Die Aktienrechtsreform am Ende der Weimarer Republik, S. 918.

336 Erläuternde Bemerkungen des Reichsjustizministeriums zum Entwurf von 1931, abgedr. bei *Schubert/Hommelhoff*, Die Aktienrechtsreform am Ende der Weimarer Republik, S. 918.

337 Siehe Protokolle der Verhandlung des vorl. Reichswirtschaftsrates, abgedr. bei *Schubert/Hommelhoff*, Die Aktienrechtsreform am Ende der Weimarer Republik, S. 370.

338 Erläuternde Bemerkungen des Reichsjustizministeriums zum Entwurf von 1931, abgedr. bei *Schubert/Hommelhoff*, Die Aktienrechtsreform am Ende der Weimarer Republik, S. 919.

339 Erläuternde Bemerkungen des Reichsjustizministeriums zum Entwurf von 1931, abgedr. bei *Schubert/Hommelhoff*, Die Aktienrechtsreform am Ende der Weimarer Republik, S. 919.

zu prüfen sein.[340] Zudem stellte die Begründung klar, dass Verstöße gegen die von der Aktienrechtsverordnung eingeführten Pflichtprüfungsbestimmungen (§§ 262a bis g) nur zur Anfechtbarkeit der Bilanzgenehmigungsbeschlüsse führen sollten.[341]

Diese Reformbestrebungen endeten jedoch zunächst 1933 in einem Abschlussbericht des Aktienrechtsausschusses des vorläufigen Reichswirtschaftsrats, welcher jedoch 1934 mit der Übernahme der Macht durch die Nationalsozialisten abgeschafft wurde.[342] Der Ausschuss für Aktienrecht der neu gegründeten Akademie für deutsches Recht sollte nunmehr das Aktiengesetz im Einklang mit dem nationalsozialistischen Gedankengut reformieren.[343] Schließlich wurde am 30.01.1937 ein reformiertes Aktiengesetz erlassen, welches neben Nichtigkeitsgründe auch eine entsprechende Klage und Heilungsmöglichkeit normierte.[344]

4. Ergebnis

Die Untersuchung der Historie der Nichtigkeit von Hauptversammlungsbeschlüssen hat aufgezeigt, dass sich insbesondere die Literatur und die Rechtsprechung früh mit den Folgen rechtswidriger Beschlüsse auseinandersetzten. In Einklang mit der höchstrichterlichen Rechtsprechung des Reichsgerichts hatte die überwiegende Ansicht der Literatur früh die Kategorie der Nichtigkeit neben der Anfechtbarkeit anerkannt. Probleme bereitete sowohl der Literatur als auch der Rechtsprechung vielmehr die Abgrenzung der Nichtigkeit von der Anfechtbarkeit. So waren sich beide weitestgehend einig, dass zwar eine ipso iure eintretende Nichtigkeit notwendig sei, jedoch zugleich die Fälle, wann diese eintreten soll, zu begrenzen seien. Trotz einiger unterschiedlicher Ansichten – auch innerhalb der Literatur und Rechtsprechung – stimmten die bezüglich der Nichtigkeit von Hauptversammlungsbeschlüssen aufgestellten Grundsätze von Literatur und Rechtsprechung weitgehend überein.[345] So sollte eine Nichtigkeit jedenfalls

340 Erläuternde Bemerkungen des Reichsjustizministeriums zum Entwurf von 1931, abgedr. bei *Schubert/Hommelhoff*, Die Aktienrechtsreform am Ende der Weimarer Republik, S. 919.

341 Erläuternde Bemerkungen des Reichsjustizministeriums zum Entwurf von 1931, abgedr. bei *Schubert/Hommelhoff*, Die Aktienrechtsreform am Ende der Weimarer Republik, S. 919.

342 *Schubert/Hommelhoff*, Die Aktienrechtsreform am Ende der Weimarer Republik, S. 72; siehe auch *Emmerich*, Historische Entwicklung Beschlußmängelrecht, S. 149.

343 Vgl. *Schubert/Hommelhoff*, Die Aktienrechtsreform am Ende der Weimarer Republik, S. 35; siehe auch *Emmerich*, Historische Entwicklung Beschlußmängelrecht, S. 149; siehe auch Begr. zum AktG 1937, abgedr. bei *Klausing*, AktG 1937, S. 2.

344 Ausführlich hierzu nachfolgend C. II.

345 Auch *Emmerich* zieht den Schluss, dass Literatur und Rechtsprechung jedenfalls insoweit übereinstimmten, dass sie die Nichtigkeit von Beschlüssen in bestimmten Fällen problemlos anerkannten, *Emmerich*, Historische Entwicklung Beschlußmängelrecht, S. 143.

dann eintreten, wenn der Beschluss inhaltlich sittenwidrig sei, zwingende Verfahrensvorschriften – wie insbesondere die Beurkundungsanforderungen des § 259 HGB – missachtet wurden, gegen zwingende Vorschriften verstoßen wurde, die vornehmlich dem Schutz der Gläubiger, Dritter oder dem öffentlichen Interesse dienten, der Beschluss mit dem Wesen[346] der Aktiengesellschaft nicht zu vereinbaren sei oder aber in nicht disponible Aktionärssonderrechte eingriff.[347]

Der historische Gesetzgeber hat zwar – wie die Ausführungen zur Denkschrift zum HGB aufzeigen – auch bereits relativ früh die Ansicht vertreten, dass es so schwerwiegende Beschlussmängel gibt, die auch durch eine unterlassene Anfechtung nicht „geheilt" werden können. Dennoch hat er erst relativ spät erkannt, dass eine gesetzliche Regelung in Bezug auf die Nichtigkeit von Hauptversammlungsbeschlüssen notwendig ist. Stattdessen hat er die Abgrenzung der Nichtigkeit von der Anfechtbarkeit den Gerichten aufgebürdet und über einen langen Zeitraum einen *laissez-faire* Stil verfolgt.

II. Die Nichtigkeit von Hauptversammlungsbeschlüssen 1937

1937 wurde schließlich ein Nichtigkeitstatbestand für Hauptversammlungsbeschlüsse und ein diesbezügliches Klagerecht für Aktionäre, den Vorstand und Mitglieder des Vorstands und des Aufsichtsrats kodifiziert.[348] Die nunmehr in § 195 AktG 1937 normierte ex lege eintretende Nichtigkeit von Hauptversammlungsbeschlüssen lautete wie folgt:

§ 195 AktG 1937

Ein Beschluss der Hauptversammlung ist außer in den Fall des **§ 135 I, § 159 IV, § 181 II, § 188 III, § 189 II** und unbeschadet der Nichtigkeit aufgrund eines auf Anfechtungsklage ergangenen rechtskräftigen Urteils nur dann nichtig, wenn

1. **die Hauptversammlung nicht nach § 105 I und II einberufen ist, es sei denn, daß alle Aktionäre erschienen oder vertreten sind;**
2. **er nicht nach § 111 I und II und IV beurkundet ist;.**
3. **er mit dem Wesen der Aktiengesellschaft unvereinbar ist oder durch seinen Inhalt Vorschriften verletzt die ausschließlich oder überwiegend zum Schutz der Gläubiger der Gesellschaft oder sonst im öffentlichen Interesse gegeben sind**

---

346 Gestützt auf die aus der vorliegenden Untersuchung gewonnenen Erkenntnisse, hat sich allerdings wohl vornehmlich nicht die Literatur, sondern die Rechtsprechung mit „wesensfremden" Beschlüssen auseinandergesetzt.

347 So im Ergebnis auch *Emmerich*, der jedoch zusätzlich noch die sogenannten „Scheinbeschlüsse" anführt: *Emmerich*, Historische Entwicklung Beschlußmängelrecht, S. 143.

348 Vgl. §§ 195, 196, 201 AktG 1937, abgedr. bei *Klausing*, AktG 1937, S. 172 ff.

4. **er durch seinen Inhalt gegen die guten Sitten verstößt**
5. **er nach § 144 II des Gesetzes über die Angelegenheiten der freiwilligen Gerichtsbarkeit auf Grund rechtskräftiger Entscheidung als nichtig gelöscht worden ist.**

Die Kodifizierung der Nichtigkeitsgründe und -klage statuierte für das Aktienrecht wichtige Grundsätze für die Unterscheidung zwischen nichtigen und (nur) anfechtbaren Hauptversammlungsbeschlüssen und diente der Rechtssicherheit.[349] Zugleich wurde ein Heilungstatbestand für von Anfang an nichtige Beschlüsse in § 196 AktG 1937 eingefügt und somit die Grundsätze der Rechtsprechung und Lehre weiterentwickelt.[350] Gemäß § 196 I AktG 1937 konnte die Nichtigkeit aufgrund eines Beurkundungsmangels i.S.v. § 195 Nr. 1 AktG 1937 ab Eintragung des Beschlusses in das Handelsregister nicht mehr geltend gemacht werden. Für die Heilung der Nichtigkeit eines Beschlusses, die sich aus § 195 Nr. 2 – 4 AktG 1937 ergab, bedürfte es zusätzlich zu der Eintragung eines Fristablaufs von drei Jahren ab Eintragung.[351] § 196 II S. 2 AktG 1937 stellte klar, dass eine Amtslöschung auch nach dem Fristablauf weiterhin möglich sei – mithin die Heilung die Löschung von Amts wegen nicht hindert. Zudem wurde die „nachträglich eintretende Nichtigkeit" eingeführt.[352] So wurde im Eingangssatz des § 195 AktG 1937 auf die §§ 181 II, 188 III, 189 II AktG 1937 und somit auf Beschlüsse verwiesen, die nachträglich nichtig sind, wenn nicht innerhalb einer bestimmten Frist eine Eintragung in das Handelsregister vorgenommen wurde.[353] Da der Anknüpfungspunkt für die Nichtigkeit in diesen Fällen nicht die Fehlerhaftigkeit des Beschlusses als solcher war, handelte es sich streng genommen um Fälle der schwebenden Unwirksamkeit.[354]

1. Die gesetzgeberische Intention der Kodifikation

Die gesetzgeberische Intention der Kodifikation der Nichtigkeitsgründe samt Nichtigkeitsklage war laut Gesetzesbegründung die Schaffung von Rechtssicherheit.[355] Der Gesetzgeber erkannte, dass der Umstand, dass die Rechtsprechung die Grenze zwischen nur anfechtbaren und zeitlich unbegrenzt geltend zu machenden nichtigen Hauptversammlungsbeschlüssen selbst ziehen musste, mit nicht

---

349 Siehe Begr. zu §§ 195 – 202 AktG 1937, abgedr. bei *Klausing*, AktG 1937, S. 172; *Dornbach*, Anfechtungsklage, S. 46.

350 Siehe hierzu *Weipert* in: Gadow/Heinichen/Schmidt/u. a., Großkom AktG 1939, § 195, Anm. 1; siehe Begr. zu §§ 195 – 196 AktG 1937, abgedr. bei *Klausing*, AktG 1937, S. 174 f.

351 Siehe § 196 II S. 1 AktG 1937.

352 Siehe *Weipert* in: Gadow/Heinichen/Schmidt/u. a., Großkom AktG 1939, § 195, Anm. 1.

353 Vgl. hierzu *Weipert* in: Gadow/Heinichen/Schmidt/u. a., Großkom AktG 1939, § 195, Anm. 1.

354 Vgl. hierzu *Weipert* in: Gadow/Heinichen/Schmidt/u. a., Großkom AktG 1939, § 195, Anm. 1.

355 Siehe Begr. zu §§ 195 – 202 AktG 1937, abgedr. bei *Klausing*, AktG 1937, S. 171 f.

tragbaren Unsicherheiten für die Aktiengesellschaften und mithin auch die Wirtschaft in Bezug auf den Bestand der Hauptversammlungsbeschlüsse einherging.[356] Entgegen derjenigen Reformvorschläge, die entweder dafür plädierten, alle fehlerhaften Beschlüsse nur der Anfechtbarkeit zu unterwerfen oder solchen, die nur eine zeitlich begrenzte Nichtigkeit zulassen wollten, entschied sich der Gesetzgeber dafür, zeitlich unbegrenzte Nichtigkeitsfälle einzuführen, diese jedoch in Anlehnung an die Grundsätze der Rechtsprechung und der Rechtslehre sachlich zu begrenzen mit dem Ziel, bereits nach Ablauf der Anfechtungsfrist mehr Rechtssicherheit zu gewährleisten.[357] Der Gesetzgeber war der Ansicht, dass die eigenständige Kategorie der Nichtigkeit neben der Kategorie der Anfechtbarkeit den allgemeinen Grundsätzen des Bürgerlichen Rechts entspreche und daher aufrechterhalten werden müsse.[358] Zudem berge die Abschaffung der Nichtigkeit die Möglichkeit für einen rechtsfreien Raum, sofern kein Aktionär einen Verstoß rügt.[359] Statt die Nichtigkeit einer zeitlichen Frist zu unterwerfen, führte der Gesetzgeber die Möglichkeit der Heilung für eng umgrenzte Fälle ein.[360] Der Gesetzgeber sah in dieser Heilungsmöglichkeit einen angemessenen Ausgleich zwischen den Interessen der Gesellschaft und dem öffentlichen Interesse.[361] So habe die Gesellschaft grds. davon ausgehen können, dass mit Eintragung (und ggf. zusätzlichem Fristablauf) der Hauptversammlungsbeschluss Bestand haben würde.[362] Auf der anderen Seite böte die Möglichkeit der Nichtigkeit aufgrund eines Löschungsverfahrens von Amts wegen gem. § 144 II FGG dem Registerrichter unbefristet immer noch die Möglichkeit, bereits eingetragene Hauptversammlungsbeschlüsse für nichtig zu erklären und zu löschen, wenn dies im öffentliche Interesse notwendig sei.[363]

2. Herkunft der einzelnen Nichtigkeitsgründe des AktG 1937

a) § 195 AktG 1937 Eingangssatz (§ 241 AktG Eingangssatz, § 241 Nr. 5 AktG)

Die im Eingangssatz genannten Fälle der Nichtigkeit sind nicht Hauptfokus der dieser Arbeit zugrundeliegenden Untersuchung. So handelte es sich bei den §§ 181 II, 188 III und 189 II AktG 1937 schon damals streng genommen um Fälle der

356 Siehe Begr. zu §§ 195 – 202 AktG 1937, abgedr. bei *Klausing*, AktG 1937, S. 171 f.
357 Siehe Begr. zu §§ 195 – 202 AktG 1937, abgedr. bei *Klausing*, AktG 1937, S. 172.
358 Siehe Begr. zu §§ 195 – 202 AktG 1937, abgedr. bei *Klausing*, AktG 1937, S. 172.
359 Siehe Begr. zu §§ 195 – 202 AktG 1937, abgedr. bei *Klausing*, AktG 1937, S. 172.
360 Siehe Begr. zu §§ 195 – 202 AktG 1937, abgedr. bei *Klausing*, AktG 1937, S. 172 f.
361 Vgl. Begr. zu §§ 195 – 202 AktG 1937, abgedr. bei *Klausing*, AktG 1937, S. 174 f.
362 Siehe Begr. zu §§ 195 – 202 AktG 1937, abgedr. bei *Klausing*, AktG 1937, S. 174 f.
363 Siehe Begr. zu §§ 195 – 202 AktG 1937, abgedr. bei *Klausing*, AktG 1937, S. 174 f.

Unwirksamkeit.[364] Der Vollständigkeit halber soll vorliegend trotzdem ein kurzer Überblick über ihre Herkunft gegeben werden.

Der Umfang der Prüfung des Jahresabschlusses gem. § 135 AktG 1937 wurde zuvor in § 262a HGB 1931 geregelt. Letzterer wurde im Rahmen der Aktienrechtsnovelle vom 19. September 1931 neu eingeführt. Anders als seine Vorgängervorschrift bestimmte § 135 I S. 2 AktG 1937, dass die Feststellung des Jahresabschlusses ohne vorherige Prüfung durch ein oder mehrere Abschlussprüfer nichtig ist. Als Begründung führte der Gesetzgeber an, dass eine wiederkehrende Überprüfung der Rechnungsführung einer Gesellschaft notwendig sei, um den Interessen der Gesellschaft und ihrer Aktionäre und Gläubiger gerecht zu werden und dem dauerhaften Bestand eines gut funktionierendes Aktienwesens diene.[365] Aus diesem Grund sei ein Jahresabschluss ohne vorherige Bilanzprüfung nichtig.[366]

§ 159 AktG 1937 wurde im Rahmen der Reformierung des Aktienrechts neu eingefügt. Er ermöglichte der Hauptversammlung, eine bedingte Kapitalerhöhung zu beschließen, und bot somit eine neue Möglichkeit der Kapitalbeschaffung.[367] § 159 IV AktG 1937 ordnete die Nichtigkeit eines späteren der bedingten Kapitalerhöhung entgegenstehenden Beschlusses an, so dass das Bezugsrecht nicht mehr entzogen werden konnte.[368] Laut Gesetzesbegründung seien somit die Voraussetzungen für eine gesicherte Rechtsposition des Bezugsberechtigten geschaffen worden, die wiederum einen höheren Anreiz zur Kapitalbereitstellung schaffe und wirtschaftlich sinnvolle (gerechtfertigte) Verschmelzungen vereinfache.[369]

§ 181 AktG 1937 wurde ebenfalls im Rahmen der Reformierung des Aktiengesetzes neu eingefügt und bestimmte, dass das Grundkapital unter den Mindestnennbetrag herabgesetzt werden kann, wenn in demselben Beschluss gleichzeitig eine Kapitalerhöhung beschlossen wird, die dazu führt, dass der Mindestbetrag des Grundkapitals wieder gewährleistet wird.[370] Zweck der Einführung dieser Vorschrift sei es gewesen, Gesellschaften eine leichtere Sanierung zu ermöglichen.[371] Gem. § 181 II AktG 1937 waren die Beschlüsse nichtig, falls die Beschlüsse und die Durchführung der Kapitalerhöhung nicht innerhalb von sechs Monaten nach Beschlussfassung in das Handelsregister eingetragen wurden.

§ 188 III AktG 1937 bestimmte, dass der Jahresabschlussbeschluss und der gleichzeitig zu fassende Kapitalherabsetzungsbeschluss nichtig sind, wenn der Beschuss über die Kapitalherabsetzung nicht innerhalb einer Frist von drei Monaten nach

364 Vgl. hierzu *Weipert* in: Gadow/Heinichen/Schmidt/u. a., Großkom AktG 1939, § 195, Anm. 1.
365 Begr. zu §§ 135 – 142 AktG 1937, abgedr. bei *Klausing*, AktG 1937, S. 126 f.
366 Begr. zu §§ 135 – 142 AktG 1937, abgedr. bei *Klausing*, AktG 1937, S. 127.
367 Siehe *Danielcik* in: Danielcik, AktG-Kommentar, § 159, Rn. 1 ff.
368 Siehe *Danielcik* in: Danielcik, AktG-Kommentar, § 159, Rn. 9.
369 Siehe Begr. zu §§ 159–168 AktG 1937, abgedr. bei *Klausing*, AktG 1937, S. 144 f.
370 Siehe hierzu *Danielcik* in: Danielcik, AktG-Kommentar, § 181, Rn. 1 ff.
371 Siehe Begr. zu §§ 175 – 181 AktG 1937, abgedr. bei *Klausing*, AktG 1937, S. 158.

der Beschlussfassung in das Handelsregister eingetragen wurde. § 189 II AktG 1937 betraf den Fall, dass zugleich mit der Kapitalherabsetzung eine Erhöhung des Grundkapitals beschlossen wird und erklärte die Beschlüsse für nichtig, wenn die Erhöhung sowie Herabsetzung und die Durchführung der Herabsetzung nicht innerhalb von drei Monaten nach der Beschlussfassung in das Handelsregister eingetragen worden sind. Laut Gesetzesbegründung sei der Zweck der Vorschriften über die vereinfachte Kapitalherabsetzung gewesen, den Gesellschaften eine leichtere Sanierung zu ermöglichen.[372] Da die Veröffentlichung von Verlustabschlüssen für eine Gesellschaft sehr kreditschädigend sein könne, sollte der Buchgewinn, der durch eine Kapitalherabsetzung erlangt werden könnte, unter den Voraussetzungen der §§ 188 bis 191 AktG 1937 im Jahresabschluss bereits als realisiert behandelt werden können, so dass die Gesellschaft keinen Verlustabschluss veröffentlichen müsse.[373]

Letztlich führte § 195 AktG 1937 im Eingangssatz noch die Nichtigkeit eines Hauptversammlungsbeschlusses als Folge eines aufgrund einer Anfechtungsklage ergangenen rechtskräftigen Urteils an. Die Anfechtungsklage und deren Begleitvorschriften – wie die Anfechtungsbefugnis und die Urteilswirkung – wurden bereits im Rahmen der Aktienrechtsnovelle von 1884 gesetzlich normiert.[374] Eine explizite Begründung für die Aufnahme dieser Urteilswirkung in den Katalog der Nichtigkeitsgründe lässt sich der Gesetzesbegründung nicht entnehmen. Allerdings führt der historische Gesetzgeber in der amtlichen Begründung an, dass § 195 AktG 1937 die „gesamten Nichtigkeitsgründe“ in Bezug auf einen Hauptversammlungsbeschluss anführt.[375] Mithin ist davon auszugehen, dass der historische Gesetzgeber eine Gesamtübersicht über die Nichtigkeitsfälle anstrebte und aus diesem Grund auch die Nichtigkeit aufgrund eines rechtskräftigen Anfechtungsurteils in die Auflistung aufnahm.

b) § 195 Nr. 1 AktG 1937 (§ 241 Nr. 1 AktG)

§ 195 I Nr. 1 AktG 1937 sanktionierte Hauptversammlungsbeschlüsse mit der Nichtigkeitsfolge, wenn die Hauptversammlung nicht entsprechend § 105 I und II AktG 1937 einberufen wurde. Eine Ausnahme von der Nichtigkeit bestand für den Fall, dass trotz dieser Fehler alle Aktionäre erschienen oder vertreten waren. § 105 I AktG 1937 verlangte, dass die Hauptversammlung durch den Vorstand oder von einer durch Gesetz oder Satzung ermächtigten Personen einberufen wurde. § 105 II AktG 1937 bestimmte zudem, dass die Einberufung die Firma der Gesellschaft und Zeit und Ort der Hauptversammlung angibt sowie in alle Gesellschaftsblättern zu veröffentlichen ist.

---

372 Siehe Begr. zu §§ 182 -191 AktG 1937, abgedr. bei *Klausing*, AktG 1937, S. 162 ff.
373 Siehe Begr. zu §§ 182 -191 AktG 1937, abgedr. bei *Klausing*, AktG 1937, S. 163 f.
374 Siehe hierzu → C. I.
375 Siehe Begr. zu §§ 195, 196 AktG 1937, abgedr. bei *Klausing*, AktG 1937, S. 173.

§ 105 AktG 1937 geht ursprünglich aus § 253 HGB hervor, wurde jedoch durch einige Bestimmungen ergänzt. Im Gegensatz zu seiner Vorgängervorschrift wurde in § 105 I AktG 1937 geregelt, dass der Rechtsschein des Handelsregisters in Bezug auf den Vorstand ausreichend ist, um diesen zur Einberufung zu legitimieren. Somit wurde der Streit darüber, ob die Einberufung durch einen nicht wirksam bestellten Vorstand zur Nichtigkeit (so die wohl überwiegende Meinung) der Einberufung und mithin auch der Beschlüsse führt, vom Gesetzgeber geklärt, um diesbezüglich Rechtssicherheit zu schaffen.[376] Die Anordnung der Nichtigkeitsfolge bei einem Verstoß gegen diese Einberufungsvorschriften war insoweit im Einklang mit der Rechtsprechung, als dass das Reichsgericht Beschlüsse, die im Rahmen einer Gesellschafterversammlung gefasst wurden, die von einer unzuständigen Person einberufen wurde, für „null und nichtig" erklärt hat, falls nicht dennoch alle Gesellschafter erschienen waren.[377] Im Unterschied zur Regelung des Gesetzgebers nahm das Reichsgericht jedoch an, dass es sich bei Beschlüssen, die von unbefugten Personen bspw. von hierzu nicht berechtigten Gesellschaftern einberufen wurden, von vornherein um Scheinbeschlüsse handele.[378] Der Gesetzgeber hat sich hingegen dafür entschieden, dass auch bei einem solchen Verstoß grds.[379] Beschlüsse vorliegen, diese aber gem. § 195 Nr. 1 AktG 1937 nichtig seien.[380]

Neu eingefügt wurden auch die Bestimmungen des § 105 II AktG 1937, der nunmehr verlangte, dass in der Einberufung auch die Firma der Gesellschaft sowie Zeit und Ort der Versammlung genannt werden müssen. Zudem musste die Einberufung in den Geschäftsblättern veröffentlicht werden. Bis zu diesem Zeitpunkt konnte die Form der Einberufung autonom in der Satzung geregelt werden.[381]

c) § 195 Nr. 2 AktG 1937 (§ 241 Nr. 2 AktG)

Gemäß § 195 Nr. 2 AktG 1937 war ein Hauptversammlungsbeschluss nichtig, wenn er nicht gem. § 111 I, II und IV AktG 1937 beurkundet wurde. § 111 I AktG 1937 verlangte für die Gültigkeit eines Beschlusses, dass die über die Verhandlung gerichtlich oder notariell aufgenommene Niederschrift beurkundet wurde. Zudem war gem. § 111 II AktG 1937 in dieser Niederschrift der Ort und Tag der Verhandlung, der Name des Richters oder Notars sowie die Art und das Ergebnis der Abstimmung und die Feststellung des Vorsitzenden über die Beschlussfassung anzugeben.

---

376 Siehe *Danielcik* in: Danielcik, AktG-Kommentar, § 105, Rn. 3.

377 RG, II 59/18 v. 23.04.1918, RGZ 92, 409 (412).

378 RG, I 227/10 v. 18.02.1911, RGZ 75, 239 (242); zur GmbH RG, II 59/18 v. 23.04.1918, RGZ 92, 409 (412 f).

379 Ausnahmen sind dann zu machen, wenn bspw. ein gesellschaftsfremder eine Versammlung auf der Straße einberuft: BGH, II ZR 167/52 v. 16.12.1953, BGHZ 11, 231 (236).

380 Siehe hierzu BGH, II ZR 167/52 v. 16.12.1953, BGHZ 11, 231 (235 f.).

381 Siehe *Danielcik*, in: Danielcik, AktG-Kommentar, § 105, Rn. 5.

Schließlich war weitere Voraussetzung für die Gültigkeit des Beschlusses, dass die Niederschrift von dem Richter oder Notar unterschrieben wird.[382]

Mithin knüpft § 195 Nr. 2 AktG 1937 an die Wahrung bestimmter formeller Vorgaben an. Im Gegensatz zu anderen Nichtigkeitstatbeständen findet die Nichtigkeit wegen eines Protokollierungsmangels ihren Ursprung bereits im Allgemeinen Deutschen Handelsgesetzbuch von 1884. Artikel 238a ADHGB 1884 statuierte, dass jeder Beschluss der Generalversammlung zu seiner Gültigkeit der gerichtlichen oder notariellen Beurkundung bedürfe. Zudem habe der Vorstand eine beglaubigte Abschrift der Urkunde unverzüglich zum Handelsregister einzureichen. Laut Gesetzesbegründung sei Zweck der Protokollierungsvorschrift gewesen, zum einen Rechtssicherheit in Bezug auf die gefassten Beschlüsse zu bewirken, zum anderen sollte die Mitwirkung eines Richters oder Notars die Einhaltung von Gesetz und Satzung im Rahmen der Generalversammlungsbeschlüsse fördern.[383]

Aufgrund der Formulierung „zu seiner Gültigkeit" wurden daher nach allgemeiner Ansicht Beschlüsse, die hiergegen verstießen, als nichtig und nicht nur anfechtbar qualifiziert.[384] Das Handelsgesetzbuch von 1897 führte diese Beurkundungsanforderungen in § 259 I HGB 1897 fort, der Gesetzgeber ergänzte diese Regelung jedoch noch um drei weitere Absätze, die zusätzliche Erfordernisse an die ordnungsgemäße Beurkundung stellten. Auch wenn die (systematisch nachvollziehbare) Konsequenz dem Gesetzgeber wohlmöglich bei der Normierung der zusätzlichen Anforderungen nicht bewusst gewesen sei,[385] nahmen Literatur und Rechtsprechung, dass nunmehr auch ein Verstoß gegen diese neuen Vorschriften die Nichtigkeitsfolge gem. § 259 I HGB1897 begründeten. So entschied das Reichsgericht, dass ein Verstoß gegen die Vorgängervorschriften der § 259 III HGB 1897, ebenso wie ein Verstoß gegen §§ 259 I und II HGB 1897 (§ 111 I, II und III AktG 1937), die Unwirksamkeit des Protokolls und sämtlicher gefasster Beschlüsse der Generalversammlung zur Folge habe.[386] Selbst bei einer Einmannaktiengesellschaft seien diese Formvorschriften aufgrund ihres Zwecks zwingend und dürfen nicht umgangen werde:[387] Das Erfordernis der Beurkundung durch ein gerichtliches oder notarielles Protokoll sowie der Einreichung einer beglaubigten Abschrift des Protokolls zum Handelsregister „dient dazu, die geschäftlichen Verhältnisse der Aktiengesellschaft, soweit sie sich aus den Beschlüssen der Generalversammlung ergeben, klarzustellen und sie außerdem offenkundig zu machen, da

382 Vgl. § 111 IV AktG 1937.

383 Siehe Amtliche Begründung des ADHGB von 1884, abgedr. bei *Schubert/Hommelhoff*, Hundert Jahre Aktienrecht, S. 505 f.

384 Siehe hierzu *Koch*, FS 25 Jahre Notarinstitut, 491 (493); sowie zur Nachfolgevorschrift des § 259 HGB, *Staub* in: Staub, Staub HGB, § 259, Anm. 10; *Mosse* in: Mosse/Litthauer, HGB, § 259, Anm. 5.

385 *Koch*, FS 25 Jahre Notarinstitut, 491 (494).

386 Siehe RG, III 358/25 v. 02.07.1926, RGZ 114, 202 (204).

387 RG, II 161/27 v. 09.12.1927, RGZ 119, 229 (230).

das eingereichte Protokoll nach § 9 HGB. von jedem eingesehen werden kann."[388] Hinsichtlich der Maßgabe, dass auch Zeit und Ort (richtig) angegeben werden müssen, liege der Zweck darin, „daß Ort und Zeit der Vornahme eines Rechtsgeschäfts nicht nur für seine Auslegung, sondern auch für seine Rechtsgültigkeit von wesentlicher Bedeutung sein können, und daß die Feststellung des Ortes der Verhandlung auch für die Beurteilung der Zuständigkeit des Richters oder Notars zur Vornahme der Beurkundung maßgebend sein kann. Dazu kommt, daß die Feststellung der Unrichtigkeit einer Beurkundung grundsätzlich nur dazu führen kann, daß das unrichtig Beurkundete als nicht beurkundet gilt, nicht aber dazu, daß das als beurkundet zu gelten hätte, was hätte beurkundet werden sollen."[389]

Auch die Literatur war bereits vor der Kodifizierung der Nichtigkeitsgründe der Ansicht, dass ein Verstoß gegen die zwingenden Verfahrensvorschriften des § 259 I – IV HGB die Nichtigkeit der Beschlüsse zur Folge habe.[390]

Der Gesetzgeber schloss sich der Wertung von Literatur und Rechtsprechung in Bezug auf die Beurkundungsvorschrift an und hat diese schließlich im Rahmen der Fassung des Nichtigkeitstatbestands des § 241 Nr. 2 AktG übernommen. Anders als das Reichsgericht[391] entschied der Gesetzgeber jedoch, dass Fehler betreffend das Teilnehmerverzeichnis, das der Niederschrift beigefügt werden muss, keine Nichtigkeit des Beschlusses begründe. § 111 III AktG 1937 wurde daher explizit vom Gesetzgeber nicht in die Nichtigkeitsanordnung des § 195 Nr. 2 AktG 1937 aufgenommen. Hingegen wurde § 259 II HGB (§ 111 II AktG 1937) dahingehend verschärft, dass zudem die Feststellungen des Vorsitzenden über die Beschlussfassung protokolliert werden müssen und ein Verstoß hiergegen mithin ebenfalls zur Nichtigkeit führt.[392]

d) § 195 Nr. 3 AktG 1937 (§ 241 Nr. 3 AktG)

Gemäß § 195 Nr. 3 AktG 1937 sind Hauptversammlungsbeschlüsse nichtig, wenn sie mit dem Wesen der Aktiengesellschaft unvereinbar sind oder durch ihren Inhalt Vorschriften verletzen, die ausschließlich oder überwiegend zum Schutz der Gläubiger der Gesellschaft oder sonst in öffentlichem Interesse gegeben sind.

388 RG, II 161/27 v. 09.12.1927, RGZ 119, 229 (230).
389 RG, V 631/23 v. 20.12.1924, RGZ 109, 368 (371 f.).
390 Vgl. *Horrwitz*, Aktiengesellschaften, S. 119; *Hueck*, Anfechtbarkeit und Nichtigkeit, S. 53 f.; *Mosse* in: Mosse/Litthauer, HGB, § 259, Anm. 5; *Koenige/Pinner/Bondi* in: Staub, Staub HGB Kom., § 259, Anm. 11; a.A. noch *Staub* in: Staub, Staub HGB, § 259, Anm. 10; siehe zur Historie der Nichtigkeit wegen eines Beurkundungsmangels auch: *Koch*, FS 25 Jahre Notarinstitut, 491 (492 ff.).
391 RG, III 358/25 v. 02.07.1926, RGZ 114, 202 (202 ff.).
392 Siehe *Danielcik* in: Danielcik, AktG-Kommentar, § 111, Rn. 2.

Die Vorschrift übernimmt mithin die in der Rechtsprechung des Reichsgerichts aufgestellten Grundsätze und Formulierungen[393] und ist auch im Einklang mit der überwiegenden Ansicht der Literatur.[394] Insbesondere schließt sich die Formulierung des Tatbestandes der Meinung des Reichsgerichts an, dass nur inhaltliche Verstöße von Relevanz sind und der Schutz der Aktionäre, insbesondere bei Verstößen hinsichtlich der Art und Weise des Zustandekommens des Beschlusses, grds. nur durch die Anfechtungsmöglichkeit gewahrt ist.[395] Im Gegensatz zum zweiten Entwurf von 1931 wurde der Verstoß gegen das Wesen der AG wieder in den Nichtigkeitstatbeständen aufgenommen. Laut den Ausführungen *Geßlers* haben die Entwurfsverfasser Bedenken gehabt, dass ein Verstoß gegen das Wesen der AG stets zugleich einen Verstoß gegen öffentliche Interessen begründe und daher die Wesensvariante weiterhin festgeschrieben.[396] Der Gesetzgeber erläuterte jedoch nicht, was unter den Begriff des Wesens der Aktiengesellschaft fällt,[397] so dass davon auszugehen ist, dass er diese Feststellung weiterhin der Rechtsprechung im Einzelfall überlassen wollte.

In Bezug auf Verstöße gegen Vorschriften, die ausschließlich oder überwiegend dem Schutz des öffentlichen Interesses dient, stellte der Gesetzgeber klar, dass im Einzelfall zu prüfen sei, ob die konkrete Vorschrift diese Voraussetzungen erfüllt.[398] Dennoch gab er Leitlinien vor: „Dient eine Vorschrift nicht nur dem Schutz der beschließenden Aktionäre, sondern auch dem der Gläubiger und der künftigen Aktionäre, so bezweckt sie den Schutz der Öffentlichkeit. Gleiches gilt, wenn sie zwar nur die beschließenden Aktionäre schützen will, diese aber auf den Schutz nach dem Willen des Gesetzgebers nicht verzichten dürfen. Auch dann liegt die Einhaltung der Vorschrift im öffentlichen Interesse."[399] Auch diese Grundsätze stehen im Einklang mit der Rechtsprechung des Reichsgerichts, das immer im Einzelfall untersuchte, ob die Norm nur die gegenwärtigen Aktionäre zu schützen bezweckt und damit grds. nicht im öffentlichen Interesse besteht. Zusätzlich prüfte das Reichsgericht auch, ob die Norm gegen die verstoßen wurde dispositiv ist, d.h. ob die Aktionäre auf die Einhaltung der Norm verzichten konnten. War dies nicht der Fall, hat es ebenfalls Hauptversammlungsbeschlüsse für nichtig erklärt.[400]

---

393 Siehe hierzu C. I. 1. b); so auch bestätigt in der Gesetzesbegründung zu §§ 195, 196 AktG 1937, abgedr. bei *Klausing*, AktG 1937, S. 174; so auch *Eberspächer*, Nichtigkeit, S. 13.

394 Siehe hierzu ausführlich C. I. 3. und 4.

395 Siehe hierzu ausführtlich C I 1. b), sowie Begr. zu §§ 195 – 196 AktG 1937, abgedr. bei *Klausing*, AktG 1937, S. 174.

396 *Geßler*, ZGR 1980, S. 432, 427.

397 *Godin/Wilhelmi* in: Frhr. von Godin/Wilhelmi, AktG 1937, § 195, Rn. II. 8; Auch *Koch* führt an, dass unklar blieb, was inhaltlich mit der Ausdehnung der Nichtigkeit auf Wesensverstöße genau bezweckt war. *Koch*, ZHR 2018, 378 (384).

398 Siehe Begr. zu §§ 195, 196 AktG 1937, abgedr. bei *Klausing*, AktG 1937, S. 174.

399 Begr. zu §§ 195, 196 AktG 1937, abgedr. bei *Klausing*, AktG 1937, S. 174.

400 Siehe hierzu ausführlich → C I. 1. b).

e) § 195 Nr. 4 AktG 1937 (§ 241 Nr. 4 AktG)

§ 195 Nr. 4 AktG 1937 stellt klar, dass eine Nichtigkeit des Beschlusses aufgrund eines Verstoßes gegen die guten Sitten nur im Fall der Inhaltssittenwidrigkeit gegeben ist. Die Umstandssittenwidrigkeit eines Beschlusses ist hingegen nur der Anfechtbarkeit unterworfen. Insbesondere stellt der Gesetzgeber klar, dass von einem Aktionär für sich oder einen Dritten im Rahmen seiner Stimmrechtsausübung verfolgte sittenwidrige oder gesellschaftsfremde Zwecke (zum Schaden der Gesellschaft) nur die Anfechtbarkeit des Beschlusses begründen.[401] Mithin hat sich auch hier der Gesetzgeber der Auffassung der Rechtsprechung und der Literatur angeschlossen und die Nichtigkeit auf die Inhaltssittenwidrigkeit begrenzt.[402]

f) § 195 Nr. 5 AktG 1937 (§ 241 Nr. 6 AktG)

Gemäß § 195 Nr. 5 AktG 1937 ist ein Hauptversammlungsbeschluss nichtig, wenn er nach § 144 II des Gesetzes über die Angelegenheiten der freiwilligen Gerichtsbarkeit (FGG) 1937 auf Grund rechtskräftiger Entscheidung als nichtig gelöscht worden ist. Diese Vorschrift dient laut Gesetzesbegründung der Klarstellung des Verhältnisses der Nichtigkeitsgründe zu § 144 II FGG 1937.[403] § 144 II FGG 1937 ermöglicht dem Registergericht einen eingetragenen Hauptversammlungsbeschlusses als nichtig zu löschen, wenn dieser durch seinen Inhalt zwingende Gesetzesvorschriften verletzt und die Beseitigung im öffentlichen Interesse erforderlich erscheint. Diese gesetzliche Regelung trat am 01. Januar 1900 in Kraft und war somit schon in der Erstfassung des FGG enthalten.[404] Sie diente als Einschränkung zu § 140 FGG.[405] In der Denkschrift zum FGG wird bezüglich § 144 II FGG (im Entwurf noch unter § 140 II FGG gefasst) ausgeführt: „Wie weiterhin der § 140 Abs. 2 des Entwurfs bestimmt, kann ein in das Handelsregister eingetragener Beschluß der Generalversammlung oder Mitgliederversammlung einer Aktiengesellschaft, Kommanditgesellschaft auf Aktien oder Gesellschaft mit beschränkter Haftung nur dann gemäß den Vorschriften des §§ 138, 139 als nichtig gelöscht werden, wenn er durch seinen Inhalt zwingende Vorschriften des Gesetzes verletzt und seine Beseitigung im öffentlichen Interesse erforderlich erscheint. Die Löschung von Amtswegen ist daher nicht schon deshalb zulässig, weil ein Beschluß unter Verletzung der Vorschriften über die Berufung der Versammlung oder über die Abstimmung zu Stande gekommen ist oder weil der Inhalt des Beschlusses gegen

---

401 Siehe § 197 II AktG 1937 und Begr. zu §§ 197 – 199 AktG 1937, abgedr. bei *Klausing*, AktG 1937, S. 177.

402 Siehe hierzu → C I 1. b), 3., 4.

403 Siehe Begr. zu §§ 195 – 196 AktG 1937, abgedr. bei *Klausing*, AktG 1937, S. 174.

404 Gesetz über die Angelegenheiten der freiwilligen Gerichtsbarkeit, in der Fassung der Bekanntmachung vom 20.05.1898, RGBl. I, S. 771.

405 Siehe Denkschrift zum FGG, abgedr. bei *Hahn/Mugdan*, Die gesammten Materialien zu den Reichs-Justizgesetzen, S. 70.

Bestimmungen des Gesellschaftsvertrags oder gegen gesetzliche Vorschriften nicht zwingender Natur verstößt. Eine Anwendung der allgemeinen Löschungsbefugniß auf Fälle dieser Art wäre nicht gerechtfertigt, da es sich hier um Interessen handelt, deren Wahrnehmung füglich den Betheiligten selbst überlassen bleiben darf. Verletzt dagegen der Beschluß Vorschriften, welche das Gesetz der Abänderung durch die Betheiligten entzieht, so kann es das öffentliche Interesse dringend fordern, daß die Ungültigkeit des Beschlusses im Wege der Löschung auch äußerlich zur Geltung gebracht und so der Ausführung entgegengetreten werde. Unter diesen Gesichtspunkt fallen beispielsweise Beschlüsse, durch welche in den Gesellschaftsvertrag Bestimmungen aufgenommen werden sollen, die den gesetzlichen Vorschriften über den Mindestbetrag der Aktien oder Stammeinlagen, über die Unzulässigkeit einer Rückzahlung der Einlagen, über die Höhe und Ausstattung des Reservefonds oder über die Amtsdauer des Aufsichtsraths einer Aktiengesellschaft zuwiderlaufen (HandGB. §§ 180, 213 ff., 243, 262; Gesetz, betr. Die Gesellschaften mit beschränkter Haftung, §§ 5, 30)."[406]

3. Ergebnis

Die Untersuchung der Herkunft der Nichtigkeitsgründe in Bezug auf Hauptversammlungsbeschlüsse hat aufgezeigt, dass die Kodifizierung wesentlich von der Rechtsprechung des Reichsgerichts und der Literatur geprägt war. Hierbei wurden nicht nur die von der Rechtsprechung und Literatur entwickelten Maxime zur Nichtigkeit eingearbeitet, sondern der Gesetzgeber hat auch die Formulierung der einzelnen Nichtigkeitstatbestände durch den Reichsgerichtshof weitgehend übernommen.[407] So hat sich der Gesetzgeber in Einklang mit Rechtsprechung und Literatur entschieden, eine Nichtigkeit der Beschlüsse im Fall der Inhaltssittenwidrigkeit (§ 195 Nr. 4 AktG 1937) sowie bei Wesensverstößen oder inhaltlichen Verstößen gegen Vorschriften, die dem Schutz der Gläubiger oder sonstiger öffentlicher Interessen dienen (§ 195 Nr. 3 AktG 1937), anzuordnen. In Bezug auf eine Nichtigkeit wegen eines Einberufungsmangels (§ 195 Nr. 1 AktG) hat er hingegen klargestellt, dass entgegen der Ansicht des Reichsgerichts nicht jede Einberufung durch eine unbefugte Person einen Scheinbeschluss darstellt, sondern grds. einen nichtigen Beschluss begründet. Hinsichtlich der Nichtigkeit wegen eines Beurkundungsmangels (§ 195 Nr. 2 AktG 1937) hatte der Gesetzgeber zwar schon im Rahmen des Artikel 238a ADHGB 1884 statuiert, dass jeder Beschluss der Generalversammlung zu seiner Gültigkeit der gerichtlichen oder notariellen Beurkundung bedürfe, er hat sich jedoch auch hier der Ansicht der Rechtsprechung und der Literatur angeschlossen, dass auch ein Verstoß gegen die weitergehenden

406 Denkschrift zum FGG, abgedr. bei *Hahn/Mugdan*, Die gesammten Materialien zu den Reichs-Justizgesetzen, S. 71.

407 So auch *Weipert* in: Gadow/Heinichen/Schmidt/u. a., Großkom AktG 1939, § 195 AktG, Anm. 1.

Anforderungen des § 259 II, III HGB (§ 111 II und IV AktG 1937) die Nichtigkeit begründe.

Mehrheitlich vom Gesetzgeber neu eingefügt wurden die auf die im Eingangssatz verwiesenen Nichtigkeits- und Unwirksamkeitsfälle – wie die bedingte Kapitalerhöhung oder die Herabsetzung des Grundkapitals. Zweck dieser Vorschriften war es, den Gesellschaften neue Formen der Kapitalbeschaffung zu ermöglichen, gleichzeitig aber auch eine Kreditschädigung der AG zu vermeiden. Eine wesentliche Neuerung betraf zudem die Einführung einer Heilungsvorschrift für nichtige Beschlüsse.

III. Entwicklung der Nichtigkeitstatbestände von 1937 bis heute

1. Entwicklung von 1937 bis zum Aktiengesetz 1965

Das Aktiengesetz von 1937 erlebte in der Folgezeit zahlreiche Reformen.[408] Erste Reformbestrebungen wurden nach dem zweiten Weltkrieg ab 1945 aufgenommen.[409] Anfang der 50er Jahre folgten sodann mehrere Denkschriften von Vereinigungen und Verbänden, die das Ziel hatten, die Position der Hauptversammlung und des einzelnen Aktionärs zu stärken.[410] Auf der Ebene der Gesetzgebung führten das Montanmitbestimmungsgesetz von 1951 sowie das Betriebsverfassungsgesetz von 1952 zu Reformgedanken, die zunächst 1959 in der „kleinen Aktienrechtsreform"[411] und schließlich 1960 in einem Regierungsentwurf eines Aktiengesetzes seitens der Bundesregierung[412] mündeten.[413] Im Rahmen der kleinen Aktienrechtsform, die am 31.12.1959 in Kraft trat, wurde die Kapitalerhöhung aus Gesellschaftsmitteln und die Gewinn- und Verlustrechnung geregelt, um den Kapitalmarkt zu fördern und durch mehr Transparenz im Rahmen der Gewinn und Verlustrechnung neue Anleger zu gewinnen.[414] Die hierdurch für die Nichtigkeitsgründe

---

408 Siehe zur Entwicklung des Aktienrechts *Habersack* in: Goette/Habersack, MüKo, AktG, Einl., Rn. 12 ff.

409 Siehe Begründung Reg. Entwurf, BT-DrS. IV 171, S. 92.

410 Siehe hierzu ausführlich und m.w.N. *Habersack*, in: Goette/Habersack, MüKo, AktG, Einl., Rn. 23.

411 Als „kleine Aktienrechtsreform" wird der Erlass zweier Gesetze bezeichnet: Gesetz über die Kapitalerhöhung aus Gesellschaftsmitteln und über die Verschmelzung von Gesellschaften mit beschränkter Haftung (KapErhG) vom 23.12.1959, BGBl. I S. 789; Gesetz über steuerrechtliche Maßnahmen bei Erhöhung des Nennkapitals aus Gesellschaftsmitteln und bei Überlassung von eigenen Aktien an Arbeitnehmer (StKapErhG) vom 30. Dezember 1959, BGBl.; siehe auch *Habersack*, in: Goette/Habersack, MüKo, AktG, Einl., Rn. 27.

412 Gesetzesentwurf der Bundesregierung, BT-DrS. III/1915.

413 Siehe *Habersack*, in: Goette/Habersack, MüKo, AktG, Einl., Rn. 24 ff.

414 Siehe Begründung Reg. Entwurf, BT-DrS. III/416, S. 8, 16 f.

relevanten Änderungen werden nachfolgend im Rahmen der Modifikationen durch das Aktiengesetz von 1965 erläutert.

2. Das Aktiengesetz von 1965

Das Aktiengesetz und das Einführungsgesetz zum Aktiengesetz wurden schließlich am 11.09.1965 verkündet.[415] In Bezug auf die Nichtigkeitsgründe war die erste Neuerung, dass in den §§ 250 bis 254 AktG 1965 Sondervorschriften für die Anfechtung und die Nichtigkeit der Wahl von Aufsichtsratsmitgliedern und der Gewinnverwendungsbeschlüsse eingefügt wurden. Das Aktiengesetz von 1937 hatte hingegen hinsichtlich der Fälle, die der Anfechtung und Nichtigkeit unterfielen (mit Ausnahme der §§ 197 III, 198 II AktG 1937 im Fall der Anfechtung), nicht zwischen den Gegenständen der Hauptversammlungsbeschlüsse unterschieden.[416] Laut Begründung zum Regierungsentwurf sei diese gesonderte Regelung in Bezug auf die Wahl von Aufsichtsratsmitgliedern als Folge der Einführung des Mitbestimmungsrechts der Arbeitnehmer erforderlich gewesen, um die Nichtigkeitsgründe, die Klagebefugnis und die Urteilswirkung entsprechend auszuweiten.[417] Die Sonderregelungen betreffend die Bilanzfeststellungs- und Gewinnverwendungsbeschlüsse der Hauptversammlung seien notwendig gewesen, da sich im Gegensatz zu anderen Hauptversammlungsbeschlüssen diesbezüglich spezielle Fragen stellen würden.[418]

Neu war auch, dass die Nichtigkeitsgründe des von Vorstand und Aufsichtsrat sowie des von der Hauptversammlung festgestellten Jahresabschlusses in § 256 AktG nunmehr in einer Vorschrift zusammengefasst wurden, da laut Bericht des Rechtsauschusses[419] die Nichtigkeit wegen inhaltlicher Mängel gleich geregelt werden sollte.[420] Zugleich wurden die Nichtigkeitsgründe erweitert (z.B. § 256 I Nr. 3 AktG 1965), da es sich um Vorschriften im öffentlichen Interesse handele, so dass gravierende Gesetzesverstöße mit der Nichtigkeit geahndet werden müssten.[421] Sinn und Zweck der Rechnungslegungsvorschriften sei es, dass ein Jahresabschluss bekannt gemacht werde, der aussagekräftig ist.[422] Dies sei nicht nur im Interesse der vorhandenen Aktionäre gewesen, sondern habe auch die Interessen zukünftiger Aktionäre und sonstiger Dritter, die an der Gesellschaft beteiligt seien,

---

415 Aktiengesetz vom 6. September 1965, BGBl. I, S. 1089.
416 Siehe Begründung zum Regierungsentwurf, BT-DrucksS. IV/171, S. 200.
417 Siehe Begründung zum Regierungsentwurf, BT-DrucksS. IV/171, S. 200.
418 Siehe Begründung zum Regierungsentwurf, BT-DrucksS. IV/171, S. 200.
419 Schriftlicher Bericht des Rechtsausschusses (12. Ausschuss) über die von der Bundesregierung eingebrachten Entwürfe a) eines Aktengesetzes, b) eines Einführungsgesetzes zum Aktiengesetz – Drucksache IV/171... A Bericht des Abgeordneten Dr. Wilhelmi (zu Bundestagsdrucksache IV/3296), abgedr. bei *Kropff*, AktG.
420 Siehe Bericht des RA zu § 256, abgedr. bei *Kropff*, AktG, S. 345.
421 Siehe Bericht RA zu §§ 256 bis 261, abgedr. bei *Kropff*, AktG, S. 342 ff.
422 Siehe Bericht RA zu §§ 256 bis 261, abgedr. bei *Kropff*, AktG, S. 343.

tangiert.[423] Sich auf die Anfechtung seitens der Aktionäre zu verlassen, wäre daher nicht genug gewesen.[424] Die vormals in § 195 AktG 1937 genannte in § 135 I AktG 1937 geregelte Nichtigkeit eines ohne Prüfung festgestellten Jahresabschlusses wurde nunmehr aus dem Eingangssatz der Nichtigkeitsgründe herausgenommen und in § 162 I AktG 1965 geregelt. Auf letzteren wurde im Rahmen des § 256 I Nr. 2 AktG 1965 als Nichtigkeitsgrund verwiesen.

Hingegen wurde § 212 AktG 1965 neu im Eingangssatz eingefügt. Dieser entsprach § 9 des Gesetzes über die Kapitalerhöhung aus Gesellschaftsmitteln und über die Gewinn- und Verlustrechnung vom 23.12.1959.[425] Demnach war ein Hauptversammlungsbeschluss, der nicht mit dem Grundsatz, dass im Rahmen einer Kapitalerhöhung aus Gesellschaftsmitteln den Aktionären die neuen Aktien im Verhältnis ihrer Anteile am bisherigen Grundkapital zustehen, nichtig. Der Grund hierfür sei gewesen, dass das Vermögen der Gesellschaft nicht vergrößert würde und die Aktionäre auch bisher anteilsmäßig hieran beteiligt gewesen seien.[426] Mithin sei es zwingend gewesen zu regeln, dass den Aktionären diese Beteiligung nicht entzogen werden dürfe.[427] Eine Abweichung hiervon wäre mit dem Wesen der Kapitalerhöhung aus Gesellschaftsmitteln nicht zu vereinbaren gewesen.[428]

Ebenso wurde § 217 II AktG in die Aufzählung der Nichtigkeitsfälle im Eingangssatz des § 241 AktG 1965 neu aufgenommen. Dieser wurde zunächst im Regierungsentwurf nicht im Eingangssatz genannt, später aber aufgrund Empfehlung des Rechts- und Wirtschaftsausschusses eingefügt, um die Nichtigkeitsgründe in § 241 AktG abschließend aufzulisten.[429] § 217 II AktG 1965 entspricht § 14 II des Gesetzes über die Kapitalerhöhung aus Gesellschaftsmitteln und über die Gewinn- und Verlustrechnung und bestimmt, dass die Beschlüsse über die Erhöhung des Grundkapitals und die Verwendung des Bilanzgewinns des letzten vor der Beschlussfassung über die Kapitalerhöhung abgelaufenen Geschäftsjahrs nichtig sind, wenn der Kapitalerhöhungsbeschluss nicht innerhalb einer bestimmten Frist in das Handelsregister eingetragen wurde. Der Zweck des § 14 II des Gesetzes über die Kapitalerhöhung aus Gesellschaftsmitteln und über die Gewinn- und Verlustrechnung sei es gewesen, die Ziele die mit der Kapitalerhöhung aus Gesellschaftsmitteln verfolgt wurde zu erreichen und es den Gesellschaften daher zu ermöglichen, dass die neuen Anteile bereits am Gewinn des Geschäftsjahres teilhaben können, in dem auch der Kapitalerhöhungsbeschluss gefasst wurde.[430]

---

423 Siehe Bericht RA zu §§ 256 bis 261, abgedr. bei *Kropff*, AktG, S. 342 ff.
424 Siehe Bericht RA zu §§ 256 bis 261, abgedr. bei *Kropff*, AktG, S. 342 ff.
425 BGBl. I, 1959, S. 798.
426 Siehe Begründung Regierungsentwurf, BT-DrS. III/416, S. 13 f.
427 Siehe Begründung Regierungsentwurf, BT-DrS. III/416, S. 13 f.
428 Siehe Begründung Regierungsentwurf, BT-DrS. III/416, S. 14.
429 Siehe Bericht RA zu § 241, abgedr. bei *Kropff*, AktG, S. 328.
430 Siehe schriftlicher Bericht des Wirtschaftsausschusses, Bericht des Abgeordneten Dr. Barzel, BT-DrS. III/1409, zu § 17, S. 4; siehe auch *Wilhelmi/Friedrich* in: Wilhelmi/Friedrich, Kleine Aktienrechtsreform, § 14 Rn. 1.

Neu war zudem, dass, um Zweifel des bisherigen Rechts zu beseitigen, die Nichtigkeitsgründe auf Sonderbeschlüsse bestimmter Aktionärsgruppen für entsprechend anwendbar erklärt wurden.[431]

Die anderen im Eingangssatz genannten Nichtigkeitsfälle hatten hingegen bereits eine entsprechende Vorschrift in § 195 AktG 1937. Ebenso entsprachen die in § 241 Nr. 1 – 6 AktG 1965 normierten Nichtigkeitsgründe weitestgehend § 195 Nr. 1 – 5 AktG 1937. Die in § 195 AktG 1937 im Eingangssatz genannte Nichtigkeit aufgrund eines rechtskräftigen Anfechtungsurteils wurde – laut Begründung zum Regierungsentwurf – zur sprachlichen Entlastung des Eingangssatzes in § 241 Nr. 5 AktG 1965 normiert.[432]

In Bezug auf die Nichtigkeitsgründe gem. § 195 Nr. 1 und 2 AktG 1937 haben sich kleiner Änderungen ergeben: § 195 Nr. 1 AktG 1937 erklärte wie § 241 Nr. 1 AktG 1965 im Falle bestimmter Einberufungsmängel die Hauptversammlungsbeschlüsse für nichtig. Beide Vorschriften verweisen hierzu auf die Einberufungsvorschriften gem. § 105 I, II AktG 1937 bzw. § 121 II, III AktG 1965. Während§ 105 I AktG 1937 in § 121 II AktG 1965 übernommen wurde, bestimmt § 121 III S. 2 AktG 1965 im Gegensatz zu § 105 II AktG 1937, dass in der Einberufung zusätzlich auch der Sitz der Gesellschaft sowie die Bedingungen für die Teilnahme an der Hauptversammlung und die Ausübung des Stimmrechts angegeben werden müssen. Laut Begründung zum Regierungsentwurf sei der Grund für diese zusätzliche Angabe der genannten Bedingungen eine Verbesserung der Informierung der Aktionäre gewesen.[433] Hinsichtlich der Nichtigkeit des Beschlusses wegen eines Beurkundungsmangels (§ 241 Nr. 2 AktG 1965, § 195 Nr. 2 AktG 1937) wurde die Beurkundungsvorschrift des § 130 I AktG 1965, auf die § 241 Nr. 2 AktG 1965 (vormals § 111 I AktG 1937, § 195 Nr. 2 AktG 1937) verweist, dahingehend ergänzt, dass nunmehr auch das Verlangen einer Minderheit in Bezug auf die Geltendmachung von Ersatzansprüchen entsprechend § 130 I S. 1 AktG 1965 beurkundet werden muss. Dies sei laut Begründung erforderlich gewesen, um eine bisher umstrittene Frage zu klären.[434] Zudem wurde die in § 111 I AktG 1937 normierte Bedingung, dass die Beurkundung Voraussetzung für die Gültigkeit des Beschlusses sei, aus dem Gesetz gestrichen, da sich die Nichtigkeit bereits aus § 241 Nr. 2 AktG 1965 ergebe und es zudem zu Verwirrungen kommen könnte, da Beurkundungsfehler gem. § 242 I AktG 1965 durch Eintragung geheilt werden könnten.[435]

Auch die Heilung der Nichtigkeit gem. § 242 AktG 1965 wurde um zwei Vorschriften ergänzt. Zum einen wurde § 242 II S. 2 AktG 1965 eingefügt, der bestimmt, dass im Fall der Rechtshängigkeit einer Nichtigkeitsklage bei Eintritt der Heilungsfrist sich die Frist bis zu dem Zeitpunkt der Klageerledigung oder

---

431 Siehe Begründung zum Regierungsentwurf zu § 231, BT-DrS. IV/171, S. 201.
432 Siehe Begründung zum Regierungsentwurf zu § 231, BT-DrS. IV/171, S. 200 f.
433 Siehe Begründung zum Regierungsentwurf zu § 117, BT-DrS. IV/171, S. 149.
434 Siehe Begründung zum Regierungsentwurf zu § 124, BT-DrS. IV/171, S. 153.
435 Siehe Begründung zum Regierungsentwurf zu § 124, BT-DrS. IV/171, S. 153.

der rechtskräftigen Entscheidung verlängert, zum anderen wurde die Anwendbarkeit der Heilungsvorschrift des § 242 II AktG 1965 gem. §242 III AktG 1965 auf weitere in § 241 AktG 1965 im Eingangssatz genannte Fälle ausgeweitet, um bisher umstrittene Fragen zu klären.[436] Die Vorschriften zur Nichtigkeitsklage wurden nicht durch das AktG 1965 modifiziert.[437]

3. Wesentliche Änderung bis zur UMAG Reform 2005

Nach 1965 unterlief das Aktienrecht zahlreiche Reformen, die zum einen der Umsetzung europäischer Richtlinien zum Gesellschaftsrecht geschuldet waren, zum anderen aber auch durch die gesetzgeberische Entwicklung in anderen Rechtsbereichen bedingt war.[438] Die für die Nichtigkeitsgründe relevanten Neuerungen sollen nachfolgend kurz dargestellt werden.

a) Beurkundungsgesetz vom 28.08.1969

Durch den Erlass eines Beurkundungsgesetzes[439] im Jahr 1969, welches zum Ziel hatte, die Beurkundungszuständigkeiten zu ordnen und die Gerichte zu entlasten, indem diese nicht mehr neben den Notaren für eine Beurkundung zuständig sein sollten, wurden auch die Beurkundungsvorschriften des Aktienrechts gem. § 130 AktG entsprechend angepasst, so dass seitdem nur noch der Notar für die Beurkundung zuständig ist.[440]

b) Gesetz für kleine Aktiengesellschaften und zur Deregulierung des Aktienrechts vom 2. August 1994

Das Gesetz für kleine Aktiengesellschaften und zur Deregulierung des Aktienrechts[441] hat zu mehreren Modifikationen der Nichtigkeitstatbestände geführt. Zum einen wurde die Einberufungsvorschrift des § 121 AktG 1965 geändert. So wurde § 121 AktG 1965 durch einen neu gefassten Absatz IV um die Regelung ergänzt, dass die Einberufung von Hauptversammlungen von Aktiengesellschaften, denen die Aktionäre namentlich bekannt sind, auch mittels eingeschriebenem Brief erfolgen kann, wobei der Tag der Absendung als Tag der Bekanntmachung gilt. Diesbezüglich wurde auch die sinngemäße Anwendung der §§ 125 bis 127 AktG festgeschrieben. Als Begründung für diese Änderung wurde angeführt, dass

---

436 Siehe Begründung zum Regierungsentwurf zu § 232, BT-DrucksS. IV/171, S. 201.
437 Siehe Begründung zum Regierungsentwurf zu § 239, BT-DrucksS. IV/171, S. 203.
438 *Habersack*, in: Goette/Habersack, MüKo, AktG, Einl., Rn. 33, 86 ff.
439 Beurkundungsgesetz vom 28.08.1969, BGBl. I 1513.
440 Siehe Begründung zum Entwurf eines Beurkundungsgesetzes, BT. DrucksS. V /3282, S. 24; Beurkundungsgesetz vom 28. August 1969, BGBl. I, S. 1520 f., § 56 I, II Nr. 4, 8.
441 Gesetz für kleine Aktiengesellschaften und zur Deregulierung des Aktienrechts vom 02.08.1994, BGBl. I S. 1961.

die Vorschriften der §§ 121 III S. 1, 124 I AktG 1965 vom Leitbild der Publikumsgesellschaften mit einem anonymen Aktionärskreis ausgehe.[442] Hingegen sollen kleinere Aktiengesellschaften – wie insbesondere Familienaktiengesellschaften – mit einem übersichtlichen Aktionärskreis die Möglichkeit haben, auf die Formanforderungen in Bezug auf die öffentliche Bekanntmachung zu verzichten.[443] Um dennoch ausreichend Rechtssicherheit zu schaffen, wurde der Tag der Absendung als Tag der Bekanntmachung festgesetzt.[444] Als Folge dieser Änderung wurde auch der Nichtigkeitstatbestand des § 241 Nr. 1 AktG dahingehend angepasst, dass nunmehr auch ein Verstoß gegen § 121 IV AktG zur Nichtigkeit führt. Zudem wurde der Heilungstatbestand gem. § 242 II S. 4 AktG dahingehend ergänzt, dass die Nichtigkeit eines Beschlusses, der gegen den neu gefassten § 121 IV AktG verstößt und daher gem. § 241 Nr. 1 AktG nichtig ist, auch dann nicht mehr geltend gemacht werden kann, wenn der nichtgeladene Aktionär den Beschluss genehmigt. Hierbei handelte es sich um eine Folgeänderung zur Zulassung der Ladung mittels eingeschriebenem Brief.[445] Diese Heilungsmöglichkeit – die auch dem GmbH Recht entspricht – sei notwendig gewesen um Rechtssicherheit zu schaffen.[446]

Ebenso wurde eine Erleichterung in Bezug auf die Niederschrift nicht börsennotierter Gesellschaften eingeführt. So wurde in dem neu eingefügten § 130 I S. 3 AktG geregelt, dass bei Hauptversammlungsbeschlüssen nicht börsennotierter Gesellschaften – sofern das Gesetz für diese Beschlüsse keine Dreiviertel- oder größere Mehrheit verlangt – eine vom Vorsitzenden des Aufsichtsrats zu unterzeichnende Niederschrift ausreicht. Bevor es diese Regelung gab, musste jeder Hauptversammlungsbeschluss gem. § 130 I S. 1 AktG durch eine über die Verhandlung notariell aufgenommene Niederschrift des Notars beurkundet werden. Sinn und Zweck dieser Formerleichterung sei es gewesen, kleinere Aktiengesellschaft bei Beschlüssen, die keine grundlegende Bedeutung haben, von der finanziellen Belastung der notariellen Beurkundung zu befreien.[447] Anders als bei Publikumsgesellschaften sowie

---

442 Siehe Begründung zum Gesetzesentwurf der Fraktionen der CDU/CSU und F.D.P. für kleine Aktiengesellschaften und zur Deregulierung des Aktienrechts, BT-DrS. 12/6721, zu den Nr. 11 und 12, S. 8.

443 Siehe Begründung zum Gesetzesentwurf der Fraktionen CDU/CSU und F.D.P. für kleine Aktiengesellschaften und zur Deregulierung des Aktienrechts, BT-DrS. 12/6721, zu den Nr. 11 und 12, S. 8.

444 Vgl. Beschlussempfehlung und Bericht des Rechtsausschusses, BT-DrS. 12/7848, zu Artikel 1 Nr. 11 Buchstabe a, S. 9.

445 Siehe Begründung zum Gesetzesentwurf der Fraktionen CDU/CSU und F.D.P. für kleine Aktiengesellschaften und zur Deregulierung des Aktienrechts, BT-DrS. 12/6721, zu den Nr. 18, S. 11.

446 Siehe Begründung zum Gesetzesentwurf der Fraktionen CDU/CSU und F.D.P. für kleine Aktiengesellschaften und zur Deregulierung des Aktienrechts, BT-DrS. 12/6721, zu den Nr. 18, S. 11.

447 Siehe Begründung zum Gesetzesentwurf der Fraktionen CDU/CSU und F.D.P. für kleine Aktiengesellschaften und zur Deregulierung des Aktienrechts, BT-DrS. 12/6721, zu den Nr. 13, S. 9.

bei Grundlagenbeschlüssen, bei denen die notarielle Beurkundung im Hinblick auf die Beweissicherungs- und Beratungsfunktion des Notars notwendig sei, genüge eine Protokollierung durch den Vorsitzenden des Aufsichtsrats bei nicht grundlegenden Beschlüssen nicht börsennotierter Aktiengesellschaften.[448]

c) Gesetz zur Anpassung der Formvorschriften des Privatrechts und anderer Vorschriften an den modernen Rechtsverkehr vom 13.07.2001

§ 121 IV S. 1 AktG wurde durch das Gesetz zur Anpassung der Formvorschriften des Privatrechts und anderer Vorschriften an den modernen Rechtsverkehr v. 13.07.2001[449] dahingehend ergänzt, dass die Einberufung der Hauptversammlung mittels eingeschriebenem Brief zulässig ist, wenn die Aktionäre der Gesellschaft namentlich bekannt sind **und die Satzung nichts anderes bestimmt**. Als Begründung für diese Änderung wurde angeführt, dass bei kleineren Aktiengesellschaften, für die die erleichterte Zustellungsregelung geschaffen wurde, das besondere Zustellungserfordernis mittels eingeschriebenem Brief zum einen überflüssig sein könne, zum anderen aber auch einen Lästigkeitswert haben könne, und daher dieses Formerfordernis zur Disposition gestellt werden sollte, so dass im Rahmen der Satzung auch eine erleichterte Zustellungsform gewählt werden könne.[450]

d) Gesetz zur Einführung internationaler Rechnungslegungsstandards und zur Sicherung der Qualität der Abschlussprüfung (Bilanzrechtsreformgesetz – BilReG) vom 04.12.2004

Die Nichtigkeitsklage wurde durch das Gesetz zur Einführung internationaler Rechnungslegungsstandards und zur Sicherung der Qualität der Abschlussprüfung (Bilanzrechtsreformgesetz – BilReG)[451] vom 04.12.2004 dahingehend ergänzt, dass nunmehr auch der neu gefasste § 243 III Nr. 2 AktG 2004 entsprechend Anwendung findet (§ 249 I S. 1 AktG). Somit kann eine Nichtigkeitsklage nicht auf Gründe gestützt werden, die eine Ersetzung des Abschlussprüfers gem. § 318 III AktG rechtfertigen. Grund hierfür war, dass die Befangenheitsgründe in Bezug auf den Abschlussprüfer stark ausgeweitet wurden und mithin zu besorgen gewesen

---

448 Siehe Begründung zum Gesetzesentwurf der Fraktionen CDU/CSU und F.D.P. für kleine Aktiengesellschaften und zur Deregulierung des Aktienrechts, BT-DrS. 12/6721, zu den Nr. 13, S. 9.

449 Gesetz zur Anpassung der Formvorschriften des Privatrechts und anderer Vorschriften an den modernen Rechtsverkehr v. 13.07.2007, BGBl. I 1542.

450 Begründung zum Gesetzesentwurf der Bundesregierung zur Anpassung der Formvorschriften des Privatrechts und anderer Vorschriften an den modernen Rechtsverkehr, BT-DrS. 14/4987, zu Nr. 2, S. 30.

451 Gesetz zur Einführung internationaler Rechnungslegungsstandards und zur Sicherung der Qualität der Abschlussprüfung (Bilanzrechtsreformgesetz – BilReG) vom 04.12.2004, BGBl. I S. 3166.

sei, dass andernfalls verstärkt Anfechtungs- und Nichtigkeitsklage bezogen auf diese Gründe erhoben werden.[452] Zudem seien der Gesellschaft die Folgen einer nichtigen Wahl sowie die mit den Klagen verbundenen Kosten nicht zumutbar.[453] Daher sei das vereinfachte Ersetzungsverfahren die bessere Option, Befangenheitsgründe geltend zu machen.[454] Zudem wurde angeführt, dass dieses Verfahren sicherstelle, dass ein wirksam bestellter Abschlussprüfer dauerhaft verfügbar sei.[455]

4. Die Gesetzesreform durch das UMAG

Wesentliche Neuerungen in Bezug auf das Beschlussmängelrecht wurden durch das Gesetz zur Unternehmensintegrität und Modernisierung des Anfechtungsrechts (UMAG)[456] vom 22.09.2005 eingeführt. Um das Druckpotenzial missbräuchlicher Anfechtungs- und Nichtigkeitsklagen zu minimieren, wurde durch das UMAG, entsprechend des für Umwandlungen im Jahr 1995 eingefügten § 16 III UmwG, das Freigabeverfahren auch für andere Kapital- und Strukturmaßnahmen eingeführt.[457] Das Freigabeverfahren ermöglicht es der Gesellschaft, bei Anfechtungs- und Nichtigkeitsklagen gegen Strukturmaßnahmen (Maßnahmen der Kapitalbeschaffung, Kapitalherabsetzung und Unternehmensverträge) durch Beschluss des Prozessgerichts feststellen zu lassen, dass die Klageerhebung der Eintragung nicht entgegensteht und Mängel des Hauptversammlungsbeschlusses keine Auswirkungen auf die Wirkung der Eintragung des Beschlusses haben.[458] Der Beschluss soll innerhalb von drei Monaten ergehen.[459] Damit kann die ansonsten grundsätzlich eintretende Registersperre im Wege eines mit dem einstweiligen Rechtsschutz vergleichbaren Verfahrens überwunden werden.[460] Gemäß § 246a II AktG 2005 darf ein solcher Beschluss ergehen, „wenn die Klage unzulässig oder offensichtlich unbegründet oder wenn das alsbaldige Wirksamwerden des Hauptversammlungsbeschlusses nach freier Überzeugung des Gerichts unter Berücksichtigung der Schwere der mit der Klage geltend gemachten Rechtsverletzungen zur Abwendung der vom Antragssteller dargelegten wesentlichen Nachteile für die Gesellschaft und ihre Aktionäre vorrangig erscheint". Dem Beschluss kommt hierbei absolute Wirkung zu, so dass auch die Feststellung der Nichtigkeit des Hauptversammlungsbeschlusses in dem der Freigabeentscheidung zugrundeliegenden Prozess an der

---

452 Begründung zum Regierungsentwurf BilReG, BT-DrS. 15/3419, zu Nr. 7, S. 55.
453 Begründung zum Regierungsentwurf BilReG, BT-DrS. 15/3419, zu Nr. 7, S. 55.
454 Begründung zum Regierungsentwurf BilReG, BT-DrS. 15/3419, zu Nr. 7, S. 55.
455 Begründung zum Regierungsentwurf BilReG, BT-DrS. 15/3419, zu Nr. 7, S. 55.
456 Gesetz zur Unternehmensintegrität und Modernisierung des Anfechtungsrechts (UMAG) v. 22.09.2005, BGBl. I S. 2802.
457 Siehe Begründung der Bundesregierung zum Gesetzesentwurf zum UMAG, BT-DrS. 15/5092, S. 1f., 29 f.; siehe auch *Bayer/Fiebelkorn*, ZIP 2012, 2181 (2183).
458 Vgl. § 246a I AktG 2005.
459 § 246a III S. 5 AktG 2005.
460 *Drescher* in: Spindler/Stilz, AktG, § 241, Rn. 20.

Wirksamkeit des eingetragenen Beschlusses nichts mehr zu ändern vermag.[461] Das stattgebende Urteil darf nicht eingetragen und der aufgrund der Freigabe eingetragene Beschluss auch nicht (von Amts wegen) als nichtig gelöscht werden.[462] Dem Antragssteller bleibt dann nur die Möglichkeit, seinen individuellen Schaden geltend zu machen, der ihm durch die Eintragung des Hauptversammlungsbeschlusses entstanden ist.[463] Einen solchen wird jedoch der (Klein-) Aktionär nur selten nachweisen können.[464]

Das Freigabeverfahren wurde durch einen entsprechenden Verweis in § 249 I S. 1 AktG 2005 auch für die Nichtigkeitsklage für anwendbar erklärt, da zum einen Anfechtungs- und Nichtigkeitsklage dasselbe Rechtsschutzziel verfolgen, der Nichtigkeitsantrag den Anfechtungsantrag mitumfasse und das Prozessgericht zudem auch angefochtene Hauptversammlungsbeschlüsse auf Nichtigkeitsgründe überprüfen müsse.[465] Des Weiteren entspreche die Anwendbarkeit des Freigabeverfahrens auf die Nichtigkeitsklage § 16 III UmwG.[466]

Die Änderung der Heilungsvorschrift gem. § 242 II S. 5 AktG 2005 ist die Folge der Einführung der Freigabeverfahrens und stellt klar, dass das die Nichtigkeit feststellende Urteil nicht mehr eingetragen werden kann, wenn ein positiver Freigabebeschluss ergangen ist. Zudem ist eine Löschung von Amts wegen, die grds. auch trotz Heilung der Nichtigkeit immer noch möglich ist, ausgeschlossen. Beide Gesetzesänderungen dienen der Gewährleistung der Bestandskraft der Eintragung.[467]

5. Die Gesetzesreform durch das ARUG

Das Gesetz zur Umsetzung der Aktionärsrechterichtlinie (ARUG)[468] vom 30.07.2009 diente zum einen der Umsetzung einer Europäischen Richtlinie, zum anderen sollten missbräuchliche Aktionärsklagen – die laut Gesetzesentwurf durch die Regelungen des UMAG noch nicht effektiv genug bekämpft werden konnten – durch

---

461 Vgl. § 246a IV S. 2 AktG; siehe auch *Drescher* in: Spindler/Stilz, AktG, § 241, Rn. 20; *Dörr* in: Spindler/Stilz, AktG, § 246a, Rn. 38.

462 Siehe §§ 242 II S. 5, § 246a IV S. 2 AktG 2005; siehe auch *Dörr* in: Spindler/Stilz, AktG, § 246a, Rn. 38.

463 Vgl. § 246a IV S. 1 AktG 2005.

464 *Koch* in: Hüffer/Koch, AktG, § 245, Rn. 31; *Paschos/Johannsen-Roth*, NZG 2006, 327 (332).

465 Siehe Begründung der Bundesregierung zum Gesetzesentwurf zum UMAG, BT-DrS. 15/5092, zu Nr. 25, S. 30.

466 Siehe Begründung der Bundesregierung zum Gesetzesentwurf zum UMAG, BT-DrS. 15/5092, zu Nr. 25, S. 30.

467 Siehe Begründung der Bundesregierung zum Gesetzesentwurf zum UMAG, BT-DrS. 15/5092, zu Nr. 23, S. 28.

468 Gesetz zur Umsetzung der Aktionärsrichtlinie (ARUG) vom 30.07.2009, BGBl. I S. 2479.

eine Präzisierung und Ergänzung des Freigabeverfahrens noch stärker eingedämmt werden.[469]

In Bezug auf das Freigabeverfahren war die erste Änderung, dass nicht mehr dem Prozessgericht, sondern den Oberlandesgerichten, in dessen Bezirk die Gesellschaft ihren Sitz hat, die Entscheidungskompetenz in Bezug auf die Freigabeanträge zugewiesen wurde.[470] Als Begründung wurden insbesondere systematische Erwägungen angeführt.[471]Das dem Freigabeverfahren zugrundeliegende Hauptsacheverfahren werde häufig in die Rechtsmittelinstanz getragen, so dass auch in der Hauptsache meist abschließend und sachlich das OLG urteile.[472] Daher sei es naheliegend auch im Freigabeverfahren eine abschließende Entscheidung des OLG vorzusehen.[473] Anders als die Regelungen zur Freigabe im UMAG bestimmten, wurde der Freigabebeschluss im Rahmen der ARUG Reform zudem unanfechtbar gestellt.[474] Als Begründung führt der Rechtsausschuss an, dass dies notwendig sei um den „Lästigkeitswert" missbräuchlicher Aktionärsklagen zu senken, indem das Freigabeverfahren möglichst schnell abgeschlossen werden solle.[475] Zudem wurden auch die Freigabegründe durch das ARUG ergänzt und modifiziert. Zunächst wurde die Interessensabwägungsklausel in § 246a II Nr. 3 AktG 2005 dahingehend geändert, dass ein Freigabebeschluss ergehen soll, wenn „das alsbaldige Wirksamwerden des Hauptversammlungsbeschlusses vorrangig erscheint, weil die vom Antragssteller dargelegten wesentlichen Nachteile für die Gesellschaft und ihre Aktionäre nach freier Überzeugung des Gerichts die Nachteile für den Antragsgegner überwiegen, es sei denn, es liegt eine besondere Schwere des Rechtsverstoßes vor." Durch diese Änderung sollten Unsicherheiten bei Anwendung der alten Fassung ausgeräumt und klargestellt werden, dass es in Bezug auf den Antragsgegner nur auf die Nachteile ankommt, die ihn betreffen und nicht auf die Nachteile für die Aktionärsgesamtheit.[476] Zudem sollen in die Abwägung selbst nur noch wirtschaftliche Interessen einfließen; die Schwere des Rechtsverstoßes sei außerhalb dieser Abwägung festzustellen.[477] Sollte eine besondere Schwere des Rechtsverstoßes

469 Gesetzesentwurf der Bundesregierung zum ARUG, BT-DrS. 16/11642, S. 1.
470 Siehe § 246a I S. 3 AktG.
471 Beschlussempfehlung und Bericht des Rechtsausschusses zu dem Gesetzesentwurf der Bundesregierung, BT-DrS. 16/13098, zu Nr. 39, S. 41.
472 Beschlussempfehlung und Bericht des Rechtsausschusses zu dem Gesetzesentwurf der Bundesregierung, BT-DrS. 16/13098, zu Nr. 39, S. 41.
473 Beschlussempfehlung und Bericht des Rechtsausschusses zu dem Gesetzesentwurf der Bundesregierung, BT-DrS. 16/13098, zu Nr. 39, S. 41.
474 Siehe § 246a III S. 4 AktG.
475 Beschlussempfehlung und Bericht des Rechtsausschusses zu dem Gesetzesentwurf der Bundesregierung, BT-DrS. 16/13098,zu Nr. 39, S. 41.
476 Beschlussempfehlung und Bericht des Rechtsausschusses zu dem Gesetzesentwurf der Bundesregierung, BT-DrS. 16/13098, zu Nr. 39, S. 42.
477 Beschlussempfehlung und Bericht des Rechtsausschusses zu dem Gesetzesentwurf der Bundesregierung, BT-DrS. 16/13098, zu Nr. 39, S. 42.

vorliegen, komme es auf die Abwägung nicht mehr an.[478] Als Beispiel für einen solchen Verstoß wird die Beschlussfassung im Rahmen einer Geheimversammlung oder auch das völlige Fehlen der notariellen Beurkundung bei börsennotierten Gesellschaften angeführt.[479]

Ein neuer Freigabegrund wurde in § 246a II Nr. 2 AktG eingefügt. Demnach soll ein Beschluss auch dann ergehen, wenn „der Kläger nicht binnen einer Woche nach Zustellung des Antrags durch Urkunden nachgewiesen hat, dass er seit Bekanntmachung der Einberufung einen anteiligen Betrag von mindestens 1000 Euro hält." Ein solches Quorum wurde für notwendig erachtet, um missbräuchlichen Anfechtungs- und Nichtigkeitsklagen Einhalt gebieten zu können.[480] Durch die Absenkung der Mindestnennbeträge auf 1 € könnten Aktionäre auch mit kleinsten Aktienanteilen die Durchführung von Maßnahmen, die für die Gesellschaft und die Vielzahl anderer Aktionäre von enormer Bedeutung sind, durch die Erhebung der Anfechtungs- oder Nichtigkeitsklage behindern.[481] Des Weiteren solle der Gefahr, dass sich Kleinstaktionäre Anfechtungsklagen anschließen und dadurch Gerichte und Geschäftsstellen überfrachten, durch das Quorum entgegengewirkt werden.[482] Während der Gesetzesentwurf der Bundesregierung noch einen anteiligen Betrag von 100 Euro als ausreichendes Quorum befürwortete[483], wurde dieses in der Beschlussempfehlung und dem Bericht des Rechtsausschusses auf 1000 € hochgesetzt.[484] Als Begründung führt der Rechtsausschuss an, dass diese Schwelle für ein ökonomisch nachvollziehbares Investment der Aktionäre spreche und damit auch ein „Interesse an der nachhaltigen Entwicklung des Unternehmens vermuten lasse".[485] Das Quorum könne und solle nicht das Problem missbräuchlicher Klagen im Kern beseitigen, sondern diene vor allem dazu, dem Vorgehen von Kleinstaktionären, die als „Trittbrettfahrer" agieren, indem sie sich ohne

---

478 Beschlussempfehlung und Bericht des Rechtsausschusses zu dem Gesetzesentwurf der Bundesregierung, BT-DrS. 16/13098,zu Nr. 39, S. 42.

479 Beschlussempfehlung und Bericht des Rechtsausschusses zu dem Gesetzesentwurf der Bundesregierung, BT-DrS. 16/13098, zu Nr. 39, S. 42.

480 Siehe Begründung der Bundesregierung zum Gesetzesentwurf zum ARUG, BT-DrS. 16/11642, zu Nr. 39, S. 41 f.

481 Siehe Begründung der Bundesregierung zum Gesetzesentwurf zum ARUG, BT-DrS. 16/11642, zu Nr. 39 S. 42.

482 Beschlussempfehlung und Bericht des Rechtsausschusses zu dem Gesetzesentwurf der Bundesregierung, BT-DrS. 16/13098, zu Nr. 39, S. 41; Begründung der Bundesregierung zum Gesetzesentwurf zum ARUG, BT-DrS. 16/11642, zu Nr. 39, S. 42.

483 Siehe § 246a II Nr. 2 des Entwurfes der Bundesregierung zum ARUG, BT-Drs. 16/11642, sowie Begründung zu Nr. 39, S. 42.

484 Siehe § 246a II Nr. 2 der Beschlussempfehlung des Rechtsausschusses zu dem Gesetzesentwurf der Bundesregierung BT-DrS. 16/13098.

485 Beschlussempfehlung und Bericht des Rechtsausschusses zu dem Gesetzesentwurf der Bundesregierung, BT-DrS. 16/13098, zu Nr. 39, S. 41.

eigenständigen Vortrag Anfechtungsklage anderer Aktionäre anschließen und Gerichte und Geschäftsstellen belasten, entgegenzuwirken.[486]

In Einklang mit Artikel 14 Absatz I der vom Europäischen Gesetzgeber erlassenen Aktionärsrichtlinie wurden bei börsennotierten Gesellschaften die Angaben, die der Versammlungsleiter gem. § 130 II AktG im Rahmen der Feststellung zur Beschlussfassung zu machen hat, ausgeweitet. Gleichzeitig wurde gem. § 130 II S. 2 AktG eine Abweichung hiervon vorgesehen, falls kein Aktionär eine umfassende Feststellung verlangt. Gem. § 241 Nr. 2 AktG a.F., führt ein Verstoß gegen § 130 II AktG zur Nichtigkeit. Ohne Modifikation des § 241 Nr. 2 AktG würde mithin auch ein Verstoß gegen den neu eingeführten § 130 II S. 2 AktG zur Nichtigkeit führen. Laut Gesetzesbegründung sei jedoch das primäre Ziel dieser Informationsausweitung im Rahmen der Feststellung, die Transparenz für die Aktionäre zu erhöhen, so dass die Sanktion eines Verstoßes hiergegen mit der ipso iure eintretenden Nichtigkeit nicht angebracht sei.[487] Als Folge wurde § 241 Nr. 2 AktG dahingehend geändert, dass – wie auch nach alter Rechtslage – nur ein Verstoß gegen die Beurkundungsvorschriften des § 130 I, II S. 1 und IV AktG zur Nichtigkeit führt.[488]

Ebenso wurde die Einberufungsvorschrift § 121 AktG teilweise modifiziert. Zunächst wurde das vorher in § 121 II S. 1 geregelte Erfordernis, dass die Einberufung in den Gesellschaftsblättern bekannt zu machen ist, nunmehr nach § 121 III S. 1 AktG verschoben, um die Vorgaben zur Art und Weise der Bekanntmachung einheitlich in einer Vorschrift zu regeln.[489] § 121 III AktG wurde um Vorgaben betreffend den Inhalt der Einberufung erweitert. So verlangt § 121 III S. 2 AktG nunmehr die zwingende Bekanntgabe der Tagesordnung als „integraler Bestandteil" der Einberufung.[490] Letztere Angabe hatte die umzusetzende Aktionärsrichtlinie nur in Bezug auf börsennotierte Gesellschaften vorgeschrieben; der deutsche Gesetzgeber hat jedoch mit der Begründung, dass die Tagesordnung bereits damals regelmäßig zusammen mit der Einberufung (in einem Text) bekannt gemacht worden sei, diese Vorschrift auch auf nicht börsennotierte Gesellschaften ausgeweitet.[491] Gleichzeitig wurde das bisher von der Nichtigkeit gem. § 241 Nr. 1 AktG erfasste Erfordernis, dass in der Einberufung die Bedingungen, von denen die Teilnahme an der Hauptversammlung und die Ausübung des Stimmrechts abhängen,

486 Beschlussempfehlung und Bericht des Rechtsausschusses zu dem Gesetzesentwurf der Bundesregierung, BT-DrS. 16/13098, zu Nr. 39, S. 41.

487 Siehe Begründung der Bundesregierung zum Gesetzesentwurf zum ARUG, BT-DrS. 16/11642, zu Nr. 35, S. 39 f.

488 Siehe Begründung der Bundesregierung zum Gesetzesentwurf zum ARUG, BT-DrS. 16/11642, zu Nr. 35, S. 39 f.

489 Siehe Begründung der Bundesregierung zum Gesetzesentwurf zum ARUG, BT-DrS. 16/11642, zu Nr. 9, S. 27.

490 Siehe Begründung der Bundesregierung zum Gesetzesentwurf zum ARUG, BT-DrS. 16/11642, zu Nr. 9 S. 27.

491 Siehe Begründung der Bundesregierung zum Gesetzesentwurf zum ARUG, BT-DrS. 16/11642, zu Nr. 9 S. 27 f.

anzugeben sind, aus dem Nichtigkeitskatalog herausgenommen, so dass diesbezügliche Mängel nur noch zur Anfechtbarkeit der Beschlüsse führen. Zudem ist die Angabe dieser Bedingungen nur noch für börsennotierte Gesellschaften obligatorisch.[492] Laut Begründung sollen hierdurch nicht börsennotierte Gesellschaften entlastet werden, da insbesondere bei kleineren Aktiengesellschaften mit überschaubarem Aktionärskreis diese Angaben meist unnötig seien.[493]

6. Fazit

Die historische Entwicklung der Nichtigkeitsgründe hat aufgezeigt, dass die Nichtigkeitstatbestände seit 1937 im Kern erhalten geblieben sind.[494] Gesetzliche Änderung betrafen insbesondere die Nichtigkeit wegen eines Einberufungs- und Beurkundungsmangels (§ 241 Nr. 1 und 2 AktG). Diesbezügliche nennenswerte Modifikationen sind die Einführung der Möglichkeit der Einberufung der Hauptversammlung mittels eingeschriebenem Brief sowie der mögliche Verzicht auf eine notarielle Beurkundung von Beschlüssen im Rahmen von Hauptversammlungen nicht börsennotierter Gesellschaften, soweit das Gesetz keine qualifizierte Mehrheit für die Beschlussfassung vorsieht. § 241 Nr. 3 und 4 AktG entsprechen hingegen nahezu unverändert[495] § 195 Nr. 3 und 4 AktG 1937. Ebenso sind die materiellen Voraussetzungen für die Löschung eines Beschlusses von Amtswegen unverändert kodifiziert geblieben.[496]

pÄnderungen der Heilungsvorschrift des § 242 AktG waren vornehmlich einer Anpassung an die jeweilige Modifikation der Nichtigkeitstatbestände geschuldet. Neu eingefügt wurde hingegen die Regelung, dass die Rechtshängigkeit einer Klage bei Fristablauf den Eintritt der Heilung hemmt. Zudem wurde § 242 AktG auf die Mehrzahl der im Eingangssatz des § 241 AktG genannten Nichtigkeitsgründe für anwendbar erklärt. Grundlegende Änderungen wurden jedoch auch an dieser Vorschrift nicht vorgenommen.

In Bezug auf die rechtliche Wirkung der Nichtigkeitsklage hat das Freigabeverfahren eine wesentliche Änderung gebracht. Um das Druckpotenzial missbräuchlicher Anfechtungs- und Nichtigkeitsklagen zu minimieren, wurde durch das UMAG[497], entsprechend des für Umwandlungen im Jahr 1995 eingefügten § 16 III UmwG, das Freigabeverfahren auch für andere Kapital- und Strukturmaßnahmen eingeführt und durch das ARUG[498] weiter

492 Siehe § 121 III S. 3 AktG.

493 Siehe Begründung der Bundesregierung zum Gesetzesentwurf zum ARUG, BT-DrS. 16/11642, zu Nr. 9 S. 28.

494 So auch *Eberspächer*, Nichtigkeit, S. 64; *Dornbach*, Anfechtungsklage, S. 46.

495 § 195 Nr. 3 AktG 1937 „unvereinbar", § 241 Nr. 3 AktG „nicht zu vereinbaren".

496 Vgl. § 144 II FGG in der Fassung vom 17.05.1898, RGBl. S. 189 und § 398 FamFG.

497 Gesetz zur Unternehmensintegrität und Modernisierung des Anfechtungsrechts, in Kraft getreten am 1. November 2005, BGBl. I 2005 S. 2802 ff.

498 Gesetz zur Umsetzung der Aktionärsrichtlinie, in Kraft getreten am 01. September 2009, BGBl. I 2009, S. 2479.

ergänzt.[499] So können Gesellschaften bei Nichtigkeitsklagen gegen eintragungsbedürftige Hauptversammlungsbeschlüsse, die die in § 246a I AktG genannten Strukturmaßnahmen betreffen, beantragen, feststellen zu lassen, dass die Klageerhebung der Eintragung nicht entgegensteht und Mängel des Beschlusses die Wirkung dieser Eintragung nicht berühren. Sollte eine Freigabeentscheidung ergehen und der (nichtige) Beschluss eingetragen werden, kann auch die spätere erfolgreiche Nichtigkeitsklage die Wirkung der Eintragung des nichtigen Beschlusses nicht mehr beseitigen, d.h. der nichtige Beschluss kann von der Gesellschaft durchgeführt werden. Selbst eine Löschung von Amts wegen ist in diesem Fall auch nicht mehr möglich. Als Konsequenz kann mithin auch ein nichtiger Beschluss dauerhaft bestandskräftig werden.

IV. Ergebnis der Untersuchung der historischen Entwicklung

Die Historie der Nichtigkeitsgründe hat aufgezeigt, dass die Nichtigkeitstatbestände im Gegensatz zur Anfechtbarkeit erst spät gesetzlich kodifiziert wurden, obwohl die ipso iure eintretende Nichtigkeit zu diesem Zeitpunkt schon lange von der Rechtsprechung und der Literatur anerkannt waren. Nicht verwunderlich ist es daher, dass das Reichsgericht – aufgrund der Untätigkeit des Gesetzgebers – selbst Fallgruppen entwickeln musste, wann ein Beschluss nichtig und wann er „nur" anfechtbar ist. Die von der Literatur diskutierten Nichtigkeitstatbestände stimmten im Kern mit denen der Rechtsprechung des Reichsgerichts überein und wurden schließlich auch vom Gesetzgeber im Rahmen der Kodifizierung weitestgehend übernommen. Eine wesentliche Neuerung des Gesetzgebers war hingegen die gleichzeitige Einführung eines Heilungstatbestandes.

Die Untersuchung der historischen Entwicklung hat zudem gezeigt, dass die Nichtigkeitstatbestände seit ihrer Kodifizierung im Jahr 1937 im Kern erhalten geblieben sind. Änderungen betrafen insbesondere die Nichtigkeit aufgrund eines Einberufungs- und Beurkundungsmangels. Bezüglich der Auswirkungen der Erhebung der Nichtigkeitsklage hat das Freigabeverfahren zu einschneidenden Modifikationen geführt. Wird ein Beschluss aufgrund einer Freigabeentscheidung eingetragen, kann auch das letzte „Ass im Ärmel" – die Löschung von Amts wegen – der Eintragung des nichtigen Beschlusses nichts mehr entgegensetzen.

Für die Untersuchung im Rahmen dieser Dissertation sind die gewonnenen Ergebnisse der historischen Untersuchung vielseitig. Sie legen zum einen nahe, dass die Kategorie der Nichtigkeit per se eine Daseinsberechtigung im Aktienrecht hat. Denn wie die Historie aufzeigt, war auch nach Normierung der Anfechtungsklage das Beschlussmängelrecht weiterhin erheblicher Rechtsunsicherheit

---

499 Siehe Begründung der Bundesregierung zum Gesetzesentwurf zum UMAG, BT-DrS. 15/5092, S. 1f., 29 f.; Gesetzesentwurf der Bundesregierung zum ARUG, BT-DrS. 16/11642, S. 1;.siehe auch *Bayer/Fiebelkorn*, ZIP 2012, 2181 (2183).

ausgesetzt. So hatten vor allem die Rechtsprechung und die Literatur früh erkannt, dass es Rechtsverstöße im Rahmen der Beschlussfassung gibt, deren Sanktionierung allein durch die Anfechtungsmöglichkeit der Aktionäre nicht hinreichend abgedeckt ist und bei deren Vorliegen somit weder der Ablauf der Anfechtungsfrist noch das Nichtvorliegen der Anfechtungsbefugnis die dauerhafte Wirksamkeit des Beschlusses zur Folge haben kann. Zudem erkannte man die Gefahr, die davon ausging, die Wirksamkeit von Hauptversammlungsbeschlüssen, die unter schwerwiegenden insbesondere öffentliche Interessen tangierenden Beschlussmängeln leiden, allein der Dispositionsbefugnis der Aktionäre und der anfechtungsberechtigten Organe zu unterwerfen.

Die Erkenntnisse der Untersuchung der historischen Entwicklung legen aber auch nahe, dass die einzelnen Nichtigkeitsgründe in ihrer jetzigen Konstellation nicht dauerhaft Bestand haben können. Während das Aktienrecht zahlreiche Reformen durchlief und sich das Anlegerpublikum im Laufe der Jahre änderte, da die Aktie durch die stetige Absenkung des Mindestnennbetrags bis auf schließlich einen Euro zur „Volksaktie“[500] wurde,[501] sind die Nichtigkeitsgründe seit ihrer Normierung weitgehend gleich geblieben. Insbesondere räuberische (Klein-)Aktionäre konnten sich das System des Beschlussmängelrechts zunutze machen und dieses missbrauchen.[502] Der Gesetzgeber erkannte zwar diesen Missstand, reformierte jedoch – wie aufgezeigt – nur spärlich die einzelnen Nichtigkeitsgründe. Stattdessen versuchte er durch die Einführung des Freigabeverfahrens und der damit für die Durchführung und den Bestand des Beschlusses einhergehenden Wirkung der Eintragung Abhilfe zu schaffen. Aufgrund der Tatsache, dass das Gericht der Hauptsache – trotz Freigabe des Beschlusses zur Eintragung ins Handelsregister – weiterhin die Nichtigkeit des Beschlusses feststellen kann, ermöglichen die rechtlichen Konsequenzen der Freigabeentscheidung, dass ein Beschluss zugleich nichtig und bestandskräftig sein kann.

500 *Heider* in: Goette/Habersack, MüKo, AktG, § 8, Rn. 3; *Solveen* in: Hölters, Aktiengesetz, § 8, Rn. 2; *Vatter* in: Spindler/Stilz, AktG, § 8, Rn. 2.

501 Siehe zur historischen Entwicklung des Mindestnennbetrags *Heider* in: Goette/Habersack, MüKo, AktG, § 8, Rn. 2 ff.; siehe auch § 8 II S. 1, III S. 3 AktG.

502 Laut Begründung zum Gesetzesentwurf der Bundesregierung zum ARUG hat „Atomisierung“ der Mindestnennbeträge auch zu „Atomisierung“ der Klagebefugnis geführt, BT-DrS. 16/11642, S. 41 f.

D. Die Nichtigkeitsgründe des § 241 AktG de lege lata

I. Einleitung

Die im vorstehenden Kapitel gewonnenen Erkenntnisse aus der historischen Untersuchung der Nichtigkeitsgründe indizieren, dass eine Modifikation der Nichtigkeitstatbestände angebracht ist. Um diese These zu überprüfen und eine fundierte Aussage in Bezug auf die Reformbedürftigkeit der Nichtigkeitsgründe treffen zu können, ist es notwendig, die Nichtigkeit von Hauptversammlungsbeschlüssen de lege lata einer umfassenden Überprüfung zu unterziehen. Als Ausgangspunkt werden daher die einzelnen Nichtigkeitstatbestände und ihre Funktion dargestellt. Denn ohne zu wissen, welche Fälle die Nichtigkeitsgründe abdecken und welchen Schutzzweck sie erfüllen, sind zukunftsbasierte Überlegungen und Schlussfolgerungen in Bezug auf den Bestand der Nichtigkeitsgründe nicht auf einer fundierten Basis möglich. Im Anschluss an diese Darstellung wird ein weiterer wichtiger Aspekt dieser Untersuchung sein, die Konsistenz der Nichtigkeitsgründe zu eruieren – sprich, ob ausgehend von der Funktion, die die Nichtigkeitsgründe im Rahmen des Beschlussmängelrechts haben, überhaupt von einer logischen und widerspruchsfreien Homogenität gesprochen werden kann.

Da eine Reform der Nichtigkeitsgründe nur anhand einer Gesamtbetrachtung der Nichtigkeit im beschlussmängelrechtlichen Gefüge bewertet werden kann, werden im Anschluss auch die Begleitvorschriften zu den Nichtigkeitsgründen auf Inkonsistenzen untersucht.

II. Konsistenz der Nichtigkeitsgründe

1. Die Konsistenz der einzelnen Nichtigkeitsgründe

a) *§ 241 Nr. 1 AktG – Einberufungsmängel*

aa) Die Nichtigkeitsfälle

Gemäß § 241 Nr. 1 AktG ist ein Hauptversammlungsbeschluss nichtig, wenn im Rahmen der Einberufung der Hauptversammlung gegen § 121 II, III S. 1 oder IV AktG verstoßen wurde. Eine Ausnahme hiervon sieht § 121 VI AktG für den Fall vor, dass dennoch alle Aktionäre erschienen oder vertreten sind und keiner von diesen der Beschlussfassung widerspricht.

Zunächst sind daher alle Hauptversammlungsbeschlüsse nichtig, die ohne Einberufung stattgefunden haben.[503] § 121 II AktG legt fest, wer zur Einberufung der Hauptversammlung befugt ist. Demnach wird die Hauptversammlung durch den Vorstand einberufen, der hierüber mit einfacher Mehrheit bestimmt. § 121 II S. 2 AktG stellt klar, dass Personen, die im Handelsregister als Vorstand eingetragen sind, als befugt gelten, die Hauptversammlung einzuberufen. § 121 II S. 3 AktG erlaubt es, dass trotz dieser Regelung auch andere Personen die Hauptversammlung einberufen können, wenn sie durch Gesetz oder Satzung hierzu ermächtigt wurden. Nichtig ist daher ein Hauptversammlungsbeschluss, der auf einer Hauptversammlung gefasst wurde, die durch eine unbefugte Person einberufen wurde.[504] In Bezug auf den Vorstand und der neben ihm kraft Gesetzes in bestimmten Fällen zur Einberufung befugten Aufsichtsrats[505] und Abwickler[506] bedeutet dies, dass jegliche Hauptversammlungsbeschlüsse nichtig sind, wenn die Bestellung sämtlicher Organmitglieder nichtig ist.[507] Etwas anderes gilt gem. § 121 II S. 2 AktG nur, wenn die nichtig bestellten Organmitglieder in das Handelsregister eingetragen wurden. Ist hingegen die Bestellung nur in Bezug auf einzelne Mitglieder nichtig, wurde die Hauptversammlung dennoch durch das zuständige Organ einberufen, so dass eine Nichtigkeit der Beschlüsse gem. § 241 Nr. 1 AktG nicht in Betracht kommt.[508] Sollte jedoch die nichtige Bestellung auf die Mehrheit der Mitglieder zutreffen, kann die Nichtigkeit der Beschlüsse nur durch die Eintragung gem. § 121 II S. 2 AktG vermieden werden.[509]

Die Einberufung auf Verlangen einer Minderheit gem. § 122 AktG ist nichtig, wenn die gerichtliche Ermächtigung zur Einberufung gem. § 122 III AktG nicht erteilt wurde oder diese im Vorfeld der Hauptversammlung aufgehoben wurde.[510] Irrelevant ist hingegen, ob tatsächlich das Quorum erreicht wurde, sofern der gerichtliche Ermächtigungsbeschluss noch bei Stattfinden der Hauptversammlung Bestand hat.[511] Sollte zwar das Quorum erreicht

---

503 *Hüffer/Schäfer* in: Goette/Habersack, MüKo, AktG, § 241, Rn. 26; *Koch* in: Hüffer/Koch, AktG, § 241, Rn. 9.

504 Siehe *Hüffer/Schäfer* in: Goette/Habersack, MüKo, AktG, § 241, Rn. 27; BGH, II ZR 14/82 v. 07.02.1983, BGHZ 87, 1, 3 = NJW 1983, 1677 (1677); *Koch* in: Hüffer/Koch, AktG, § 241, Rn. 9.

505 Der Aufsichtsrat hat gem. § 111 III AktG die Pflicht eine Hauptversammlung einzuberufen, wenn dies für das Wohl der Gesellschaft notwendig ist.

506 Für den Fall, dass die Gesellschaft aufgelöst wurde, haben die Abwickler die Rechte und Pflichten des Vorstands innerhalb ihres Handlungskreises, vgl. § 268 II AktG.

507 *Hüffer/Schäfer* in: Goette/Habersack, MüKo, AktG, § 241, Rn. 28; BGH, II ZR 56/12 v. 19.02.2013, ZIP 2013, 720 (721 f.).

508 *Hüffer/Schäfer* in: Goette/Habersack, MüKo, AktG, § 241, Rn. 28.

509 Siehe *Schmidt* in: Hopt/Wiedemann, AktG Großkommentar, § 241, Rn. 44.

510 *Hüffer/Schäfer* in: Goette/Habersack, MüKo, AktG, § 241, Rn. 29.

511 *Drescher* in: Spindler/Stilz, AktG, § 241, Rn. 118; BGH, II ZB 17/11 (KG) v. 08.05.2012, NJW-RR 2012, 997 (998, Rn. 9); OLG Frankfurt a.M., 5 U 177/14 v. 19.05.2015, AG

werden, aber keine Ermächtigung vorliegen, sind die Beschlüsse wiederum nichtig.[512]

Die Einberufung der Hauptversammlung muss zudem gem. § 121 IV AktG ordnungsgemäß bekannt gemacht worden sein. Die Aktiengesellschaft muss daher entweder die Einberufung der Hauptversammlung in den Gesellschaftsblättern bekannt machen oder kann alternativ – falls ihr alle Aktionäre namentlich bekannt sind und die Satzung nichts anderes bestimmt – die Versammlung auch mittels eingeschriebenen Brief an jeden einzelnen Aktionäre bekannt machen.[513] In Bezug auf die Gesellschaftsblätter ist die Bekanntmachung im elektronischen Bundesanzeiger zwingend[514] aber auch ausreichend.[515] Sollte die Satzung eine zusätzliche Veröffentlichungspflicht in anderen Gesellschaftsblättern vorsehen,[516] kann ein diesbezüglicher Verstoß seit Inkrafttreten der Aktienrechtsnovelle 2016[517] nicht mehr zur Nichtigkeit der Beschlüsse gem. § 241 Nr. 1 AktG führen.[518]

Eine alternative Möglichkeit der Einberufung ist die in § 121 IV S. 2 AktG vorgesehene Einberufung mittels eingeschriebenem Brief. Voraussetzungen ist, dass die Einberufung in Schriftform und per Einschreiben erfolgt, sowie dass die Namen und Anschriften aller Aktionäre bekannt sind.[519] Zudem muss der Brief allen Aktionären zugegangen sein, es sei denn, die Gesellschaft unterliegt einem unvertretbaren Irrtum in Bezug auf die Person des Aktionärs.[520] Nichtgeladene Aktionäre haben zudem die Möglichkeit, den Beschluss zu genehmigen und damit die Nichtigkeit zu heilen.[521]

Neben der Möglichkeit der Einberufung mittels eingeschriebenem Brief ist es der Gesellschaft möglich, per Satzungsregelung andere Zugangsformen zu wählen.[522]

2016, 252 (253); a.A. *Hüffer/Schäfer* in: Goette/Habersack, MüKo, AktG, § 241, Rn. 29, der diesbezüglich Anfechtbarkeit in Betracht zieht.

512 Siehe *Koch* in: Hüffer/Koch, AktG, § 241, Rn. 10; *Hüffer/Schäfer* in: Goette/Habersack, MüKo, AktG, § 241, Rn. 29; *Drescher* in: Spindler/Stilz, AktG, § 241, Rn. 117.

513 Siehe § 121 IV AktG.

514 Siehe §§ 25, 121 IV S. 1 AktG sowie § 26h III S. 2 EGAktG.

515 Vgl. § 26h III S. 2 EGAktG, sowie *Drescher* in: Spindler/Stilz, AktG, § 241, Rn. 124.

516 Entsprechende Regelungen in der Satzung waren bis zum Inkrafttreten der Aktienrechtsnovelle 2016 (BGBl. I, S. 2565) am 31.12.2015 gem. § 25 S. 2 AktG a.F. möglich; vgl. hierzu auch *Drescher* in: Spindler/Stilz, AktG, § 241, Rn. 124.

517 Gesetz zur Änderung des Aktiengesetzes (Aktienrechtsnovelle 2016) vom 31.12.2015, BGBl. I S. 2565.

518 Siehe § 26h III S. 2 EGAktG sowie *Drescher* in: Spindler/Stilz, AktG, § 241, Rn. 124.

519 Siehe *Hüffer/Schäfer* in: Goette/Habersack, MüKo, AktG, § 241, Rn. 31.

520 *Hüffer/Schäfer* in: Goette/Habersack, MüKo, AktG, § 241, Rn. 32; *Lutter*, AG 1994, S. 438, 429.

521 Siehe § 242 II S. 4 AktG.

522 Str. ob hierdurch auch Möglichkeit eröffnet wird, durch Satzung Einberufung mittels eingeschriebenem Brief auszuschließen; dafür: *Drescher* in: Spindler/Stilz, AktG, § 241, Rn. 127; dagegen: *Behrends*, NZG 2000, 578 (578 ff.); *Koch* in: Hüffer/Koch, AktG, § 121, Rn. 11 f.

Durch den Zusatz „wenn die Satzung nicht anderes bestimmt“[523], zielte der Gesetzgeber darauf ab, es gerade kleineren Aktiengesellschaften mit überschaubarem Aktionärskreis zu ermöglichen im Rahmen der Satzung eine erleichterte Zustellungsform zu wählen.[524] So können in der Satzung für die Form der Einberufung Erleichterungen wie bspw. auch die Bekanntgabe per Fax oder E-Mail festgesetzt werden.[525] Aufgrund des offenen Wortlauts wird überwiegend angenommen, dass per Satzungsregelung auch Erschwerungen wie bspw. das Erfordernis eines Rückscheins vorgesehen werden können.[526] Strittig ist hingegen, ob der Wortlaut es auch zulässt, dass die Möglichkeit der Einberufung mittels eingeschriebenem Brief durch eine Satzungsregelung gänzlich ausgeschlossen werden kann.[527] Hingegen wird eine Satzungsregelung, die die Einberufung in den Gesellschaftsblättern ausschließt, nicht als statthaft erachtet.[528] Die Gesellschaft muss stets die Möglichkeit haben, die Einberufung allein durch eine Bekanntgabe im Bundesanzeiger vorzunehmen.[529]

Ein weiterer Mangel, der zur Nichtigkeit der Beschlüsse führt, liegt vor, wenn die Mindestangaben gem. § 121 III S. 1 AktG nicht in der Einberufung enthalten sind.[530] Diese umfassen die Firma, den Sitz der Gesellschaft sowie Zeit und Ort der Hauptversammlung. Nach verbreiteter Ansicht sind diese Mindestangaben streng

---

523 Siehe § 121 IV S. 2 AktG.

524 Begründung zum Gesetzesentwurf der Bundesregierung zur Anpassung der Formvorschriften des Privatrechts und anderer Vorschriften an den modernen Rechtsverkehr, BT-DrS. 14/4987, zu Nr. 2, S. 30.

525 *Koch* in: Hüffer/Koch, AktG, § 121, Rn. 11f; *Riecker* in: Spindler/Stilz, AktG, § 121, Rn. 61; *Drinhausen* in: Hölters, Aktiengesetz, § 121, Rn. 32.

526 Dafür: *Riecker* in: Spindler/Stilz, AktG, § 121, Rn. 61; *Herrler* in: Grigoleit, AktGKo, § 121, Rn. 22; *Drinhausen* in: Hölters, Aktiengesetz, § 121, Rn. 32; *Butzke* in: Hopt/Wiedemann, AktG Großkommentar, § 121, Rn. 102; *Noack/Zetzsche* in: Zöllner/Noack, KK, § 121, Rn. 155; *Reger* in: Bürgers/Körber, AktG, § 121, Rn. 16; wohl auch: *Kubis* in: Goette/Habersack, MüKo 3. Auflage, AktG, § 121, Rn. 82.

527 Dafür: *Riecker* in: Spindler/Stilz, AktG, § 121, Rn. 61; *Herrler* in: Grigoleit, AktGKo, § 121, Rn. 22; *Noack/Zetzsche* in: Zöllner/Noack, KK, § 121, Rn. 156; dagegen: *Koch* in: Hüffer/Koch, AktG, § 121, Rn. 11f; *Reger* in: Bürgers/Körber, AktG, § 121, Rn. 16.

528 *Riecker* in: Spindler/Stilz, AktG, § 121, Rn. 61; *Herrler* in: Grigoleit, AktGKo, § 121, Rn. 22.

529 *Riecker* in: Spindler/Stilz, AktG, § 121, Rn. 61; *Butzke* in: Hopt/Wiedemann, AktG Großkommentar, § 121, Rn. 101; a.A. plädiert dafür, dass Satzung vorsehen kann, zusätzlich zur Einberufung in den Gesellschaftsblättern auch stets individuelle Einberufung erforderlich ist: *Noack/Zetzsche* in: Zöllner/Noack, KK, § 121, Rn. 56; *Herrler* in: Grigoleit, AktGKo, § 121, Rn. 22.

530 *Koch* in: Hüffer/Koch, AktG, § 241, Rn. 11; *Hüffer/Schäfer* in: Goette/Habersack, MüKo, AktG, § 241, Rn. 33.

formal zu handhaben.[531] Sollte daher eine dieser Angaben fehlen oder gar eine Angabe nicht korrekt sein, ist die grds. Folge die Nichtigkeit aller Hauptversammlungsbeschlüsse.[532] Die ausnahmslose Geltung dieses Grundsatzes wird jedoch nur vereinzelt angenommen.[533] Überwiegend wird entweder für eine Ergebniskorrektur im Einzelfall über § 242 BGB[534] bei marginalen Fehlern oder aber für eine teleologische Reduktion[535] des § 121 III S. 1 AktG oder § 241 Nr. 1 AktG bspw. für den Fall, dass trotz des Fehlers für alle Aktionäre kein Zweifel besteht, um welche Gesellschaft es sich handelt, plädiert.

bb) Die Funktion

Der Zweck, die genannten Einberufungsmängel mit der Nichtigkeitsfolge zu ahnden, ist der Schutz des Teilnahmerechts der Aktionäre an der Hauptversammlung.[536] Durch die zwingende Vorgabe, wie Hauptversammlungen einberufen werden müssen, soll der Aktionär davor geschützt werden, dass Beschlüsse, die bspw. auf einer Geheimversammlung einzelner Aktionäre getroffen werden, Gültigkeit erlangen können, ohne dass er an der Beschlussfassung teilnehmen konnte.[537] Zugleich soll die Ausübungsmöglichkeit des Stimmrechts und damit die Einflussmöglichkeit auf Gesellschaftsangelegenheiten, die der Kompetenz der Hauptversammlung zugwiesen sind, sichergestellt werden.[538] Das Teilnahmerecht bleibt jedoch auch ohne

---

531 *Hüffer/Schäfer* in: Goette/Habersack, MüKo, AktG, § 241, Rn. 33; *Englisch* in: Hölters, Aktiengesetz, § 241, Rn. 32; *Hüffer*, ZGR 2001, 833 (840 f.); *Schwab* in: Schmidt/Lutter, AktGKom, § 241, Rn. 11.

532 *Schwab* in: Schmidt/Lutter, AktGKom, § 241, Rn. 11; *Hüffer/Schäfer* in: Goette/Habersack, MüKo, AktG, § 241, Rn. 33; *Hüffer*, ZGR 2001, 833 (840 f.).

533 So *Schwab* in: Schmidt/Lutter, AktGKom, § 241, Rn. 11; LG München I, 5 HKO 17311/98 v. 08.04.1999, ZIP 1999, 1213 (1214 f.).

534 *Hüffer/Schäfer* in: Goette/Habersack, MüKo, AktG, § 241, Rn. 33; *Hüffer*, ZGR 2001, S. 841, 833; *Englisch* in: Hölters, Aktiengesetz, § 241, Rn. 33; Vgl. OLG Hamburg, 11 U 42/80 v. 19.09.1980, AG 1981, 193 (195); OLG Frankfurt, 5 U 285/86 v. 10.05.1988, AG 1989, 207 (209); OLG Frankfurt, 5 U 5/86 v. 19.02.1991, AG 1991, 208 (209 f.); OLG München, 23 U 3319/99 v. 12.11.1999, AG 2000, 134 (135).

535 *Drescher* in: Spindler/Stilz, AktG, § 241, Rn. 134; *Schmidt* in: Hopt/Wiedemann, AktG Großkommentar, § 241, Rn. 46.

536 *Drescher* in: Spindler/Stilz, AktG, § 241, Rn. 109; siehe auch *Koch* in: Hüffer/Koch, AktG, § 121, Rn. 1; *Kubis* in: Goette/Habersack, MüKo, AktG, § 121, Rn. 1; Strittig ist, ob daneben auch öffentliche Interessen geschützt werden. Vgl. hierzu m.w.N. *Drescher* in: Spindler/Stilz, AktG, § 241, Rn. 110.

537 Vgl. hierzu *Fiebelkorn*, Beschlussmängelklagen, S. 377; *Koch*, Gutachten Beschlussmängelrecht, F 51.

538 BGH, II ZR 200/04 v. 13.02.2006, NJW-RR 2006, 831 (832); BGH, II ZR 127/69 v. 12.07.1971, WM 1971, 1150 (1151).

Stimmberechtigung des Aktionärs ein unentziehbares Recht der Aktionäre.[539] Des Weiteren wird durch die Nichtigkeitsandrohung sichergestellt, dass bei der Einberufung bestimmte formelle Vorgaben ausreichend beachtet werden.[540] Letztere sollen gewährleisten, dass die gefassten Beschlüsse der Hauptversammlung als Organ und somit der Aktiengesellschaft zugerechnet werden können.[541]

Der Funktion der Vorschrift des § 121 II S. 2 AktG, die bestimmt, dass Personen, die im Handelsregister als Vorstand eingetragen sind, auch als zur Einberufung der Hauptversammlung befugt anzusehen sind, ist es, Rechtssicherheit zu schaffen.[542] Da die Aktionäre an der Bestellung und Abberufung von Vorstandsmitgliedern nicht mitwirken, sollen sie sicher sein können, dass die Einberufung in Bezug auf die Personen, die die Einberufung vorgenommen haben, wirksam ist, wenn diese – was für die Aktionäre leicht überprüfbar ist – auch im Handelsregister als Vorstandsmitglieder eingetragen sind.[543]

Die in der Einberufung geforderten Mindestangaben haben den Zweck, den Aktionären eine hinreichende Informationsgrundlage zu schaffen, so dass diese angemessen Zeit haben, sich auf die Hauptversammlung vorzubereiten und darüber zu entscheiden, ob sie an der Hauptversammlung teilnehmen wollen bzw. ihre Termine so zu disponieren, dass sie auch an dieser teilnehmen können.[544]

Der Schutzzweck dieser die Nichtigkeit begründenden Norm ist mithin der Schutz eines der grundlegenden Aktionärsrechte – nämlich das Teilnahme- und damit verbunden das Stimmrecht bzw. die Einflussmöglichkeit des Aktionärs auf Gesellschaftsangelegenheiten zu wahren.[545]

cc) Konsistenz des Nichtigkeitsgrunds

(1) Grundsätzliches

Ausgehend von der Funktion zeigt ein Vergleich mit der Anfechtungsmöglichkeit der Aktionäre bereits die erste Widersprüchlichkeit dieses Nichtigkeitsgrunds auf. Das Anfechtungsrecht ist ein Kontrollinstrument der Aktionäre in Bezug auf die

---

539 BGH, II ZR 200/04 v. 13.02.2006, NJW-RR 2006, 831 (832); BGH, II ZR 79/84 v. 28.01.1985, WM 1985, 567 (568); BGH, II ZR 127/69 v. 12.07.1971, WM 1971, 1150 (1151).

540 Siehe *Drescher* in: Spindler/Stilz, AktG, § 241, Rn. 110.

541 So *Schwab* in: Schmidt/Lutter, AktGKom, § 241, Rn. 5.

542 Siehe BGH, II ZR 304/15 v. 08.11.2016, NZG 2017, 182 (184).

543 Siehe BGH, II ZR 304/15 v. 08.11.2016, NZG 2017, 182 (184).

544 Vgl. hierzu *Koch* in: Hüffer/Koch, AktG, § 121, Rn. 1; *Drinhausen* in: Hölters, Aktiengesetz, § 121, Rn. 1.

545 *Fiebelkorn* fasst den Schutzzweck des § 241 Nr. 1 AktG wie folgt zusammen: „Die Regelung dient dazu, im Interesse der Aktionäre die Wahrung eines Mindestmaßes an Verfahrensvorschriften zu garantieren." *Fiebelkorn*, Beschlussmängelklagen, S. 376.

Rechtmäßigkeit von Hauptversammlungsbeschlüssen.[546] Aktionäre können daher gegen fehlerhafte Beschlüsse unabhängig von einer individuellen Betroffenheit vorgehen.[547] Zugleich dient die Anfechtungsklage jedoch auch der Gewährung des individuellen Rechtsschutzes der Aktionäre.[548] Somit wird der Schutz der Aktionärsrechte bereits durch die Anfechtungsmöglichkeit der Aktionäre bei rechts- oder satzungswidrigen Beschlüssen gewahrt.[549] Diese können und sollen bei einer Verletzung von Vorschriften, die allein ihre Interessen schützen, selbst darüber disponieren, ob sie den Beschluss gelten lassen wollen oder nicht.[550] Vor diesem Hintergrund erscheint es daher zunächst kontraintuitiv, dass der Gesetzgeber einen Verstoß gegen Vorschriften, deren Zweck allein die Wahrung der Aktionärsrechte betrifft, nicht nur der Anfechtbarkeit sondern sogar der Nichtigkeitsanordnung des § 241 Nr. 1 AktG unterworfen hat.[551] Der Grund hierfür liegt darin, dass die in § 241 AktG genannten Mängel vom Gesetz als „schwerer Verstoß" bewertet werden.[552] Dies bedeutet jedoch auch gleichzeitig, dass ein Verstoß gegen die genannten Einberufungsvorschriften nicht nur von den anfechtungsberechtigten Organen und Aktionären sondern prinzipiell von jedermann angeprangert werden kann. Eine privatautonome Regelungsmacht der Aktionäre besteht im Rahmen der ex lege eintretenden Nichtigkeit von Hauptversammlungsbeschlüssen im Gegensatz zu anfechtbaren Beschlüssen grds.[553] nicht.[554] Als Folge kann die Nichtigkeit auch nicht durch einen einstimmigen Beschluss der Aktionäre überwunden werden.[555]

Widersprüchlich erscheint es daher in diesem Zusammenhang, dass der Gesetzgeber trotz der strengen Nichtigkeitsanordnung bei den genannten Einberufungsmängeln den Aktionären dennoch in bestimmten Fällen eine Dispositionsbefugnis

---

546 *Koch* in: Hüffer/Koch, AktG, § 245, Rn. 3; *Ehmann* in: Grigoleit, AktGKo, § 245, Rn. 2; *Dörr* in: Spindler/Stilz, AktG, § 245, Rn. 7.

547 *Koch* in: Hüffer/Koch, AktG, § 245, Rn. 3; *Ehmann* in: Grigoleit, AktGKo, § 245, Rn. 2; *Dörr* in: Spindler/Stilz, AktG, § 245, Rn. 7a.

548 *Ding*, Missbräuchliche Anfechtungsklage, S. 22; *Dörr* in: Spindler/Stilz, AktG, § 245, Rn. 8.

549 Vgl. §§ 243, 245 AktG.

550 *Ding*, Missbräuchliche Anfechtungsklage, S. 36.

551 Auch *Fiebelkorn* hinterfragt, wieso die Geltendmachung von Einberufungsmängeln nicht generell der Disposition der Aktionäre unterworfen wurde, *Fiebelkorn*, Beschlussmängelklagen, S. 376.

552 *Noack*, FS Baums, 845 (868); siehe auch *Drescher* in: Henssler/Strohn, GesR, § 241, Rn. 14.

553 Siehe zu den Ausnahmen von diesem Grundsatz den folgenden Absatz.

554 *Hüffer/Schäfer* in: Goette/Habersack, MüKo, AktG, § 241, Rn. 14; BGH, II ZR 167/52 v. 16.12.1953, NJW 1954, 385 (386); RG, II B 10/25 v. 19.05.1925, RGZ 111, 26 (28); *Koch in*: Hüffer/Koch, AktG, § 241, Rn. 4.

555 *Hüffer/Schäfer* in: Goette/Habersack, MüKo, AktG, § 241, Rn. 14; BGH, II ZR 167/52 v. 16.12.1953, NJW 1954, 385 (386); RG, II B 10/25 v. 19.05.1925, RGZ 111, 26 (28); *Koch in*: Hüffer/Koch, AktG, § 241, Rn. 4.

über die Nichtigkeit zugewiesen hat:[556] so sind zum einen gem. § 121 VI AktG Verstöße gegen die Einberufungsvorschriften irrelevant, wenn dennoch alle Aktionäre erschienen oder vertreten sind und keiner der Beschlussfassung widerspricht, zum anderen kann im Fall der Einberufung mittels eingeschriebenem Brief der nichtgeladene Aktionär den Beschluss gem. § 242 II S. 4 AktG genehmigen und damit die Nichtigkeit heilen. Diese Inkonsistenz der Nichtigkeitsgründe bei Mängeln im Vorbereitungsstadium der Hauptversammlung hat auch *Noack*[557] eruiert und ausgehend von der genannten Dispositionsbefugnis der Aktionäre zutreffend geschlussfolgert: „Wenn die Aktionäre im Einzelfall derart dispositionsbefugt sind, kann mit den Einberufungsmodalitäten kein fundamentales Rechtsprinzip der AG als Schutzgut zu wahren sein."[558] Auch *Fiebelkorn* konkludiert bezüglich der den Aktionären im Rahmen der Mängel des § 241 Nr. 1 AktG verbleibenden Dispositionsbefugnis, dass nicht alle Verstöße im Rahmen der Einberufung vom Gesetzgeber als derart schwerwiegend beurteilt worden seien, dass diese unbeschränkt die Nichtigkeitsfolge rechtfertigen würden.[559]

Eine weitere Inkonsistenz dieses Nichtigkeitsgrunds wird deutlich, wenn man ausgehend von der Funktion des § 241 Nr. 1 AktG die zur Nichtigkeit führenden Einberufungsmängel mit jenen Einberufungsmängeln vergleicht, die nur die Anfechtbarkeit des Hauptversammlungsbeschlusses zur Folge haben.[560] Dies aufzuzeigen ist Gegenstand der nachfolgenden Darstellung.

(2) Einzelfälle

Aufgrund der streng formal anzuwendenden Mindestangaben in der Einberufung können grds.[561] auch geringfügige Fehler bei der Angabe der Firma sowie von Ort und Tag der Hauptversammlung die Nichtigkeit aller Hauptversammlungsbeschlüsse, die auf der somit fehlerhaft einberufenen Hauptversammlung gefasst wurden, bewirken.[562] Die Nichtangabe der Tagesordnung in der Einberufung sowie die Unterschreitung der Einberufungsfrist gem. § 123 I AktG sind hingegen Fehler, die nur zur Anfechtbarkeit des Beschlusses führen.[563] Diese Mängel können jedoch

---

556 Vgl. hierzu auch *Noack*, FS Baums, 845 (861); *Fiebelkorn*, Beschlussmängelklagen, S. 376.

557 *Noack*, FS Baums, 845 (853 f.).

558 *Noack*, FS Baums, 845 (861).

559 *Fiebelkorn*, Beschlussmängelklagen, S. 376.

560 Siehe hierzu auch *Noack*, FS Baums, 845 (853 f.); So auch *Fiebelkorn*, Beschlussmängelklagen, S. 377; Bezüglich der fristwidrigen Einberufung so auch *Arbeitskreis Beschlussmängelrecht*, AG 2008, 617 (620).

561 Siehe zum Meinungsstand, ob teleologische Reduktion oder Einzelfallkorrektur möglich sein soll → D. II. 1. a) aa).

562 Vgl. hierzu *Schwab* in: Schmidt/Lutter, AktGKom, § 241, Rn. 11.

563 *Kubis* in: Goette/Habersack, MüKo, AktG, § 121, Rn. 59; § 123, Rn. 49; *Koch* in: Hüffer/Koch, AktG, § 243, Rn. 14; OLG Frankfurt, 5 U 9/08 v. 17.03.2009, NZG 2009, 990 (991).

ebenso schwerwiegende Konsequenzen für die Aktionäre nach sich ziehen, wie ein Fehler bei der Angabe von Ort und Tag der Hauptversammlung.[564]

(a) *Angabe der Tagesordnung in der Einberufung*

Die bei einem Verstoß zur Nichtigkeit führenden Anforderungen an eine ordnungsgemäße Einberufung sollen das Teilnahmerecht des Aktionärs an der Hauptversammlung sichern und ihm eine ausreichende Informationsgrundlage schaffen, um darüber zu entscheiden, ob er von seinem Teilnahmerecht Gebrauch machen möchte, und um sich entsprechend auf die Hauptversammlung vorbereiten zu können.[565] Diese Angaben in der Einberufung bezwecken mithin die Absicherung der Aktionärsrechte.[566] Dem gleichen Zweck dient jedoch auch die Bekanntgabe der Tagesordnung in der Einberufung. Diese soll ebenfalls den Aktionären eine ausreichende Grundlage bieten, um entscheiden zu können, ob sie (entweder persönlich oder vertreten durch einen Bevollmächtigten) überhaupt an der Hauptversammlung teilnehmen wollen und gewährleisten, dass sich die Aktionäre auf die Themen, die in der Hauptversammlung behandelt werden sollen, zeit- und sachgerecht vorbereiten können.[567] Ohne diese Informationen kann weder vom Teilnahmerecht, noch von den hieraus resultierenden Frage-, Rede- und Stimmrechte der Aktionäre sinnvoll Gebrauch gemacht werden.[568] Denn wird die Tagesordnung gar nicht oder nicht ordnungsgemäß in der Einberufung angegeben, kann der Aktionär sich zum einen nicht auf die Hauptversammlung entsprechend vorbereiten und hat zum anderen zu wenig Information, um darüber entscheiden zu können, ob er teilnehmen möchte oder nicht.

Trotz dieser grundlegenden gemeinsamen Schutzrichtung der genannten Vorschriften führt ein Verstoß zu unterschiedlichen Rechtsfolgen: Während das Aktiengesetz Fehler in Bezug auf die genannten Mindestangaben mit der kraft

---

564 *Noack*, FS Baums, 845 (853); Auch der AK BeschlussmängelR hält es für unstimmig, dass die Verletzung der Einberufungsfrist nur zur Anfechtbarkeit führt. *Arbeitskreis Beschlussmängelrecht*, AG 2008, 617 (620); auch *Koch* zweifelt an, ob die zur Nichtigkeit führenden Einberufungsmängel schwerer wiegen als die Unterschreitung der Einberufungsfrist oder die Nichtangabe der Tagesordnung, *Koch*, Gutachten Beschlussmängelrecht, F 51; Auch *Fiebelkorn* bemängelt diese Ungleichbehandlung, da es sich ebenfalls um einen gravierenden Verfahrensverstoß handele, *Fiebelkorn*, Beschlussmängelklagen, S. 377.

565 Vgl. *Koch* in: Hüffer, Hüffer/Koch, AktG, § 121, Rn. 1.

566 *Koch* in: Hüffer/Koch, AktG, § 121, Rn. 1.

567 Siehe Reg. Begr. zu § 124 AktG 1965, abgedr. bei Kropff, AktG, S. 173; Siehe *Kubis* in: Goette/Habersack, MüKo, AktG, § 121, Rn. 43; BGH, II ZR 49/01 v. 25.11.2002, NJW 2003, 970 (971); *Koch* in: Hüffer/Koch, AktG, § 124, Rn. 1; *Ziemons* in: Schmidt/ Lutter, AktGKom, § 121, Rn. 38.

568 BGH, II ZR 49/01 v. 25.11.2002, NJW 2003, 970 (971); *Koch* in: Hüffer/Koch, AktG, § 124, Rn. 1.

Gesetzes eintretenden Nichtigkeit ahndet,[569] führt der Mangel der fehlenden Bekanntmachung der Tagesordnung oder der Beschlussfassung über einen nicht ordnungsgemäß im Rahmen der Tagesordnung bekannt gemachten Beschluss[570] „nur" zur Anfechtbarkeit[571] der dennoch gefassten Beschlüsse.[572] Zwar hat der Gesetzgeber vorgesehen, dass auch nicht erschiene Aktionäre zur Anfechtung befugt sind, wenn die Gegenstände der Beschlussfassung nicht ordnungsgemäß bekannt gegeben wurden,[573] jedoch muss der Aktionär um den rechtswidrigen Beschluss „aus der Welt zu schaffen" dennoch die Anfechtungsklage innerhalb eines Monats seit der Beschlussfassung erheben.[574]

(b) Wahrung der Einberufungsfrist

Ein weiterer gravierender Mangel, der ebenfalls nur zur Anfechtbarkeit der Hauptversammlungsbeschlüsse führt, ist die gesetzeswidrige Verkürzung der Einberufungsfrist.[575] Der Zweck dieser Norm ist der Dispositionsschutz der Aktionäre.[576] Diese sollen zum einen ausreichend Zeit haben, sich zu entscheiden, ob sie an der Hauptversammlung teilnehmen wollen und falls dies so ist, ihre Termine so zu disponieren, dass sie auch an der Hauptversammlung teilnehmen können.[577] Zum anderen sollen sie Zeit haben, um sich eine ausreichende Informationsgrundlage schaffen zu können.[578] Dies wird dem Aktionär jedoch kaum möglich sein, wenn in der Einberufung zwar der Tag der Hauptversammlung angegeben ist, diese aber

569 *Schwab* in: Schmidt/Lutter, AktGKom, § 241, Rn. 11.

570 Siehe § 124 IV S. 1 AktG.

571 *Kubis* in: Goette/Habersack, MüKo 3. Auflage, AktG, § 121, Rn. 59; *Riecker* in: Spindler/Stilz, AktG, § 121, Rn. 104.

572 Siehe zur Ungleichbehandlung auch *Noack*, FS Baums, 845 (853); Auch *Koch* zweifelt an, ob die zur Nichtigkeit führenden Einberufungsmängel schwerer wiegen als die Unterschreitung der Einberufungsfrist oder die Nichtangabe der Tagesordnung, *Koch*, Gutachten Beschlussmängelrecht, F 51; Auch *Fiebelkorn* bemängelt diese Ungleichbehandlung, da es sich ebenfalls um einen gravierenden Verfahrensverstoß handele, *Fiebelkorn*, Beschlussmängelklagen, S. 377.

573 Vgl. § 245 Nr. 2 AktG.

574 Vgl. § 246 I AktG.

575 *Kubis* in: Goette/Habersack, MüKo, AktG, § 123, Rn. 49; *Koch* in: Hüffer/Koch, AktG, § 243, Rn. 14; OLG Frankfurt, 5 U 9/08 v. 17.03.2009, NZG 2009, 990 (991); *Noack*, FS Baums, 845 (853 f.); siehe hierzu auch *Fiebelkorn*, Beschlussmängelklagen, S. 377.

576 *Koch* in: Hüffer/Koch, AktG, § 123, Rn. 1; *Kubis* in: Goette/Habersack, MüKo, AktG, § 123, Rn. 1; *Drinhausen* in: Hölters, Aktiengesetz, § 123, Rn. 1; Siehe hierzu auch Reg.Begr. zu § 123 AktG 1965, abgedr. bei Kropff, AktG, S. 172.

577 Siehe *Heidel* in: Heidel, AktKap, § 123, Rn. 5; Siehe hierzu auch Reg.Begr. zu § 123 AktG 1965, abgedr. bei *Kropff*, AktG; *Koch* in: Hüffer/Koch, AktG, § 123, Rn. 1.

578 Siehe hierzu Reg.Begr. zu § 123 AktG 1965, abgedr. bei *Kropff*, AktG, S. 172; *Koch* in: Hüffer/Koch, AktG, § 123, Rn. 1; *Kubis* in: Goette/Habersack, MüKo, AktG, § 123, Rn. 1.

bereits drei Tage nach der Einberufung stattfindet. In Bezug auf die Wahrung der Aktionärsrechte erscheint es daher auch diesbezüglich widersprüchlich, Fehler in Bezug auf die Mindestangaben mit der Nichtigkeit zu sanktionieren, jedoch Fehler in Bezug auf die Frist nur der Anfechtbarkeit zu unterwerfen.[579]

(c) Bedingungen für die Teilnahme an der Hauptversammlung und die Ausübung des Stimmrechts

Gemäß § 121 III S. 2 Nr. 1 AktG sind in der Einberufung zu Hauptversammlungen börsennotierter Gesellschaften die Voraussetzungen der Teilnahme an den Hauptversammlungen und der Ausübung des Stimmrechts anzugeben. Der Zweck dieser Vorschrift ist, eine bessere Informierung der Aktionäre zu gewährleisten, so dass diese ausreichend Möglichkeit haben, dafür zu sorgen, dass sie die satzungsmäßigen Teilnahmebedingungen erfüllen und ihr Teilnahme- und Stimmrecht sachgerecht ausüben können.[580] Mithin ist auch die Funktion dieser Vorschrift – ebenso wie der zur Nichtigkeit führenden Einberufungsmängel – das Teilnahmerecht der Aktionäre an der Hauptversammlung sicherzustellen. Ein Blick auf die Historie der Vorschrift zeigt, dass diese Voraussetzung im Rahmen der Aktienrechtsnovelle von 1965 neu eingeführt wurde und ein Verstoß hiergegen ursprünglich zur ex lege eintretenden Nichtigkeit führte.[581] Laut Begründung zum Regierungsentwurf sei der Grund für die Notwendigkeit dieser zusätzlichen Angaben eine bessere Informierung der Aktionäre gewesen.[582] Im Rahmen der ARUG Reform wurde das bisher von der Nichtigkeit gem. § 241 Nr. 1 AktG erfasste Erfordernis, dass in der Einberufung die Bedingungen, von denen die Teilnahme an der Hauptversammlung und die Ausübung des Stimmrechts abhängen, anzugeben sind, aus dem Nichtigkeitskatalog herausgenommen.[583] Die fehlende Angabe solcher spezieller Anforderungen führt daher seitdem nur noch zur Anfechtbarkeit der Beschlüsse. Zudem wurde die Vorschrift dahingehend geändert, dass die Angabe dieser Bedingungen nur noch für börsennotierte Gesellschaften obligatorisch ist. Als Begründung wurde angeführt, dass diese Angabe bei kleineren Aktiengesellschaften

---

579 So auch *Noack*, FS Baums, 845 (853)„Diese Rechtslage befremdet."; Ebenso bezüglich der fristwidrigen Einberufung: *Arbeitskreis Beschlussmängelrecht*, AG 2008, 617 (620); *Fiebelkorn*, Beschlussmängelklagen, S. 377„Die Ungleichbehandlung (...) ist unstimmig."; auch *Koch* bezweifelt, dass diese Mängel weniger schwer wiegen als die zur Nichtigkeit führenden Einberufungsmängel: *Koch*, Gutachten Beschlussmängelrecht, F 51.

580 Vgl. hierzu OLG Hamburg, 11 U 62/89 v. 19.05.1989, NJW 1990, 1120 (1121); BGH, II ZR 53/89 v. 25.09.1989, NJW-RR 1990, 166 (167); *Kubis* in: Goette/Habersack, MüKo, AktG, § 121, Rn. 60.

581 Vgl. § 121 III S. 2 AktG 1965; hierzu Kapitel C. III. 2.

582 Siehe Begründung zum Regierungsentwurf zu § 117, BT-DruckS. IV/171, S. 149.

583 Siehe hierzu Kapitel C. III. 5.

häufig überflüssig sei und daher ebenso wie bei den Gesellschaften mit beschränkter Haftung nicht zwingend erforderlich sein sollte.[584]

Ausgehend vom oben genannten Zweck der Angabe dieser Bedingungen überrascht es, dass bei nichtbörsennotierten Gesellschaften die Aktionäre überhaupt nicht mehr zwingend über die Teilnahmebedingungen informiert werden müssen und daher den Beschluss auch nicht mehr anfechten können, wenn sie die Bedingungen mangels Information nicht erfüllen und daher ihr Stimmrecht nicht ausüben konnten. Mit Blick auf die Funktion der Vorschrift erscheint es daher zum einen widersprüchlich, diese Angaben bei nichtbörsennotierten Gesellschaften überhaupt nicht mehr als obligatorisch zu regeln und zum anderen, bei börsennotierten Gesellschaften diesen Mangel nur noch der Anfechtbarkeit zu unterwerfen. Denn die Nichtangabe der Teilnahmebedingungen kann die gleiche Konsequenz für die Aktionäre haben, wie die Nichtangabe des Ortes und Tages der Versammlung – sie können schlimmstenfalls von ihrem Teilnahme- und Stimmrecht keinen Gebrauch machen.

(3) Bewertung

Bereits die nähere Betrachtung des ersten Nichtigkeitsgrunds zeigt ausgehend von der Funktion der Vorschrift Inkonsistenzen auf.[585] Dennoch darf jedoch zunächst nicht verkannt werden, dass zwischen dem Mangel der Nichtangabe der Bedingungen für die Teilnahme und die Ausübung des Stimmrechts und den vorgehend genannten Mängeln dennoch ein wesentlicher Unterschied besteht. Gem. § 123 III HS. 1 AktG kann die Satzung bestimmen, wie die Berechtigung zur Teilnahme an der Versammlung und zur Ausübung des Stimmrechts nachzuweisen ist. Ein etwaiges Anmeldeerfordernis sowie eine bestimmte Legitimation als Bedingung für die Teilnahme an der Hauptversammlung und die Ausübung des Stimmrechts müssen bei nicht börsennotierten Gesellschaften in der Satzung der Aktiengesellschaft niedergeschrieben sein.[586] Andernfalls gilt das Gesetz, welches vorsieht, dass zur Teilnahme an der Hauptversammlung alle Aktionäre und zur Stimmrechtsausübung jeder Aktionär, der eine stimmberechtigte Aktie besitzt, berechtigt ist.[587] Bei

---

584 Siehe § 121 III S. 3 Nr. 1 AktG; zur Begründung siehe Gesetzesentwurf Bundesregierung ARUG, BT-DrS. 16/11642, S. 28.

585 Auch *Noack* kommt zu dem Ergebnis, dass die Nichtigkeit wegen formaler Mängel im Vorbereitungsverfahren der Hauptversammlung inkonsistent geregelt sei. Siehe *Noack*, FS Baums, 845 (853 f.); Ebenso hält *Fiebelkorn* die Nichtigkeitsfolge für Einberufungsmängel als generell übertrieben und die konkrete Ausgestaltung des § 241 Nr. 1 AktG für inkonsequent, *Fiebelkorn*, Beschlussmängelklagen, S. 376 f.; Auch der AK hält § 241 Nr. 1 AktG für „wenig stimmig", *Arbeitskreis Beschlussmängelrecht*, AG 2008, 617 (620).

586 *Kubis* in: Goette/Habersack, MüKo, AktG, § 123, Rn. 8; *Koch* in: Hüffer/Koch, AktG, § 123, Rn. 10.

587 *Kubis* in: Goette/Habersack, MüKo, AktG, § 123, Rn. 8.

börsennotierten Gesellschaften gilt ebenfalls der Grundsatz, dass etwaige Bedingungen wie bspw. bestimmte Legitimationsregelungen in der Satzung geregelt werden können.[588] Anders als bei nicht börsennotierten Aktiengesellschaften ist die Satzungsautonomie zum Schutz der Aktionäre beschränkt.[589] So reicht es bei Inhaberaktien börsennotierter Gesellschaften zum Nachweis des Anteilsbesitzes aus, dass der Aktionär eine Bankbescheinigung i.S.v. § 123 IV S. 1 AktG beibringt – und zwar selbst dann, wenn die Satzung diesbezüglich andere Bedingungen vorschreibt.[590] Für Namensaktien börsennotierte Gesellschaften stellt § 123 V AktG klar, dass sich die Berechtigung des Aktionärs zur Teilnahme und Ausübung des Stimmrechts – unabhängig von einer Satzungsregelung – bereits aus der Eintragung im Aktienregister ergibt.[591]

Dies bedeutet, dass die Aktionäre stets die Möglichkeit haben, sich selbst über die Bedingungen zu informieren. Dieses Argument gilt indes nicht für die Nichtangabe der Tagesordnung sowie die Unterschreitung der Einberufungsfrist. Eine selbstständige Informationsverschaffung ist den Aktionären diesbezüglich nicht möglich. Aus dem Grund, dass man es den Aktionären wohl auch zumuten kann, sich in einem gewissen Umfang selbst relevante Informationen durch einen Blick in die Satzung zu verschaffen, sollten diese Fälle daher dennoch nicht gleich behandelt werden. So erscheint es trotz der ausgehend von der Funktion der Norm resultierenden Widersprüchlichkeit in Bezug auf die Angabe der Bedingungen für die Teilnahme und die Ausübung des Stimmrechts sachgerecht diesen Mangel dennoch den in § 241 Nr. 1 AktG genannten Mängeln nicht gleichzustellen und daher die Nichtangabe der Bedingungen in der Einberufung nicht mit der Nichtigkeitsfolge zu ahnden.

In Bezug auf die verbleibenden Fallkonstellationen könnte man nun argumentieren, dass der Unterschied zwischen den Mängeln, die der Anfechtbarkeit zugewiesen sind, im Gegensatz zu den der Nichtigkeit unterfallenden Mängeln der ist, dass der Aktionär im Fall der nichtigkeitsbegründenden Fehler gar nicht weiß, wer, wo und wann eine Hauptversammlung abhält, während die Nichtangabe der Tagesordnung sowie eine verkürzte Einberufungsfrist nur seine Vorbereitungsmöglichkeit betrifft. Ausgehend von dem einheitlichen Schutzzweck der Normen den Aktionären die sinngemäße Ausübung ihres Teilnahmerechts (und das damit verbundene Stimm- und Rederecht) zu gewährleisten und den mit der Nichtwahrung der Vorschriften verbundenen Konsequenzen, müssten jedoch dennoch diese Fälle konsequenterweise gleich behandelt werden, d.h. entweder müssten diese der

588 *Koch* in: Hüffer/Koch, AktG, § 123, Rn. 11.

589 Gesetzesbegründung zum Gesetzesentwurf der Bundesregierung zum UMAG, BT-DrS. 15/5092, S. 13; siehe auch *Koch* in: Hüffer/Koch, AktG, § 123, Rn. 11.

590 Gesetzesbegründung zum Gesetzesentwurf der Bundesregierung zum UMAG, BT-DrS. 15/5092, S. 13; siehe auch *Koch* in: Hüffer/Koch, AktG, § 123, Rn. 11.

591 Siehe auch Gesetzesbegründung zum Gesetzesentwurf der Bundesregierung zum UMAG, BT-DrS. 15/5092, S. 13.

Anfechtung unterliegenden Fallgruppen ebenfalls die Nichtigkeit begründen oder umgekehrt müssten die genannten Nichtigkeitsgründe ebenfalls der Anfechtung unterfallen. So führt bspw. im Vereinsrecht die fehlende oder unrichtige Angabe des Gegenstands der Beschlussfassung in der Einberufung zur Nichtigkeit der dennoch gefassten Beschlüsse.[592] Um diese Inkonsistenz auszuräumen, erscheint daher eine einheitliche Behandlung dieser Mängel angebracht.[593]

ee) Ergebnis

Die Untersuchung der zur Nichtigkeit führenden Einberufungsmängel hat aufgezeigt, dass diese Vorschrift – ausgehend von ihrer Funktion – nicht frei von Widersprüchen ist.[594] So ist es vor dem Hintergrund der Anfechtungsklage zunächst überraschend, dass Verstöße gegen Einberufungsvorschriften, die allein auf den Schutz der Aktionärsrechte abzielen, zwar als Schwerstmangel eingestuft werden und zur Nichtigkeit von der in dieser fehlerhaft einberufenen Hauptversammlung gefassten Beschlüssen führen, den Aktionären jedoch gleichzeitig in einigen Fällen wiederum eine Dispositionsbefugnis über die Nichtigkeit eingeräumt wird. Ebenso erscheint es widersprüchlich, dass Verstöße gegen andere Verfahrensvorschriften zur Einberufung, die den gleichen Schutzzweck verfolgen wie die Vorschriften, die bei Nichteinhaltung die ipso iure eintretende Nichtigkeitsfolge nach sich ziehen, de lege lata nur zur Anfechtbarkeit der Beschlüsse führen.[595]

b) § 241 Nr. 2 AktG – Beurkundungsmängel

aa) Die Nichtigkeitsfälle

§ 241 Nr. 2 AktG ordnet die Nichtigkeit von Hauptversammlungsbeschlüssen an, die nicht entsprechend §§ 130 I, II S. 1 oder IV AktG beurkundet wurden.

Nichtig ist demnach zunächst ein Hauptversammlungsbeschluss, der nicht den Anforderungen des § 130 I AktG entspricht. Demnach muss zunächst jeder

---

592 § 32 I S. 2 BGB; Vgl. auch BGH, II ZR 304/85 v. 17.11.1986, NJW 1987, 1811 (1811); siehe hierzu auch *Schöpflin* in: Bamberger/Roth/Hau/u. a., BeckOK BGB, § 32, Rn. 36.

593 Hierzu noch ausführlich Kapitel E. III. 2. c) aa).

594 Auch *Noack* kommt zu dem Ergebnis, dass die Nichtigkeit wegen formaler Mängel im Vorbereitungsverfahren der Hauptversammlung inkonsistent geregelt sei. Siehe *Noack*, FS Baums, 845 (853 f.); Ebenso hält *Fiebelkorn* die Nichtigkeitsfolge für Einberufungsmängel als generell übertrieben und die konkrete Ausgestaltung des § 241 Nr. 1 AktG für inkonsequent, *Fiebelkorn*, Beschlussmängelklagen, S. 376 f.; Auch der AK hält § 241 Nr. 1 AktG für „wenig stimmig", *Arbeitskreis Beschlussmängelrecht*, AG 2008, 617 (620).

595 So auch *Fiebelkorn*, Beschlussmängelklagen, S. 376 f.; *Noack*, FS Baums, 845 (853, 861); zur unterschiedlichen Behandlung der fristwidrigen Einberufung mit den in § 241 Nr. 1 AktG aufgeführten Einberufungsmängeln siehe auch *Arbeitskreis Beschlussmängelrecht*, AG 2008, 617 (620).

Hauptversammlungsbeschluss gem. § 130 I S. 1 AktG durch eine über die Verhandlung notariell aufgenommene Niederschrift beurkundet werden. Eine Ausnahme besteht für Hauptversammlungsbeschlüsse nichtbörsennotierter Gesellschaften, falls diese keiner qualifizierten Mehrheit kraft Gesetzes bedürfen.[596] Sind diese Voraussetzungen einschlägig, reicht eine vom Vorsitzenden des Aufsichtsrats zu unterzeichnende Niederschrift aus.[597] Sollte jedoch die Gesellschaft börsennotiert sein oder Beschlüsse auf der Hauptversammlung gefasst werden, die einer qualifizierten Mehrheit bedürfen, führt allein die Anfertigung eines privatschriftlichen Protokolls zur Nichtigkeit der gefassten Beschlüsse.[598] Umstritten war in diesem Zusammenhang, ob im Rahmen von Hauptversammlungsbeschlüssen Beschlüsse, die teilweise einer qualifizierten Mehrheit bedürfen, nur diese oder alle Hauptversammlungsbeschlüsse notariell beurkundet werden müssen.[599] Der BGH hat letztlich entschieden, dass die Niederschrift bei solchen *gemischten Hauptversammlungen*[600] teilbar ist, so dass eben nur solche Beschlüsse einer notariellen Beurkundung zwingend bedürfen, bei denen nicht die Voraussetzungen des § 130 I S. 3 AktG gegeben sind.[601] Zudem ist strittig, ob auch bei Grundlagenbeschlüssen in Geschäftsführungsangelegenheiten aufgrund der Notwendigkeit der qualifizierten Mehrheit eine notarielle Beurkundung erforderlich ist.[602] Weitere Mängel des privatschriftlichen Protokolls, die zu der Nichtigkeit der Hauptversammlungsbeschlüsse führen, liegen vor, wenn die Niederschrift den Beschluss nicht enthält oder aber das Protokoll nicht vom Versammlungsleiter[603] unterschrieben wurde.[604] Hingegen ist kein Mangel der Protokollierung gegeben, wenn sich der Versammlungsleiter bei der Erstellung des Protokolls einer Hilfsperson bedient.[605]

---

596 Vgl. § 130 I S. 3 AktG.

597 Siehe § 130 I S. 3 AktG.

598 *Hüffer/Schäfer* in: Goette/Habersack, MüKo, AktG, § 241, Rn. 39; *Drescher* in: Spindler/Stilz, AktG, § 241, Rn. 163 f.

599 Siehe m.w.N. *Englisch* in: Hölters, Aktiengesetz, § 241, Rn. 41 f.

600 Siehe zum Begriff: *Hüffer/Schäfer* in: Goette/Habersack, MüKo, AktG, § 241, Rn. 39.

601 BGH, II ZR 176/14 v. 19.05.2015, NZG 2015, 867 (879, Rn. 14 ff.).

602 Dagegen: *Kindler*, NJW 1994, 3041 (3045); *Hüffer* in: Hüffer, AktG, 10. Auflage, § 130, Rn. 14c; dafür: *Blanke*, BB 1994,1505 (1510); *Koch*, Gutachten Beschlussmängelrecht§ 130, Rn. 14c; *Wicke* in: Spindler/Stilz, AktG, § 130, Rn. 39; *Kubis* in: Goette/Habersack, MüKo 3. Auflage, AktG, § 130, Rn. 29.

603 Das Gesetz geht vom Regelfall aus, dass der Aufsichtsratsvorsitzende der Versammlungsleiter ist. Die Satzung oder die Hauptversammlung kann jedoch jemand anderen dazu bestimmen: *Koch* in: Hüffer/Koch, AktG, § 130, Rn. 14e; *Hüffer/Schäfer* in: Goette/Habersack, MüKo, AktG, § 241, Rn. 40; *Wicke* in: Spindler/Stilz, AktG, § 130, Rn. 41.

604 *Hüffer/Schäfer* in: Goette/Habersack, MüKo, AktG, § 241, Rn. 40; OLG Köln, 18 U 3/08 v. 28.02.2008, NZG 2008, 635 (636).

605 *Wicke* in: Spindler/Stilz, AktG, § 130, Rn. 41; *Hüffer/Schäfer* in: Goette/Habersack, MüKo, AktG, § 241, Rn. 40.

Der ipso iure eintretenden Nichtigkeit unterfallen zudem Hauptversammlungsbeschlüsse, die entweder gar keine notarielle Beurkundung erfahren haben, die bei einer inländischen Hauptversammlung von einem ausländischen Notar beurkundet wurden, die umgekehrt bei einer ausländischen Hauptversammlung von einem deutschen Notar beurkundet wurden oder aber von einem ausländischen Notar jedoch unter Nichtbeachtung des Gleichwertigkeitserfordernisses.[606]

Um zu verhindern, dass die Hauptversammlungsbeschlüsse der Nichtigkeit gem. § 241 Nr. 2 AktG unterfallen, muss zudem gem. § 130 II S. 1 AktG in der Niederschrift Tag und Ort der Versammlung, sowie der Name des Notars und die Art und das Ergebnis der Abstimmung wie auch die Feststellung des Vorsitzenden über die Beschlussfassung angegeben werden. Bezüglich des Tages und des Ortes reicht die Angabe des Datums und der Gemeinde.[607] Den Namen des Notars betreffend ist es streitig, ob auch zwingend der Vorname angegeben werden muss.[608] Jedenfalls reicht auch eine gut lesbare Unterschrift nicht aus.[609]

Die Mindestanforderungen bezüglich der Art der Abstimmung umfassen die Angabe der Abstimmweise (bspw. Handheben, Stimmzettel, geheime oder offene Abstimmung)[610], wie die Stimmen ausgezählt wurden[611] und ggf. auch Angaben zur Feststellung der Stimmkraft.[612] Die Protokollierung des Ergebnisses der Abstimmung erfordert die Protokollierung der Anzahl der Nein- und der Ja-Stimmen.[613] Letztere Stimmen müssen bei Anwendung der Subtraktionsmethode nicht notwendig protokolliert werden.[614] Dieses Ergebnis der Abstimmung, welches der Notar zu protokollieren hat, beruht auf der diesbezüglichen Bekanntgabe durch den

606 Siehe *Hüffer/Schäfer* in: Goette/Habersack, MüKo, AktG, § 241, Rn. 38; strittig ist die 3. Fallgruppe: siehe m.w.N. *Koch* in: Hüffer/Koch, AktG, § 23, Rn. 10 f. BGH, II ZB 8/80 v. 16.02.1981, BGHZ 80, 76, 79 f. = NJW 1981, 1160 (1160).

607 *Hüffer/Schäfer* in: Goette/Habersack, MüKo, AktG, § 241, Rn. 41.

608 Dagegen (mit Ausnahme bei Verwechslungsgefahr): *Wicke* in: Spindler/Stilz, AktG, § 130, Rn. 44; *Kubis* in: Goette/Habersack, MüKo, AktG, § 130, Rn. 46; *Drinhausen* in: Hölters, Aktiengesetz, § 130, Rn. 28; dafür: *Wachter* in: Wachter, AktG, § 130, Rn. 37.

609 *Hüffer/Schäfer* in: Goette/Habersack, MüKo, AktG, § 241, Rn. 41; *Koch* in: Hüffer/Koch, AktG, § 130, Rn. 16; *Wicke* in: Spindler/Stilz, AktG, § 130, Rn. 44.

610 Siehe *Hüffer/Schäfer* in: Goette/Habersack, MüKo, AktG, § 241, Rn. 42.

611 Siehe *Hüffer/Schäfer* in: Goette/Habersack, MüKo, AktG, § 241, Rn. 42; LG München I, 5 KH O 1378/12 v. 30.08.2012, NZG 2012, 1310 (1311); a.A. *Noack/Zetzsche* in: Zöllner/Noack, KK, § 241, Rn. 84, die eine Verpflichtung zu dieser Angabe in der Niederschrift für zu weit halten.

612 Vgl. KG, 1 b X 531/33 v. 14.09.1933, JW 1933, 2465 (2465); *Werner* in: Hopt/Wiedemann, AktG Großkommentar, § 130, Rn. 21; *Hüffer/Schäfer* in: Goette/Habersack, MüKo, AktG, § 241, Rn. 42; *Noack/Zetzsche* in: Zöllner/Noack, KK, § 130, Rn. 165.

613 Siehe *Hüffer/Schäfer* in: Goette/Habersack, MüKo, AktG, § 241, Rn. 42.

614 Siehe *Hüffer/Schäfer* in: Goette/Habersack, MüKo, AktG, § 241, Rn. 42.

Versammlungsleiters.[615] Zusätzlich erforderlich ist die Niederschrift des Antrags, über dessen Annahme bzw. Ablehnung die Stimmauszählung entscheidet, es sei denn, der Antrag ist bereits aus der Feststellung über die Annahme bzw. Ablehnung ersichtlich.[616]

Unerlässlich ist zudem die Feststellung des Vorsitzenden über die Beschlussfassung sowie die Niederschrift dieser Feststellung.[617] Diese Feststellung ist konstitutiv für die Wirksamkeit des Beschlusses, der andernfalls auch nicht angreifbar ist.[618] Die objektive Unrichtigkeit der Feststellung hat hingegen keinen Einfluss auf die Wirksamkeit des Beschlusses, führt aber zur Fehlerhaftigkeit desselben, so dass dieser anfechtbar ist.[619] Voraussetzung für die Wirksamkeit ist jedoch, dass der Beschluss vom richtigen Versammlungsleiter festgestellt wurde.[620]

Um die Nichtigkeit der Hauptversammlungsbeschlüsse zu vermeiden, ist es zudem gem. § 130 IV S. 1 AktG erforderlich, dass der Notar, der die Urkunde ausstellt, diese auch eigenhändig unterschreibt.[621]

bb) Die Funktion

Das Beurkundungserfordernis soll im Interesse der gegenwärtigen Aktionäre, aber auch der zukünftigen Aktionäre sowie der Gläubiger der Gesellschaft die Willensbildung und den Willen der Hauptversammlung dokumentieren und damit Rechtssicherheit schaffen.[622] Zudem dient die notarielle Niederschrift der besseren Beweisbarkeit, da durch sie leichter überprüfbar und nachvollziehbar sein soll, ob die Beschlüsse formell ordnungsgemäß gefasst wurden.[623]

---

615 Siehe *Noack/Zeztsche* in: Zöllner/Noack, KK, § 241, Rn. 85; *Wicke* in: Spindler/Stilz, AktG, § 130, Rn. 51; *Koch* in: Hüffer/Koch, AktG, § 130, Rn. 19a; a.A. *Kubis* in: Goette/Habersack, MüKo, AktG, § 130, Rn. 56.

616 Siehe *Hüffer/Schäfer* in: Goette/Habersack, MüKo, AktG, § 241, Rn. 42.

617 Vgl. § 130 II S. 1 AktG; siehe auch *Hüffer/Schäfer* in: Goette/Habersack, MüKo, AktG, § 241, Rn. 42.

618 *Koch* in: Hüffer/Koch, AktG, § 130, Rn. 22 f. Siehe *Hüffer/Schäfer* in: Goette/Habersack, MüKo, AktG, § 241, Rn. 8a.

619 *Hüffer/Schäfer* in: Goette/Habersack, MüKo, AktG, § 241, Rn. 8a; BGH, II ZR 308/87 v. 21.03.1988, NJW 1988, 1844 (1844); *Kubis* in: Goette/Habersack, MüKo, AktG, § 130, Rn. 62; RG, II 100/33 v. 24.10.1933, RGZ 142, 123 (129); *Koch* in: Hüffer/Koch, AktG, § 241, Rn. 3.

620 Siehe *Hüffer/Schäfer* in: Goette/Habersack, MüKo, AktG, § 241, Rn. 8a.

621 *Hüffer/Schäfer* in: Goette/Habersack, MüKo, AktG, § 241, Rn. 43; *Koch* in: Hüffer/Koch, AktG, § 130, Rn. 26.

622 Vgl. *Wicke* in: Spindler/Stilz, AktG, § 130, Rn. 1; *Kubis* in: Goette/Habersack, MüKo 3. Auflage, AktG, § 130, Rn. 1; *Koch* in: Hüffer/Koch, AktG, § 130, Rn. 1; *Krieger*, NZG 2003, 366 (366); OLG Düsseldorf, 16 U 79/02 v. 28.03.2003, NZG 2003, 816 (818).

623 OLG Düsseldorf, 16 U 79/02 v. 28.03.2003, NZG 2003, 816 (818); *Wicke* in: Spindler/Stilz, AktG, § 130, Rn. 1.

Auch diese Funktion dient dem Interesse der Beteiligten sowie der Öffentlichkeit.[624] Beweis darüber, dass der Hauptversammlungsbeschluss rechtmäßig zustande gekommen ist, erbringt die notarielle Beurkundung hingegen nicht.[625] Da der Notar jedoch jedenfalls in Bezug auf die vom Versammlungsleiter getroffenen Feststellungen und Bekanntmachungen bei offenkundiger Diskrepanz abweichende eigene Beobachtungen in der Niederschrift zu vermerken hat[626], dient die Niederschrift dem Aktionär auch dazu, zu beweisen, dass die Feststellungen des Versammlungsleiters nicht vom Willen der Hauptversammlung getragen – also legitimiert – werden.[627] Zudem soll die notarielle Niederschrift präventiv darauf hinwirken, dass im Rahmen der Beschlussfassung der Hauptversammlung die gesetzlichen Vorgaben über das Verfahren befolgt werden[628] und soll mithin auch die Wahrung der Teilnehmerrechte der Aktionäre sichern.[629]

Wie aufgezeigt, verfolgt das Beurkundungserfordernis somit unterschiedliche Ziele.[630] Laut der Rechtsprechung des BGH dient die Beurkundung primär der Rechtssicherheit und Transparenz, um Zweifel über die Anträge und deren Annahme oder Ablehnung auszuschalten.[631] Zudem gewährleiste die Beurkundung eine bessere Beweissicherung.[632]

cc) Konsistenz des Nichtigkeitsgrunds

(1) Folgen (fehlerhafter) Feststellungen und deren (fehlerhaften) Niederschrift durch den Notar

Die erste scheinbare Widersprüchlichkeit dieses Nichtigkeitsgrunds wird deutlich, wenn man sich die jeweiligen Auswirkungen der (fehlerhaften) Feststellung des

---

624 OLG Düsseldorf, 16 U 79/02 v. 28.03.2003, NZG 2003, 816 (818).

625 OLG Düsseldorf, 16 U 79/02 v. 28.03.2003, NZG 2003, 816 (818); *Wicke* in: Spindler/Stilz, AktG, § 130, Rn. 1.

626 *Koch* in: Hüffer/Koch, AktG, § 130, Rn. 21; *Wicke* in: Spindler/Stilz, AktG, § 130, Rn. 51; *Herrler* in: Grigoleit, AktGKo, § 130, Rn. 33; *Drinhausen* in: Hölters, Aktiengesetz, § 130, Rn. 32.

627 Siehe hierzu *Koch*, FS 25 Jahre Notarinstitut, 491 (496), der dies als „Legitimationsfunktion" der notariellen Beurkundung bezeichnet.

628 *Kubis* in: Goette/Habersack, MüKo 3. Auflage, AktG, § 130, Rn. 1; *Koch* in: Hüffer/Koch, AktG, § 130, Rn. 1; *Hoffmann-Becking*, Hdb. GesellschR, § 41, Rn. 1; *Herrler* in: Grigoleit, AktGKo, § 130, Rn. 1; BGH, II ZR 330/13 v. 21.10.2014, NJW 2015, 336 (338).

629 BGH, II ZR 330/13 v. 21.10.2014, NJW 2015, 336 (338).

630 So auch *Koch*, FS 25 Jahre Notarinstitut, 491 (495).

631 BGH, II ZR 330/13 v. 21.10.2014, NJW 2015, 336 (338).

632 BGH, II ZR 330/13 v. 21.10.2014, NJW 2015, 336 (338).

Versammlungsleiters und dessen (fehlerhafte) Dokumentation durch den Notar auf den Bestand des Hauptversammlungsbeschlusses anschaut.[633]

Ist die Beschlussfeststellung des Versammlungsleiters falsch, die angefertigte Niederschrift des Notars jedoch richtig, da er diese falsche Feststellung des Versammlungsleiters korrekt dokumentiert hat, ist der Beschluss nicht ipso iure nichtig, sondern nur anfechtbar.[634] Dies bedeutet, dass der fehlerhaft festgestellte Beschluss bereits mit Ablauf der einmonatigen Anfechtungsfrist in Bestandskraft erwächst. Sollte nunmehr der Versammlungsleiter das korrekte Ergebnis der Beschlussfassung festgestellt haben, der Notar dieses aber fehlerhaft dokumentiert haben, ist der Beschluss hingegen ipso iure nichtig.[635]

Koch führt im Rahmen eines allein § 241 Nr. 2 AktG gewidmeten Festschriftbeitrags zu dieser Diskrepanz bezüglich der Rechtsfolgen aus, dass diese zu einem etwas kontraintuitiven Ergebnis führen, „weil der gravierendere Mangel einer fehlerhaften Feststellung nur mit der schwachen Anfechtungsklage sanktioniert werden kann, während der weniger gravierende Mangel der fehlerhaften Dokumentation eines richtigen Beschlusses die schwerwiegende Nichtigkeitsfolge nach sich zieht."[636] Zugleich kann diese Nichtigkeit jedoch bei eintragungsbedürftigen Beschlüssen wiederum allein durch Eintragung ohne zusätzlichen Zeitablauf geheilt werden.[637]

Als Grund für diese scheinbar widersprüchliche Handhabung identifiziert *Koch* im Rahmen seines Beitrags die Rechtssicherheitsfunktion der Beurkundung als gesetzgeberisches Leitmotiv:[638] „Was der Nichtigkeitsgrund des § 241 Nr. 3 AktG in aller Schärfe ausschließen soll, ist, dass aufgrund unzureichender Dokumentation Rechtsunsicherheit darüber herrscht, mit welchem Inhalt der Beschluss in Rechtskraft erwächst, und das hängt nach heutigem Verständnis davon ab, was der Versammlungsleiter festgestellt und der Notar entsprechend beurkundet hat. Über die Einreichung der Niederschrift zum Handelsregister (§ 130 Abs. 5 AktG) wird der Inhalt der Niederschrift dem Rechtsverkehr zur Kenntnis gebracht. Kann diese inhaltliche Feststellung nicht mit Sicherheit getroffen werden, dann muss der Beschluss nichtig sein. Eine Ausnahme gilt nur dann, wenn die Beschlussfixierung auf andere Art und Weise erfolgt ist, und zwar durch Registereintragung. [...] Das Ziel, Rechtssicherheit zu schaffen, ist damit erfüllt."[639] Die zugleich mit

---

633 *Koch* bezeichnet diese unterschiedlichen Rechtsfolgen als „eigentümliche Diskrepanz": *Koch*, FS 25 Jahre Notarinstitut, 491 (498).

634 BGH, II ZR 30/05 v. 24.04.2006, NZG 2006, 505 (507); Vgl. auch *Kubis* in: Goette/Habersack, MüKo, AktG, § 130, Rn. 84; *Wicke* in: Spindler/Stilz, AktG, § 130, Rn. 65.

635 *Wicke* in: Spindler/Stilz, AktG, § 130, Rn. 64 f. *Kubis* in: Goette/Habersack, MüKo, AktG, § 130, Rn. 83; *Koch*, FS 25 Jahre Notarinstitut, 491 (496, 498).

636 *Koch*, FS 25 Jahre Notarinstitut, 491 (496).

637 Siehe § 242 I AktG; vgl. hierzu auch *Koch*, FS 25 Jahre Notarinstitut, 491 (497).

638 *Koch*, FS 25 Jahre Notarinstitut, 491 (497 f.).

639 *Koch*, FS 25 Jahre Notarinstitut, 491 (497).

der Beurkundung bezweckte *Legimiationsfunktion*, solle hingegen den Aktionären die Möglichkeit geben, in einem Anfechtungsprozess zu beweisen, dass die Feststellung des Beschlussergebnisses durch den Versammlungsleiters fehlerhaft ist und nicht durch die Willensäußerung der Hauptversammlung legitimiert wurde.[640] Die notarielle Niederschrift des Hauptversammlungsprotokolls hat als notarielle Urkunde gem. § 415 I ZPO einen hohen Beweiswert.[641] Wenn im Rahmen eines Anfechtungs- oder Nichtigkeitsprozesses in Bezug auf die Art des Zustandekommens des Beschlusses Streit besteht, gelten die in der notariellen Niederschrift aufgenommenen rechtserheblichen tatsächlichen Vorgänge bis zum Gegenbeweis – so wie vom Notar dokumentiert – als bewiesen.[642] Aus diesem Grund ist die fehlerfreie Niederschrift von enormer Wichtigkeit für die Aktionäre. Der Notar hat daher auch keine Befugnis, unrichtige Feststellungen des Versammlungsleiters zu korrigieren, sondern seine Aufgabe ist es, die tatsächlichen Feststellungen des Versammlungsleiters zu dokumentieren.[643] Dennoch hat der Notar nicht tatenlos zu bleiben, wenn der Versammlungsleiter ein „evident fehlerhaftes" Beschlussergebnis ermittelt und verkündet.[644] In diesem Fall hat er den Versammlungsleiter darauf hinzuweisen und hat ggf. zusätzlich das von ihm festgestellte korrekte Beschlussergebnis im Protokoll zu vermerken.[645] Darüber hinaus besteht für den Notar eine Einwirkungs- und Hinweispflicht bezüglich des Versammlungsleiters immer dann, wenn er aufgrund seiner eigenen Prüfung erkennt, dass der Versammlungsleiter einen Hauptversammlungsbeschluss fassen lässt, der gegen materielle Rechtsvorschriften verstößt oder die notwendigen Förmlichkeiten nicht beachtet.[646] Dass er dieser Pflicht nachgekommen ist, muss er zwar nicht, aber wird er im Protokoll vermerken, um sich gegen etwaige Vorwürfe der Amtspflichtverletzung verteidigen zu können.[647]

Dieser Legimitationsfunktion der Beurkundung wird – wie *Koch* überzeugend analysiert hat – jedoch vom Gesetzgeber eine geringere Bedeutung als der

640 *Koch*, FS 25 Jahre Notarinstitut, 491 (496).

641 BGH, II ZR 176/14 v. 19.05.2015, NZG 2015, 867 (870, Rn. 26); BGH, II ZR 185/07 v. 16.02.2009, NJW 2009, 2207 (2208, Rn. 12).

642 *Mülbert* in: Hopt/Wiedemann, AktG Großkommentar, § 130, Rn. 7; *Wicke* in: Spindler/Stilz, AktG, § 130, Rn. 1; BGH, II ZR 185/07 v. 16.02.2009, NJW 2009, 2207 (2208 f., Rn. 12).

643 Siehe Mülbert in: Hopt/Wiedemann, AktG Großkommentar, § 130, Rn. 147; Kubis in: Goette/Habersack, MüKo, AktG, § 130, Rn. 84; aber Rechtsfolge strittig: Wicke nimmt an, dass für den Fall, dass der Notar das wirkliche Abstimmungsergebnis bei falscher Verkündung durch den Vorsitzenden beurkundet, nur Anfechtbarkeit des Beschlusses gegeben sei: Wicke in: Spindler/Stilz, AktG, § 130, Rn. 65.

644 *Mülbert* in: Hopt/Wiedemann, AktG Großkommentar, § 130, Rn. 100, 43 ff.

645 *Mülbert* in: Hopt/Wiedemann, AktG Großkommentar, § 130, Rn. 147, 110, 100; *Kubis* in: Goette/Habersack, MüKo, AktG, § 130, Rn. 84.

646 *Mülbert* in: Hopt/Wiedemann, AktG Großkommentar, § 130, Rn. 43.

647 *Mülbert* in: Hopt/Wiedemann, AktG Großkommentar, § 130, Rn. 43.

Rechtssicherheitsfunktion zugesprochen.[648] Die Heilung der Nichtigkeit eines Hauptversammlungsbeschlusses, der fehlerhaft beurkundet wurde, mindert nicht die Beweisnöte der Aktionäre im Rahmen eins Anfechtungsprozesses.[649] Dennoch wird die Nichtigkeit nur dann unvermeidlich und beständig vorgeschrieben, falls andernfalls die Rechtssicherheitsfunktion vereitelt wird.[650] *Koch* konkludiert daher, dass die scharfe Nichtigkeitsanordnung bei Beurkundungsmängeln letztlich ihre Rechtfertigung in dem Schutz des Rechtsverkehrs und Dritter findet und somit dem drittschützenden Tatbestand des § 241 Nr. 3 AktG näher stehe als dem aktionärsschützenden Tatbestand des § 241 Nr. 1 AktG.[651]

(2) Die uneingeschränkte Nichtigkeitsfolge

Im Hinblick auf die Funktion der Dokumentierung – neben der Rechtssicherheit auch die Beweisführung zu ermöglichen, ob das vom Versammlungsleiter festgestellte Beschlussergebnis durch den Willen der Hauptversammlung legitimiert wurde[652] – ist jedenfalls die Sanktionierung einer fehlerhaften Protokollierung schlüssig. Die Funktion des Notars ist es ja – wie aufgezeigt –, das was in der Hauptversammlung beschlossen und festgestellt wurde, so zu dokumentieren, wie er es objektiv wahrgenommen und der Versammlungsleiter festgestellt hat. Hierdurch ermöglicht er ja gerade erst den Aktionären in einem Anfechtungsprozess zu beweisen, dass dem Versammlungsleiter Fehler unterlaufen sind und der Hauptversammlungsbeschluss eben nicht den Willen der Hauptversammlung widerspiegelt. Trifft der Versammlungsleiter eine fehlerhafte Feststellung und wird diese vom Notar korrekt dokumentiert, ist der Beschluss zwar „nur" anfechtbar, aber dennoch ist es dem Aktionär durch die korrekte notarielle Niederschrift leicht möglich, diesen Fehler zu beweisen. Ist jedoch (auch) die Niederschrift des Notars fehlerhaft, wird den Aktionären dieser Beweis erschwert.

Daher lässt sich die Sanktionierung unzutreffender Protokollierungen des Notars jedenfalls dann rechtfertigen, wenn man sich die Funktion und den Beweiswert der notariellen Niederschrift in Bezug auf inhaltlich fehlerhafte Feststellungen des Versammlungsleiters vor Auge führt. So ist es jedenfalls sachgerecht, inhaltlich unzutreffende Protokollierungen des Notars zu sanktionieren, da in diesem Fall der Beweiswert der Niederschrift geschmälert ist.[653] Fraglich ist jedoch, ob diese Argumentation es auch legitimiert, dass sämtliche Verstöße gegen die in § 241 Nr. 2 i.V.m. § 130 I, II S. 1, IV AktG genannten Vorgaben zur Niederschrift auch stets die Nichtigkeit sämtlicher Hauptversammlungsbeschlüsse zur Folge hat.

---

648 *Koch*, FS 25 Jahre Notarinstitut, 491 (497, 498).
649 *Koch*, FS 25 Jahre Notarinstitut, 491 (497).
650 *Koch*, FS 25 Jahre Notarinstitut, 491 (497).
651 *Koch*, FS 25 Jahre Notarinstitut, 491 (497, 498).
652 *Koch*, FS 25 Jahre Notarinstitut, 491 (495 f.).
653 Siehe hierzu auch *Kubis* in: Goette/Habersack, MüKo, AktG, § 130, Rn. 84.

(a) Bagatellfehler

Zu hinterfragen ist die Legitimation der Nichtigkeitsfolge insbesondere für die gem. § 130 II S. 1 AktG in der Niederschrift anzugebenden Mindestinhalte. So können auch kleinste Fehler bzw. Versäumnisse des Notars bspw. in Bezug auf die Mindestangaben des § 130 II AktG – wie Zeit und Ort der Hauptversammlung – grds.[654] zur Nichtigkeit der gefassten Beschlüsse führen.[655] Nach der Rechtsprechung des BGH soll eine Beurkundung, die keine Angabe über das rechnerische Abstimmungsergebnis enthält, selbst dann zur Nichtigkeit des Hauptversammlungsbeschlusses gem. § 241 Nr. 2 AktG führen, „wenn den Umständen nach kein Zweifel über die Annahme oder Ablehnung des Antrags und die Ordnungsmäßigkeit der Beschlussfassung bestehen kann".[656] Als Begründung führt der BGH an:

„Eine vom Gesetz zwingend vorgeschriebene Form muß grundsätzlich unabhängig davon gewahrt werden, ob der von der Vorschrift bezweckte Schutz, der lediglich Motiv, aber nicht Tatbestandsmerkmal ist [...], im Einzelfall die Einhaltung erfordert. Für die Formvorschrift des § 130 II AktG kann im Ergebnis nichts anderes gelten. Die rechtserheblichen tatsächlichen Vorgänge bei der Beschlußfassung der Hauptversammlung einer Aktiengesellschaft sind nach Maßgabe des § 130 II AktG unabhängig davon zu protokollieren, ob dies angesichts der konkreten Kapital- und Abstimmungsverhältnisse zur Sicherung der Richtigkeit des abschließend festgestellten Ergebnisses der Beschlußfassung jeweils erforderlich ist oder nicht. Die Beurkundungspflicht kann nicht von dem Ausgang der Abstimmung im Einzelfall abhängen. Dies muß um so mehr gelten, als in nicht wenigen Fällen über die Frage, ob der Gang der Abstimmung sowie deren Ergebnis eine Beurkundung entbehrlich machen, unter den Beteiligten verschiedene Meinungen bestehen können. In diesen Fällen bliebe die Notwendigkeit der Beurkundung und damit die Wirksamkeit des nicht beurkundeten Beschlusses bis zu einer abschließenden richterlichen Entscheidung in der Schwebe. Eine Abschwächung des Beurkundungserfordernisses und der an seine Verletzung geknüpften gesetzlichen Sanktion aus Billigkeitsgründen widerspräche damit nicht nur der geltenden Gesetzeslage, die Ausnahmen der vom RG angenommenen Art nicht vorsieht. Sie stünde auch im Widerspruch zur Wahrung des Erfordernisses der Rechtssicherheit."[657]

In Anbetracht der Tatsache, dass der Notar eine gesellschaftsexterne Person ist, deren Tätigkeit nicht von der Gesellschaft überwacht werden kann, ist dies eine schwerwiegende Rechtsfolge für die Gesellschaft.[658] Der Notar stellt insoweit eine

---

654 Siehe zu den Berichtigungsmöglichkeiten den nachfolgenden Unterpunkt → D. II. 1. b) cc) (2) (b).

655 Vgl. hierzu *Krieger*, NZG 2003, 366 (366); siehe zu Bagatellverstößen auch *Kubis* in: Goette/Habersack, MüKo, AktG, § 130, Rn. 86.

656 BGH, II ZR 114/93 v. 04.07.1993, NJW-RR 1994, 1250 (1251).

657 BGH, II ZR 114/93 v. 04.07.1993, NJW-RR 1994, 1250 (1251).

658 Siehe hierzu *Noack*, FS Baums, 845 (863); Siehe auch *Arbeitskreis Beschlussmängelrecht*, AG 2008, 617 (620) der de lege ferenda vorschlägt, dass nur bei gänzlichem

unkontrollierbare Fehlerquelle auf der Hauptversammlung dar, die bereits durch kleinere Fehler die Nichtigkeit sämtlicher Beschlüsse bewirken kann. Ausgehend von der Funktion dieses Nichtigkeitsgrunds scheint diese Rechtsfolge nicht sachgerecht.[659] Gerade bei offensichtlichen Bagatellmängeln ist fraglich, inwieweit der Beweiswert der Urkunde und die Rechtssicherheit, die sie schaffen soll, tatsächlich beeinträchtigt sein können. Dies gilt umso mehr, wenn sich zweifelsfrei aus der notariellen Niederschrift ergibt, dass der Beschluss im Rahmen einer ordnungsgemäßen Beschlussfassung angenommen oder abgelehnt wurde. Unter diesen Umständen eine Nichtigkeit eintreten zu lassen scheint reiner Formalismus zu sein.[660] Auch *Noack* äußert sich diesbezüglich kritisch: „Auch im Bereich der Beachtung von Formvorschriften gilt das Gebot eines sinnvollen, am Gesetzeszweck orientierten Normverständnisses mit der Folge, dass eine so weitreichende Sanktionierung eines Formverstoßes, wie sie § 241 Nr. 2 AktG vorsieht, dann nicht mehr in Betracht kommt, wenn ein Beharren auf der Formvorschrift sich letztlich als sinnentleert erweisen würde."[661]

Dass auch die Rechtsprechung die uneingeschränkte Nichtigkeitsfolge neuerdings als zu schwerwiegend einstuft, hat jüngst der zweite Zivilsenat des BGH deutlich gemacht und ist nunmehr von seinem zuvor zitierten Grundsatz abgewichen.[662] In dem dieser neuen Rechtsprechung zugrundeliegendem Fall ging es u.a. darum, dass in der Niederschrift des Notars nicht das zahlenmäßige Abstimmungsergebnis, sondern lediglich die Prozentzahl angegeben war. Der Senat führte diesbezüglich aus:

„Wenn sich aus den Angaben in der Niederschrift das zahlenmäßige Abstimmungsergebnis auch in nicht einfachen Verhältnissen so errechnen lässt, dass danach keine Zweifel über die Ablehnung oder Annahme des Antrags und die Ordnungsmäßigkeit der Beschlussfassung verbleiben, ist der mit der Beurkundung verfolgte Zweck, die Willensbildung der Gesellschaft zweifelsfrei und in

---

Fehlen einer notariellen Niederschrift ausnahmslos die Nichtigkeitsfolge greifen soll, da allein die Unterlassung der Hinzuziehung eines Notars unmittelbar der Verwaltung vorzuwerfen sei.

659 Auch laut *Fiebelkorn* ist es nicht ersichtlich, warum die betroffenen Aktionäre bei einer fehlerhaften Beurkundung gem. § 241 Nr. 2 AktG durch die kraft Gesetzes eintretende Nichtigkeitsfolge „geradezu entmündigt werden müssen", *Fiebelkorn*, Beschlussmängelklagen, S. 379.

660 Siehe hierzu auch *Koch*, Gutachten Beschlussmängelrecht, F 51 f.: „Die Niederschrift ist kein Selbstzweck, sondern hat eine dienende Funktion. Mit ihrer Hilfe soll festgestellt werden, wie die Hauptversammlung ihren Willen gebildet hat. Kann diese Feststellung trotz des Protokollfehlers eindeutig getroffen werden, so besteht kein Grund, den Beschluss für nichtig zu erklären."; siehe auch nachfolgend BGH, II ZR 375/15 v. 10.10.2017, NZG 2017, 1374 (1379), Rn. 62.

661 *Noack*, FS Baums, 845 (856).

662 BGH, II ZR 375/15 v. 10.10.2017, NZG 2017, 1374 (1379), Rn. 62.

streitausschließender Weise zu dokumentieren [...], trotz der Mängel der Niederschrift erreicht. In einem solchen Fall ist es bei einer am Zweck der Vorschrift ausgerichteten Auslegung gerechtfertigt, von der gesetzlichen Nichtigkeitsfolge des § 241 Nr. 2 AktG abzusehen. Wegen der Eindeutigkeit des Ergebnisses, das in der Niederschrift nachvollziehbar festgehalten ist, **wäre es bloßer Formalismus**, trotz der Zweckerreichung an der strengen Nichtigkeitsfolge festzuhalten. Zu einer Abschwächung des Beurkundungserfordernisses führt die Berücksichtigung der Zweckerreichung nicht, weil nicht die Beurkundungspflicht eingeschränkt wird, sondern die Rechtsfolgen einer fehlerhaften Beurkundung beschränkt werden, wenn der Beurkundungszweck erreicht worden ist. Die Rechtssicherheit ist davon nicht berührt."[663]

Dass auch der Gesetzgeber die uneingeschränkte Nichtigkeitsfolge von Mängeln der Niederschrift als zu streng einstuft, zeigen auch die Freigabegründe im Rahmen des Freigabeverfahrens auf. So hat der Rechtsausschuss im Rahmen der Beschlussempfehlung zur ARUG Reform klargestellt, dass ein besonders schwerer Rechtsverstoß, der die Freigabe gem. § 246a II Nr. 3 AktG hindern würde, nicht bereits bei jedem Fall der Beschlussnichtigkeit vorliege.[664] Vielmehr bedürfe es Fallkonstellationen, in denen die Eintragung und Umsetzung des Beschlusses ohne intensive Prüfung in einem Hauptsacheverfahren für die Rechtsordnung „unerträglich" wäre, wie bspw. bei der Verletzung „elementarer Aktionärsrechte".[665] Als Beispiel für einen solchen Verstoß führt der Rechtsausschuss in Bezug auf Beurkundungsmängel allein das völlige Fehlen einer notariellen Beurkundung an.[666] Untermauert wird diese These durch die nachfolgend eruierte Berichtigungsmöglichkeit des Notars. De lege ferenda sollte daher jedenfalls in Bezug auf Bagatellmängel die Zuordnung zur grds. uneingeschränkt eintretenden Nichtigkeitsfolge überdacht werden.

(b) Berichtigungsmöglichkeiten der fehlerhaften Niederschrift

(aa) Voraussetzungen und Umfang der Berichtigungskompetenz

Wie aufgezeigt, haben Protokollierungsmängel im Anwendungsbereich des § 241 Nr. 2 i.V.m. § 130 I, II S. 1, IV AktG erhebliche Konsequenzen für die Gültigkeit der auf der Hauptversammlung gefassten Beschlüsse. Strittig ist daher, inwieweit eine Berichtigung des Protokolls – bspw. wenn der Notar vergessen

---

663 BGH, II ZR 375/15 v. 10.10.2017, NZG 2017, 1374 (1379), Rn. 62 (im Originaltext keine Hervorhebung).

664 Beschlussempfehlung und Bericht des Rechtsausschusses zum ARUG, BT-Drs. 16/13098, S. 42.

665 Beschlussempfehlung und Bericht des Rechtsausschusses zum ARUG, BT-Drs. 16/13098, S. 42.

666 Beschlussempfehlung und Bericht des Rechtsausschusses zum ARUG, BT-Drs. 16/13098, S. 42.

hat, den Ort der Versammlung in die Niederschrift aufzunehmen – auch nach der Unterzeichnung der Niederschrift noch möglich ist.[667] § 44a II BeurkG regelt die Berichtigungsmöglichkeit von notariellen Urkunden. § 44a II S. 1 BeurkG sieht vor, dass offensichtliche Unrichtigkeiten durch den Notar nach Abschluss der Niederschrift noch durch einen von ihm unterschriebenen Nachtragsvermerk richtig gestellt werden können. § 44a II S. 3 BeurkG bestimmt, dass in anderen, nicht unter § 44 II S. 1 BeurkG fallenden Konstellationen, bei denen nach Abschluss der Niederschrift eine Berichtigungs- oder Änderungsnotwendigkeit besteht, der Notars diese in einer gesonderten Niederschrift aufzunehmen hat. Für privatschriftliche Protokolle existiert diesbezüglich keine Regelung, jedoch ist aus dem Grund, dass der Gesetzgeber bei weniger gewichtigen Beschlüssen der Gesellschaft die Wahl überlässt, ob ein notarielles oder ein privatschriftliches Protokoll angefertigt wird und damit in diesen Fällen die Protokolle als gleichwertig erachtet, die Berichtigungsmöglichkeit entsprechend für das privatschriftliche Protokoll zuzulassen.[668]

In Bezug auf offensichtliche Unrichtigkeiten ist man sich weitgehend einig, dass diese auch nach Erteilung von Abschriften oder Ausfertigungen der Niederschrift durch einen Nachtragsvermerk vom Notar gem. § 43 II S. 1 und 2 BeurkG noch korrigiert werden dürfen.[669] Umstritten ist hingegen, zu welchem Zeitpunkt der Notar nicht offensichtliche Unrichtigkeiten korrigieren dürfe.[670] Zum Teil wird angenommen, dass Korrekturen nur bis zur Unterschriftsleistung des Notars zuzulassen seien, da das Protokoll mit der Unterschrift abgeschlossen sei und spätere Änderungen die Rechtssicherheit beeinträchtigen könnten.[671] Andere plädieren dafür, dass derartige Berichtigungen nur solange zulässig seien, wie die Abschrift oder die Ausfertigung vom Notar noch nicht erteil wurde, sprich die Niederschrift seinen Herrschaftsbereich noch nicht verlassen habe und damit die Rechtssicherheit noch nicht beeinträchtigt sei.[672] Nach einer anderen Ansicht sollten hingegen Berichtigungen in Form einer ergänzenden Niederschrift gem. § 44a II S. 3 BeurkG auch nach Erteilung der Abschriften und Ausfertigungen zulässig sein, sofern sie auf der eigenen Wahrnehmung des Notars beruhen.[673] Zum Teil wird diesbezüglich gefordert, dass alle Beteiligten der Hauptversammlung an dieser ergänzenden

667 Ausführlich und m.w.N. *Faßbender*, RNotZ 2009, 425 (447).
668 *Krieger*, NZG 2003, 366 (371 f.).
669 BGH, II ZR 375/15 v. 10.10.2017, NZG 2017, 1374 (1376, Rn. 32); *Koch* in: Hüffer/Koch, AktG, § 130, Rn. 11a; *Faßbender*, RNotZ 2009, 425 (448).
670 Siehe zum Meinungsstreit *Krieger*, NZG 2003, 366 (367 f.); siehe auch *Faßbender*, RNotZ 2009, 425 (448); *Koch* in: Hüffer/Koch, AktG, § 130, Rn. 11a.
671 *Ritter* in: Ritter/Ritter, AktG-Ko 1939, § 111, Anm. 5; *Hüffer* in: Hüffer, AktG,5. Auflage, § 130, Rn. 11; *Hueck* in: Baumbach/Hueck/Hueck, Aktiengesetz 1968, § 130, Rn. 4.
672 *Grumann/Gillmann*, NZG 2004, 839 (842); BGH, II ZR 185/07 v. 16.02.2009, NJW 2009, 2207 (2208).
673 Siehe hierzu *Kanzleiter*, DNotZ 1990, 478 (482 f.); *Reithmann*, DNotZ 1988, 565 (569 f.); *Röll*, MittBayNot 1993, 172 (172).

Niederschrift erneut mitwirken müssen, also im Prinzip eine erneute Hauptversammlung stattfinden müsse.[674]

Dieser Streit wurde nunmehr jüngst vom BGH zugunsten der großzügigsten Auffassung entschieden.[675] Demnach kann der Notar auch ohne Mitwirkung oder Zustimmung des Versammlungsleiters und der Aktionäre das Hauptversammlungsprotokoll selbst nach Erteilung der Abschrift oder Aushändigung gem. § 43 II S. 3 BeurkG durch eine ergänzende Niederschrift über seine eigenen Wahrnehmungen berichtigen.[676] Als Begründung führt der BGH an, dass § 130 I S. 1 AktG primär der Rechtssicherheit und Transparenz diene und zudem die Willensbildung der Hauptversammlung dokumentieren solle, um Unklarheiten über die gefassten bzw. abgelehnten Anträge auszuräumen:[677]

„Die Berichtigungsmöglichkeit gem. § 44a II 3 BeurkG nach der Entäußerung trägt der Beweisfunktion des Hauptversammlungsprotokolls als Bericht des Notars über die Hauptversammlung und der damit bezweckten Rechtssicherheit Rechnung und ist im Hinblick auf die Folgen von wirksamkeitsrelevanten Mängeln für die Bet. und den Vertrauensschutz Dritter in die Bestandskraft einmal gefasster Beschlüsse sachgerecht. Der Rechtsverkehr hat ein größeres Interesse an berichtigten richtigen Urkunden als an unveränderten unrichtigen Urkunden, zumal der Notar als Person öffentlichen Glaubens dafür zu sorgen hat, dass eine unter seiner Verantwortung entstandene unrichtige Urkunde berichtigt wird und nicht weiterhin im Rechtsverkehr einen falschen Schein hervorruft [...].“[678]

Offen gelassen hat der BGH hingegen die Frage, ob etwas anderes gelte, wenn ein Aktionär zur Zeit der Berichtigung im Vertrauen auf die Nichtigkeit der gefassten Hauptversammlungsbeschlüsse schon Dispositionen getroffen hat.[679]

(bb) Bewertung der Berichtigungsmöglichkeit

Fragwürdig ist, ob diese Berichtigungsmöglichkeit ausgehend von der Funktion der Nichtigkeitsanordnung bei Beurkundungsmängeln gerechtfertigt werden kann. Vom Standpunkt der Rechtssicherheit aus betrachtet stehen sich im Prinzip zwei Lager gegenüber[680]: Zum einen diejenigen Verkehrsteilnehmer, die auf die Richtigkeit des Protokolls vertrauen, da sie – insbesondere bei nicht offensichtlichen Mängeln – den Fehler nicht erkennen können.[681] Basierend auf diesem Vertrauen

674 *Mülbert* in: Hopt/Wiedemann, AktG Großkommentar, § 130, Rn. 70; *Kubis* in: Goette/Habersack, MüKo, AktG, § 130, Rn. 24.

675 BGH, II ZR 375/15 v. 10.10.2017, NZG 2017, 1374 (1376).

676 BGH, II ZR 375/15 v. 10.10.2017, NZG 2017, 1374 (1376, Rn. 39).

677 BGH, II ZR 375/15 v. 10.10.2017, NZG 2017, 1374 (1376, Rn. 39).

678 BGH, II ZR 375/15 v. 10.10.2017, NZG 2017, 1374 (1376 f., Rn. 39).

679 BGH, II ZR 375/15 v. 10.10.2017, NZG 2017, 1374 (1377, Rn. 44).

680 Ausführlich zu den unterschiedlichen ggf. schutzwürdigen Interessen: *Krieger*, NZG 2003, 366 (369 ff.).

681 Siehe hierzu *Krieger*, NZG 2003, 366 (370 f.).

könnten die Aktionäre nun Dispositionen treffen, bspw. Aktien hinzuerwerben oder aber Anfechtungsklagen bzw. Nichtigkeitsklagen gegen den Beschluss erheben. Auf der anderen Seite stehen diejenigen Verkehrsteilnehmer, die die Fehlerhaftigkeit erkennen und sich auf die Nichtigkeit verlassen.[682] So könnten auch Aktionäre oder externe Personen ausgehend von der Nichtigkeit des Protokolls wegen eines Beurkundungsmangels entsprechend disponieren und ggf. ein schutzwürdiges Vertrauen auf die Nichtigkeit haben.[683]

In Anbetracht der Funktion, die die Beurkundung hat, sind letztere Erwägungen jedenfalls bei formalen Fehlern des Protokolls, die die Nichtigkeit der Beschlüsse nach sich ziehen, im Einklag mit der Ansicht *Kriegers* nicht mit überzeugenden Argumenten zu stützen.[684] Wie *Krieger* zutreffend ausführt, beeinträchtigt bei formalen Fehlern nicht die Berichtigung durch den Notar die Rechtssicherheit, sondern umgekehrt tut dies gerade der Fortbestand des formalen Mangels.[685] So sei es zum einen bereits fragwürdig, ob dem Rechtsverkehr dieser Mangel auffällt, zum anderen stelle sich die Frage, ob bei formalen Mängeln überhaupt ein schutzwürdiges Vertrauen auf die Nichtigkeit des Beschlusses bejaht werden könne.[686] Die Berichtigungsmöglichkeit zuzulassen ist daher insoweit de lege lata sinnvoll, als dass diejenigen, denen der Mangel auffällt, aufgrund der Offensichtlichkeit davon ausgehen können, dass dieser noch nachträglich korrigiert wird.[687]

Problematischer zu beurteilen sind hingegen die Fälle, in denen das Protokoll inhaltlich unrichtig ist. Hier ist laut *Krieger* abzuwägen zwischen dem Interesse der Gesellschaft und der Aktionäre an einem korrigierten und damit inhaltlich richtigen und wirksamen Protokoll und dem Interesse des Rechtsverkehrs, der ggf. bereits Dispositionen in Vertrauen auf die Richtigkeit der Niederschrift getroffen hat und dann ggf. überrascht sein könnte, dass sich der Inhalt der gefassten Beschlüsse schließlich inhaltlich doch anders darstellt, als aus dem ursprünglichen Hauptversammlungsprotokoll hervorging.[688] Dennoch seien diese Fälle eher theoretischer Natur.[689] Zudem sei laut *Krieger* auch zu bedenken, dass es auch Verkehrsteilnehmer geben könne, die sich auf die Existenz des inhaltlich unrichtig protokollierten und damit nichtigen Beschlusses verlassen, obwohl es diesen in Realität gar nicht gibt.[690] Eine Korrektur sei daher auch im Interesse des Rechtsverkehrs.[691] Sollte man eine Berichtigungsmöglichkeit nicht zulassen, wäre der

682 So *Geiler*, ZBlfH 1928, 259 (263).
683 So *Geiler*, ZBlfH 1928, 259 (263).
684 *Krieger*, NZG 2003, 366 (370).
685 *Krieger*, NZG 2003, 366 (370).
686 *Krieger*, NZG 2003, 366 (370).
687 *Krieger*, NZG 2003, 366 (370).
688 *Krieger*, NZG 2003, 366 (371).
689 *Krieger*, NZG 2003, 366 (371).
690 Vgl. hierzu auch *Krieger*, NZG 2003, 366 (371).
691 Vgl. hierzu auch *Krieger*, NZG 2003, 366 (371).

Beschluss nichtig, d.h. das Vertrauen auf den inhaltlichen Bestand des protokollierten Beschlusses wäre ebenso wie bei einer Korrektur enttäuscht worden. Aus diesem Grund hat *Krieger* daher richtigerweise geschlussfolgert, dass der Rechtsverkehr auch bei inhaltlich unrichtigen Protokollierungen mehr Interesse an einem korrigierten, aber wirksamen Beschluss hat.[692]

Trotz dieser Schlussfolgerungen ist das Ergebnis jedoch dogmatisch unbefriedigend. Wie *Geiler* bereits 1928 angeprangert hat, wird der Fortbestand der Nichtigkeit eines Hauptversammlungsbeschlusses durch die Berichtigungsmöglichkeit im Ergebnis „in die Hände des protokollierenden Notars gelegt [...]."[693] Diesem Einwand tritt *Krieger* jedenfalls bei rein formalen Beurkundungsmängeln damit entgegen, dass bei eintragungsbedürftigen Hauptversammlungsbeschlüssen entweder der Mangel nicht auffällt und damit die Nichtigkeit durch Eintragung geheilt wird, oder aber der Mangel auffällt und für den Fall, dass man eine Berichtigungsmöglichkeit zulässt, der Notar verpflichtet ist, diesen zu korrigieren.[694] Dieses Argument mag zwar für eine Berichtigungsmöglichkeit des Notars sprechen, jedoch ändert dies nichts an der Widersprüchlichkeit der Berichtigungsmöglichkeit vis a vis der Nichtigkeitsfolge. So lässt sich für eine Berichtigungsmöglichkeit das Interesse an Rechtssicherheit anführen, es widerspricht jedoch der Rechtsfolge der ipso iure eintretenden Nichtigkeit – denn Nichtigkeit wirkt grds. absolut und unterliegt gerade nicht der Disposition einzelner Personen.[695] Dies bedeutet jedoch nicht, dass man bei einer Reformierung dieses Nichtigkeitstatbestands zwangsläufig die Berichtigungsmöglichkeit zu hinterfragen hat, sondern vielmehr, ob es geboten ist, fehlerhafte Protokollierungen weiterhin der strengen Nichtigkeitsfolge zu unterwerfen.

(c) Ergebnis

Im Ergebnis lässt sich daher festhalten, dass zwar die Sanktionierung von Beurkundungsmängeln legitim ist, jedoch die uneingeschränkte Nichtigkeitsfolge de lege ferenda nicht aufrecht erhalten werden sollte. Dies gilt – wie aufgezeigt – insbesondere für Bagatellmängel. Des Weiteren steht auch die (nachträgliche) Berichtigungsmöglichkeit des Notars im Widerspruch zum Konzept der grds. absolut wirkenden Nichtigkeitsfolge.

---

692 *Krieger*, NZG 2003, 366 (371).

693 *Geiler*, ZBlfH 1928, 259 (263).

694 *Krieger*, NZG 2003, 366 (370); Siehe zur Verpflichtung zur Berichtigung *Kanzleiter*, DNotZ 1990, 478 (483); *Reithmann* in: Reithmann/Albrecht, Hdb. der notariellen Vertragsgestaltung, Rn. 395.

695 Mit Ausnahme der in bestimmten Fällen bestehenden und bereits bemängelten Dispositionsbefugnis der Aktionäre bei einer Nichtigkeit gem. § 241 Nr. 1 AktG, vgl. hierzu →D. II. 1. a) cc) (1).

(3) Die Heilungsvorschrift

Die aufgezeigte Widersprüchlichkeit der Rechtsfolge von Beurkundungsfehlern spiegelt sich auch in der Heilungsvorschrift des § 242 I AktG wieder. Demnach kann die Nichtigkeit eines Beurkundungsmangels nicht mehr geltend gemacht werden, wenn der Beschluss in das Handelsregister eingetragen wurde. Weitere Voraussetzungen, wie bspw. das Verstreichen einer Frist, bedarf es nicht. Wie *Koch* anführt, führt diese erleichterte Heilung dazu, dass die zur Nichtigkeit führenden Beurkundungsmängel ggü. Formfehlern, die lediglich zur Anfechtbarkeit führen, privilegiert werden, obwohl es dem Registerrichter kaum möglich sein werde, die genaue Stimmauszählung nachzuvollziehen und daher die Nichtigkeit des Beschlusses zu erkennen.[696] So ordnet der Gesetzgeber zwar den Beurkundungsmangel als „Schwerstmangel" ein, lässt jedoch bei eintragungsbedürftigen Beschlüssen eine Heilung bereits mit Eintragung eintreten.[697]

Der Grund für diese erleichterte Heilungsmöglichkeit liegt – wie bereits angeführt – in der Rechtssicherheitsfunktion der Beurkundung begründet, in dem Sinn, dass möglichst schnell Klarheit über das, was als Willensäußerung der Hauptversammlung gewertet wird, bestehen soll.[698] Paradoxerweise scheint dieses Argument jedoch nur für Beurkundungsmängel zu gelten, da es bspw. im Fall eines Einberufungsmangels zudem noch das Verstreichen einer Frist bedarf. Auch für die anderen Nichtigkeitsfälle könnte man allerdings argumentieren, dass die Schaffung von Rechtssicherheit einen zusätzlichen Fristablauf nicht rechtfertigt oder anders gefragt, warum sollte es gerade bei Beurkundungsmängeln keines zusätzlichen Zeitablaufs bedürfen? Denn was nutzt es der Allgemeinheit und den Aktionären, wenn nicht offensichtliche, also insbesondere inhaltliche Mängel, vom Registergericht nicht bemerkt werden, der Beschluss eingetragen wird, den Aktionären dieser inhaltliche Fehler auffällt, aber die Nichtigkeit des Beschlusses ja bereits durch die Eintragung geheilt wurde?[699] Die (einfache) Heilungsmöglichkeit dieses Nichtigkeitsgrunds schafft bei inhaltlichen Mängeln somit zwar Rechtssicherheit, aber nur dahingehend, dass der Beschluss (falls er nicht zusätzlich an einem anderen zur Nichtigkeit führenden Mangel leidet) letztendlich so, wie er eingetragen wurde, Bestand hat und ausgeführt werden kann, nicht aber im Hinblick darauf, dass das, was die Hauptversammlung tatsächlich durch ihre Willensäußerung beschlossen hat, in Bestandskraft erwächst.[700]

---

696 *Koch*, FS 25 Jahre Notarinstitut, 491 (497).

697 *Koch*, FS 25 Jahre Notarinstitut, 491 (497).

698 *Koch*, FS 25 Jahre Notarinstitut, 491 (497).

699 Das Amtslöschungsverfahren gem. § 398 FamFG ist nicht auf Verfahrensfehlern anwendbar→ D. II. 1. f) aa) (3).

700 Siehe hierzu *Koch*, FS 25 Jahre Notarinstitut, 491 (497 f.).

dd) Ergebnis

Auch der zweite Nichtigkeitsgrund des § 241 AktG ist, wie aufgezeigt, nicht frei von Widersprüchen. Aufgrund der in den Fokus der Norm gerückten Rechtssicherheitsfunktion ist die fehlerhafte Beurkundung durch den Notar im Gegensatz zur fehlerhaften Feststellung des Versammlungsleiters ein Schwerstmangel, der die ipso iure eintretende Nichtigkeitsfolge nach sich zieht. Die Fehlerfolge der ipso iure eintretenden Nichtigkeit gilt jedoch nicht nur bei inhaltlich fehlerhaften Protokollierungen, sondern auch bei formalen Fehlern – wie Nichtangabe von Tag und Ort der Hauptversammlung. Um die strenge Nichtigkeitsfolge zu vermeiden, wird dem Notar daher eine Berichtigungsmöglichkeit für offensichtliche und nicht offensichtliche Protokollierungsmängel eingeräumt. Der BGH rechtfertigt diese Berichtigungsmöglichkeit auch für nicht offensichtliche Mängel auch nach Aushändigung der Abschrift damit, dass der Rechtsverkehr ein größeres Interesse an korrigierten und damit fehlerfreien Urkunden habe als an unberichtigten fehlerbehafteten Urkunden.[701] Dem ist insoweit zuzustimmen, als aus dem Blickwinkel der Rechtssicherheitsfunktion gesehen diese Korrekturmöglichkeit de lege lata gerechtfertigt ist – vom Blickwinkel der Nichtigkeitskategorie aus gesehen jedoch nicht. Die ipso iure eintretende Nichtigkeit wirkt im Grundsatz absolut und unterliegt nicht der Disposition einzelner Akteure. Diese Dispositionsbefugnis wird jedoch dem Notar durch die Berichtigungsmöglichkeit eingeräumt, indem man ihm erlaubt, auch noch nach in Verkehr bringen der Abschrift sogar nicht offensichtliche inhaltliche Mängel zu berichtigen und damit die Nichtigkeit zu „heilen".

Ebenso widersprüchlich erscheint es, dass die Nichtigkeit eines eintragungsbedürftigen Hauptversammlungsbeschlusses, der unter einem zur Nichtigkeit führenden Beurkundungsmangel leidet – im Gegensatz zu allen anderen Nichtigkeitsgründen des § 241 AktG – bereits mit Eintragung geheilt wird, während im Rahmen der fehlerhaften Feststellung durch den Versammlungsleiter zunächst die Anfechtungsfrist verstreichen muss.

Schlussendlich zeigt auch der Umgang des Gesetzgebers und der Rechtsprechung mit Beurkundungsmängel auf, dass die grds. uneingeschränkt eintretende Nichtigkeitsfolge im Rahmen von fehlerhaften Beurkundungen durch den Notar nicht immer angebracht ist. So führen im Grundsatz auch bereits „Bagatellmängel" zur Nichtigkeit, gleichzeitig wird jedoch, um diese strenge Rechtsfolge – die dem Fehler einer gesellschaftsexternen Person geschuldet ist – zu vermeiden, versucht, den Fehler „auszubügeln", indem man dem Notar, falls er seinen Fehler erkennt, wiederum eine Berichtigungsmöglichkeit einräumt. Sollte jedoch weder er noch das Registergericht den Fehler erkennen, wird der Beschluss wiederum bereits mit Eintragung geheilt und kann dann auch nicht mehr im Wege der Amtslöschung beseitigt werden. Auch die Ausführungen des Rechtsausschusses, die als Beispiel für einen besonders schweren Rechtsverstoß im Rahmen der Freigabegründe

701 BGH, II ZR 375/15 v. 10.10.2017, NZG 2017, 1374 (1377, Rn. 39).

das völlige Fehlen einer notariellen Beurkundung anführen, zeigen auf, dass der Gesetzgeber die strenge Nichtigkeitsfolge nicht immer für angebracht hält.

Natürlich sollte deshalb nicht der Schluss gezogen werden, dass die Nichtigkeitsfolge per se bei Beurkundungsmängel nicht mehr angebracht ist, es erscheint jedoch sachgerecht, de lege ferenda – so wie es erfreulicherweise jüngst bereits der Zivilsenat des BGH getan hat – diese strenge Rechtsfolge bei Beurkundungsmängeln zu überdenken.

c) § 241 Nr. 3 AktG – Inhaltsmängel

Gemäß § 241 Nr. 3 AktG sind Hauptversammlungsbeschlüsse nichtig, die mit dem Wesen der Aktiengesellschaft nicht zu vereinbaren sind oder inhaltlich gegen Vorschriften verstoßen, die ausschließlich oder überwiegend zum Schutz der Gläubiger der Aktiengesellschaft oder sonst im öffentlichen Interesse gegeben sind.

aa) Vorfragen

Bevor auf die von § 241 Nr. 3 AktG erfassten Nichtigkeitsfälle und deren Konsistenz eingegangen werden kann, gilt es zunächst zwei Streitpunkte in Bezug auf diesen Nichtigkeitstatbestand vorzustellen und die jeweiligen Argumente zu bewerten. Zum einen geht es um das Verhältnis der Tatbestandsvarianten des § 241 Nr. 3 AktG zueinander, zum anderen geht es um das Verhältnis von § 23 V AktG zu § 241 Nr. 3 AktG.

(1) Verhältnis der Tatbestandsvarianten zueinander

§ 241 Nr. 3 AktG beinhaltet dem Wortlaut nach nicht nur einen einzigen Nichtigkeitstatbestand, sondern differenziert zwischen zwei Verstößen.[702]Zum einen kategorisiert dieser Tatbestand Hauptversammlungsbeschlüsse, die mit dem Wesen der AG nicht zu vereinbaren sind, als nichtig (1. Alt.), zum anderen erklärt es Hauptversammlungsbeschlüsse für nichtig, die inhaltlich gegen Vorschriften verstoßen, die ausschließlich oder überwiegend zum Schutz der Gläubiger oder sonst im öffentlichen Interesse gegeben sind (2. Alt.). Der gesondert genannte Verstoß gegen gläubigerschützende Vorschriften dient als Beispielverstoß im Rahmen der 2. Alternative.[703]

Umstritten ist nun, in welchem Verhältnis die Tatbestandsvarianten zueinander stehen.[704] Die wohl herrschende Meinung nimmt an, dass der Schwerpunkt

702 Str., ob Tatbestand zwei oder drei Alternativen hat, i.E. aber irrelevant; für zwei Alternativen: *Hüffer/Schäfer* in: Goette/Habersack, MüKo, AktG, § 241, Rn. 47; für drei Tatbestandsalternativen: *Ehmann* in: Grigoleit, AktGKo, § 241, Rn. 14.

703 *Hüffer/Schäfer* in: Goette/Habersack, MüKo, AktG, § 241, Rn. 47.

704 Siehe hierzu *Hüffer/Schäfer* in: Goette/Habersack, MüKo, AktG, § 241, Rn. 47 ff. *Schmidt* in: Hopt/Wiedemann, AktG Großkommentar, § 241, Rn. 54.

des § 241 Nr. 3 AktG in der Verletzung von Vorschriften liegt, die ausschließlich oder überwiegend im öffentlichen Interesse gegeben sind.[705] Die Vorschriften, die im öffentlichen Interesse erlassen und daher als zwingend zu beachten seien, würden den aktienrechtlichen ordre public und damit „tragende Grundwerte" des Aktienrechts schützen.[706] So wird argumentiert, dass ein Verstoß gegen das Wesen der Aktiengesellschaft stets auch ein Verstoß gegen das öffentliche Interesse begründe.[707] Folglich sei der Wesensverstoß nur ein „Ausschnitt" der dritten Alternative und diene zugleich als Auslegungshilfe für den Begriff des öffentlichen Interesses.[708] Eine eigenständige Bedeutung wird dieser Tatbestandsalternative nach dieser Ansicht nicht zugesprochen.[709] Als Argument wird angeführt, dass das öffentliche Interesse im Gegensatz zur Wesensvariante viel konkretere Konturen aufweise.[710] Es sei eine allgemeine Auslegungsregel, dass man Tatbestandsmerkmale vom konkreten zum allgemeinen auslege.[711] Eine solche Vorgehensweise sei auch am besten mit dem von § 241 AktG verfolgten Ziel, Rechtssicherheit zu schaffen, zu vereinbaren.[712]

Die Gegenansicht hingegen argumentiert, dass alle zwingenden aktienrechtlichen Regelungen – zumindest insoweit sie die gesetzlich verankerte Struktur der Aktiengesellschaft tangieren – das Wesen der AG begründen.[713] Bei einem Verstoß gegen diese Vorschriften sei daher eine Nichtigkeit gem. § 241 Nr. 3 1. Alt. AktG gegeben.[714] Als Konsequenz dessen, dass § 23 V AktG die Vorschriften des Aktiengesetzes grds. als zwingend einstuft, hätte die Wesensvariante nach dieser Ansicht einen gewichtigen Anwendungsbereich neben der anderen Alternative.[715]

---

705 *Drescher* in: Spindler/Stilz, AktG, § 241, Rn. 179 ff. *Hüffer/Schäfer* in: Goette/Habersack, MüKo, AktG, § 241, Rn. 49 ff. *Englisch* in: Hölters, Aktiengesetz, § 241, Rn. 49 f.

706 *Englisch* in: Hölters, Aktiengesetz, § 241, Rn. 49; Siehe auch *Drescher* in: Spindler/Stilz, AktG, § 241, Rn. 180.

707 *Drescher* in: Spindler/Stilz, AktG, § 241, Rn. 180; vgl. auch *Englisch* in: Hölters, Aktiengesetz, § 241, Rn. 49 f.

708 *Drescher* in: Spindler/Stilz, AktG, § 241, Rn. 181.

709 *Drescher* in: Spindler/Stilz, AktG, § 241, Rn. 182; *Hüffer/Schäfer* in: Goette/Habersack, MüKo, AktG, § 241, Rn. 49.

710 *Englisch* in: Hölters, Aktiengesetz, § 241, Rn. 50; *Hüffer/Schäfer* in: Goette/Habersack, MüKo, AktG, § 241, Rn. 49.

711 *Englisch* in: Hölters, Aktiengesetz, § 241, Rn. 50.

712 *Englisch* in: Hölters, Aktiengesetz, § 241, Rn. 50.

713 *Schwab* in: Schmidt/Lutter, AktGKom, § 241, Rn. 24; vgl auch *Röhricht/Schall* in: Hopt/Wiedemann, AktG Großkommentar, § 23, Rn. 261; *Schmidt* in: Hopt/Wiedemann, AktG Großkommentar, § 241, Rn. 54 ff. *Scheuerle*, AcP 1963, 429 (438).

714 *Schwab* in: Schmidt/Lutter, AktGKom, § 241, Rn. 24; vgl auch *Röhricht/Schall* in: Hopt/Wiedemann, AktG Großkommentar, § 23, Rn. 261; *Schmidt* in: Hopt/Wiedemann, AktG Großkommentar, § 241, Rn. 54 ff. *Scheuerle*, AcP 1963, 429 (438).

715 So *Hüffer/Schäfer* in: Goette/Habersack, MüKo, AktG, § 241, Rn. 48; vgl. auch *Koch* in: Hüffer/Koch, AktG, § 241, Rn. 16.

Dennoch gebietet, wie *Koch* anmerkt, die vom Gesetzgeber im Rahmen des § 241 Nr. 3 AktG angestrebte Beschränkung der Nichtigkeit („nur dann nichtig"), dass nicht jeder Verstoß gegen aktienrechtliche Vorschriften mit der Nichtigkeit zu sanktionieren sei.[716] Als Begrenzung plädiert daher *Koch* im Einklang mit der Ansicht *Eberspächers* zur Auslegung des § 241 Nr. 3 AktG dafür, dass der konkrete Beschlussinhalt gänzlich unzulässig sein müsse, weil er außerhalb der Rechtsmacht der Hauptversammlung lag, d.h. der Beschluss mit diesem Inhalt selbst bei einstimmiger und verfahrensfehlerfreier Beschlussfassung keine Geltung hätte erlangen können.[717] Trotz der dadurch entstehenden Schnittmenge zwischen den beiden Tatbestandsvarianten hätte laut *Koch* die Wesensvariante einen eigenen Geltungsbereich und böte selbst bei Überschneidungen noch eine alternative Begründung der Nichtigkeit.[718] Letzteres komme dadurch zum Ausdruck, dass sich bei einem Wesensverstoß die Prüfung des öffentlichen Interesses erübrige und im umgekehrten Fall nicht bei Verstößen gegen Vorschriften im öffentlichen Interesse eruiert werden müsse, ob diese den grundlegenden Strukturprinzipien des Aktienrechts zugehörig sind.[719]

(2) Verhältnis zu § 23 V AktG

Strittig ist zudem das Verhältnis der Tatbestandsvarianten des § 241 Nr. 3 AktG zu § 23 V AktG. § 23 V AktG regelt den Grundsatz der Satzungsstrenge und bestimmt zum einen, dass eine Abweichung der Satzung von den Vorschriften des Aktiengesetzes nur erlaubt sind, wenn dies ausdrücklich zugelassen ist und zum anderen, dass Satzungsergänzungen nur zulässig sind, wenn das Gesetz keine abschließende Regelung enthält. Welche Folge ein Verstoß gegen § 23 V AktG hat, wird im Schrifttum sehr unterschiedlich beurteilt. So stellt sich neben der Frage, ob satzungsändernde Hauptversammlungsbeschlüsse, die gegen § 23 V AktG verstoßen, immer automatisch gem. § 23 V AktG selbst oder gem. § 241 Nr. 3 (1. oder 2. Alt) AktG nichtig sind, auch die Problematik, wie mit Klauseln der Ursprungssatzung, die mit § 23 V AktG nicht in Einklang sind, verfahren wird, wenn diese bereits in das Handelsregister eingetragen wurden. Die Besonderheit dieser Konstellation resultiert daraus, dass die Regelungen der Ursprungssatzung nicht auf

716 *Koch* in: Hüffer/Koch, AktG, § 241, Rn. 16; Siehe hierzu auch *Koch*, ZHR 2018, 378 (389 f.).

717 *Eberspächer*, Nichtigkeit, S. 123 f.; *Koch* in: Hüffer/Koch, AktG, § 241, Rn. 16; *Koch*, ZHR 2018, 378 (389 f.); Ähnlich auch *Schwab* in: Schmidt/Lutter, AktGKom, § 241, Rn. 24, der jedoch unter den genannten Voraussetzungen für eine Nichtigkeit gem. § 241 Nr. 3, 3. Alt. plädiert.

718 Siehe hierzu *Koch* in: Hüffer/Koch, AktG, § 241, Rn. 16; auch *Casper* ist der Ansicht, dass die Tatbestandsvarianten des § 241 Nr. 3 AktG „zwei Kreise mit einer großen Schnittmenge" sind: *Casper*, Die Heilung nichtiger Beschlüsse im Kapitalgesellschaftsrecht, S. 209.

719 *Koch* in: Hüffer/Koch, AktG, § 241, Rn. 19.

einem Hauptversammlungsbeschluss, sondern einem Vertrag beruhen und § 241 AktG seinem Wortlaut nach nur auf Hauptversammlungsbeschlüsse Anwendung findet.[720] Der Übersichtlichkeit halber wird daher nachfolgend zunächst der Streit um die Nichtigkeit satzungsändernder Hauptversammlungsbeschlüsse dargestellt. Sodann erfolgt die Darstellung des Meinungsstreits, welche Konsequenz ein Verstoß der Regelungen der Ursprungssatzung gegen § 23 V AktG haben soll.

(a) Verstöße gegen § 23 V AktG durch satzungsändernde Hauptversammlungsbeschlüsse

Eine Ansicht sieht in § 23 V AktG einen eigenen Nichtigkeitstatbestand neben § 241 AktG, der dann eingreift, wenn die gesetzlichen Grenzen der Satzungsautonomie überschritten wurden.[721] Mithin hätte ein Verstoß gegen § 23 V AktG unmittelbar die Nichtigkeit zur Folge, ohne dass es darauf ankäme, ob eine Tatbestandsvariante des § 241 Nr. 3 AktG erfüllt ist.

Die überwiegende Ansicht hingegen verlangt, dass bei einem Verstoß gegen § 23 V AktG zusätzlich die Voraussetzungen des § 241 Nr. 3 AktG erfüllt sein müssen, um eine Beschlussnichtigkeit zu begründen. Welche Variante des § 241 Nr. 3 AktG bei einer Überschreitung der Satzungsautonomie einschlägig ist, hängt davon ab, welche Relevanz man der Wesensvariante zuspricht. Zum Teil wird daher dafür plädiert, dass ein Verstoß gegen § 23 V AktG nur dann zur Nichtigkeit führt, wenn dieser auch nichtig i.S.v. § 241 Nr. 3 2. Alt. 2. Var. AktG ist.[722] Für die Begründung der Nichtigkeit sei es jedoch nicht ausreichend, dass die Satzungsautonomie im öffentlichen Interesse gegeben sei, sondern dass die aufgrund der Satzungsautonomie vorgenommene Regelung, die gegen § 23 V AktG verstößt, nicht mit öffentlichen Interessen i.S.v. § 241 Nr. 3 AktG zu vereinbaren sei.[723] Begründet wird die Zuweisung zu § 241 Nr. 3 2. Alt. 2. Var. AktG damit, dass andernfalls der Anwendungsbereich der Nichtigkeitsgründe zu ausufernd sei.[724] So würde jede Abweichung von einer Norm, bei der der Gesetzgeber nicht ausdrücklich eine Abweichung erlaubt hat, nicht mit dem Wesen der Aktiengesellschaft zu vereinbaren sein und zur Nichtigkeit der abweichenden Beschlüsse führen.[725]

Die Gegenansicht, die argumentiert, dass ein Verstoß gegen das Wesen der Aktiengesellschaft immer gegeben sei, wenn zwingendes Aktienrecht verletzt ist, nimmt daher konsequenterweise an, dass ein Verstoß gegen § 23 V AktG zugleich

---

720 *Koch* in: Hüffer/Koch, AktG, § 23, Rn. 43; siehe auch *Pentz* in: Goette/Habersack, MüKo, AktG, § 23, Rn. 171.
721 Siehe *Geßler*, ZGR 1980, 427 (444).
722 *Hüffer/Schäfer* in: Goette/Habersack, MüKo, AktG, § 241, Rn. 51; *Englisch* in: Hölters, Aktiengesetz, § 241, Rn. 57.
723 So *Hüffer/Schäfer* in: Goette/Habersack, MüKo, AktG, § 241, Rn. 51; *Englisch* in: Hölters, Aktiengesetz, § 241, Rn. 57.
724 *Englisch* in: Hölters, Aktiengesetz, § 241, Rn. 56.
725 *Englisch* in: Hölters, Aktiengesetz, § 241, Rn. 56.

einen Verstoß gegen das Wesen der Aktiengesellschaft begründe.[726] Dem Argument, dass somit jede Abweichung von einer Norm, bei der der Gesetzgeber eine solche nicht ausdrücklich erlaubt, einen Wesensverstoß begründen würde, tritt *Koch* mit den Argumenten entgegen, dass zum einen auch ein Verstoß gegen die Wesensvariante einen inhaltlichen Verstoß erfordere und zum anderen nur dauerhaft festgeschriebene Satzungsänderungen, die mit § 23 V AktG nicht in Einklang zu bringen seien, einen Verstoß gegen den Grundsatz der Satzungsstrenge und somit zugleich einen Wesensverstoß begründen würden.[727] In diesen Fällen sei die Nichtigkeitssanktion jedoch auch sachgerecht.[728]

Eine weitere Ansicht bejaht bei einem Verstoß gegen § 23 V AktG auch automatisch einen Verstoß gegen § 241 Nr. 3 AktG ohne sich jedoch auf eine Tatbestandsvariante festzulegen.[729] Auch *Casper* ist der Ansicht, dass es sich bei einem Verstoß gegen § 23 V AktG die Rechtsfolge aus § 241 Nr. 3 AktG in Verbindung mit der Norm, von der abgewichen wurde, ergebe.[730] Der Inhalt dieser Norm sei entscheidend für die Frage, welche Tatbestandsalternative des § 241 Nr. 3 AktG einschlägig ist.[731] So sei im Einzelfall zu hinterfragen, ob die Norm dem Wesen der AG zuzuordnen sei oder / und überwiegend im öffentlichen Interesse gegeben sei.[732] Mithin stünden die Tatbestandsvarianten nicht im Ausschlussverhältnis zueinander. „Vielmehr handelt es sich bei ihnen um zwei Kreise mit einer großen Schnittmenge."[733]

(b) Verstoß gegen § 23 V AktG durch Klauseln der Ursprungssatzung

Wie bereits erwähnt, resultiert die besondere Problematik bei Klauseln der Ursprungssatzung daraus, dass es sich hier eben nicht um einen Hauptversammlungsbeschluss handelt, sondern die Ursprungssatzung einen Vertrag darstellt. Umstritten ist daher, wie mit Bestimmungen der Ursprungssatzung, die gegen § 23 V AktG verstoßen, nach Eintragung zu verfahren ist.

---

726 So *Schmidt* in: Hopt/Wiedemann, AktG Großkommentar, § 241, Rn. 54 ff; *Ehmann* in: Grigoleit, AktGKo, § 241, Rn. 15; *Koch*, ZHR 2018, 378 (389); *Koch* in: Hüffer/Koch, AktG, § 241, Rn. 16; *Röhricht* in: Hopt/Wiedemann, AktG Großkommentar, § 23, Rn. 203; *Huber*, FS Coing, S. 187; a.A. *Schwab* in: Schmidt/Lutter, AktGKom, § 241, Rn. 24, der darauf abstellt, ob die Vorschrift, die die Satzungsautonomie einschränkt, verzichtbare Positionen der Aktionäre tangiert (dann Anfechtbarkeit) oder nicht (dann Nichtigkeit gem. § 241 Nr. 3, 3. Alt. AktG).

727 *Koch*, ZHR 2018, 378 (388 f.).

728 *Koch*, ZHR 2018, 378 (389).

729 *Drescher* in: Spindler/Stilz, AktG, § 241, Rn. 176; wohl auch *Eberspächer*, Nichtigkeit, S. 165.

730 *Casper*, Die Heilung nichtiger Beschlüsse im Kapitalgesellschaftsrecht, S. 209.

731 *Casper*, Die Heilung nichtiger Beschlüsse im Kapitalgesellschaftsrecht, S. 209.

732 *Casper*, Die Heilung nichtiger Beschlüsse im Kapitalgesellschaftsrecht, S. 209.

733 *Casper*, Die Heilung nichtiger Beschlüsse im Kapitalgesellschaftsrecht, S. 209.

Zum Teil wird dafür plädiert, dass sich die Nichtigkeit von Regelungen der Ursprungssatzung unmittelbar aus § 23 V AktG ergibt.[734] Andere hingegen fordern, dass auch die Nichtigkeit der Ursprungssatzung an § 241 Nr. 3 AktG zu messen sei.[735]

Die praktische Relevanz dieser Meinungsverschiedenheit betraf vor allem die Frage, ob auch nach § 23 V AktG unzulässige Bestimmungen der Ursprungssatzung nach Eintragung von der Heilungsmöglichkeit des § 242 II AktG erfasst sind.[736] Dies wäre jedenfalls dann der Fall, wenn ein Verstoß gegen § 23 V AktG zur Nichtigkeit nach § 241 Nr. 3 AktG (1. oder 2. Alternative) führen würde. Der BGH hat mittlerweile diesen Streitpunkt dahingehend entschieden, dass § 242 AktG jedenfalls analog auf eingetragene nichtige Bestimmungen der Ursprungssatzung Anwendung findet:[737]

„Nach dem Wortlaut der Bestimmung erstreckt sich die Heilung zwar nicht auf nichtige Regelungen der ursprünglichen Satzung. Darin ist jedoch zu Recht eine Ungleichbehandlung der durch Beschluss der Gründer festgestellten und der durch Hauptversammlungsbeschluss geänderten Satzungsbestimmungen gesehen worden, die sich weder rechtsdogmatisch noch rechtssystematisch rechtfertigen lässt [...]. Da Sinn der Regelung die Herbeiführung von Rechtssicherheit ist, die bei gleicher Sachlage für alle Satzungsbestimmungen im Rechtsverkehr der Gesellschaften erforderlich ist und nicht davon abhängt, ob die Regelung bereits in der Ursprungssatzung getroffen oder später durch Hauptversammlungsbeschluss eingefügt worden ist, erscheint es geboten, den Rechtsgedanken dieser Vorschrift auch auf nichtige Bestimmungen der Ursprungssatzung anzuwenden [...].“[738]

Diese Entscheidung hat auch von den Vertretern der ersten Ansicht Zuspruch erlangt.[739]

---

734 *Pentz* in: Goette/Habersack, MüKo, AktG, § 23, Rn. 170 f; *Koch* in: Hüffer/Koch, AktG, § 23, Rn. 43; *Geßler*, ZGR 1980, 427 (443 f.).

735 *Sailer-Coceani* in: Hoffmann-Becking, Hdb. GesellschR, § 6, Rn. 12; siehe hierzu auch *Noack/Zetzsche* in: Zöllner/Noack, KK, § 241, Rn. 132.

736 Vgl. hierzu *Schmidt* in: Hopt/Wiedemann, AktG Großkommentar, § 241, Rn. 54.

737 BGH, II ZR 73/99 v. 19.06.2000, NJW 2000, 2819 (2820).

738 BGH, II ZR 73/99 v. 19.06.2000, NJW 2000, 2819 (2820).

739 *Pentz* in: Goette/Habersack, MüKo, AktG, § 23, Rn. 172; *Koch* in: Hüffer/Koch, AktG, § 23, Rn. 43; *Hüffer/Schäfer* in: Goette/Habersack, MüKo, AktG, § 242, Rn. 31; *Casper* in: Spindler/Stilz, AktG, § 242, Rn. 29.

(3) Stellungnahme

(a) Rechtsfolge von mit § 23 V AktG nicht zu vereinbarenden satzungsändernden Beschlüssen und Klauseln der Ursprungssatzung

Der Ansicht, die in § 23 V AktG einen eigenen Nichtigkeitstatbestand für satzungsändernde Hauptversammlungsbeschlüsse erblickt, ist nicht zu folgen. Im Gegensatz zu anderen im Aktienrecht geregelten Nichtigkeitsnormen, handelt es sich bei dem Gebot der Satzungsstrenge um ein Verbotsgesetz, das selbst keine Rechtsfolgenanordnung enthält.[740] Bei einem Verstoß gegen § 23 V AktG eine Nichtigkeit aus § 134 BGB herzuleiten, widerspricht zudem der diesen überlagernden Wirkung des § 241 Nr. 3 AktG.[741] Im Einklang mit der herrschenden Meinung ist es daher folgerichtig, dass ein Verstoß gegen § 23 V AktG nur dann zur Nichtigkeit führt, wenn zusätzlich die Voraussetzungen des § 241 Nr. 3 AktG erfüllt sind.[742]

Bezüglich der Klauseln der Ursprungssatzung ist hingegen eine andere Bewertung möglich. So passt § 241 AktG, der allein auf Hauptversammlungsbeschlüsse abstellt, bereits seinem Wortlaut nach nicht auf Verträge.[743] Aufgrund dieser unterschiedlichen rechtlichen Kategorisierung von Ursprungssatzung und Hauptversammlungsbeschluss spricht auch im Grundsatz nichts dagegen, Mängel der Ursprungssatzung und Mängel satzungsändernder Beschlüsse an unterschiedlichen Maßstäben zu messen.[744] Die Nichtigkeitsfolge für Mängel der Ursprungssatzung ergibt sich daher richtigerweise unmittelbar aus § 23 V AktG.[745]

(b) Relevanz der Wesensvariante

Die umstrittene Frage, ob sich bei einem Verstoß gegen § 23 V AktG die Nichtigkeit wegen eines Wesensverstoßes aus § 241 Nr. 3 1. Alt. AktG ergibt oder zusätzlich die Voraussetzungen der 2. Alternative zu prüfen sind, hängt davon ab, welche Relevanz man der Wesensvariante im Rahmen des § 241 Nr. 3 AktG zuspricht.

---

740 *Hüffer/Schäfer* in: Goette/Habersack, MüKo, AktG, § 241, Rn. 52; *Casper*, Die Heilung nichtiger Beschlüsse im Kapitalgesellschaftsrecht, S. 208 f.; zur fehlenden Rechtsfolgenanordnung so auch: *Englisch* in: Hölters, Aktiengesetz, § 241, Rn. 55; *Huber* hingegen ist der Ansicht, dass § 23 V AktG eine Auslegungsregel sei, die durch die Satzung nicht verletzt werden könne. *Huber*, FS Coing, S. 178.

741 *Hüffer/Schäfer* in: Goette/Habersack, MüKo, AktG, § 241, Rn. 52; *Casper*, Die Heilung nichtiger Beschlüsse im Kapitalgesellschaftsrecht, S. 208 f.

742 *Hüffer/Schäfer* in: Goette/Habersack, MüKo, AktG, § 241, Rn. 52.

743 Siehe *Koch* in: Hüffer/Koch, AktG, § 23, Rn. 43; *Pentz* in: Goette/Habersack, MüKo, AktG, § 23, Rn. 171.

744 *Hüffer/Schäfer* in: Goette/Habersack, MüKo, AktG, § 241, Rn. 52.

745 *Pentz* in: Goette/Habersack, MüKo, AktG, § 23, Rn. 170 f; *Koch* in: Hüffer/Koch, AktG, § 23, Rn. 43; *Geßler*, ZGR 1980, 427 (443 f.).

(aa) Eigenständige Bedeutung der Wesensvariante neben den anderen Tatbestandsvarianten

Für die herrschende Meinung spricht zunächst, dass die Regelung des § 241 AktG bezweckt, die Nichtigkeitsfälle möglichst einzuschränken und zugleich eine klare tatbestandliche Abgrenzung von zur Anfechtbarkeit und zur Nichtigkeit führenden Mängeln zu schaffen.[746] Der Wesensvariante folglich nur eine Auffangfunktion zuzuweisen, ist demnach insoweit folgerichtig, als dass die zweite Tatbestandsvariante bereits dem Wortlaut nach stärkere Konturen aufweist.

Dafür der Wesensvariante jedoch eine eigene Bedeutung neben der zweiten Alternative zuzuschreiben, spricht insbesondere die Historie der Wesensvariante. Wie im Rahmen der historischen Untersuchung der Nichtigkeitsgründe aufgezeigt, unterschied schon die Rechtsprechung des Reichsgerichts zwischen Verstößen, die mit dem Wesen der AG nicht zu vereinbaren sind, und solchen, die mit zwingenden im öffentlichen Interesse gegebenen Vorschriften nicht im Einklang sind.[747] So stellte das Reichsgericht zwar keine eindeutige Definition dessen auf, was das Wesen der Aktiengesellschaft charakterisiert, jedoch sprechen die Fallgruppen, bei denen ein Wesensverstoß bejaht wurde, im Einklang mit der Mindermeinung dafür, dass das Wesen durch die gesetzlich verankerte Struktur der Aktiengesellschaft geprägt ist. So wurde zum Teil das Wesen der Aktiengesellschaft als die „Vereinigung von Vermögen oder vermögensrechtlichen Leistungen zu den Zwecken der Gesellschaft"[748] charakterisiert und somit ein Wesensverstoß bejaht, wenn ein Aktionär laut Satzung ausgeschlossen wird, weil er persönliche Qualifikationen – wie z.B. die Mitgliedschaft im Bund der Landwirte[749] – nicht mehr erfüllt. Zudem entschied das Reichsgericht, dass eine Satzungsänderung, die eine Aktiengesellschaft nur noch formal mit einem Vorstand ausstattete, nicht mehr die „zur Wesenheit der Aktiengesellschaft erforderlichen Organisation"[750] besaß. In einem weiteren Urteil stellte das Reichsgericht klar, dass elementarer Bestandteil des Wesens der Aktiengesellschaft sei, dass sich die Beitragspflicht der Aktionäre in einem festbestimmten Betrag am Grundkapital widerspiegeln muss.[751] Als Konsequenz sah es einen Generalversammlungsbeschluss, der das Statut einer Aktiengesellschaft in Bezug auf eine Rübenlieferungspflicht der Aktionäre, welche nicht als sekundärer, sondern selbst als gesellschaftlicher Beitrag, aber nicht als Einlage auf das Grundkapital zu qualifizieren sei, änderte, als mit dem Wesen der Aktiengesellschaft unvereinbar und mithin als unwirksam an.[752] Diese Ausführungen lassen den Schluss zu, dass das Wesen der Aktiengesellschaft die die Aktiengesellschaft

---

746 *Hüffer/Schäfer* in: Goette/Habersack, MüKo, AktG, § 241, Rn. 6, Rn. 49.
747 Siehe hierzu → C. I. 1.b).
748 RG, I 142/01 v. 25.09.1901, RGZ 49, 77 (79).
749 RG, I 142/01 v. 25.09.1901, RGZ 49, 77 (79).
750 RG, I 872/80 v. 19.02.1881, RGZ 3, 123 (132).
751 RG, I 163/88 v. 27.06.1888, RGZ 21, 148 (156).
752 RG, I 163/88 v. 27.06.1888, RGZ 21, 148 (155 ff.).

prägenden Merkmale und Grundstrukturen – wie die Aufteilung der Zuständigkeiten zwischen Vorstand, Aufsichtsrat, Hauptversammlung und der Ursprungsgedanke als Kapitalsammelstelle – erfasst. Auffällig ist zudem, dass bereits damals das Wesensargument dazu diente, Satzungsänderungen, die mit den Grundprinzipien des Aktienrechts nicht zu vereinbaren sind und somit die Satzungsautonomie überschritten, zu sanktionieren.[753]

Dennoch gebietet, wie *Koch* im Einklang mit der Ansicht *Eberspächers* zur Auslegung des § 241 Nr. 3 AktG anmerkt, die vom Gesetzgeber im Rahmen des § 241 AktG angestrebte Beschränkung der Nichtigkeit, dass auch für Wesensverstöße als Ausgangspunkt das Kriterium herangezogen werden müsse, dass der konkrete Beschlussinhalt gänzlich unzulässig sein müsse, weil er außerhalb der Rechtsmacht der Hauptversammlung lag, d.h. der Beschluss mit diesem Inhalt selbst bei einstimmiger und verfahrensfehlerfreier Beschlussfassung keine Geltung hätte erlangen können.[754] Letztlich besteht zwar somit eine Überschneidung zwischen den beiden Tatbestandsvarianten, die jedoch auch den Vorteil einer alternativen Begründungsmöglichkeit für die Nichtigkeit mit sich bringt.[755]

(bb) Die Wesensvariante und der Grundsatz der Satzungsstrenge

Die von der Gegenansicht angeprangerte Konturlosigkeit der Wesensvariante lässt sich ebenfalls anhand der Entstehungsgeschichte von § 23 V AktG und dessen Verhältnis zu § 241 Nr. 3 1. Alt. AktG widerlegen. Wie aufgezeigt, diente zur Zeit der Rechtsprechung des Reichsgerichts die Wesensargumentation dazu, Satzungsabweichungen, die mit zwingenden Strukturregelungen der Aktiengesellschaft nicht in Einklang waren, der Nichtigkeit unterfallen zu lassen. Eine gesetzliche Begrenzung der Satzungsautonomie wurde hingegen erst 1965 durch den Grundsatz der Satzungsstrenge gem. § 23 V AktG normiert. Wie *Huber* überzeugend darlegt, liegt § 23 V AktG und § 241 Nr. 3 1. Alt. AktG der gleiche Wertungsmaßstab zugrunde.[756] Folgerichtig geht *Koch* daher davon aus, dass der Maßstab des § 23 V AktG eben nicht anhand von § 241 Nr. 3 2. Alt. AktG bewertet

753 So auch *Huber*, FS Coing, S. 171; *Pentz* in: Goette/Habersack, MüKo, AktG, § 23, Rn. 171; *Schmidt* in: Hopt/Wiedemann, AktG Großkommentar, § 241, Rn. 56.

754 *Eberspächer*, Nichtigkeit, S. 123 f.; *Koch* in: Hüffer/Koch, AktG, § 241, Rn. 16; Ähnlich auch *Schwab* in: Schmidt/Lutter, AktGKom, § 241, Rn. 24, der jedoch unter den genannten Voraussetzungen für eine Nichtigkeit gem. § 241 Nr. 3, 3. Alt. plädiert.

755 Siehe hierzu *Koch* in: Hüffer/Koch, AktG, § 241, Rn. 16; auch *Casper* ist der Ansicht, dass die Tatbestandsvarianten des § 241 Nr. 3 AktG „zwei Kreise mit einer großen Schnittmenge" sind: *Casper*, Die Heilung nichtiger Beschlüsse im Kapitalgesellschaftsrecht, S. 209.

756 *Huber*, FS Coing, S. 171, 175 f.; zust. *Koch* in: Hüffer/Koch, AktG, § 241, Rn. 15 f. *Schmidt* in: Hopt/Wiedemann, AktG Großkommentar, § 241, Rn. 56; *Pentz* in: Goette/Habersack, MüKo, AktG, § 23, Rn. 171.

werden müsse, sondern umgekehrt die Wesensvariante ausfülle.[757] Als Folge wird das Wesen der Aktiengesellschaft eben durch diese zwingenden Vorschriften i.S.v. § 23 V AktG „gefüllt" und ist mithin eben kein konturloses Konstrukt, wie die Gegenansicht annimmt, sondern ist ebenfalls – wie § 241 Nr. 3 2. Alt. AktG – durch zwingende Vorschriften des Aktienrechts geprägt mit dem Unterschied, dass sich eine Prüfung des öffentlichen Interesses erübrigt.[758] Zudem besteht auch – wie *Koch* dargelegt hat – nicht die Gefahr, dass das Regel-Ausnahme-Verhältnis bei diesem Verständnis des Verhältnisses von § 23 V AktG zur Wesensvariante konterkariert wird. In den Fällen, in denen eine Satzungsänderung, die dauerhaft festgeschrieben werden soll und inhaltlich nicht mit § 23 V AktG in Einklang zu bringen ist, beschlossen wird, ist die Nichtigkeitsfolge daher auch angebracht. Andernfalls bestünde die Gefahr, dass die Hauptversammlung im Rahmen einer Satzungsänderung mit § 23 V AktG nicht zu vereinbarende Regelungen treffen könnte, die sie zuvor in der Ursprungssatzung noch nicht treffen dürfte.[759]

(cc) Abschließende Bewertung

Gestützt auf die historische Rechtsprechung des Reichsgerichts hat die Wesensvariante zunächst in Einklang mit der Gegenansicht insoweit eine eigenständige Bedeutung als es um Beschlüsse geht, die von der gesetzlich festgelegten Struktur der Gesellschaft abweichen also mit den Grundprinzipien des Aktienrechts nicht zu vereinbaren sind. Entsprechend der hier vertretenen Annahme, dass sowohl § 23 V AktG wie auch § 241 Nr. 3 1. Alt. AktG der gleiche Wertungsmaßstab zugrundeliegt, ist es daher folgerichtig, Verstöße gegen § 23 V AktG grds. als Wesensverstöße zu werten. In Bezug auf die grundsätzliche Auslegung der Wesensvariante gebietet es die gesetzgeberische Intention des § 241 AktG die Nichtigkeit zu beschränken („nur dann nichtig"). Daher sollte im Rahmen der Prüfung eines Wesensverstoßes auf die Zulässigkeit des konkreten Beschlussinhalts abgestellt werden.

bb) Die Nichtigkeitsfälle

(1) Verstöße gegen das Wesen der Aktiengesellschaft

Ausgehend von der hier vertretenen Auffassung liegt ein Verstoß gegen das Wesen der AG mithin immer vor, wenn ein Hauptversammlungsbeschluss mit den elementaren Grundprinzipien des Aktienrechts bzw. der Grundstruktur der

---

757 *Koch* in: Hüffer/Koch, AktG, § 241, Rn. 15; siehe hierzu auch *Huber*, FS Coing, S. 184 f.

758 *Koch* in: Hüffer/Koch, AktG, § 241, Rn. 16; vgl. auch *Schmidt* in: Hopt/Wiedemann, AktG Großkommentar, § 241, Rn. 54.

759 Siehe hierzu *Koch*, ZHR 2018, 378 (387).

Aktiengesellschaft nicht in Einklang zu bringen ist.[760] Ein Wesensverstoß ist daher zu bejahen, wenn durch den Beschluss eine Kompetenzüberschreitung stattfindet, bspw. indem die Hauptversammlung im Widerspruch zu § 76 AktG dem Vorstand Weisungen erteilt oder aber mittels Beschluss Erklärungen abgibt, die allein dem Vorstand vorbehalten sind.[761]

Zudem sind, wie bereits angeführt, satzungsändernde Beschlüsse wegen Verstoßes gegen das Wesen der AG nichtig, wenn sie mit § 23 V AktG nicht zu vereinbaren sind.[762] Die zusätzliche Prüfung des öffentlichen Interesses ist nach der hier vertretenen Ansicht nicht erforderlich.[763] Ein solcher Wesensverstoß läge bspw. vor, wenn die Hauptversammlung eine Satzungsänderung beschließen würde, welche nicht disponible gesetzliche Mehrheitserfordernisse abändern würde.[764]

Des Weiteren werden vom Wesen der AG zwingende Regelungen erfasst, die zwar nicht dem Schutz der Interessen Dritter dienen, aber den Aktionären unentziehbare Rechte gewähren, die außerhalb ihrer Dispositionsmacht liegen.[765] Hierzu zählen bspw. die Begrenzung der Aktionärspflichten (§§ 54 f. AktG) und die Zuständigkeit und Notwendigkeit der gesetzlich vorgeschriebenen Organe (§§ 76 ff., 95 ff., 118 ff. AktG).[766] Nicht vom Wesen der AG erfasst sind hingegen der Gleichbehandlungsgrundsatz und der Minderheitenschutz, es sei denn eine Satzungsänderung würde die Geltung dieser Grundsätze fortwährend abschaffen wollen.[767]

Vereinzelt wird unter Berufung auf den Wortlaut der Norm angenommen, dass Wesensverstöße nicht nur durch den Beschlussinhalt, sondern auch durch das

760 So auch *Schwab* in: Schmidt/Lutter, AktGKom, § 241, Rn. 24 f; siehe auch *Schmidt* in: Hopt/Wiedemann, AktG Großkommentar, § 241, Rn. 54 ff. *Huber*, FS Coing, S. 187 ff.

761 *Koch* in: Hüffer/Koch, AktG, § 241, Rn. 17; *Schmidt* in: Hopt/Wiedemann, AktG Großkommentar, § 241, Rn. 57; *Ehmann* in: Grigoleit, AktGKo, § 241, Rn. 15; vgl. auch *Schwab* in: Schmidt/Lutter, AktGKom, § 241, Rn. 25; a.A. *Hüffer/Schäfer* in: Goette/Habersack, MüKo, AktG, § 241, Rn. 62, die in diesem Fall Nichtigkeit gem. § 241 Nr. 3 2. Alt. AktG annehmen; ebenso *Geßler*, ZGR 1980, S. 444 f., 427.

762 *Koch* in: Hüffer/Koch, AktG, § 241, Rn. 17; *Schmidt* in: Hopt/Wiedemann, AktG Großkommentar, § 241, Rn. 56; *Ehmann* in: Grigoleit, AktGKo, § 241, Rn. 15.

763 *Koch* in: Hüffer/Koch, AktG, § 241, Rn. 16; vgl. auch *Schmidt* in: Hopt/Wiedemann, AktG Großkommentar, § 241, Rn. 54.

764 *Schwab* in: Schmidt/Lutter, AktGKom, § 241, Rn. 25; *Koch* in: Hüffer/Koch, AktG, § 241, Rn. 17; *Ehmann* in: Grigoleit, AktGKo, § 241, Rn. 15.

765 *Koch* in: Hüffer/Koch, AktG, § 241, Rn. 17; *Schmidt* in: Hopt/Wiedemann, AktG Großkommentar, § 241, Rn. 58.

766 *Koch* in: Hüffer/Koch, AktG, § 241, Rn. 17; *Schmidt* in: Hopt/Wiedemann, AktG Großkommentar, § 241, Rn. 58; siehe auch *Schwab* in: Schmidt/Lutter, AktGKom, § 241, Rn. 25, der jedoch teilweise auch Verstöße gegen § 23 V AktG der Nichtigkeit gem. § 241 Nr. 3, 3. Alt. AktG zuweist, siehe Rn. 24.

767 *Schmidt* in: Hopt/Wiedemann, AktG Großkommentar, § 241, Rn. 58; *Koch* in: Hüffer/Koch, AktG, § 241, Rn. 17.

Zustandekommen des Beschlusses begründet werden können.[768] Dem ist jedoch – wie *Noack/Zetzsche* anführen – entgegenzuhalten, dass die Varianten des § 241 Nr. 3 AktG einen einheitlichen Zweck verfolgen und daher auch ohne ausdrückliche Nennung in Bezug auf das Wesen auf inhaltliche Verstöße limitiert sind.[769] Gesellschaftsexterne Personen können durch reine Verfahrensfehler nicht in ihren Interessen tangiert werden.[770] Für diese generelle Begrenzung des Tatbestands des § 241 Nr. 3 AktG auf inhaltliche Mängel spricht auch, wie *Eberspächer* zutreffend argumentiert, die Historie der Vorschrift.[771] Weder der Rechtsprechung des Reichsgerichts zum Wesen der Aktiengesellschaft noch der Gesetzesbegründung von 1937 lässt sich eine Erfassung von Verfahrensmängeln entnehmen.[772]

(2) Verstöße gegen gläubigerschützende Vorschriften

Im Rahmen der zweiten Alternative des § 241 Nr. 3 AktG werden als Beispielsverstoß[773] Hauptversammlungsbeschlüsse für nichtig erklärt, die inhaltlich gegen Vorschriften verstoßen, die ausschließlich oder überwiegend zum Schutz der Gläubiger gegeben sind. Hierunter fallen Vorschriften, die speziell auf den Gläubigerschutz abzielen.[774] Neben den Bestimmungen des Aktienrechts können auch Vorschriften ergänzender Sondergesetze – wie etwa das Umwandlungsrecht – von Relevanz sein.[775] Sollte die Vorschrift nicht explizit auf den Gläubigerschutz abzielen, reicht es für die Begründung der Nichtigkeit des Hauptversammlungsbeschlusses gem. § 241 Nr. 3 2. Alt. 1. Var. AktG aus, dass die verletzten Vorschriften jedenfalls „schwerpunktmäßig" im Gläubigerinteresse gegeben sind.[776] Dass die Vorschrift auch den Schutz der Aktionärsinteressen bezweckt, ist insoweit irrelevant, als die verletze Norm dennoch von wesentlicher Bedeutung für den

768 So noch *Heidel* in: Heidel, AktKap, 4. Auflage 2014, § 241, Rn. 8; in der 5. Auflage 2020 stützt *Heidel* diese Ansicht nunmehr auf eine systematische Auslegung, § 241, Rn. 9; gestützt auf den Wortlaut wohl auch *Casper*, Die Heilung nichtiger Beschlüsse im Kapitalgesellschaftsrecht, S. 35.

769 *Noack/Zetzsche* in: Zöllner/Noack, KK, § 241, Rn. 95.

770 *Noack/Zetzsche* in: Zöllner/Noack, KK, § 241, Rn. 95.

771 *Eberspächer*, Nichtigkeit, S. 136.

772 *Eberspächer*, Nichtigkeit, S. 136; siehe hierzu auch oben Kapitel C. I. 1. b); C. II. 2. d).

773 Siehe zum Streitpunkt, ob § 241 Nr. 3 AktG zwei oder drei Tatbestandsalternativen hat → Fn. 702.

774 Siehe *Hüffer/Schäfer* in: Goette/Habersack, MüKo, AktG, § 241, Rn. 54; *Schwab* in: Schmidt/Lutter, AktGKom, § 241, Rn. 27; *Koch* in: Hüffer/Koch, AktG, § 241, Rn. 18.

775 Siehe *Hüffer/Schäfer* in: Goette/Habersack, MüKo, AktG, § 241, Rn. 54; *Ehmann* in: Grigoleit, AktGKo, § 241, Rn. 16.

776 *Hüffer/Schäfer* in: Goette/Habersack, MüKo, AktG, § 241, Rn. 55; *Koch* in: Hüffer/Koch, AktG, § 241, Rn. 18.

Gläubigerschutz ist.[777] Vorschriften, die schwerpunktmäßig im Gläubigerinteresse gegeben sind, sind daher bspw. Vorschriften über die Kapitalerhaltung – wie das Rückgewähr- und Zinsverbot des § 57 AktG sowie das Verbot des Erwerbs eigener Aktien gem. § 71 ff. AktG.[778] Hingegen ist es für die Begründung der Nichtigkeit nicht ausreichend, dass eine verletzte organisationsrechtliche Vorschrift auch dem Schutz der Gläubigerinteressen dienlich ist.[779]

(3) Andere Vorschriften, die im öffentlichen Interesse gegeben sind

Letztlich sieht die zweite Variante des § 241 Nr. 3 2. Alt. AktG noch vor, dass Beschlüsse nichtig sind, die durch ihren Inhalt Vorschriften verletzten, die ausschließlich oder überwiegend im öffentlichen Interesse gegeben sind. Voraussetzung für die Nichtigkeit ist mithin das kumulative Vorliegen einer inhaltlichen Verletzung von Vorschriften, welche im öffentlichen Interesse gegeben sind, und dies ausschließlich oder überwiegend.[780] Zu den Vorschriften zählen alle Rechtsnormen i.S.v. Art. 2 EGBGB.[781] Eine Begrenzung auf Vorschriften des Aktienrechts ist nicht veranlasst, so dass Vorschriften, die im öffentlichen Interesse erlassen wurden, der gesamten Rechtsordnung entstammen und daher bspw. auch solche des öffentlichen Rechts sowie des Strafrechts sein können.[782] Reine Satzungsverletzungen sind hingegen nicht von § 241 Nr. 3 2. Alt. 2. Var. AktG erfasst.[783] Durch das Erfordernis, dass es sich um einen inhaltlichen Verstoß handeln muss, sind Verfahrensmängel bspw. im Rahmen des Zustandekommens oder der Form des Beschlusses ebenfalls nicht von § 241 Nr. 3 2. Alt. 2. Var. AktG erfasst.[784]

777 *Hüffer/Schäfer* in: Goette/Habersack, MüKo, AktG, § 241, Rn. 55; *Koch* in: Hüffer/Koch, AktG, § 241, Rn. 18.

778 *Hüffer/Schäfer* in: Goette/Habersack, MüKo, AktG, § 241, Rn. 55; *Koch* in: Hüffer/Koch, AktG, § 241, Rn. 18; BGH, II ZR 30/11 v. 26.06.2012, DNotZ 2013, 60 (61); *Ehmann* in: Grigoleit, AktGKo, § 241, Rn. 16.

779 *Hüffer/Schäfer* in: Goette/Habersack, MüKo, AktG, § 241, Rn. 55; *Koch* in: Hüffer/Koch, AktG, § 241, Rn. 18; OLG Düsseldorf, 6 U 276/75 v. 21.06.1976, AG 1976, 215 (215).

780 *Koch* in: Hüffer/Koch, AktG, § 241, Rn. 19.

781 *Koch* in: Hüffer/Koch, AktG, § 241, Rn. 19; *Noack/Zetzsche* in: Zöllner/Noack, KK, § 241, Rn. 97; *Eberspächer*, Nichtigkeit, S. 140; *Huber*, FS Coing, S. 189.

782 *Englisch* in: Hölters, Aktiengesetz, § 241, Rn. 64; *Noack/Zetzsche* in: Zöllner/Noack, KK, § 241, Rn. 97; *Eberspächer*, Nichtigkeit, S. 140.

783 *Eberspächer*, Nichtigkeit, S. 140; *Schmidt* in: Hopt/Wiedemann, AktG Großkommentar, § 241, Rn. 56; *Noack/Zetzsche* in: Zöllner/Noack, KK, § 241, Rn. 100.

784 *Noack/Zetzsche* in: Zöllner/Noack, KK, § 241, Rn. 95; *Eberspächer*, Nichtigkeit, S. 135 f.; *Schmidt* in: Hopt/Wiedemann, AktG Großkommentar, § 241, Rn. 59. zur umstrittenen Frage, ob die die Begrenzung auf inhaltliche Verstöße auch für die Wesensvariante gilt → D. II. 1. c) bb)(1).

Der Begriff des öffentlichen Interesses ist weit auszulegen.[785] Daher zählen grds. auch Regelungen, die die Grundstruktur der Gesellschaft betreffen, zu den Vorschriften im öffentlichen Interesse.[786] Aufgrund der hier befürworteten Ansicht, dass die beiden Tatbestandsvarianten des § 241 Nr. 3 AktG eine gleichwertige Position mit Schnittmengen einnehmen, ist jedoch in diesem Fall zu prüfen, ob nicht § 241 Nr. 3 1. Alt. AktG vorrangig eingreift.[787]

Eine Norm ist jedenfalls dann im öffentlichen Interesse gegeben, wenn sie gerade auch dem Schutz der Allgemeinheit und gesellschaftsexterner Personen, die kein Anfechtungsrecht haben, dienen soll.[788] In Bezug auf Vorschriften, die allein den Schutz gegenwärtiger Aktionäre bezwecken, ist man sich weitgehend einig, dass diese jedenfalls dann vom Schutzbereich des öffentlichen Interesses erfasst sind, wenn durch den Verstoß in „unverzichtbare Positionen" der Aktionäre eingegriffen wird.[789] Einer weitergehenden Ausweitung des Schutzbereiches bedürfe es nicht, da die gegenwärtigen Aktionäre bereits ausreichend über die Anfechtungsmöglichkeit geschützt sind und bei sonstigen Verstößen gegen Vorschriften, die primär ihre Interessen tangieren, selbst darüber disponieren können, ob sie den Fehler anprangern oder nicht.[790]

Strittig ist jedoch, ob auch Vorschriften, die allein den Schutz zukünftiger Aktionäre bezwecken, unter die Vorschriften im öffentlichen Interesse i.S.v. § 241 Nr. 3 2. Alt. 2. Var. AktG zu fassen sind. So wird teilweise angenommen, dass solche Vorschriften nicht vom öffentlichen Interesse erfasst sind.[791] Als Begründung wird angeführt, dass zukünftige Aktionäre selbst darüber disponieren können, ob sie eine Aktie der betreffenden Aktiengesellschaft erwerben wollen oder nicht.[792] Damit einhergehend würden sie sich daher auch freiwillig den Satzungsbestimmungen

785 *Schwab* in: Schmidt/Lutter, AktGKom, § 241, Rn. 20; *Hüffer/Schäfer* in: Goette/Habersack, MüKo, AktG, § 241, Rn. 58; *Drescher* in: Spindler/Stilz, AktG, § 241, Rn. 187; *Englisch* in: Hölters, Aktiengesetz, § 241, Rn. 63; Begr. zu §§ 195 – 196 AktG 1937, abgedr. bei *Klausing*, AktG 1937, S. 174.

786 *Englisch* in: Hölters, Aktiengesetz, § 241, Rn. 64; *Koch* in: Hüffer/Koch, AktG, § 241, Rn. 19; *Hüffer/Schäfer* in: Goette/Habersack, MüKo, AktG, § 241, Rn. 58.

787 *Koch* in: Hüffer/Koch, AktG, § 241, Rn. 19; siehe auch *Schmidt* in: Hopt/Wiedemann, AktG Großkommentar, § 241, Rn. 60.

788 Vgl. *Schwab* in: Schmidt/Lutter, AktGKom, § 241, Rn. 28; *Hüffer/Schäfer* in: Goette/Habersack, MüKo, AktG, § 241, Rn. 59; *Ehmann* in: Grigoleit, AktGKo, § 241, Rn. 17.

789 *Drescher* in: Spindler/Stilz, AktG, § 241, Rn. 191; *Drescher* in: Henssler/Strohn, GesR, § 241, Rn. 35; *Englisch* in: Hölters, Aktiengesetz, § 241, Rn. 62; *Noack/Zetzsche* in: Zöllner/Noack, KK, § 241, Rn. 108; Begr. zu §§ 195 – 196 AktG 1937, abgedr. bei *Klausing*, AktG 1937, S. 174.

790 *Englisch* in: Hölters, Aktiengesetz, § 241, Rn. 62; *Drescher* in: Spindler/Stilz, AktG, § 241, Rn. 191.

791 *Englisch* in: Hölters, Aktiengesetz, § 241, Rn. 65; *Drescher* in: Spindler/Stilz, AktG, § 241, Rn. 193.

792 *Englisch* in: Hölters, Aktiengesetz, § 241, Rn. 65.

und den bereits gefassten Hauptversammlungsbeschlüssen der Gesellschaft unterwerfen.[793] Mithin seien sie nicht schutzwürdig.[794]

Andere hingegen wollen primär unter Berufung auf die mangelnde Anfechtungsmöglichkeit der zukünftigen Aktionäre auch Normen zum Schutz dieser Aktionäre dem Schutzbereich des öffentlichen Interesses unterfallen lassen.[795] Als weiteres Argument wird angeführt, dass auch ein öffentliches Interesse daran begründet sei, dass der Rechtsverkehr und somit auch die künftigen Aktionäre ohne eigene Überprüfung der Satzung und der Hauptversammlungsbeschlüsse davon ausgehen können, dass eine als solche bezeichnete Aktiengesellschaft auch die für diese Gesellschaftsform konstitutiven Strukturmerkmale besitze.[796]

Der zweiten Ansicht ist zuzustimmen. So erscheint es bereits in Bezug auf erstere Ansicht recht eigentümlich anzunehmen, dass ein Aktionär sich mit Erwerb einer Aktie „freiwillig" Regelungen unterwirft, die von der erwarteten Struktur einer Aktiengesellschaft krass abweichen. Den zukünftigen Aktionären bei einem Verstoß gegen Normen, die allein ihre Interessen tangieren, jegliche Rechtsschutzmöglichkeit zu versagen ist daher nicht sachgerecht. Zudem entspricht diese Ansicht auch der Historie der Vorschrift. So hat der historische Gesetzgeber im Rahmen der Gesetzesbegründung zu § 195 Nr. 3 AktG 1937 (§ 241 Nr. 3 AktG n.F.) in Bezug auf die Auslegung des öffentlichen Interesses klargestellt, dass eine Norm, die neben dem Schutz der gegenwärtigen Aktionäre auch dem Schutz der Gläubiger und der zukünftigen Aktionäre dient, zugleich den Schutz der Öffentlichkeit erstrebt.[797]

Als nichtig wegen eines Verstoßes gegen öffentliche Interessen wurde bspw. ein Squeeze-out-Beschluss einer Aktiengesellschaft angesehen, dessen Hauptaktionär, der die Übertragung verlangt, nicht Eigentümer von mindestens 95 % des Grundkapitals ist.[798] Ebenso wurde § 192 II AktG, der die Zwecke für die bedingte Kapitalerhöhung festlegt, als Norm im öffentlichen Interesse bewertet.[799] Unter das öffentliche Interesse fallen auch Vorschriften in Bezug auf die Verbandsstruktur und Mitgliedschaft.[800] Daher werden auch Verstöße gegen §§ 25 ff. MitbestG, die

---

793 *Englisch* in: Hölters, Aktiengesetz, § 241, Rn. 65; *Drescher* in: Spindler/Stilz, AktG, § 241, Rn. 193.

794 *Englisch* in: Hölters, Aktiengesetz, § 241, Rn. 65; *Drescher* in: Spindler/Stilz, AktG, § 241, Rn. 193.

795 *Hüffer/Schäfer* in: Goette/Habersack, MüKo, AktG, § 241, Rn. 59; *Schwab* in: Schmidt/Lutter, AktGKom, § 241, Rn. 20.

796 *Noack/Zetzsche* in: Zöllner/Noack, KK, § 241, Rn. 106.

797 Begr. zu §§ 195 – 196 AktG 1937, abgedr. bei *Klausing*, AktG 1937, S. 174.

798 OLG München, 23 U 2306/06 v. 23.11.2006, NZG 2007, 192 (193); Aber zweifelhaft, ob dies nicht bereits Wesensverstoß begründete: *Koch* in: Hüffer/Koch, AktG, § 241, Rn. 19.

799 OLG Celle, 9 U 57/07 v. 07.11.2007, AG 2008, 85 (86); OLG Hamm, 8 U 115/07 v. 19.03.2008, BB 2008, 1475 (1477); Vgl. auch *Schwab* in: Schmidt/Lutter, AktGKom, § 241, Rn. 29.

800 *Ehmann* in: Grigoleit, AktGKo, § 241, Rn. 17.

die innere Ordnung und die Rechte und Pflichten des Aufsichtsrats betreffen, mit der Nichtigkeitsfolge gem. § 241 Nr. 3 2. Alt. AktG geahndet.[801]

cc) Die Funktion

Wie sich bereits aus dem Wortlaut dieser Nichtigkeitsvariante ergibt, ist die Funktion dieser Vorschrift, Beschlüsse mit der Nichtigkeitsfolge zu ahnden, die entweder mit dem Wesen der Aktiengesellschaft – sprich nach hier vertretener Auffassung den gesetzlichen Grundstrukturen der Aktiengesellschaft – nicht zu vereinbaren sind oder aber inhaltlich gegen Vorschriften verstoßen, die ausschließlich oder überwiegend zum Schutz der Gläubiger oder sonst im öffentlichen Interesse gegeben sind. Aufgrund der Tatsache, dass gesellschaftsexterne Personen, wie insbesondere Gläubiger der Gesellschaft, keine Anfechtungsklage gegen Beschlüsse erheben können, ist die Nichtigkeitsanordnung jedenfalls dann notwendig, wenn der Schutzzweck der verletzten Vorschrift schwerpunktmäßig diesen Personenkreis erfasst.[802] Darüber hinaus ist jedoch auch Sinn der Vorschrift, den Bestand der prägenden Strukturmerkmale einer Aktiengesellschaft sicherzustellen und daher von § 23 V AktG unzulässig abweichende Satzungsbestimmungen zu sanktionieren, die nicht mit § 241 Nr. 3 AktG in Einklang zu bringen sind.

dd) Konsistenz des Nichtigkeitsgrunds

Ausgehend von der hier vertretenen Auffassung in Bezug auf das Verhältnis der Tatbestandsvarianten zueinander und das Verhältnis zum Grundsatz der Satzungsstrenge gem. § 23 V AktG ist dieser Nichtigkeitstatbestand in sich konsistent. Er gewährleistet zum einen, dass die Grundstrukturen, die die Aktiengesellschaft prägen, auch unabhängig von der Erhebung einer Anfechtungsklage durch die Aktionäre nicht mittels Hauptversammlungsbeschluss modifiziert werden können und mithin erhalten bleiben. Zum anderen dient er dazu, die Einhaltung von Vorschriften zu gewährleisten, die primär den öffentlichen und Gläubigerinteressen geschuldet sind, und ermöglicht es, durch die Sanktionierung von Beschlüssen, die inhaltlich gegen diese Vorschriften verstoßen, dass auch gesellschaftsexterne Personen, die keine Anfechtungsbefugnis besitzen, diese Beschlüsse nicht hinnehmen müssen. Die Einschränkung der Nichtigkeit auf inhaltliche Verstöße erscheint auch angemessen, da reine Verfahrensverstöße gerade nicht die Interessen der

---

801 BGH, II ZR 123/81 v. 25.02.1982, NJW 1982, 1525 (1525 f.); BGH, II ZR 145/80 v. 25.02.1982, NJW 1982, 1530 (1530); BGH, II ZR 33/83 v. 14.11.1983, NJW 1984, 733 (734); zustimmend *Hüffer/Schäfer* in: Goette/Habersack, MüKo, AktG, § 241, Rn. 64; *Koch* in: Hüffer/Koch, AktG, § 241, Rn. 20; *Drescher* in: Spindler/Stilz, AktG, § 241, Rn. 20 f. a.A. *Huber*, FS Coing, S. 187 f., der satzungsändernde Beschlüsse, die gegen das Mitbestimmungsgesetz verstoßen, als nichtig wegen eines Wesensverstoßes bewertet.

802 Vgl. hierzu *Schwab* in: Schmidt/Lutter, AktGKom, § 241, Rn. 28.

Öffentlichkeit und der Gläubiger tangieren,[803] so dass insoweit die Anfechtungsmöglichkeit der Aktionäre und anfechtungsberechtigten Organe ausreichend Schutz gebieten.

ee) Ergebnis

Im Gegensatz zu den in § 241 Nr. 1 und 2 AktG normierten Nichtigkeitsfällen ist dieser Nichtigkeitsgrund – jedenfalls wenn man, wie hier vertreten der Wesensvariante eine eigenständige Bedeutung zuschreibt – ausgehend von seiner Funktion in sich konsistent. Er ermöglicht es, Beschlüsse zu sanktionieren, die gegen zwingende Vorschriften verstoßen, die nicht der Disposition der Aktionäre unterliegen, da sie entweder das Wesen der AG oder aber öffentliche und insbesondere Gläubigerinteressen tangieren. Ausgehend von der Schutzrichtung dieser Norm ist dies auch sachgerecht, denn Gläubiger und sonstige Dritte besitzen kein Anfechtungsrecht und könnten gegen Beschlüsse, die ihre Interessen tangieren, andernfalls nicht vorgehen. Zwar führt dieser Nichtigkeitsgrund zu einer Einschränkung der Privatautonomie der Hauptversammlung. Dies ist jedoch insoweit gerechtfertigt, als – wie im bürgerlichen Recht[804] – die Privatautonomie dort ihre Grenzen erfährt, wo von zwingenden im öffentlichen Interesse gegebenen Normen abgewichen wird.

d) § 241 Nr. 4 AktG – Sittenverstoß

aa) Die Nichtigkeitsfälle

§ 241 Nr. 4 AktG ordnet die Nichtigkeit von Hauptversammlungsbeschlüssen an, die durch ihren Inhalt gegen die guten Sitten verstoßen. Im Grundsatz knüpft diese Vorschrift an § 138 BGB an, so dass ein Sittenverstoß einen Verstoß gegen das „Anstandsgefühl aller billig und gerecht Denkenden" erfordert.[805] Der Unterschied zu § 138 BGB besteht jedoch darin, dass die Nichtigkeitsfolge des § 241 Nr. 4 AktG auf die Inhaltssittenwidrigkeit begrenzt ist und daher im Gegensatz zu § 138 BGB nicht die Umstandssittenwidrigkeit erfasst.[806] Sittenwidrige Beweggründe und Zwecke im Rahmen der Beschlussfassung sowie ein sittenwidriges Vorgehen bei der Art und Weise des Zustandekommens des Beschlusses führen daher nur zu dessen Anfechtbarkeit.[807]

---

803 *Noack/Zetzsche* in: Zöllner/Noack, KK, § 241, Rn. 95.

804 Siehe zur Beschränkung der Privatautonomie, *Schubert* in: Säcker/Rixecker/Oetker/u. a., MüKo BGB, § 242, Rn. 527 ff.

805 *Hüffer/Schäfer* in: Goette/Habersack, MüKo, AktG, § 241, Rn. 68; *Koch* in: Hüffer/Koch, AktG, § 241, Rn. 21; BGH, III ZR 164/75 v. 29.09.1977, NJW 1977, 2356 (2357).

806 Vgl. *Hüffer/Schäfer* in: Goette/Habersack, MüKo, AktG, § 241, Rn. 69; *Koch* in: Hüffer/Koch, AktG, § 241, Rn. 21.

807 *Hüffer/Schäfer* in: Goette/Habersack, MüKo, AktG, § 241, Rn. 69; *Koch* in: Hüffer/Koch, AktG, § 241, Rn. 21; BGH, II ZR 44/50 v. 27.10.1951, NJW 1952, 98 (99); so bereits RG, II 158/30 v. 09.01.1931, RGZ 131, 141 (145); RG, II 198/34 v. 22.01.1935,

Als Konsequenz hat § 241 Nr. 4 AktG seine hauptsächliche praktische Bedeutung nur in Fällen, bei denen durch einen Hauptversammlungsbeschluss Gläubiger geschädigt werden.[808] Zwar können Beschlüsse auch wegen ihres Inhalts sittenwidrig sein, obwohl nur die Interessen der Aktionäre tangiert sind,[809] allerdings sind im Einzelfall auftretende Ungleichbehandlungen der Aktionäre, Treuepflichtverletzungen oder Rechtsmissbräuche Verstöße, die nur zur Anfechtbarkeit der Beschlüsse führen.[810] In diesen Fällen können die Aktionäre darüber disponieren, ob sie dennoch den Beschluss gelten lassen wollen.[811] Sollte ein Beschluss in einer die Inhaltssittenwidrigkeit begründenden Weise gegen öffentliche Interessen – insbesondere Gläubigerinteressen – verstoßen, ist die Nichtigkeitsanordnung hingegen notwendig, da andernfalls die Gläubiger und andere außenstehende Dritte mangels Anfechtungsbefugnis keine Möglichkeit haben, gegen diesen Beschluss vorzugehen.[812] Zum Schutz dieser nicht anfechtungsberechtigten Personen sei es daher sogar ausreichend, wenn der Beschluss zwar nicht seinem Wortlaut, aber seinem „inneren Gehalt“ nach eine sittenwidrige Schädigung dieses Personenkreises begründe.[813]

bb) Die Funktion

Die Nichtigkeit wegen Inhaltssittenwidrigkeit anzuordnen dient dazu, die Einhaltung der in §§ 138, 826 BGB niedergelegten Grundsätze – also insbesondere die Grundwerte, die für die Wahrung eines gesellschaftlichen Zusammenlebens erforderlich sind – zu gewährleisten.[814] Da die Einhaltung dieser Grundsätze nicht zur Disposition der Aktionäre steht, sondern vielmehr ein öffentliches Interesse an der Wahrung dieser Grundsätze begründet ist, wird gem. § 241 Nr. 4 AktG bei einem Verstoß die strenge Nichtigkeitsfolge angeordnet.[815] Die Vorschrift dient

---

RGZ 146, 385 (385); RG, II 89/40 v. 28.02.1941, RGZ 166, 175 (132). Ausführlich zur Rechtsprechung des Reichsgerichts → C.I. 1.

808 *Hüffer/Schäfer* in: Goette/Habersack, MüKo, AktG, § 241, Rn. 70; *Koch* in: Hüffer/Koch, AktG, § 241, Rn. 21; *Schmidt* in: Hopt/Wiedemann, AktG Großkommentar, § 241, Rn. 67.

809 *Hüffer/Schäfer* in: Goette/Habersack, MüKo, AktG, § 241, Rn. 70; *Schmidt* in: Hopt/Wiedemann, AktG Großkommentar, § 241, Rn. 67.

810 *Hüffer/Schäfer* in: Goette/Habersack, MüKo, AktG, § 241, Rn. 70; *Koch* in: Hüffer/Koch, AktG, § 241, Rn. 21.

811 *Hüffer/Schäfer* in: Goette/Habersack, MüKo, AktG, § 241, Rn. 70; *Koch* in: Hüffer/Koch, AktG, § 241, Rn. 21.

812 *Hüffer/Schäfer* in: Goette/Habersack, MüKo, AktG, § 241, Rn. 70; *Schmidt* in: Hopt/Wiedemann, AktG Großkommentar, § 241, Rn. 67.

813 BGH, II ZR 291/53 v. 08.12.1954, NJW 1955, 221 (222); RG, II 199/38 v. 07.06.1939, RGZ 161, 129 (144 f.).

814 *Drescher* in: Spindler/Stilz, AktG, § 241, Rn. 210.

815 *Drescher* in: Spindler/Stilz, AktG, § 241, Rn. 210; siehe auch *Hüffer/Schäfer* in: Goette/Habersack, MüKo, AktG, § 241, Rn. 68.

als Ergänzung zu § 241 Nr. 3 AktG.[816] § 241 Nr. 4 AktG dehnt diesen Schutz auf Fälle aus, bei denen der Hauptversammlungsbeschluss zwar nicht gegen konkrete Rechtsnormen verstößt, aber dennoch wegen seines sittenwidrigen Inhalts nicht hinnehmbar ist.[817]

cc) Konsistenz des Nichtigkeitsgrunds

Laut *Noack* fristet dieser Nichtigkeitsgrund zwar in der Praxis „noch weniger als ein Mauerblümchendasein."[818], jedoch ist dieser Nichtigkeitsgrund ausgehend von seiner Funktion in sich konsistent. Er gewährleistet den Schutz der Gläubiger und anderer außenstehender Dritter vor Hauptversammlungsbeschlüssen, die zwar nicht gegen eine Rechtsvorschrift i.S.v. § 241 Nr. 3 AktG verstoßen, jedoch dennoch aufgrund ihres sittenwidrigen Inhalts für die Gläubiger und die Öffentlichkeit nicht geduldet werden können. Dies wäre bspw. der Fall, wenn die Hauptversammlung beschließen würde, auf Schadensersatzansprüche gegen Organmitglieder nach Eintritt der Insolvenzreife zu verzichten.[819] Die Begrenzung der Nichtigkeitsfolge auf die Inhaltssittenwidrigkeit erweist sich als vernünftige Einschränkung, da die Gläubiger bzw. die Öffentlichkeit nicht durch sittenwidrige Umstände im Rahmen des Zustandekommens des Beschlusses geschädigt werden können. Den Aktionären, deren Interessen durch die Umstandssittenwidrigkeit tangiert werden können, verbleibt daher in diesen Fällen die Dispositionsbefugnis darüber, ob sie den Beschluss anfechten oder dennoch gelten lassen wollen.

dd) Ergebnis

Es lässt sich mithin zunächst vorliegend konstatieren, dass die Nichtigkeit wegen Inhaltssittenwidrigkeit ausgehend von der Funktion der Vorschrift eine stimmige Regelung ist. Die sich im Anschluss stellende Frage, ob dieser Nichtigkeitsgrund auch de lege ferenda weiterhin eine Daseinsberechtigung hat, wird – insbesondere im Hinblick auf die von Stimmen der Literatur behauptete praktische Irrelevanz[820] – noch umfassend im Rahmen des Kapitels über die Reformierung der Nichtigkeitsgründe eruiert.

---

816 *Drescher* in: Spindler/Stilz, AktG, § 241, Rn. 210.

817 *Schmidt* in: Hopt/Wiedemann, AktG Großkommentar, § 241, Rn. 66; *Drescher* in: Spindler/Stilz, AktG, § 241, Rn. 210; *Hüffer/Schäfer* in: Goette/Habersack, MüKo, AktG, § 241, Rn. 68.

818 *Noack*, FS Baums, 845 (859).

819 So beispielhaft von *Koch* angeführt: *Koch* in: Hüffer/Koch, AktG, § 241, Rn. 21.

820 *Noack*, FS Baums, 845 (859); *Hüffer/Schäfer* in: Goette/Habersack, MüKo, AktG, § 241, Rn. 46; *Koch*, Gutachten Beschlussmängelrecht, F 53.

e) § 241 Nr. 5 AktG

Gemäß § 241 Nr. 5 AktG sind Hauptversammlungsbeschlüsse nichtig, wenn sie durch ein Urteil aufgrund einer Anfechtungsklage rechtskräftig für nichtig erklärt wurden. Die Aufnahme in den Katalog der Nichtigkeitsgründe des § 241 AktG diente weitestgehend nur der Klarstellung, da sich die Nichtigkeitsfolge bereits aus § 248 I S. 1 AktG ergibt.[821] Anders als im Fall der Nichtigkeit gem. § 241 Nr. 1 bis 4 AktG ist die Nichtigkeit gem. § 241 Nr. 5 AktG nicht die materiell-rechtliche Folge der dort genannten Mängel, sondern es kommt allein auf das Vorliegen der förmlichen Voraussetzungen (auf Anfechtungsklage durch Urteil rechtskräftig für nichtig erklärt) an.[822] Da die Nichtigkeit aufgrund eines rechtskräftigen Anfechtungsurteils nicht Untersuchungsgegenstand dieser Arbeit ist, erübrigt sich vorliegend eine weitergehende Darstellung und Untersuchung dieses Nichtigkeitstatbestands.

f) § 241 Nr. 6 AktG

aa) Die Nichtigkeitsfälle

(1) Grundsätzliches

§ 241 Nr. 6 AktG ordnet die Nichtigkeitsfolge für Hauptversammlungsbeschlüsse an, die aufgrund rechtskräftiger Entscheidung nach § 398 FGG als nichtig gelöscht worden sind. Gemäß § 398 FGG kann ein Hauptversammlungsbeschluss vom Registergericht als nichtig gelöscht werden, wenn er durch seinen Inhalt zwingende gesetzliche Vorschriften verletzt und seine Beseitigung im öffentlichen Interesse erforderlich scheint.

§ 241 Nr. 6 AktG knüpft – wie auch bei § 241 Nr. 5 AktG – allein an das Vorliegen der förmlichen Voraussetzungen an.[823] Gemeint sind hiermit die Löschung, die Löschungsverfügung und deren Eintritt der Rechtskraft.[824] Auf das tatsächliche Vorliegen der materiell-rechtlichen Voraussetzungen des § 398 FamFG kommt es hingegen nicht an, sofern diese förmlichen Anforderungen gewahrt sind.[825]

---

821 Str. dafür: *Hüffer/Schäfer* in: Goette/Habersack, MüKo, AktG, § 241, Rn. 71; *Fiebelkorn*, Beschlussmängelklagen, S. 380 f.; *Noack*, FS Baums, 845 (859); *Koch*, ZHR 2018, 378 (381); a.A. *Schwab* in: Schmidt/Lutter, AktGKom, § 241, Rn. 34; *Schmidt* in: Hopt/Wiedemann, AktG Großkommentar, § 241, Rn. 69.

822 Siehe *Hüffer/Schäfer* in: Goette/Habersack, MüKo, AktG, § 241, Rn. 74.

823 Siehe hierzu *Hüffer/Schäfer* in: Goette/Habersack, MüKo, AktG, § 241, Rn. 74.

824 Siehe hierzu *Hüffer/Schäfer* in: Goette/Habersack, MüKo, AktG, § 241, Rn. 74.

825 Siehe hierzu *Hüffer/Schäfer* in: Goette/Habersack, MüKo, AktG, § 241, Rn. 74; *Koch* in: Hüffer/Koch, AktG, § 241, Rn. 29.

In Bezug auf die Wirkung der Löschung ist umstritten, ob § 241 Nr. 6 AktG einen selbstständigen Nichtigkeitsgrund darstellt.[826] Für die vorliegende Untersuchung ist dieser Streit indes nicht von Relevanz und daher auch an dieser Stelle nicht zu entscheiden. Denn selbst wenn man davon ausgeht, dass die Nichtigkeit aufgrund einer Löschung von Amts wegen nur in begrenzten Fällen eine konstitutive Wirkung hat, ist diese dennoch ausreichendes Argument, die Konsistenz und Funktion dieses Nichtigkeitsgrunds zu eruieren.[827]

(2) Voraussetzungen des § 398 FamFG

(a) Grundsätzliches

Gelöscht werden kann unter den Voraussetzungen des § 398 FamFG jeder eingetragene Beschluss – unabhängig davon, ob die Eintragung konstitutiv für die Wirksamkeit des Beschlusses ist.[828] Ebenso hindert die Heilung der Nichtigkeit die Löschung von Amts wegen nicht.[829] Eine Ausnahme hiervon besteht, falls eine Eintragung des Beschlusses aufgrund einer rechtskräftigen Freigabeentscheidung gem. § 246a I AktG vorgenommen wurde. Gem. § 242 II S. 5 Hs. 2 AktG ist in diesem Fall die Amtslöschung ausgeschlossen.

§ 398 FamFG setzt zunächst voraus, dass der Beschluss inhaltlich gegen zwingenden gesetzliche Vorschriften verstößt. Mithin sind reine Verfahrensverstöße – wie etwa Verstöße i.S.v. § 241 Nr. 1 und 2 AktG – im Rahmen der Amtslöschung unbeachtlich.[830] Strittig ist hingegen, ob die Verletzung zwingender Vorschriften stets erfordert, dass der Beschluss gem. § 241 Nr. 3 oder 4 AktG nichtig ist, oder ob auch die Anfechtbarkeit des Beschlusses ausreicht.

---

826 Dafür: *Schwab* in: Schmidt/Lutter, AktGKom, § 241, Rn. 36; *Schmidt* in: Hopt/Wiedemann, AktG Großkommentar, § 241, Rn. 100; a.A. nimmt an, dass Amtslöschung nur konstitutive Bedeutung habe, wenn Heilung eingetreten ist oder die Löschung zu Unrecht erfolgt sei: *Drescher* in: Spindler/Stilz, AktG, § 241, Rn. 218; *Hüffer/Schäfer* in: Goette/Habersack, MüKo, AktG, § 241, Rn. 85; ausführlich zu diesem Streit→ E. III. 2. c) ff).

827 Die unterschiedlichen Ansichten zur Wirkung der Löschung gem. § 398 FamFG sind jedoch von Relevanz für die Entscheidung, ob es auch de lege ferenda weiterhin einer gesonderten Anführung des § 398 FamFG im Rahmen der Nichtigkeitsgründe des § 241 AktG bedarf. Daher wird im Rahmen des Kapitels betreffend die Reformierung des Nichtigkeitstatbestands auf den Meinungsstreit zurückzukommen sein → E. III. 2. c) ff) (2).

828 *Hüffer/Schäfer* in: Goette/Habersack, MüKo, AktG, § 241, Rn. 75; *Drescher* in: Spindler/Stilz, AktG, § 241, Rn. 228; *Heinemann* in: Keidel, FamFG, § 398, Rn. 11.

829 § 242 II S. 3 AktG.

830 Vgl. hierzu *Hüffer/Schäfer* in: Goette/Habersack, MüKo, AktG, § 241, Rn. 76; OLG Hamm, 15 W 291/93 v. 08.1993, OLGZ 1994, 415 (417); *Ehmann* in: Grigoleit, AktGKo, § 241, Rn. 24.

(b) Sonderproblem: Anfechtbare Beschlüsse

In der Literatur wird unter Berufung auf den offenen Wortlaut des § 398 FamFG teilweise die Ansicht vertreten, dass auch die Anfechtbarkeit des Beschlusses einen Verstoß gegen zwingende Vorschriften i.S.v. § 398 FamFG begründen könne.[831] Jedoch spreche in diesem Fall eine Vermutung gegen das Vorliegen eines öffentlichen Interesses an der Löschung,[832] so dass der Streit eher theoretische Natur ist. Im Einklang mit der herrschenden Meinung, die eine Nichtigkeit des Beschlusses verlangt,[833] ist ersterer Ansicht entgegenzuhalten, dass eine solche Sichtweise nicht mit der Dispositionsbefugnis der Aktionäre über die Gültigkeit lediglich anfechtbarer Beschlüsse in Einklang zu bringen ist.[834] Auch die Historie der Vorschrift spricht eindeutig dagegen eine bloße Anfechtbarkeit genügen zu lassen.[835] So wurde bereits in der Denkschrift zum FGG ausgeführt: „Die Löschung von Amtswegen ist daher nicht schon deshalb zulässig, weil ein Beschluß unter Verletzung der Vorschriften über die Berufung der Versammlung oder über die Abstimmung zu Stande gekommen ist oder weil der Inhalt des Beschlusses gegen Bestimmungen des Gesellschaftsvertrags oder gegen gesetzliche Vorschriften nicht zwingender Natur verstößt. Eine Anwendung der allgemeinen Löschungsbefugniß auf Fälle dieser Art wäre nicht gerechtfertigt, da es sich hier um Interessen handelt, deren Wahrnehmung füglich den Betheiligten selbst überlassen bleiben darf."[836] Letztlich lässt sich gegen eine Anwendbarkeit auf anfechtbare Beschlüsse auch noch ein Gegenargument aus § 242 II S. 3 AktG anführen.[837] So sieht § 242 II S. 3 AktG ausdrücklich eine Löschungsbefugnis trotz Heilung der Nichtigkeit vor, während sich eine entsprechende Regelung für den Ablauf der Anfechtungsfrist bei anfechtbaren Beschlüssen nicht finden lässt.[838] Demnach ist Voraussetzung für

---

831 *Koch* in: Hüffer/Koch, AktG, § 241, Rn. 27; *Ehmann* in: Grigoleit, AktGKo, § 241, Rn. 24; *Hüffer/Schäfer* in: Goette/Habersack, MüKo, AktG, § 241, Rn. 77.

832 *Koch* in: Hüffer/Koch, AktG, § 241, Rn. 27; *Ehmann* in: Grigoleit, AktGKo, § 241, Rn. 24.

833 OLG Hamm, 15 W 291/93 v. 08.1993, OLGZ 1994, 415 (418); OLG Karlsruhe, 11 Wx 12/01 v. 10.04.2001, FGPrax 2001, 161 (162); *Schmidt* in: Hopt/Wiedemann, AktG Großkommentar, § 241, Rn. 84; *Schwab* in: Schmidt/Lutter, AktGKom, § 241, Rn. 39; *Drescher* argumentiert, dass sich die Frage, ob die Anfechtbarkeit ausreicht, im Prinzip gar nicht stelle, da es in diesen Fällen stets am öffentlichem Interesse an der Löschung fehlen werde. Sollte ein solches Vorliegen, wäre zugleich Nichtigkeit gem. § 241 Nr. 3 oder 4 AktG gegeben: *Drescher* in: Spindler/Stilz, AktG, § 241, Rn. 237 f.

834 Siehe *Schwab* in: Schmidt/Lutter, AktGKom, § 241, Rn. 39.

835 So bereits *Schmidt* in: Hopt/Wiedemann, AktG Großkommentar, § 241, Rn. 77.

836 Denkschrift zum FGG, abgedr. bei *Hahn/Mugdan*, Die gesammten Materialien zu den Reichs-Justizgesetzen, S. 71.

837 So *Schwab* in: Schmidt/Lutter, AktGKom, § 241, Rn. 39.

838 *Schwab* in: Schmidt/Lutter, AktGKom, § 241, Rn. 39.

die Amtslöschung, dass ein Verstoß i.S.v. § 241 Nr. 3 oder 4 AktG vorliegt.[839] In diesen Fällen ist dann auch automatisch ein Verstoß gegen zwingende Vorschriften des Gesetzes gegeben.[840]

(c) Zusätzliche Prüfung des öffentlichen Interesses

Darüber hinaus muss die Löschung gem. § 398 FamFG im öffentlichen Interesse geboten sein. Strittig ist diesbezüglich, ob es sich hierbei um ein zusätzlich zu prüfendes Tatbestandsmerkmal handelt.

(aa) Meinungsstand

Die überwiegende Meinung nimmt an, dass das öffentliche Interesse an der Löschung trotz des Vorliegens der Voraussetzungen des § 241 Nr. 3 und 4 AktG gesondert zu prüfen sei.[841] Die Gegenansicht argumentiert hingegen, dass bei einem Verstoß gegen § 241 Nr. 3 und 4 AktG das öffentliche Interesse an der Löschung stets gegeben sei und nicht mehr eigenständig geprüft werden müsse.[842] Eine weitere Meinung sieht zumindest bei einem Verstoß gegen § 241 Nr. 3 und 4 AktG die Löschungsbedürftigkeit als indiziert (vermutet) an, da der Gesetzgeber die Nichtigkeit ja bereits auf schwerwiegende Fälle reduziert habe.[843]

---

839 OLG Hamm, 15 W 291/93 v. 08.1993, OLGZ 1994, 415 (418 f.); OLG Karlsruhe, 11 Wx 12/01 v. 10.04.2001, FGPrax 2001, 161 (162); *Schmidt* in: Hopt/Wiedemann, AktG Großkommentar, § 241, Rn. 84; *Casper*, Die Heilung nichtiger Beschlüsse im Kapitalgesellschaftsrecht, S. 237; so bereits auch *Krieger/Lenz* in: Krieger/Lenz, Firma und Handelsregister Kommentar, § 144 FGG, Rn. 10; jedenfalls analoge Anwendbarkeit des § 398 FamFG bei inhaltlich sittenwidrigen Beschlüssen: *Schwab* in: Schmidt/Lutter, AktGKom, § 241, Rn. 38; so auch *Drescher* in: Spindler/Stilz, AktG, § 241, Rn. 237.

840 Siehe *Ehmann* in: Grigoleit, AktGKo, § 241, Rn. 24; *Englisch* in: Hölters, Aktiengesetz, § 241, Rn. 82; *Hüffer/Schäfer* in: Goette/Habersack, MüKo, AktG, § 241, Rn. 76; *Schmidt* in: Hopt/Wiedemann, AktG Großkommentar, § 241, Rn. 77, 84.

841 *Drescher* in: Spindler/Stilz, AktG, § 241, Rn. 239 ff. *Koch* in: Hüffer/Koch, AktG, § 241, Rn. 27; *Drescher* in: Henssler/Strohn, GesR, § 241, Rn. 43; *Hüffer/Schäfer* in: Goette/Habersack, MüKo, AktG, § 241, Rn. 78; *Englisch* in: Hölters, Aktiengesetz, § 241, Rn. 83; OLG Frankfurt, 20 W 58/01 v. 29.10.2001, NZG 2002, 91 (92); so bereits *Krieger/Lenz* in: Krieger/Lenz, Firma und Handelsregister Kommentar, § 144 FGG, Rn. 12; *Heinemann* in: Keidel, FamFG, § 398, Rn. 17.

842 *Schmidt* in: Hopt/Wiedemann, AktG Großkommentar, § 241, Rn. 86; ähnlich *Baums*, Eintragung und Löschung, S. 116.

843 *Heinemann* in: Keidel, FamFG, § 398, Rn. 17; *Krafka* in: Rauscher, MüKo FamFG, § 398, Rn. 9: bei gravierendem inhaltlichen Verstoß sei öffentliches Interesse an Beseitigung „indiziert“.

Gegen die zweitgenannte Meinung wird insbesondere der eindeutige Wortlaut des § 398 FamFG angeführt, der das öffentliche Interesse gesondert benennt.[844] Zudem sei das öffentliche Interesse, das in § 398 FamFG genannt ist, nicht deckungsgleich zu verstehen mit den im öffentlichen Interesse gegebenen Vorschriften des § 241 Nr. 3 AktG.[845] Die überwiegende Ansicht, die das öffentliche Interesse gesondert prüft, fordert daher zusätzlich zum Vorliegen eines Nichtigkeitsgrunds eine Güterabwägung, die zur Grundlage hat, das öffentliche Interesse an der Durchsetzung der Löschung des nichtigen Beschlusses im Einzelfall mit dem Interesse am Bestand der Eintragung abzuwägen.[846] In die Abwägung mit einzubeziehen seien insbesondere das Löschungsinteresse sowie das Bestandsschutzinteresse der Allgemeinheit, Gesellschaftsgläubiger, potenzieller Aktionäre, der Gesellschaft und deren Aktionären am eingetragenen Beschlusses – bspw. sei von Relevanz, ob der Beschluss bereits vollzogen wurde.[847] Weitere angeführte Abwägungskriterien sind u.a. der Zeitraum, seitdem der Beschluss in das Handelsregister eingetragen wurde, sowie die Prüfung, ob bereits ein schutzwürdiges Vertrauen auf den Bestand des Beschlusses geschaffen wurde.[848]

(bb) Stellungnahme

Zunächst ist im Einklang mit der h.M. anzumerken, dass der eindeutige Wortlaut des § 398 FamFG ein gewichtiges Argument ist, das gegen eine Löschung ohne gesonderte Prüfung spricht. Nichtsdestotrotz handelt es sich um ein Argument, dass durch eine Wortlautanpassung leicht zu beseitigen wäre. So schlägt *Noack* vor, die Streifrage zur Prüfung des öffentlichen Interesse zu beseitigen, indem de lege ferenda neben einer Reduktion der Inhaltsnichtigkeit ebenfalls eine Harmonisierung des § 241 Nr. 3 AktG und des § 398 FamFG derart vorgenommen wird, dass für die Löschung allein das Vorliegen der Voraussetzungen der Inhaltsnichtigkeit genügen soll.[849]

---

844 *Krafka* in: Rauscher, MüKo FamFG, § 398, Rn. 9; *Heinemann* in: Keidel, FamFG, § 398, Rn. 17; *Casper*, Die Heilung nichtiger Beschlüsse im Kapitalgesellschaftsrecht, S. 240.

845 *Drescher* in: Spindler/Stilz, AktG, § 241, Rn. 239 ff. *Casper*, Die Heilung nichtiger Beschlüsse im Kapitalgesellschaftsrecht, S. 240.

846 *Drescher* in: Spindler/Stilz, AktG, § 241, Rn. 241 f. *Schwab* in: Schmidt/Lutter, AktGKom, § 241, Rn. 40; *Casper*, Die Heilung nichtiger Beschlüsse im Kapitalgesellschaftsrecht, S. 240.

847 Siehe *Drescher* in: Spindler/Stilz, AktG, § 241, Rn. 240 ff. *Casper*, Die Heilung nichtiger Beschlüsse im Kapitalgesellschaftsrecht, S. 240 ff., 258; laut *Krafka* sollen die Belange, der bei der Beschlussfassung anwesenden Teilhaber nicht in Abwägung einfließen: *Krafka* in: Rauscher, MüKo FamFG, § 398, Rn. 9.

848 Siehe *Drescher* in: Spindler/Stilz, AktG, § 241, Rn. 241 f. siehe auch *Casper*, Die Heilung nichtiger Beschlüsse im Kapitalgesellschaftsrecht, S. 242.

849 *Noack*, FS Baums, 845 (865 f.).

Entscheidend ist mithin, ob weitere Gründe für eine zusätzliche Prüfung des öffentlichen Interesses sprechen. So lässt sich gegen den Lösungsvorschlags *Noacks* bzw. die Literaturansichten, die sich gegen eine Prüfung aussprechen, einwenden, dass diese den Zweck übersehen, den die gesonderte Prüfung des öffentlichen Interesses verfolgt. Sie dient dazu aufgrund einer umfassenden Abwägung der Interessen im konkreten Einzelfall zu beurteilen, ob, trotz des Vorliegens eines Nichtigkeitsgrunds, die Löschung nicht mehr gerechtfertigt scheint, bspw. weil das Bestandsschutzinteresse bereits so groß ist, dass es das öffentliche Interesse an einer Korrektur überwiegt.[850] Diesbezüglich ist auch das Zeitmoment nicht außer Acht zu lassen. Von Relevanz ist diese Abwägung ja gerade erst dann, wenn die Heilungsfrist von 3 Jahren seit Eintragung des Beschlusses bereits verstrichen ist, da sich bis zu diesem Zeitpunkt jedermann auf die Nichtigkeit berufen kann und daher im Zweifel ein überwiegendes öffentliches Interesse an der Richtigkeit des Handelsregisters und damit auch an der Löschung zu bejahen sein wird.[851] Nach Ablauf der Heilungsfrist hingegen ist eine Löschung nur noch von Amts wegen möglich.[852]

Ein Verzicht auf diese zusätzliche Abwägung würde dazu führen, dass das Registergericht im Fall der Feststellung der Inhaltsnichtigkeit eines eingetragenen Beschlusses – aufgrund des nach der gesellschaftlichen Lehre nicht vorhandenem Ermessens – diesen Beschluss, auch wenn er bereits vor zehn Jahren eingetragen und durchgeführt wurde und zur Grundlage weiteren Handelns gemacht wurde, als nichtig zu löschen hat. Die Rechtssicherheit, die mit der Heilung nichtiger Beschlüsse eintreten soll, wäre daher im Fall der Inhaltsnichtigkeit mithin nicht mehr gewährleistet. Eine Durchbrechung dieser Rechtssicherheit ist aber nur sachgerecht, wenn eine Inhaltsnichtigkeit des Beschlusses vorliegt und nach einer umfassenden Abwägung im Einzelfall das öffentliche Interesse an der Löschung überwiegt. Die Prüfung des öffentlichen Interesses an der Durchsetzung der Nichtigkeitsfolge ist daher gerechtfertigt.

(3) Löschungsverfahren

Das Registergericht kann entweder von Amts wegen oder auf Antrag der berufsständischen Organe i.S.v. § 380 I FamFG ein Amtslöschungsverfahren einleiten.[853] Bei der Entscheidung, ob das Registergericht ein Verfahren einzuleiten hat, handelt es sich um intendiertes Ermessen, dass pflichtgemäß derart auszuüben ist, dass, wenn die Löschungsvoraussetzungen vorliegen, das Gericht grds. handeln und das Verfahren eröffnen muss.[854] Das Verfahren selbst ist sodann durch den

850 Siehe hierzu *Drescher* in: Spindler/Stilz, AktG, § 241, Rn. 242; *Englisch* in: Hölters, Aktiengesetz, § 241, Rn. 84.
851 *Drescher* in: Spindler/Stilz, AktG, § 241, Rn. 242.
852 Siehe § 242 II S. 3 AktG.
853 § 398 FamFG i.V.m. § 395 I S. 1 FamFG.
854 So *Krafka* in: Rauscher, MüKo FamFG, § 398, Rn. 10; *Heinemann* in: Keidel, FamFG, spricht von „pflichtgemäßem Ermessen“, § 398, Rn. 20.

Amtsermittlungsgrundsatz geprägt.[855] Kommt der zuständige Registerrichter- oder Rechtspfleger[856] zu dem Schluss, dass die Löschungsvoraussetzungen vorliegen, hat er gem. § 395 II S. 1 FamFG die Beteiligten – sprich die gesetzlichen Vertreter der Gesellschaft[857] – von der beabsichtigten Löschung zu benachrichtigen und ihnen eine angemessene Widerspruchsfrist zu setzen. Wird seitens der Gesellschaft Widerspruch erhoben, entscheidet das Gericht durch Beschluss, der wiederum mit der Beschwerde angreifbar ist.[858] Wurde der Widerspruch der Beteiligten durch rechtskräftigen Beschluss zurückgewiesen oder wurde innerhalb der Frist kein Widerspruch erhoben, kann der eingetragene Beschluss durch einen Vermerk im Handelsregister als „nichtig" gelöscht werden[859] und bewirkt die rückwirkende Unwirksamkeit des Beschlusses.[860] Aktionäre, Gesellschaftsorgane sowie Gesellschaftsexterne können das Amtslöschungsverfahren gem. § 24 FamFG anregen, haben jedoch keinen Anspruch auf die Durchführung eines solchen.[861]

Liegen die Voraussetzungen für die Löschung vor, ist das Registergericht trotz der Formulierung „kann" nach überwiegender Ansicht des gesellschaftsrechtlichen Schrifttums zur Löschung verpflichtet, da das Vorliegen des öffentlichen Interesses eine reine Rechtsfrage ist, deren Bejahung zur Löschung verpflichtet.[862]

---

855 Vgl. § 26 FamFG; siehe auch *Krafka* in: Rauscher, MüKo FamFG, § 398, Rn. 10.

856 Gem. § 17 Nr. 1 e) RPflG ist funktional Richter zuständig; aber Länder können gem. § 19 I Nr. 6 RPflG Richtervorbehalt aufheben und damit Zuständigkeit des Rechtspflegers begründen; siehe hierzu *Krafka* in: Rauscher, MüKo FamFG, § 398, Rn. 11.

857 Siehe § 398 FamFG i.V.m. § 395 II S. 2 FamFG i.V.m. § 394 II S. 1 FamFG.

858 Siehe § 398 FamFG i.V.m. § 395 III FamFG i.V.m. § 393 III FamFG.

859 Siehe 398 FamFG i.V.m. § 395 III FamFG i.V.m. § 393 V FamFG; Siehe auch § 44 HRV; § 241 Nr. 6 AktG.

860 H.M., siehe *Heinemann* in: Keidel, FamFG, § 398, Rn. 28; *Schmidt* in: Hopt/Wiedemann, AktG Großkommentar, § 241, Rn. 98; *Hüffer/Schäfer* in: Goette/Habersack, MüKo, AktG, § 241, Rn. 86; *Casper*, Die Heilung nichtiger Beschlüsse im Kapitalgesellschaftsrecht, S. 244 f.; a.A. *Schlegelberger/Quassowski/Herbig/u. a.*, AktG§ 196 Anm. 5; aber teilweise wird jedenfalls für Möglichkeit der Löschung mit ex nunc Wirkung bei Löschung nach Eintritt der Heilung plädiert: *Casper*, Die Heilung nichtiger Beschlüsse im Kapitalgesellschaftsrecht, S. 245; *Schwab* in: Schmidt/Lutter, AktGKom, § 241, Rn. 36.

861 Vgl. *Koch* in: Hüffer/Koch, AktG, § 241, Rn. 28; OLG Köln, 2 Wx 62/01 v. 12.12.2001, NZG 2003, 75 (76).

862 *Drescher* in: Spindler/Stilz, AktG, § 241, Rn. 243 f. *Koch* in: Hüffer/Koch, AktG, § 241, Rn. 28; *Casper*, Die Heilung nichtiger Beschlüsse im Kapitalgesellschaftsrecht, S. 250 ff.; *Hüffer/Schäfer* in: Goette/Habersack, MüKo, AktG, § 241, Rn. 80; überwiegende Ansicht des registerrechtlichen Schrifttums nimmt pflichtgemäßes Ermessen an: *Heinemann* in: Keidel, FamFG, § 397, Rn. 17, § 398 Rn. 20; siehe hierzu auch m.w.N. *Hüffer/Schäfer* in: Goette/Habersack, MüKo, AktG, § 241, Rn. 80.

bb) Die Funktion

Der Zweck des § 398 FamFG ist die Verzahnung des materiellen Aktienrechts mit dem Amtslöschungsverfahren.[863] So soll zum einen das Handelsregister in den vom Gesetz angeführten Fällen von inhaltlich nicht zulässigen Eintragungen verschont bleiben, zum anderen soll ein öffentliches Sanktionsinteresse für den Fall des Verstoßes gegen zwingende gesetzliche Vorschriften zum Ausdruck gebracht werden.[864] In diesen Fällen sollen daher unabhängig davon, ob die durch den nichtigen Beschluss unmittelbar Betroffenen einschreiten, die durch Gesetzesverstöße zustande gekommenen Hauptversammlungs-beschlüsse nicht sanktionslos im Handelsregister Bestand haben.[865] Gleichzeitig soll § 398 FamFG jedoch auch gewährleisten, dass die Löschung eingetragener Beschlüsse nur in Ausnahmefällen zulässig ist, da die Konsequenzen der Eintragung und Durchführung von Beschlüssen nicht leicht rückgängig gemacht werden können.[866] Zudem soll die Norm den erhöhten Bestandsschutz bereits erfolgter Eintragungen offenbaren.[867] Daher ist es auch nicht die Funktion des Löschungsverfahrens, sämtliche im Handelsregister eingetragene nichtige Beschlüsse zu entfernen, sondern eben nur in solchen Fällen eine Löschung von Amts wegen zu ermöglichen, in denen die Beseitigung im öffentlichen Interesse geboten erscheint.[868]

cc) Konsistenz des Nichtigkeitsgrunds

Die Nichtigkeit aufgrund einer Amtslöschung ermöglicht es dem Registergericht unabhängig von der Geltendmachung der Nichtigkeit seitens der Aktionäre oder Dritter Beschlüsse, die unter schwerwiegenden Mängeln leiden und im öffentlichen Interesse nicht hingenommen werden können, als nichtig zu löschen. Durch die vorliegend vertretene Ansicht, dass für die Amtslöschung eine Inhaltsnichtigkeit i.S.v. § 241 Nr. 3 und 4 AktG vorliegen und die Löschung im öffentlichen Interesse gefordert sein muss, wird ein der Funktion entsprechender Ausgleich zwischen dem erhöhten Bestandsschutz eingetragener Beschlüsse sowie dem Sanktionsinteresse der Öffentlichkeit geschaffen.

Ebenso erscheint es sachgerecht, die Amtslöschung unabhängig von der Heilung der Nichtigkeit zuzulassen. Zwar beeinträchtigt diese Handhabung die Rechtssicherheit am dauerhaften Bestand des Beschlusses, da jedoch als

863 Siehe *Hüffer/Schäfer* in: Goette/Habersack, MüKo, AktG, § 241, Rn. 72; *Koch* in: Hüffer/Koch, AktG, § 241, Rn. 23.

864 *Drescher* in: Spindler/Stilz, AktG, § 241, Rn. 216; *Hüffer/Schäfer* in: Goette/Habersack, MüKo, AktG, § 241, Rn. 72; *Schmidt* in: Hopt/Wiedemann, AktG Großkommentar, § 241, Rn. 75.

865 *Drescher* in: Spindler/Stilz, AktG, § 241, Rn. 216.

866 *Heinemann* in: Keidel, FamFG, § 398, Rn. 1; Siehe auch *Krafka* in: Rauscher, MüKo FamFG, § 398, Rn. 1.

867 *Krafka* in: Rauscher, MüKo FamFG, § 398, Rn. 1.

868 *Krafka* in: Rauscher, MüKo FamFG, § 398, Rn. 1.

Löschungsvoraussetzung nur die Inhaltsnichtigkeit in Betracht kommt und zudem ein öffentliches Interesse an der Durchsetzung der Löschung bestehen muss, sind die Fallgruppen dennoch eng umgrenzt. Sollte eine Amtslöschung erfolgen, wird insbesondere die umfassende Abwägung sicherstellen, dass eine solche auch trotz Heilung tatsächlich geboten ist. Als Folge ist die Amtslöschung als notwendiges Korrektiv zur Heilung zu bewerten.[869]

Auf der Grundlage der vorliegend vertretenen Ansicht zu den Voraussetzungen der Amtslöschung ist diese Vorschrift daher ausgehend von ihrer Funktion in sich konsistent. Dennoch sollte vorliegend bereits erwähnt werden, dass man sich in der Literatur zu den Reformvorschlägen über die Ausgestaltung des Beschlussmängelrechts de lege ferenda weitgehend einig ist, dass eine Auflistung der Nichtigkeit aufgrund einer Löschung von Amts wegen innerhalb des Tatbestands der Nichtigkeit von Hauptversammlungsbeschlüssen verzichtbar sei.[870] Eine umfangreiche Darstellung erfolgt im Rahmen der Untersuchung, wie die Nichtigkeit von Hauptversammlungsbeschlüssen de lege ferenda ausgestaltet werden sollte.

dd) Ergebnis

Ausgehend von der Funktion der Vorschrift und der hier vertretenen Auffassung zu den strittigen Voraussetzungen lässt sich daher abschließend festhalten, dass dieser Nichtigkeitsgrund in sich konsistent geregelt ist.

g) Gesamtergebnis zur Konsistenz der Nichtigkeitsgründe

Die vorstehende Untersuchung der einzelnen Nichtigkeitsgründe hat aufgezeigt, dass diese vereinzelt Widersprüchlichkeiten aufweisen. So ist insbesondere die Nichtigkeit wegen Fehlern im Vorbereitungsstadium gem. § 241 Nr. 1 AktG ausgehend vom Schutzzweck, den diese Vorschrift verfolgt, sehr inkonsistent geregelt. Wie aufgezeigt, gibt es neben den in § 241 Nr. 1 AktG angeführten Fällen weitere Vorschriften, die ebenfalls das Teilnahmerecht der Aktionäre sichern wollen. Trotz der für die Aktionäre ebenfalls schwerwiegenden Konsequenzen bei einer Abweichung von diesen Normen unterliegen die Hauptversammlungsbeschlüsse in diesen Fällen jedoch nur der Anfechtbarkeit. Zudem steht die im Einzelfall verbleibende Dispositionsbefugnis der Aktionäre über die Nichtigkeit von Beschlüssen bei Fehlern im Vorbereitungsstadium im Widerspruch zum Konzept der ipso iure eintretenden Nichtigkeit.

Auch in Bezug auf die Nichtigkeit wegen Beurkundungsmängeln hat die Untersuchung Inkonsistenzen aufgezeigt. So ordnet § 241 Nr. 2 AktG bereits bei

869 So *Casper*, Die Heilung nichtiger Beschlüsse im Kapitalgesellschaftsrecht, S. 258.

870 *Fiebelkorn*, Beschlussmängelklagen, S. 381; *Koch*, Gutachten Beschlussmängelrecht, F53; auch der Vorschlag des Arbeitskreises Beschlussmängelrecht sieht die Amtslöschung nicht mehr im Rahmen des Nichtigkeitstatbestands vor, siehe § A Abs. 3 des Vorschlags, *Arbeitskreis Beschlussmängelrecht*, AG 2008, 617(617).

Bagatellmängeln die Nichtigkeitssanktion an, während gleichzeitig der Gesetzgeber und die Rechtsprechung dem Notar eine weitreichende Berichtigungsmöglichkeit selbst für nicht offensichtliche Mängel einräumen. Die Konsequenz ist, dass selbst die ursprünglich in den Verkehr gebrachte Niederschrift mithin nicht per se Rechtssicherheit auf die Unabänderlichkeit der dort niedergeschriebenen Hauptversammlungsbeschlüsse schafft. Mängel, die weder dem Notar noch dem Registergericht auffallen, werden hingegen bereits mit Eintragung geheilt.

Hingegen sind die in § 241 Nr. 3, 4 und Nr. 6 AktG geregelten Nichtigkeitsfälle jedenfalls nach der hier vertretenen Auffassung in sich konsistent geregelt. In Bezug auf § 241 Nr. 3 AktG hat insbesondere die Historie dieser Vorschrift dargelegt, dass die Wesensvariante eine eigenständige Bedeutung hat. Im Hinblick auf die Nichtigkeit wegen Inhaltssittenwidrigkeit hat eine funktionale Betrachtungsweise aufgezeigt, dass dieser Tatbestand aufgrund seiner Begrenzung auf inhaltliche Verstöße ein eng umgrenztes, aber notwendiges Korrektiv ist, um Beschlüsse zu ahnden, die gerade nicht gegen spezifische Vorschriften verstoßen, aber dennoch aus Gründen ihrer Sittenwidrigkeit nicht aufrecht erhalten werden können. Ebenso nimmt die Amtslöschung § 241 Nr. 6 AktG i.V.m. § 398 FamFG ausgehend von ihrer Funktion eine widerspruchsfreie Rechtsposition im Rahmen der Nichtigkeitsgründe ein. Durch die nach hier vertretener Meinung befürwortete Begrenzung der Fälle auf die Nichtigkeit gem. § 241 Nr. 3 und 4 AktG und die zusätzlich notwendige Prüfung des öffentlichen Interesses an der Durchsetzung der Löschung, schafft diese Norm einen ausgewogenen Ausgleich zwischen dem Sanktionsinteresse der Öffentlichkeit und dem Interesse der Gesellschaft am dauerhaften Bestand des Beschlusses. Sie dient auch nach Eintritt der Heilung als letztes Korrektiv,[871] um im öffentlichen Interesse die Wirksamkeit intolerabler Beschlüsse zu beseitigen.

2. Die Konsistenz der Nichtigkeitsgründe in der Gesamtschau

Für eine umfassende Würdigung der Reformbedürftigkeit der Nichtigkeitsgründe ist neben der funktionalen Untersuchung der einzelnen Nichtigkeitsgründe auf ihre Konsistenz zusätzlich zu eruieren, ob die Nichtigkeit eine widerspruchsfreie Position in der Gesamtschau des Beschlussmängelrechts – insbesondere im Hinblick auf die Anfechtbarkeit von Hauptversammlungsbeschlüssen – einnimmt. Neben einer Betrachtung der Nichtigkeitsgründe in ihrer Gesamtheit werden daher auch die Heilungsvorschrift und das auf die Nichtigkeitsklage anwendbare Freigabeverfahren in den Fokus der nachstehenden Untersuchung gerückt.

871 Auch *Casper* bezeichnet die Amtslöschung als Korrektiv zur Heilung, *Casper*, Die Heilung nichtiger Beschlüsse im Kapitalgesellschaftsrecht, S. 258.

a) *Schutzrichtungen der Nichtigkeitsgründe*

Betrachtet man die Nichtigkeitsgründe in ihrer Gesamtheit, fällt auf, dass die Nichtigkeitstatbestände unterschiedliche Schutzrichtungen haben:[872] Während wie aufgezeigt §§ 241 Nr. 1 AktG allein den Schutz der Aktionäre selbst bezweckt, dienen §§ 241 Nr. 2, Nr. 3, Nr. 4 und Nr. 6 AktG jedenfalls auch oder überwiegend dem Schutz öffentlicher Interessen – also insbesondere der Gläubigerinteressen.

aa) Analyse der Diskrepanz

Dass ein Verstoß gegen Verfahrensvorschriften, die allein dem Schutz der Aktionäre dienen, zur ipso iure eintretenden Nichtigkeit führen, wirkt kontraintuitiv, da den Aktionären bei Mängeln der Hauptversammlung, die nur ihre Interessen tangieren, grds. eine Dispositionsbefugnis eingeräumt wurde.[873] Die Aktionäre können bei Verstößen gegen das Gesetz oder die Satzung, die allein Aktionärsinteressen betreffen, grds. selbst entscheiden, ob sie den Beschluss dennoch gelten lassen wollen oder mittels Anfechtungsklage angreifen wollen.[874] Diese Dispositionsbefugnis hat der Gesetzgeber im Anwendungsbereich des § 241 Nr. 1 AktG durchbrochen. Der Grund hierfür ist der Intention der ipso iure eintretenden Nichtigkeit von Hauptversammlungsbeschlüssen geschuldet: Der Gesetzgeber wollte nicht nur Beschlüsse mit der Nichtigkeitsfolge sanktionieren, wenn diese in intolerabler Weise gegen die Interessen der Öffentlichkeit und nicht anfechtungsberechtigter Personen verstoßen, sondern auch den Aktionären bei Schwerstverstößen, die allein ihre Interessen tangieren, nicht die Initiativlast der Klageerhebung auferlegen.[875]

Die eigentliche Frage, die sich nun stellt, ist, ob tatsächlich die in § 241 Nr. 1 AktG genannten Mängel derart schwerwiegend sind, dass sie eine Ausnahme von diesem augenscheinlich dem Beschlussmängelrecht zugrundeliegenden Grundsatz[876] gebieten, dass den Aktionären bei einer Verletzung ihrer Interessen und Rechte eine Dispositionsbefugnis über die Nichtigkeit verbleibt. Gegen die durchgängige Einordung der in § 241 Nr. 1 AktG genannten Einberufungsmängel als Schwerstmängel liefert der Gesetzgeber selbst bereits ein belastbares Argument: Er

---

872 Siehe hierzu bereits *Fiebelkorn*, der zu dem Schluss kommt, dass die Nichtigkeitsgründe keine einheitliche Funktionen haben, sondern entweder eine institutionelle oder/auch individuelle Funktion, *Fiebelkorn*, Beschlussmängelklagen, S. 124 f.

873 *Koch*, FS 25 Jahre Notarinstitut, 491 (498).

874 Vgl. hierzu *Koch*, FS 25 Jahre Notarinstitut, 491 (498).

875 Siehe *Koch*, Gutachten Beschlussmängelrecht, F 50; *Koch*, ZHR 2018, 378 (382); *Noack*, FS Baums, 845 (862).

876 Laut *Koch* ist es der allgemeine Gedanke des Beschlussmängelrechts, dass den Aktionären bei Mängeln, die nur sie betreffen, die Dispostionsbefugnis verbleiben soll, ob sie den Mangel geltend machen wollen oder nicht: *Koch*, FS 25 Jahre Notarinstitut, 491 (498).

hat den Aktionären in bestimmten Fällen eine Dispositionsbefugnis über die eigentlich ex lege eintretende Nichtigkeit eingeräumt.[877] So sind grds. Verstöße gegen § 121 AktG gem. § 121 VI AktG folgenlos, wenn alle Aktionäre erschienen oder vertreten sind und kein Aktionär der Beschlussfassung widerspricht. Bei der Ladung mittels eingeschriebenem Brief ist es dem nichtgeladenen Aktionäre zudem möglich, die Beschlussfassung zu genehmigen und damit zu verhindern, dass die Nichtigkeit des Beschlusses noch geltend gemacht werden kann.[878] Als Konsequenz dieser Dispositionsbefugnis haben daher *Noack* und *Fiebelkorn* bereits zutreffend geschlussfolgert, dass der Gesetzgeber eben nicht jeden Verstoß gegen § 241 Nr. 1 AktG als so schwerwiegend einstufte, dass die Nichtigkeitsfolge stets gerechtfertigt sei.[879]

Zu eruieren bleibt mithin, welcher Einberufungsmangel dennoch so schwerwiegend für die Aktionäre ist, dass den Aktionären nicht die Bürde der Anfechtung auferlegt werden kann. In diesem Kontext wird in der Literatur zumeist die „Geheimversammlung" angeführt.[880] Gemeint ist hiermit die vorsätzliche oder auch versehentliche Nichtladung des Aktionärs zur Hauptversammlung.[881] Bei Eintritt dieses Extremfalls kann tatsächlich nicht ernsthaft in Zweifel gezogen werden, dass der ausgeschlossene Aktionär die ohne ihn gefassten Hauptversammlungsbeschlüsse nicht gegen sich gelten lassen muss. Der Mangel hat insbesondere bei kleineren Aktiengesellschaften schwerwiegende Konsequenzen für den Aktionär und muss daher sanktioniert werden. Das derzeitige Konzept der Anfechtungsklage, welche für die Klageerhebung an eine einmonatige Frist ab Beschlussfassung anknüpft, würde jedenfalls bei Geheimversammlungen zu wenig Schutz bieten.[882]

Mithin lässt sich feststellen, dass zwar eine Disharmonie in Bezug auf die Schutzrichtungen der Nichtigkeitsgründe besteht, diese de lege lata allerdings ihre Rechtfertigung jedenfalls noch in den andernfalls unzureichenden Schutzinstrumenten der Aktionäre bei Geheimversammlungen findet.

bb) Ergebnis

Im Ergebnis ist daher festzuhalten, dass § 241 AktG bereits im Hinblick auf die unterschiedlichen Schutzrichtungen der Nichtigkeitstatbestände kein einheitliches

---

877 So bereits *Fiebelkorn*, Beschlussmängelklagen, S. 376; *Noack*, FS Baums, 845 (861 f.).

878 Siehe § 242 II S. 4 AktG.

879 So bereits *Fiebelkorn*, Beschlussmängelklagen, S. 376; *Noack*, FS Baums, 845 (861 f.).

880 *Arbeitskreis Beschlussmängelrecht*, AG 2008, 617 (620); *Koch*, Gutachten Beschlussmängelrecht, F 51; *Fiebelkorn*, Beschlussmängelklagen, S. 377; *Bayer/Fiebelkorn*, ZIP 2012, 2181 (2190).

881 *Koch* definiert die Geheimversammlung als eine Versammlung, von der der Aktionär nichts erfährt; *Koch*, Gutachten Beschlussmängelrecht, F 51.

882 Siehe hierzu bereits *Fiebelkorn*, Beschlussmängelklagen, S. 377 f.; *Koch*, Gutachten Beschlussmängelrecht, F 51.

Konzept verfolgt.[883] So dient § 241 Nr. 1 AktG allein dem Schutz der Aktionäre, während die übrigen Nichtigkeitsgründe[884] jedenfalls auch dem Schutz der Öffentlichkeit und den Gläubigerinteressen dienen. Begründet liegt dies, wie aufgezeigt, darin, dass ein ausreichender Schutz der Aktionäre jedenfalls im Extremfall der Nichtladung nicht durch das derzeitige Konzept der Anfechtungsklage, sichergestellt werden kann. Dennoch ist fragwürdig, ob ein solcher Sonderfall es rechtfertigt, die Einberufungsmängel per se der ipso iure eintretenden Nichtigkeit zuzuweisen.[885] Im Rahmen des Kapitels über die Ausgestaltung der Nichtigkeitsgründe de lege ferenda ist daher zu eruieren, welche alternativen Gestaltungsmöglichkeiten es im Rahmen des Beschlussmängelrechts gibt, um diesen Widerspruch im Rahmen der Schutzrichtungen der Nichtigkeitsgründe zu beheben.

b) Heilungsmöglichkeiten

aa) Voraussetzungen und Funktion

Wie bereits aufgezeigt, ist die sich auf die § 241 Nr. 1 – 4 AktG stützende ipso iure eintretende Nichtigkeit eines eingetragenen Hauptversammlungsbeschlusses heilbar. Voraussetzung für die Heilung ist entweder (nur) die Eintragung des Beschlusses ins Handelsregister oder ein zusätzlicher Zeitablauf.[886] Der Gesetzgeber sah in dieser Heilungsmöglichkeit einen angemessenen Ausgleich zwischen den Interessen der Gesellschaft und dem öffentlichen Interesse.[887] So habe die Gesellschaft grds. davon ausgehen können, dass mit Eintragung (und ggf. zusätzlichem Fristablauf) der Hauptversammlungsbeschluss Bestand haben würde.[888] Auf der anderen Seite böte die Möglichkeit der Nichtigkeit aufgrund eines Löschungsverfahrens von Amts wegen gem. § 144 II FGG (§ 398 FamFG n.F.) dem Registerrichter unbefristet immer noch die Möglichkeit, bereits eingetragene Hauptversammlungsbeschlüsse für nichtig zu erklären und zu löschen, wenn dies im öffentliche Interesse notwendig sei.[889]

Der Zweck der Heilungsvorschrift ist es, im Interesse der Aktiengesellschaft als auch im Interesse des Rechtsverkehrs Rechtssicherheit in Bezug auf den künftigen

883 Auch *Fiebelkorn* kommt zu dem Ergebnis, dass die Uneinheitlichkeit der Nichtigkeitsgründe bezüglich ihrer Funktion inkonsequent wirkt, *Fiebelkorn*, Beschlussmängelklagen, S. 124 f.

884 Mit Ausnahme der Nichtigkeit aufgrund eines rechtskräftigen Anfechtungsurteils, § 241 Nr. 5 AktG.

885 So bereits *Fiebelkorn*, Beschlussmängelklagen, S. 377.

886 Vgl. § 242 I, II S. 1 AktG.

887 Vgl. Begr. zu §§ 195, 196 AktG 1937, abgedr. bei *Klausing*, AktG 1937, S. 174 f.

888 Siehe Begr. zu §§ 195, 196 AktG 1937, abgedr. bei *Klausing*, AktG 1937, S. 174 f.

889 Siehe Begr. zu §§ 195, 196 AktG 1937, abgedr. bei *Klausing*, AktG 1937, S. 174 f.

Bestand der eingetragenen Beschlüsse zu schaffen.[890] Gleichzeitig bezweckt die Heilung auch die Rechtsklarheit und die Rechtsbefriedigung.[891] Zugunsten der Rechtssicherheit muss daher durch die Heilung der Nichtigkeit die Einzelfallgerechtigkeit auch mal zurücktreten.[892]

bb) Daseinsberechtigung der Heilung

Bevor die konkrete Ausgestaltung des Heilungstatbestandes einer kritischen Bewertung unterzogen wird, gilt es zunächst zu eruieren, ob die Möglichkeit der Heilung nichtiger Beschlüsse an sich – funktional betrachtet – eine widerspruchsfreie Position im Beschlussmängelrecht einnimmt. So wirkt es auf den ersten Blick sehr widersprüchlich, dass der Gesetzgeber die in § 241 AktG genannten Mängel mit der strengen ipso iure eintretenden Nichtigkeitsfolge ahndet, gleichzeitig jedoch diese ipso iure eintretende Nichtigkeit unter den Voraussetzungen des § 242 AktG einer Heilung zugänglich macht, die den Aktionären und Gesellschaftsexternen eine Berufung auf die Nichtigkeit[893] verwehrt.[894] So wird insbesondere bei inhaltlichen Verstößen angeprangert, dass die Eintragung des Beschlusses und der Fristablauf die Nichtigkeit heilt und somit – sofern nicht das Registergericht eingreift – „selbst Schwerstmängel dauerhaft perpetuiert“[895] werden können.[896]

(1) Funktionale Bewertung der Heilung nichtiger Beschlüsse

Dennoch sollte nicht vorschnell geurteilt, sondern die Heilung der Nichtigkeit im Kontext ihrer Funktion beleuchtet werden. Wie aufgezeigt, verfolgt die Heilung den Zweck, Rechtsklarheit, Rechtssicherheit und Rechtsbefriedigung zu schaffen. Ohne die Heilung könnte die Nichtigkeit von nichtigen, eintragungsbedürftigen Beschlüssen unbegrenzt geltend gemacht werden und würde daher erhebliche Rechtsunsicherheit für die Gesellschaft, die Aktionäre und den Rechtsverkehr mit sich bringen. Die Unsicherheit über den Bestand des Beschlusses würde wie ein *Damoklesschwert* dauerhaft über den Beschlüssen schweben. Dennoch ist auch der

---

890 Siehe *Hüffer/Schäfer* in: Goette/Habersack, MüKo, AktG, § 242, Rn. 2; BGH, II ZR 73/99 v. 19.06.2000, NJW 2000, 2819 (2820); *Casper* in: Spindler/Stilz, AktG, § 242, Rn. 4.

891 *Casper* in: Spindler/Stilz, AktG, § 242, Rn. 4.

892 *Casper* in: Spindler/Stilz, AktG, § 242, Rn. 4.

893 Siehe zum Meinungsstreit, ob die Heilung allein die Berufung auf die Nichtigkeit ausschließt oder den Beschluss gültig macht: *Hüffer/Schäfer* in: Goette/Habersack, MüKo, AktG, § 242, Rn. 3; umfassend hierzu auch: *Casper*, Die Heilung nichtiger Beschlüsse im Kapitalgesellschaftsrecht, S. 140 ff.

894 Kritisch ggü. der Heilung von Inhaltsmängeln: *Koch*, Gutachten Beschlussmängelrecht, S. F 54; *Noack*, FS Baums, 845 (865); *Ehmann* in: Grigoleit, AktGKo, § 242, Rn. 1.

895 *Koch*, Gutachten Beschlussmängelrecht, F 54.

896 *Koch*, Gutachten Beschlussmängelrecht, S. F 54; siehe auch *Noack*, FS Baums, 845 (865); *Ehmann* in: Grigoleit, AktGKo, § 242, Rn. 1.

Preis, den man für diese Rechtssicherheit zahlt, nicht außer Acht zu lassen: So tritt – wie bereits erwähnt – durch die Heilung zugunsten der Rechtssicherheit die Einzelfallgerechtigkeit ggf. auch mal zurück.[897] Diesbezüglich ist jedoch zu bedenken, dass es durch die Möglichkeit der Löschung von Amts wegen ein letztes Korrektiv gibt, um im Einzelfall nichtige „geheilte" Beschlüsse dennoch zu beseitigen.[898] So hat der Registerrichter Beschlüsse, die durch ihren Inhalt zwingende gesetzliche Vorschriften verletzen und deren Beseitigung im öffentlichen Interesse erforderlich erscheint, auch nach Eintritt der Heilung noch zu löschen.[899] Zwar kann die Löschung von Aktionären, Gesellschaftsorganen und Dritten nicht eingeklagt, aber jedenfalls angeregt werden[900] und wird wohl gerade bei schwerwiegenden inhaltlichen Verstößen auch erfolgsversprechend sein. Im Kontext der fortbestehenden Möglichkeit der Amtslöschung bei Inhaltsmängeln lässt sich natürlich als Gegenargument wiederum einwenden, dass die Rechtssicherheit, die die Heilung schaffen soll, hierdurch abgeschwächt wird. Es ist jedoch davon auszugehen, dass aufgrund der im Rahmen des öffentlichen Interesses vorgenommenen Abwägung eine Löschung nur dann vorgenommen werden wird, wenn der Mangel tatsächlich so schwerwiegend ist, dass das Sanktionsinteresse das Interesse am dauerhaften Bestand des Beschlusses überwiegt. In diesen Fällen wird daher eine Durchbrechung der Rechtssicherheit auch sachgerecht sein.

(2) Ergebnis

Die Heilung der Nichtigkeit per se hat daher ausgehend von ihrer Funktion eine Daseinsberechtigung im Beschlussmängelrecht.[901] Sie verhindert, dass

---

897 *Casper* in: Spindler/Stilz, AktG, § 242, Rn. 4; *Casper*, Die Heilung nichtiger Beschlüsse im Kapitalgesellschaftsrecht, S. 77.

898 Laut *Casper* sei „die Amtslöschung als Korrektiv für die im Einzelfall zu weitgeratene Heilungsmöglichkeit nach § 242 I S. 1 AktG gedacht (...)": *Casper* in: Spindler/Stilz, AktG, § 242, Rn. 4,; siehe auch *Casper*, Die Heilung nichtiger Beschlüsse im Kapitalgesellschaftsrecht, S. 258.

899 Vgl. § 398 FamFG, § 242 II S. 3 AktG; siehe zum Meinungsstreit, ob dem Registergericht ein Ermessen in Bezug auf die Löschung bei Vorliegen der Voraussetzungen des § 398 FamFG zukommt → Fn. 862.

900 OLG Köln, 2 Wx 62/01 v. 12.12.2001, NZG 2003, 75 (76); *Ehmann* in: Grigoleit, AktGKo, § 241, Rn. 25; *Schmidt* in: Hopt/Wiedemann, AktG Großkommentar, § 241, Rn. 91.

901 Auch der Arbeitskreis Beschlussmängelrecht hält selbst bei einer engeren Neufassung der Nichtigkeitsgründe de lege ferenda eine Heilungsmöglichkeit weiterhin für notwendig: *Arbeitskreis Beschlussmängelrecht*, AG 2008, 617 (620 f.); *Fiebelkorn* hält ebenfalls an einer Heilungsmöglichkeit für die nach seinem Vorschlag verbleibende Inhaltsnichtigkeit fest: *Fiebelkorn*, Beschlussmängelklagen, S. 392, 376; *Koch* spricht sich bei einer Neufassung der Nichtigkeitsgründe gegen eine Heilungsmöglichkeit für Inhaltsmängel aus; bei (reduzierten) zur Nichtigkeit führenden Verfahrensmängeln sollte seiner Ansicht nach weiterhin eine Heilung durch Eintragung

dauerhaft Rechtsunsicherheit über den zukünftigen Bestand eingetragener Beschlüsse herrscht. Zugleich ermöglicht die fortbestehende Möglichkeit der Amtslöschung eine angemessene Durchbrechung der durch die Heilung geschaffenen Rechtssicherheit im Einzelfall. Dies festgestellt, gilt es nachstehend zu untersuchen, ob die konkreten Voraussetzungen der Heilung gerechtfertigt und frei von Widersprüchen sind.

cc) Unterscheidung zwischen eingetragenen und nicht eintragungsfähigen Beschlüssen

(1) Grundsätzliches

Grundvoraussetzung der Heilung nichtiger Beschlüsse gem. § 242 AktG ist, dass es sich um eingetragene Beschlüsse handeln muss. Im Fall von nicht eintragungspflichtigen, i.d.R. weniger bedeutsamen Beschlüssen kann daher die Nichtigkeit zeitlich unbeschränkt geltend gemacht werden.[902] Einzige Ausnahme sind die in § 253 I S. 2 AktG und § 256 VI AktG normierten Fälle und der Sonderfall, dass bei Einladung mittels eingeschriebenem Brief der nichtgeladene Aktionär gem. § 242 II S. 4 AktG den allein an diesem Mangel leidenden Hauptversammlungsbeschluss genehmigt.[903] Eintragungsbedürftige Beschlüsse, die mithin der Heilungsmöglichkeit unterliegen, sind bspw. Satzungsänderungen[904], Satzungsmängel[905], Beschlüsse über Kapitalmaßnahmen[906], die Auflösung oder Fortsetzung der Gesellschaft[907], sowie die Zustimmung zu einem Unternehmensvertrag[908].[909]

Wie bereits im Rahmen der Historie zu den Nichtigkeitsgründen dargelegt, stellte die sachliche Begrenzung der Nichtigkeitsfälle unter gleichzeitiger Einführung der Heilungsmöglichkeit für eintragungsbedürftige Beschlüsse einen Kompromiss zu den Alternativen der zeitlich dauerhaften Nichtigkeit oder der Begrenzung der Nichtigkeitsklage durch eine zeitliche Frist dar.[910] Der Gesetzgeber

---

möglich sein: *Koch*, Gutachten Beschlussmängelrecht, F 53 f; *Noack* plädiert dafür die Heilung jedenfalls bei Verfahrensmängeln durch HR-Eintragung zuzulassen, bei Inhaltsmängel spricht er sich ebenfalls gegen Heilungsmöglichkeit aus *Noack*, FS Baums, 845 (865). Hierzu noch ausführlich → E. III. 3. a).

902 *Casper* in: Spindler/Stilz, AktG, § 242, Rn. 4.

903 *Casper* in: Spindler/Stilz, AktG, § 242, Rn. 1, Rn. 3.

904 Vgl. § 181 III AktG.

905 Siehe § 276 AktG.

906 Vgl. hierzu §§ 184, 195, 202 Abs. 2 S. 1, 207 Abs. 2 S. 1, 223, 229 Abs. 3, 237 Abs. 4 S. 5 AktG.

907 Siehe §§ 263 S. 1, 274 IV AktG.

908 Vgl. § 293 I, II AktG.

909 Vgl. hierzu *Hüffer/Schäfer* in: Goette/Habersack, MüKo, AktG, § 241, Rn. 75.

910 Vgl. Begr. zu §§ 195 – 202 AktG 1937, abgedr. bei *Klausing*, AktG 1937, S. 172 ff.

sah in dieser Heilungsmöglichkeit einen angemessenen Ausgleich zwischen den Interessen der Gesellschaft und dem öffentlichen Interesse.[911]

(2) Funktionale Bewertung der Ungleichbehandlung

Auf den ersten Blick wirkt es widersprüchlich, dass der Gesetzgeber die Heilung nichtiger Beschlüsse allein in Bezug auf eingetragene Beschlüsse zulässt.[912] Ausgehend von der Funktion der Heilung erscheint diese Differenzierung nicht befriedigend. So wirkt es eigentümlich, dass nicht eintragungspflichtige und damit i.d.R. weniger bedeutsame Beschlüsse[913] endlos mit der Nichtigkeit behaftet sein sollten, während für die Gesellschaft wichtige Beschlüsse dies nicht sind.[914] So lässt sich wohl kaum bezweifeln, dass es im Grundsatz auch bei nicht eintragungsbedürftigen Beschlüssen ein Bedürfnis nach Rechtssicherheit in Bezug auf den Bestand des Beschlusses gibt. Vom Aspekt der Rechtssicherheit und dem Rechtsfrieden aus betrachtet, scheint diese Rechtsfolge daher nicht angebracht.

Sollte man daher in Erwägung ziehen, die Möglichkeit der Heilung der Nichtigkeit auch auf nicht eintragungsbedürftige Beschlüsse auszuweiten, erweist es sich zunächst als problematisch, dass bei nicht eintragungsbedürftigen Beschlüssen naturgemäß der Bezugspunkt der Heilung schwieriger zu bestimmen ist, da diese Beschlüsse ja eben nicht eingetragen werden. Dennoch gibt es auch bei nicht eintragungsbedürftigen Beschlüssen Fixpunkte, an die der Lauf der Heilungsfrist geknüpft werden könnte. So hat der *Arbeitskreis Beschlussmängelrecht* vorgeschlagen, bei nicht eintragungsbedürftigen Beschlüssen den Lauf einer dreijährigen Heilungsfrist an den Zeitpunkt der Beschlussfassung zu knüpfen.[915]

(3) Ergebnis

Als vorläufiges Ergebnis lässt sich daher festhalten, dass allein ausgehend von der Funktion der Heilungsvorschrift eine Einbeziehung der nicht eintragungsbedürftigen Beschlüsse gerechtfertigt wäre und es auch Möglichkeiten gäbe, den Lauf der Heilungsfrist an einen bestimmbaren Zeitpunkt zu knüpfen. Dennoch ist bezüglich dieser Feststellung zu beachten, dass diese allein auf der Funktion der Heilung basiert. Die Frage, ob die Heilungsmöglichkeit de lege ferenda auch auf nicht

---

911 Vgl. Begr. zu §§ 195 – 196 AktG 1937, abgedr. bei *Klausing*, AktG 1937, S. 175.

912 Vgl. hierzu auch *Casper* in: Spindler/Stilz, AktG, § 242, Rn. 1, der dies ebenfalls als „auf den ersten Blick" „überraschend" bezeichnet; Vgl. auch *Ehmann* in: Grigoleit, AktGKo, § 242 Rn. 1, der die Möglichkeit der Anprangerung formaler Mängel bei nicht eintragungsbedürftigen Beschlüssen über drei Jahre hinaus als „schwer verständlich" ansieht.

913 *Ehmann* in: Grigoleit, AktGKo, § 242, Rn. 1.

914 Auch der *Arbeitskreis Beschlussmängelrecht* plädiert dafür, dass nicht eintragungsbedürftige Beschlüsse nicht unbegrenzt der Gefahr der Unwirksamkeit ausgeliefert sein sollten; siehe *Arbeitskreis Beschlussmängelrecht*, AG 2008, 617 (621).

915 *Arbeitskreis Beschlussmängelrecht*, AG 2008, 617 (618, 621).

eintragungsbedürftige Beschlüsse erweitert werden sollte, bedarf einer umfassenderen Bewertung, die im Rahmen des Kapitels über die Ausgestaltung der Nichtigkeit de lege ferenda vorgenommen wird.[916]

dd) Unterschiedliche Heilungsanforderungen

(1) Grundsätzliches

Ein weiterer im Rahmen der Heilung der Nichtigkeit auffallender Aspekt, der bereits im Kontext der Untersuchung der einzelnen Nichtigkeitsgründe angesprochen wurde, ist, dass die Heilungsvoraussetzungen für die Nichtigkeitsfälle des § 241 AktG nicht identisch sind. Während es bei den Nichtigkeitsgründen gem. § 241 Nr. 1, 3 und 4 AktG für die Heilung der Eintragung des Beschlusses und zusätzlich eines Fristablaufes bedarf[917], reicht bei Vorliegen eines zur Nichtigkeit führenden Beurkundungsmangels gem. § 241 Nr. 2 AktG bereits die Eintragung des Beschlusses in das Handelsregister aus[918].

Der Grund für diese erleichterten Heilungsanforderungen im Rahmen von Beurkundungsmängeln liegt laut *Koch* in der Absicherung der nach außen wirkenden Rechtssicherheitsfunktion.[919] So wird durch die Eintragung des Beschlusses in das Handelsregister für den Rechtsverkehr publiziert, was „ künftig als Willensäußerung der Hauptversammlung anzusehen ist" und diesbezüglich Rechtssicherheit geschaffen.[920] Die primär die Aktionäre schützende Legitimationsfunktion der Beurkundung tritt hinter diesem Interesse zurück.[921] Zwar wird das Registergericht bei offensichtlichen Mängeln die Eintragung ablehnen, jedoch wird es insbesondere nicht offensichtliche i.e. inhaltliche Mängel schwieriger erkennen können.[922]

Zöllner begründete die Heilung durch bloße Eintragung damit, dass der Grundgedanke des § 242 I AktG sei, „daß die Verlautbarung eines Beschlusses im HReg. die fehlende oder mangelhafte notarielle Verlautbarung voll zu ersetzen vermag."[923]

(2) Bewertung

Letztere Begründung für die Heilung von Beurkundungsmängeln durch Eintragung kann nicht überzeugen.[924] Wie *Casper* zutreffend anführt, stellt die

---

916 Hierzu noch ausführlich → E. III. 3. a).
917 Siehe § 242 II S. 1 AktG.
918 Siehe § 241 I AktG.
919 *Koch*, FS 25 Jahre Notarinstitut, 491 (497 f.).
920 *Koch*, FS 25 Jahre Notarinstitut, 491 (497).
921 *Koch*, FS 25 Jahre Notarinstitut, 491 (497 f.).
922 Siehe hierzu *Koch*, FS 25 Jahre Notarinstitut, 491 (497).
923 *Zöllner* in: Zöllner, KK 1. Auflage, § 242, Rn. 3.
924 So auch *Casper*, Die Heilung nichtiger Beschlüsse im Kapitalgesellschaftsrecht, S. 70 f.

Überprüfung des Beschlusses durch den Registerrichter sowie die anschließende Handelsregistereintragung keinen adäquaten Ersatz für die Beratungs- und Kontrollfunktion des Notars dar.[925] Fällt dem Registerrichter der Mangel nicht auf, wird der Beschluss entsprechend seiner fehlerhaften Beurkundung ins Handelsregister eingetragen und die Nichtigkeit damit zugleich geheilt, so dass nach *Casper* auch kaum von der Erfüllung eines Formzwecks gesprochen werden könne.[926]

Letztlich lässt sich als Argument für die Heilung von Beurkundungsmängeln durch Eintragung – wie generell für die Heilung – allein die bereits von *Koch* angesprochene Schaffung von Rechtssicherheit anführen. Auch *Casper* kommt zu dem Schluss, dass „als einheitlicher Erklärungsansatz für die Heilung lediglich der Aspekt der Rechtssicherheit oder die Feststellung, daß den Heilungsvorschriften kein einheitlicher Regelungsgrund zugrundeliegt <bleibt>" herangezogen werden könne.[927] Letztlich identifiziert er aber auch den Aspekt der Rechtssicherheit als gesetzgeberisches Leitmotiv für die Heilung der Nichtigkeit.[928] Unabhängig davon, ob man eine Heilung von Beurkundungsmängeln bereits durch Eintragung befürwortet, lässt sich aus dem Aspekt der Rechtssicherheit jedoch nicht unmittelbar schlussfolgern, warum die anderen Nichtigkeitsfälle strengeren Heilungsanforderungen unterliegen. Das Bedürfnis nach Rechtssicherheit – i.e. dass einmal eingetragene Beschlüsse auch bestandskräftig bleiben – ist in den anderen Nichtigkeitsfällen auch gegeben und dennoch bedarf es in diesen Fällen zur Heilung des Beschlusses zusätzlich des Ablaufs einer dreijährigen Frist ab Eintragung.

Bei näherer Betrachtung der Nichtigkeitsgründe erkennt man dennoch einen wesentlichen Unterschied zwischen dem Beurkundungsmangel und den inhaltlichen Mängeln, die zur Nichtigkeit führen. Die Heilung eines nicht ordnungsgemäß dokumentierten Hauptversammlungsbeschlusses tangiert zunächst primär Aktionärsinteressen, da diese nun zum einen ggf. schwieriger beweisen können, dass der Versammlungsleiter einen Fehler gemacht hat, zum anderen könnte es passieren, dass etwas als beschlossen eingetragen wird, was die Hauptversammlung in Wahrheit gar nicht beschlossen hat. Der Rechtsverkehr, der ja ebenfalls durch § 241 Nr. 2 AktG geschützt werden soll, ist hingegen durch die Heilung befriedigt, denn es herrscht Rechtssicherheit über das, was als beschlossen gilt. Durch die Nichtigkeitsanordnung in Bezug auf Beschlüsse, die inhaltlich gegen die guten Sitten oder zwingende – insbesondere gläubigerschützende – Vorschriften verstoßen, werden hingegen primär außenstehende Dritte geschützt. Eine Heilung bereits durch Eintragung zuzulassen würde in diesen Konstellationen die Zeitspanne zur Geltendmachung der Nichtigkeit zu stark limitieren, da die Aktionäre sowie gesellschaftsexterne Personen zunächst die Chance haben muss, die Nichtigkeit der

---

925 *Casper*, Die Heilung nichtiger Beschlüsse im Kapitalgesellschaftsrecht, S. 71.
926 *Casper*, Die Heilung nichtiger Beschlüsse im Kapitalgesellschaftsrecht, S. 71.
927 *Casper*, Die Heilung nichtiger Beschlüsse im Kapitalgesellschaftsrecht, S. 71.
928 *Casper*, Die Heilung nichtiger Beschlüsse im Kapitalgesellschaftsrecht, S. 75 f.

Beschlüsse zu erkennen und sich auf diese zu berufen. Somit muss in diesen Fällen das Bedürfnis nach Rechtssicherheit hinter dem Schutz Dritter zurücktreten.

Eines zusätzlichen Fristablaufes bedarf es jedoch auch für die Heilung der Nichtigkeit aufgrund eines Einberufungsmangels, obwohl § 241 Nr. 1 AktG allein den Schutz von Aktionärsinteressen bezweckt. Ein Bedürfnis für diesen zusätzlichen Zeitablauf ist allein damit zu begründen, dass der Aktionär, der aufgrund der fehlerhaften Einladung keine ausreichende Kenntnis über das Stattfinden und / oder Datum und Ort der Hauptversammlung hatte, ausreichend Zeit haben muss, die Nichtigkeit des Beschlusses geltend machen zu können. Die verschärften Heilungsanforderungen dienen mithin allein Aktionärsinteressen, die in diesem Fall vom Gesetzgeber augenscheinlich als vorrangig gegenüber dem Bedürfnis des Rechtsverkehrs nach „früher" Rechtssicherheit über den Bestand des Beschlusses bewertet wurden. In diesem Punkt liegt jedoch die wenig nachvollziehbare Diskrepanz zwischen den Heilungsanforderungen der zur Nichtigkeit führenden Verfahrensmängel begründet. So hat der historische Gesetzgeber im Rahmen der Heilung von Beurkundungsmängeln augenscheinlich dem Interesse des Rechtsverkehrs an Rechtssicherheit Vorrang vor den Aktionärsinteressen eingeräumt,[929] während bei den Einberufungsmängeln gerade der umgekehrte Fall gegeben ist. Dennoch hat in beiden Fällen eine Heilung ausschließlich negative Auswirkungen auf die Aktionärsinteressen. Auch *Casper* führt an, dass eine Heilung formnichtiger Beschlüsse durch Eintragung ohne zusätzlichen Zeitablauf „nicht zwingend im Interesse der Rechtssicherheit geboten, vom Gesetzgeber jedoch als praktisch erachtet worden" sei.[930] Allein gestützt auf Rechtssicherheitserwägungen können die unterschiedlichen Heilungsanforderungen an Verfahrensmängel mithin nicht gerechtfertigt werden. Letztlich könnte noch ein anderer Erklärungsansatz in der Tatsache zu finden sein, dass von den zur Nichtigkeit führenden Beurkundungsmängeln auch rein formale Bagatellmängel erfasst sind. Diesbezüglich ist jedoch zu bedenken, dass auf der anderen Seite ja auch für die Aktionärsinteressen schwerwiegende inhaltliche Beurkundungsmängel bereits mit Eintragung geheilt werden. Zudem können auch Bagatellmängel nicht rechtfertigen, dass überhaupt kein zusätzlicher Fristablauf notwendig ist. Denn selbst wenn diese Bagatellmängel der Anfechtbarkeit zugewiesen worden wären, müsste jedenfalls eine Anfechtungsfrist von einem Monat ab Beschlussfassung ablaufen bis die Fehlerhaftigkeit von den Aktionären und anfechtungsberechtigten Organen nicht mehr geltend gemacht werden könnte.

(3) Ergebnis

Die strengeren Heilungsanforderungen an eine Beschlussnichtigkeit wegen inhaltlicher Mängel finden ihre Erklärung in dem angemessenen Schutz außenstehender

929 So im Ergebnis *Koch*, FS 25 Jahre Notarinstitut, 491 (497, 498).
930 *Casper*, Die Heilung nichtiger Beschlüsse im Kapitalgesellschaftsrecht, S. 75 f.

Dritter, die ausreichend Zeit haben müssen, die Nichtigkeit geltend zu machen. Schwieriger zu rechtfertigen ist hingegen der Umstand, dass die Heilungsvoraussetzungen in Bezug auf die zur Nichtigkeit führenden Verfahrensmängel keinen einheitlichen Ansatz verfolgen. Allein Rechtssicherheitserwägungen sowie die Tatsache, dass § 241 Nr. 2 AktG auch Bagatellmängel mit der Nichtigkeit ahndet, vermögen jedenfalls nicht hinreichend erklären, warum es bei Beurkundungsmängeln überhaupt keines zusätzlichen Fristablaufs ab Eintragung bedarf, während bei Einberufungsmängeln sogar drei Jahre ab Eintragung vergehen müssen.

ee) Ergebnis

Die Heilungsmöglichkeit nichtiger Beschlüsse an sich hat nach hier vertretener Auffassung weiterhin eine Daseinsberechtigung im Beschlussmängelrecht, da sie verhindert, dass die Nichtigkeit des Beschlusses wie ein *Damoklesschwert* dauerhaft über den Beschlüssen schwebt. Sie schafft für den Rechtsverkehr, die Aktionäre und die Gesellschaft ein notwendiges Maß an Rechtssicherheit. Die Möglichkeit der Amtslöschung trotz Heilung bei Beschlüssen, die gegen § 241 Nr. 3 oder 4 AktG verstoßen, ist ein notwendiges, aber auch ausreichendes Korrektiv, um Unbilligkeiten im Einzelfall auszuräumen.

Dennoch hat die Analyse und Bewertung der konkreten Heilungsanforderungen aufgezeigt, dass auch die Heilungsmöglichkeit nichtiger Beschlüsse gem. § 242 AktG nicht frei von Widersprüchen ist. So scheint es zum einen – ausgehend von der Funktion der Heilung der Nichtigkeit – nicht sachgerecht, die Heilung auf eingetragene Beschlüsse zu begrenzen. Zum anderen ist es unstimmig, dass Beurkundungsmängel bereits mit Eintragung ohne jeglichen Fristablauf heilen, während nach der Eintragung von Einberufungsmängeln sogar zusätzlich drei Jahre vergehen müssen. Ob diese Feststellungen, die ausgehend von der Funktion der Heilung getroffen wurden, de lege ferenda eine Modifikation der Heilungsvorschrift rechtfertigen, wird noch umfassend im Rahmen des Kapitels betreffend die künftige Ausgestaltung der Nichtigkeit von Hauptversammlungsbeschlüssen eruiert.[931]

c) Freigabeverfahren

aa) Grundsätzliches

Im Rahmen der UMAG Reform wurde das Freigabeverfahren gem. § 246a AktG normiert und im Rahmen der ARUG Reform noch weiter ausgebaut.[932] Sinn und Zweck dieser Vorschrift ist es, das Erpressungspotenzial räuberischer Aktionäre einzudämmen, indem man der Gesellschaft die Möglichkeit bietet, auf Antrag feststellen zu lassen, dass Mängel des Beschlusses der Eintragung des Beschlusses nicht

---

931 Siehe hierzu → E. III. 3. a).
932 Ausführlich hierzu → C. III. 4. und 5.

entgegenstehen.[933] Im Ergebnis kann auf diese Weise die faktische Registersperre überwunden und für die Gesellschaft wichtige Beschlüsse – wie etwa eine Kapitalerhöhung – trotz vorhandener Beschlussfehler eingetragen und durchgeführt werden.[934] Für die Freigabe kommt es hierbei nicht darauf an, ob per se ein Nichtigkeitstatbestand erfüllt ist, sondern vielmehr darauf, ob neben der offensichtlichen Unzulässigkeit oder Unbegründetheit der Klage das Mindestquorum erfüllt ist oder aber das alsbaldige Wirksamwerden des Beschlusses vorrangig erscheint, weil die Nachteile der Gesellschaft die Nachteile des Klägers überwiegen.[935] Eine Ausnahme hiervon stellt der *besonders* schwere Rechtsverstoß dar.[936]

Nun könnte man annehmen, dass bei Vorliegen eines Nichtigkeitsgrundes gem. § 241 AktG immer eine besondere Schwere des Rechtsverstoßes gem. § 246a II Nr. 3 AktG begründet ist, die – auch bei einer Abwägungsentscheidung zugunsten der Gesellschaft – die Freigabe blockiert. Der Gesetzgeber hat sich hierzu jedoch wie folgt geäußert:

„Die Formulierung macht aber zugleich klar, dass eine Freigabe selbst bei überwiegendem Interesse der Gesellschaft und ihrer Aktionäre dann dennoch nicht erfolgen darf, wenn der mit der Klage geltend gemachte Rechtsverstoß besonders schwer ist. Dabei ist abzustellen auf die Bedeutung der verletzten Norm und das Ausmaß der Rechtsverletzung. Für die Bedeutung der Norm ist die Unterscheidung des Gesetzgebers zwischen nichtigen, anfechtbaren, durch Eintragung heilbaren und bestätigungsfähigen Beschlüssen zu beachten (§§ 241, 242 Abs. 1, §§ 243, 244 AktG). Für das Ausmaß des Verstoßes ist etwa zu fragen, ob es sich um einen gezielten Verstoß handelt, der den Kläger im Vergleich zu der Mehrheit ungleich trifft. Zu denken ist auch daran, ob der Kläger schwerwiegende wirtschaftliche Nachteile erleidet, die sich nicht auf andere Weise, etwa durch Schadenersatzansprüche ausgleichen lassen. Ganz allgemein kann es sich auch um einen Verstoß handeln, der so krass rechtswidrig ist, dass eine Eintragung und damit Durchführung „unerträglich" wäre. **Umgekehrt kann eine besondere Schwere des Verstoßes auch dann abzulehnen sein, wenn ein Nichtigkeitsgrund nach § 241 AktG anzunehmen ist. Nicht jeder Nichtigkeitsgrund wegen eines kleinen formalen Fehlers führt zu einer besonderen Schwere des Verstoßes.** Die Darlegungslast für die besondere Schwere des Verstoßes trägt der Antragsgegner."[937]

Der Rechtsausschuss führt hierzu in seinem Bericht[938] weiter aus:

---

933 Siehe Begründung der Bundesregierung zum Gesetzesentwurf zum UMAG, BT-DrS. 15/5092, S. 1f., 29 f.; siehe auch *Bayer/Fiebelkorn*, ZIP 2012, 2181 (2183).

934 Siehe hierzu *Sauerbruch*, Freigabeverfahren, S. 1 f.

935 Vgl. § 246a II AktG.

936 Vgl. § 246a II Nr. 3 AktG.

937 Begründung der Bundesregierung zum Gesetzesentwurf zum ARUG, BT-DrS. 16/11642, zu Nr. 39, S. 41; im Originaltext keine Hervorhebung.

938 Beschlussempfehlung und Bericht des Rechtsausschusses zu dem Gesetzesentwurf der Bundesregierung, BT-DrS. 16/13098.

„Keineswegs genügt schon jeder Fall der Beschlussnichtigkeit, es geht nur um Fälle, in denen es für die Rechtsordnung „unerträglich" wäre, den Beschluss ohne vertiefte Prüfung im Hauptsacheverfahren eintragen und umsetzen zu lassen. Dies kommt etwa in Betracht bei einer Verletzung elementarer Aktionärsrechte, die durch Schadensersatz nicht angemessen zu kompensieren wäre. Als Beispiel ist die Beschlussfassung in einer „Geheimversammlung" zu nennen, die bewusst zu diesem Zweck nicht ordnungsgemäß einberufen wurde; ferner etwa absichtliche Verstöße gegen Gleichbehandlungsgebot und Treupflicht mit schweren Folgen; völliges Fehlen der notariellen Beurkundung bei der börsennotierten Gesellschaft. Umgekehrt begründet keinesfalls jeder Einberufungsmangel per se einen „besonders schweren Rechtsverstoß". Andererseits kann auch ein Verstoß gegen nicht individualschützende Normen zur Versagung der Freigabe führen, etwa wenn ein Beschluss mit besonders grundlegenden Strukturprinzipien des Aktienrechts nicht vereinbar wäre (Herabsetzung des Grundkapitals der AG endgültig auf einen Nennbetrag unter fünfzigtausend Euro). Um einen besonders schweren Rechtsverstoß festzustellen, müssen in jedem Fall die Bedeutung der Norm sowie Art und Umfang des Verstoßes im konkreten Einzelfall bewertet werden. Es kann sich um gezielte und besonders grobe Verstöße handeln (vgl. § 148 Abs. 1 Nr. 3 AktG). Insbesondere formale Fehler, die möglicherweise von professionellen Klägern provoziert worden sind, können keinesfalls einen schweren Rechtsverstoß im Sinne der Vorschrift darstellen."[939]

Mithin stehen einem die Eintragung anordnenden Freigabebeschluss auch Mängel, die einen Nichtigkeitsgrund darstellen, nicht zwangsläufig entgegen. Sollte ein positiver Freigabebeschluss ergehen, hat dies für die Aktionäre erhebliche Konsequenzen. Zwar kann trotz Freigabe die Anfechtungs- und Nichtigkeitsklage zur Feststellung der Nichtigkeit des Beschlusses führen, jedoch lässt dies die Wirkung der Eintragung unberührt.[940] Zudem darf das die Nichtigkeit feststellende Urteil auch nicht mehr ins Handelsregister eingetragen werden.[941] Die Kläger können nur noch einen Schadensersatzanspruch geltend machen, jedoch die Wirkung der Eintragung des nichtigen Beschlusses nicht mehr beseitigen.[942] Das einstweilige Rechtsschutzverfahren scheidet bereits ab Einleitung eines Freigabeverfahrens seitens der Gesellschaft als Option der Aktionäre, die Eintragung zu verhindern, aus.[943] Zudem findet nach erfolgter Eintragung des Beschlusses aufgrund einer

---

939 Beschlussempfehlung und Bericht des Rechtsausschusses zu dem Gesetzesentwurf der Bundesregierung, BT-DrS. 16/13098, S. 42; im Originaltext keine Hervorhebung.

940 Vgl. § 246a IV S. 2 AktG.

941 Siehe § 242 II S. 5 Hs. 1 AktG.

942 Vgl. § 246a IV S. 2 AktG.

943 *Koch* in: Hüffer, Hüffer/Koch, AktG, § 243, Rn. 68; § 246a, Rn. 27; *Hüffer/Schäfer* in: Goette/Habersack, MüKo, AktG, § 246a, Rn. 39; *Englisch* in: Hölters, Aktiengesetz, § 246a, Rn. 58.

rechtskräftigen Freigabeentscheidung zugunsten der Gesellschaft auch das Amtslöschungsverfahren keine Anwendung mehr,[944] so dass auch die Anregung eines solchen Verfahrens seitens der Aktionäre nicht mehr erfolgsversprechend sein kann. Die Aktionäre müssen daher die Auswirkungen der Durchführung des eingetragenen nichtigen Beschlusses dulden.

bb) Bewertung

Ausgehend von der Konzeption der ipso iure eintretenden Nichtigkeit ist die Rechtsfolge der Freigabe widersprüchlich. Die Freigabe heilt zwar nicht die Nichtigkeit, jedoch führt eine Freigabe dazu, dass die Nichtigkeit nicht mehr die Bestandskraft des Beschlusses tangiert. Wie aufgezeigt, ist es für die Freigabe nicht per se relevant, ob ein nichtiger Beschluss vorliegt, sondern es stellt sich viel mehr die Frage, ob eine „besondere Schwere des Rechtsverstoßes" gegeben ist. Ausgehend von der Grundkonzeption der Nichtigkeit – schwere Rechtsverstöße mit der Nichtigkeitsfolge zu ahnden[945] – erscheint es widersprüchlich, nicht jeden Nichtigkeitsgrund als Freigabesperre ausreichen zu lassen.[946] Der Gesetzgeber hat durch die *besondere* Schwere des Rechtsverstoßes verschärfte Anforderungen an den Eintritt der Rechtsfolge der Nichtigkeit eingeführt.[947]

Die ipso iure eintretende Nichtigkeitsfolge wirkt jedoch, wie aufgezeigt, von ihrer Grundkonzeption her absolut.[948] Sie ist – von einigen Ausnahmen abgesehen – im Grundsatz nicht disponibel,[949] sondern kennt nur eine Rechtsfolge: der Beschluss ist null und nichtig. Im Rahmen von den der Freigabe unterfallenden Strukturmaßnahmen wurde die Nichtigkeit durch das Hintertürchen der Freigabe in ihrer Wirkungsweise modifiziert.[950] Zwar kann die Nichtigkeitsklage auch trotz Freigabe noch zugunsten des Klägers ausgehen, jedoch ändert dies nichts an der Bestandskraft des Beschlusses.

---

944 Siehe § 242 II S. 5 Hs. 2 AktG.

945 Siehe hierzu auch *Noack*, FS Baums, 845 (868).

946 Auch *Fiebelkorn* konstatiert, dass die Überwindung der Nichtigkeit mittels Freigabeverfahren jedenfalls mit der institutionellen Funktion der Nichtigkeitsgründe gem. § 241 Nr. 3 und 4 AktG nicht zu vereinbaren sei, *Fiebelkorn*, Beschlussmängelklagen, S. 124.

947 *Noack* bezeichnet die besondere Schwere des Rechtsverstoßes als Fluchtpunkt des durch die Freigabe neu eingeführten Systems *Noack*, FS Baums, 845 (848 f).

948 *Drescher* in: Spindler/Stilz, AktG, § 241, Rn. 25.

949 *Drescher* in: Spindler/Stilz, AktG, § 241, Rn. 24; *Koch* in: Hüffer/Koch, AktG, § 241, Rn. 4.

950 Vgl. hierzu auch *Noack*, der das Freigabeverfahren als versteckten Eingriff in das materielle Anfechtungsrecht bewertet, *Noack*, NZG 2008, S. 446, 441; siehe hierzu auch *Koch* in: Hüffer/Koch, AktG, § 245, Rn. 31, der von einem „subtilen Vorgehensweise" spricht.

Rechtfertigen lässt sich ein solch widersprüchliches System nur damit, dass – wie aufgezeigt – die Nichtigkeitsgründe selbst teilweise inkonsistent geregelt sind. Dem Gesetzgeber ist daher insoweit in seiner Konzeption zuzustimmen, dass nicht jeder de lege lata zur Nichtigkeit führende Einberufungs- und Beurkundungsmangel ausnahmslos die starre Einheitsfolge der ipso iure eintretenden Nichtigkeit nach sich ziehen sollte.[951] Dennoch war die Einführung des *besonders schweren* Rechtsverstoßes im Rahmen des Freigabeverfahrens eine dogmatisch inkonsistente Lösung, da sie der Rechtsfolge einer erfolgreichen Geltendmachung der Nichtigkeit – nämlich den nichtigen Beschluss zu beseitigen – die rechtliche Grundlage entzogen hat. Der Gesetzgeber wäre vielmehr angehalten gewesen, die Nichtigkeitsgründe selbst auf *besonders* schwere Rechtsverstöße zu reduzieren und im Gegenzug ihre Wirkungsweise nicht zu modifizieren.

cc) Auswirkungen der Freigabe

Wie aufgezeigt, ermöglich das Amtslöschungsverfahren bei einer Heilung nichtiger Beschlüsse noch eine Korrektur im Einzelfall,[952] falls der Beschluss inhaltlich nichtig ist und im öffentlichen Interesse nicht aufrecht erhalten werden kann. Sollte im Rahmen von Nichtigkeitsklagen gegen eintragungsbedürftige Beschlüsse über Strukturmaßnahmen ein positiver Freigabebeschluss ergehen und der Beschluss daraufhin eingetragen werden, ist die Anwendung der Amtslöschung jedoch ausgeschlossen.[953] Da die Anforderungen an die besondere Schwere des Rechtsverstoßes im Rahmen der Freigabe jedoch nicht deckungsgleich mit den Anforderungen an die Amtslöschung sind, ist die Konsequenz, dass der Gesetzgeber im Rahmen der Freigabe die Rechtssicherheit der Gesellschaft am dauerhaften Bestand des Beschluss der Einzelfallgerechtigkeit vorgezogen hat. Denn sollte in dem der Freigabe zugrundeliegenden Hauptsacheverfahren die Nichtigkeit des Beschlusses festgestellt werden, ändert dies nichts an dem Bestand der Eintragung des Beschlusses.

Im Prinzip ist die Freigabe eines nichtigen Beschlusses bezogen auf ihre Rechtswirkung eine vorgezogene Heilung, die weder an die Eintragung noch an einen Fristablauf anknüpft. Der UMAG-Gesetzgeber ging allerdings sogar noch einen Schritt weiter: während ein Beschluss, der inhaltlich nichtig ist, trotz Heilung noch von Amts wegen gelöscht werden kann, ist nach erfolgter Eintragung des Beschlusses aufgrund einer Freigabeentscheidung selbst das Amtslöschungsverfahren ausgeschaltet.[954]

---

951 Auch *Koch* bewertet die derzeitige Einbeziehung von Nichtigkeitsgründen in das Freigabeverfahren de lege lata nur deshalb als sinnvoll, da auch Bagatellmängel noch vom Nichtigkeitstatbestand erfasst werden. *Koch*, Gutachten Beschlussmängelrecht, S. F54 f.

952 *Casper* in: Spindler/Stilz, AktG, § 242, Rn. 3; *Casper*, Die Heilung nichtiger Beschlüsse im Kapitalgesellschaftsrecht, S. 150 f., 258.

953 Vgl. § 242 II S. 5 HS 2 AktG.

954 Vgl. § 242 II S. 3 und S. 5 Hs. 2 AktG.

t des Freigabeverfahrens bei Nichtigkeitsklagen der Aktio-
Freigabe unterliegenden Beschlüsse über Strukturmaßnahmen bestätigt die aufgezeigte Inkonsistenz der Nichtigkeitsgründe dahingehend, dass die Fälle, die zur Nichtigkeit der Beschlüsse führen, zu weit gefasst sind. Dennoch ist das Freigabeverfahren in seiner konkreten Ausgestaltung selbst eine unbefriedigende und bezogen auf die Wirkung der Nichtigkeit eine dogmatisch widersprüchliche Lösung. Es hebelt die Grundsätze der Nichtigkeit auf der Rechtsfolgenseite aus und verlangt selbst bei Vorliegen eines Verstoßes gegen einen Nichtigkeitsgrund, dass dieser Verstoß ein *besonders* schwerer ist. Eine zugunsten der Gesellschaft ausgehende Freigabeentscheidung verhindert jegliche nachträgliche Kassation des Beschlusses und „entschädigt" den Aktionär bei einer dennoch erfolgreichen Nichtigkeitsklage nur mit dem Ersatz seiner – selten vorhandenen – individuellen Vermögenseinbuße.[955] Zudem lässt der zusätzliche Ausschluss des Amtslöschungsverfahrens in Bezug auf einen aufgrund einer Freigabeentscheidung eingetragenen Beschluss vermuten, dass die Freigabeentscheidung einen nicht zu rechtfertigenden Schutz der Bestandskraft des Beschlusses bewirkt. Dieser Aspekt wird noch umfassend im Rahmen der Ausgestaltung der Nichtigkeit de lege ferenda eruiert.[956]

III. Gesamtergebnis

Die Untersuchung der Nichtigkeitsgründe auf ihre Funktion und ihre Konsistenz hat zahlreiche Widersprüchlichkeiten aufgedeckt. So weisen zum einen die Tatbestände der zur Nichtigkeit führenden Verfahrensmängel funktionale und dogmatische Unstimmigkeiten auf. Zum anderen verfolgen auch die Nichtigkeitsgründe in einer Gesamtbetrachtung kein einheitliches Schutzkonzept.

Des Weiteren hat dieses Kapitel aufgezeigt, dass die Heilung an sich eine essentielle Funktion im Kontext der Nichtigkeit von Hauptversammlungsbeschlüssen einnimmt. Dennoch hat die Analyse der konkreten Heilungsvoraussetzungen aufgezeigt, dass die unterschiedlichen Heilungsanforderungen in Bezug auf nichtigkeitsbegründende Verfahrensmängel zwar augenscheinlich auf unterschiedlichen Prämissen beruhen, letztere es jedoch nicht zu rechtfertigen vermögen, dass es zur Heilung von Beurkundungsmängeln überhaupt keines zusätzlichen Fristablaufs bedarf. Zudem ist aus einer rein funktionalen Perspektive der Heilung fragwürdig, warum nicht eintragungsbedürftige Beschlüsse endlos mit der Nichtigkeit behaftet sein sollen.

In Bezug auf das Freigabeverfahren hat die vorstehende Untersuchung verdeutlicht, dass auch die Anforderungen und Rechtsfolgen der Freigabe zu dogmatischen

955 *Koch* in: Hüffer/Koch, AktG, § 245, Rn. 31; *Paschos/Johannsen-Roth*, NZG 2006, 327 (332).
956 Siehe hierzu →E. III. 3. c) cc) (3).

Unstimmigkeiten führen. So soll zum einen das Vorliegen eines Nichtigkeitsgrund... die Freigabe nur dann hindern, wenn es sich zugleich um einen *besonders* schweren Verstoß handelt. Zum anderen führt die Eintragung aufgrund einer Freigabeentscheidung zu einer dem Konzept der ipso iure eintretenden Nichtigkeit widersprechenden Modifikation der Rechtsfolge der Nichtigkeit. Des Weiteren erscheint es eigentümlich und überzogen, dass selbst eine Löschung von Amts wegen die Bestandskraft eines freigegebenen inhaltlich nichtigen Beschlusses nicht mehr beseitigen kann, während selbst eine Heilung der Nichtigkeit diese Möglichkeit nicht zu hindern vermag.[957]

957 Hierzu noch ausführlich → E. III. 3. c) aa) (3).

E. Die Nichtigkeitsgründe des § 241 AktG de lege ferenda

I. Reformbedarf

Das vorstehende Kapitel hat die Konsistenz der Nichtigkeitsgründe de lege lata untersucht und aufgezeigt, dass nicht nur die verfahrensbezogenen Nichtigkeitsgründe in der Einzelbetrachtung nicht logisch und konsequent gefasst wurden, sondern auch die Nichtigkeitsgründe in der Gesamtschau kein stimmiges Schutzkonzept verfolgen. Ebenso weist auch die Heilungsvorschrift funktionale Unstimmigkeiten auf. Durch die Einführung des Freigabeverfahrens und dessen Anwendbarkeit auf die Nichtigkeitsklage wurde die Situation nicht entschärft. Der Gesetzgeber hat zwar erkannt, dass das Beschlussmängelrecht in seiner jetzigen Form keinen dauerhaften Bestand haben kann, er hat jedoch, statt die Nichtigkeitstatbestände zu reformieren, durch die Einführung des Freigabeverfahrens das Konzept der Nichtigkeit noch mehr in dogmatische Widersprüchlichkeiten verstrickt.

Die aus diesen Untersuchungen gewonnene Erkenntnis ist, dass die Nichtigkeitsgründe und ihre Begleitvorschriften reformbedürftig sind. Damit stützt das Ergebnis dieser Untersuchung die von der h.M. der Literatur[958] und auch vom Gesetzgeber[959] vertretenen Ansicht in Bezug auf die Reformbedürftigkeit der Nichtigkeit im Rahmen des Beschlussmängelrechts.

II. Untersuchung zum Bestand der Nichtigkeitskategorie

Die vorstehende Untersuchung hat aufgezeigt, dass ein Reformbedarf besteht. Eine Modifikation der Nichtigkeitsvorschriften setzt jedoch als Grundannahme voraus, dass es überhaupt der eigenständigen Kategorie der Nichtigkeit neben der Anfechtbarkeit weiterhin bedarf. Bevor auf die Frage eingegangen wird, wie die Nichtigkeitsgründe in Zukunft ausgestaltet werden könnten, gilt es daher zunächst diese Grundannahme zu überprüfen.

---

958 *Arbeitskreis Beschlussmängelrecht*, AG 2008, 617 (619); *Fiebelkorn*, Beschlussmängelklagen, S. 25; *Bayer/Fiebelkorn*, ZIP 2012, 2181 (2183 f.); *Fleischer*, ZIP 2014, 149 (156). Auch die Teilnehmer des deutschen Juristentags haben sich mehrheitlich für eine Reform des Beschlussmängelrechts ausgesprochen: Stimmverhältnis 51:3:1, siehe Beschlüsse 72. Deutscher Juristentag Leipzig 2018, S. 33.

959 Vgl. RAusschuss BT-Drs. 18/6681 S. 12 [Vorabfassung]; siehe auch Koalitionsvertrag zwischen CDU, CSU und SPD, 19. Legislaturperiode, Rn. 6167 f.: „Im aktienrechtlichen Beschlussmängelrecht werden wir im Interesse des Minderheitenschutzes und der Rechtssicherheit Brüche und Wertungswidersprüche beseitigen.(…)“.

Um eine fundierte Aussage zur Notwendigkeit des Bestands der ex lege eintretenden Nichtigkeit treffen zu können, ist zu erläutern, welche Auswirkungen es auf die Geltendmachung von Beschlussmängeln hätte, wenn die Nichtigkeitsgründe des § 241 AktG, die Heilung nichtiger Beschlüsse gem. § 242 AktG sowie die Nichtigkeitsklage gem. § 249 AktG aus dem Aktiengesetz gestrichen werden würden. Als Ausgangspunkt einer solchen Untersuchung und anschließenden Bewertung der Konsequenzen gilt es daher zunächst die Vorgehensmöglichkeiten gegen nichtige Beschlüsse de lege lata zu eruieren. Die für diese Untersuchung ausgewählten Vergleichsgruppen bilden die Aktionäre, gesellschaftsexterne Personen (insbesondere Gläubiger) sowie das Registergericht und erfassen mithin die wichtigsten Akteuren im Rahmen des Beschlussmängelrechts.

1. Die Möglichkeiten der Geltendmachung von Beschlussmängeln de lege lata

a) Vorgehensmöglichkeiten gegen die Beschlüsse de lege lata

aa) Vorgehensmöglichkeiten der Aktionäre

Den Aktionären steht zur Geltendmachung von Beschlussmängeln primär die Anfechtungs- und Nichtigkeitsklage zur Verfügung. Während erstere an eine Frist und das Bestehen einer Anfechtungsbefugnis geknüpft ist,[960] kann die Nichtigkeitsklage – sofern noch keine Heilung gem. § 242 AktG eingetreten ist – grds. auch noch Jahre später erhoben werden. Zudem besteht die Möglichkeit, die Nichtigkeit auch auf andere Weise, bspw. als Einwendung gegenüber einer Klage, geltend zu machen.[961] Um die Eintragung eines nichtigen Beschlusses zu verhindern, steht den Aktionären zusätzlich das einstweilige Rechtsschutzverfahren gem. §§ 935 ff. ZPO und nach erfolgter Eintragung die Anregung des Amtslöschungsverfahrens[962] zur Verfügung. Die Aktionäre wurden mithin durch den Gesetzgeber mit umfassenden Abwehrinstrumenten in Bezug auf fehlerhafte Beschlüsse ausgestattet und sind im Grundsatz umfassend geschützt.

Dieser Schutz wurde jedoch im Rahmen des Anwendungsbereiches des Freigabeverfahrens gem. § 246a AktG stark ausgehöhlt. Sollte ein positiver Freigabebeschluss ergehen, hat dies für die Aktionäre erhebliche Konsequenzen. Zwar kann trotz Freigabe die Anfechtungs- und Nichtigkeitsklage zur Erklärung- bzw. Feststellung der Nichtigkeit des Beschlusses führen, jedoch lässt dies die Wirkung der Eintragung unberührt.[963] Die Kläger können nur noch einen Schadensersatzanspruch

---

960 Vgl. §§ 245, 246 I AktG.

961 Vg. § 249 I S. 2 AktG, *Dörr* in: Spindler/Stilz, AktG, § 249, Rn. 23; *Schmidt* in: Hopt/Wiedemann, AktG Großkommentar, § 249, Rn. 7.

962 Vgl. §§ 24, 398 FamFG.

963 Vgl. § 246a IV S. 2 AktG.

geltend machen, jedoch die Wirkung der Eintragung des nichtigen Beschlusses nicht mehr beseitigen.[964] Das Registergericht kann die Eintragung nur ablehnen, wenn ihr andere als die im Freigabeverfahren geprüften und verneinten Mängel entgegenstehen.[965] Das einstweilige Rechtsschutzverfahren und die Anregung des Amtslöschungsverfahrens scheiden ebenfalls als Option aus.[966] Die Aktionäre müssen in diesem Fall die Auswirkungen der Durchführung des eingetragenen nichtigen Beschlusses dulden.

bb) Vorgehensmöglichkeiten Gesellschaftsexterner

Gesellschaftsexterne haben die Möglichkeit, sich gegen nichtige Hauptversammlungsbeschlüsse durch die Erhebung einer Nichtigkeitsfeststellungsklage gem. § 256 ZPO zu wehren oder aber, falls der Beschluss bereits eingetragen wurde, ein Amtslöschungsverfahren anzuregen.[967] Zudem haben auch sie die Möglichkeit, sich auf andere Weise auf die Nichtigkeit zu berufen und diese bspw. als Einrede in einem Prozess geltend zu machen. Voraussetzung für die Erhebung der Nichtigkeitsfeststellungsklage ist u.a. das Vorliegen eines feststellungsfähigen Rechtsverhältnisses.[968] Während ein Rechtsverhältnis zwischen den Gläubigern der Gesellschaft und der Aktiengesellschaft problemlos vorliegen mag, ist dies bereits sehr fraglich bei sonstigen außenstehenden Dritten. Zudem muss der Kläger ein Feststellungsinteresse – bspw. rechtlicher oder wirtschaftlicher Art – an der Feststellung der Nichtigkeit des Beschlusses vorweisen können.[969] Ein solches Feststellungsinteresse liegt bei Dritten zwar nur im Ausnahmefall vor,[970] ist aber bspw. zu bejahen, wenn sich ein früheres Organmitglied gegen den Abberufungsbeschluss zur Wehr setzt.[971] Gläubiger der Gesellschaft werden wohl primär wirtschaftliche Interessen glaubhaft machen können, sonstigen Dritten wird es jedoch häufig entweder bereits an einem Rechtsverhältnis mit der Gesellschaft oder aber an einem Feststellungsinteresse fehlen. Mithin lässt sich zunächst festhalten, dass die Nichtigkeitsfeststellungsklage zwar grds. von externen Personen erhoben werden kann, jedoch nur in begrenzten Fällen überhaupt zulässig sein wird.

---

964 Vgl. § 246a IV S. 2 AktG.

965 *Hüffer/Schäfer* in: Goette/Habersack, MüKo, AktG, § 246a, Rn. 34.

966 Zum Ausschluss des Amtslöschungsverfahrens: § 242 II S. 5 HS. 2 AktG; zum Ausschluss der einstweiligen Verfügung: *Koch* in: Hüffer/Koch, AktG, § 243, Rn. 68; § 246a, Rn. 27; *Hüffer/Schäfer* in: Goette/Habersack, MüKo, AktG, § 246a, Rn. 39; *Englisch* in: Hölters, Aktiengesetz, § 246a, Rn. 58.

967 Vgl. § 24 I FamFG.

968 Vgl. *Saenger* in: Saenger, ZPO-Kom., § 256, Rn. 2 ff.

969 Siehe *Englisch* in: Hölters, Aktiengesetz, § 249, Rn. 7.

970 So *Englisch* in: Hölters, Aktiengesetz, § 249, Rn. 7.

971 BGH, II ZR 80/65 v. 25.04.1966, NJW 1966, 1458 (1459); siehe auch *Englisch* in: Hölters, Aktiengesetz, § 249, Rn. 7.

Hat die Nichtigkeitsfeststellungsklage Erfolg, wirkt das Urteil inter partes d.h. nur zwischen Kläger und Aktiengesellschaft.[972] Das Urteil einer erfolgreichen Nichtigkeitsklage der Aktionäre oder der klagebefugten Organe der Gesellschaft hätte hingegen inter omnes Wirkung.[973] Zudem wird das Urteil der Nichtigkeitsfeststellungsklage Dritter nicht beim Handelsregister eingereicht oder in dieses eingetragen.[974] Hinzukommt, dass die h.M.[975] eine inter omnes Wirkung der Heilung gem. § 242 AktG annimmt, so dass selbst ein der Klage des Dritten stattgebendes Urteil nicht nur die Heilung des Beschlusses nicht verhindern kann, sondern auch ihm ggü. Wirkung entfaltet, sein Urteil mithin mit Eintritt der Heilung „obsolet"[976] wird und der erfolgreiche Kläger sich nicht mehr auf die Nichtigkeit berufen kann.[977] Langfristig können sich Dritte daher nur auf das die Nichtigkeit feststellende Urteil berufen, wenn sich die Nichtigkeit des Beschlusses auf Fehler stützt, die nicht der Heilung unterworfen sind. Dies ist jedenfalls bei nicht eintragungsbedürftigen Beschlüssen, die mit § 241 Nr. 1 bis 4 AktG nicht in Einklang sind, der Fall, da § 242 AktG stets an die Eintragung anknüpft. Zusätzlich lässt § 242 III AktG eine Heilung durch Fristablauf für die im Eingangssatz des § 241 AktG genannten Fälle der Nichtigkeit zu. Ausgenommen hiervon sind lediglich § 192 IV AktG (Beschluss der Hauptversammlung, der dem Beschluss über die bedingte Kapitalerhöhung entgegensteht, ist nichtig), § 212 AktG (Neue Aktien stehen den Aktionäre im Verhältnis ihrer Anteile am bisherigen Grundkapital zu. Ein entgegenstehender Beschluss der Hauptversammlung ist nichtig), sowie § 250 AktG (Nichtigkeit der Wahl von Aufsichtsratsmitgliedern). Ebenso ist eine Heilung der Nichtigkeit des Beschlusses über die Verwendung des Bilanzgewinns gem. § 253 AktG in bestimmten Fällen ausgeschlossen.

Mithin können sich Gesellschaftsexterne nur bei den genannten Verstößen, die nicht der Heilung unterliegen, oder bei nichtigen Beschlüssen, die nicht eingetragen werden und damit auch nicht geheilt werden können,[978] auf das die Nichtigkeit

---

972 Vgl. *Hüffer/Schäfer* in: Goette/Habersack, MüKo, AktG, § 249, Rn. 6; *Englisch* in: Hölters, Aktiengesetz, § 249, Rn. 8.

973 *Hüffer/Schäfer* in: Goette/Habersack, MüKo, AktG, § 249, Rn. 25; *Koch* in: Hüffer/Koch, AktG, § 249, Rn. 17; BGH, II ZR 112/07 v. 13.10.2008, NZG 2008, 912 (913, Rn. 8).

974 Vgl. *Hüffer/Schäfer* in: Goette/Habersack, MüKo, AktG, § 249, Rn. 6; *Englisch* in: Hölters, Aktiengesetz, § 249, Rn. 8.

975 Siehe *Hüffer/Schäfer* in: Goette/Habersack, MüKo, AktG, § 242, Rn. 20; *Casper* in: Spindler/Stilz, AktG, § 242, Rn. 14; umfassend zum Meinungsstand: *Casper*, Die Heilung nichtiger Beschlüsse im Kapitalgesellschaftsrecht, S. 158 ff.; *Schwab* in: Schmidt/Lutter, AktGKom, § 242, Rn. 15.,

976 *Schwab* in: Schmidt/Lutter AktG, § 242, Rn. 7.

977 Siehe zu der möglichen „mißlichen Situation" Dritter im Fall der Heilung *Casper*, Die Heilung nichtiger Beschlüsse im Kapitalgesellschaftsrecht, S. 162 f.

978 Mit Ausnahme der Genehmigung des Beschlusses durch den nichtgeladenen Aktionär im Fall einer Einberufung durch eingeschriebenen Brief, vgl. § 242 II S. 4 AktG.

feststellende Urteil über die Heilungsfrist hinaus berufen. Sollten Dritte die Nichtigkeit des Beschlusses als Einrede zur Klageabwendung nutzen, besteht auch hier die Gefahr, dass sich das Verfahren ggf. über mehrere Instanzen so lange hinzieht, bis eine Heilung bereits eingetreten ist.[979]

Dritten bleibt jedoch noch die Möglichkeit, bei einer inhaltlichen Nichtigkeit ein Amtslöschungsverfahren anzuregen. Sollte daraufhin das Registergericht den Beschluss als nichtig löschen, hätte die Nichtigkeit inter omnes Wirkung.[980] Eine Heilung der Nichtigkeit ist diesbezüglich nicht von Relevanz, da die Heilung das Amtslöschungsverfahren nicht sperrt.[981]

Voraussetzung für eine Amtslöschung ist, dass der Beschluss durch seinen Inhalt zwingende Vorschriften verletzt und die Beseitigung im öffentlichen Interesse erforderlich erscheint. Somit scheidet ein Amtslöschungsverfahren bei Verfahrensfehlern aus.[982] In Bezug auf inhaltliche Mängel ist es notwendig, dass diese eine Beschlussnichtigkeit i.S.v. § 241 Nr. 3 oder 4 AktG begründen.[983] Darüber hinaus muss die Beseitigung der Wirksamkeit des Beschlusses im öffentlichen Interesse erforderlich sein.[984] In die Abwägung mit einzubeziehen ist insbesondere das Löschungsinteresse sowie das Bestandsschutzinteresse der Allgemeinheit, Gesellschaftsgläubiger, potenzieller Aktionäre, der Gesellschaft und deren Aktionären am eingetragenen Beschlusses.[985] Von Relevanz sind u.a. der Zeitraum, seitdem der Beschluss in das Handelsregister eingetragen wurde, sowie die Prüfung, ob bereits ein schutzwürdiges Vertrauen auf den Bestand des Beschlusses geschaffen wurde.[986]

Das Registergericht kann entweder von Amts wegen oder auf Antrag der berufsständischen Organe i.S.v. § 380 I FamFG ein Amtslöschungsverfahren einleiten.[987]

---

979 Siehe zu dieser „mißlichen Situation“ *Casper*, Die Heilung nichtiger Beschlüsse im Kapitalgesellschaftsrecht, S. 163.

980 Ausführlich zum Amtslöschungsverfahren → D. II. 1. f).

981 Siehe § 242 II S. 3 AktG.

982 Vgl. hierzu *Hüffer/Schäfer* in: Goette/Habersack, MüKo, AktG, § 241, Rn. 76; OLG Hamm, 15 W 291/93 v. 08.1993, OLGZ 1994, 415 (417); *Ehmann* in: Grigoleit, AktGKo, § 241, Rn. 24.

983 Strittig, ob nicht auch Anfechtbarkeit des Beschlusses ausreichen kann; siehe ausführlich hierzu → D. II. 1. f) aa) (2) (b).

984 Zum Meinungsstreit, ob das öffentliche Interesse einen eigenen zusätzlichen Prüfungspunkt im Rahmen des § 398 FamFG darstellt → D. II. 1. f) aa) (2) (c).

985 Siehe *Drescher* in: Spindler/Stilz, AktG, § 241, Rn. 240 ff. *Casper*, Die Heilung nichtiger Beschlüsse im Kapitalgesellschaftsrecht, S. 240 ff, 258; laut *Krafka* sollen die Belange, der bei der Beschlussfassung anwesenden Teilhaber nicht in Abwägung einfließen: *Krafka* in: Rauscher, MüKo FamFG, § 398, Rn. 9.

986 Siehe *Drescher* in: Spindler/Stilz, AktG, § 241, Rn. 241 f. siehe auch *Casper*, Die Heilung nichtiger Beschlüsse im Kapitalgesellschaftsrecht, S. 242; ausführlich zur Prüfung des öffentlichen Interesses → D. II. 1. f).

987 § 398 FamFG i.V.m. § 395 I S. 1 FamFG; ausführlich zum Löschungsverfahren → D. II. 1. f) aa)(3).

Aktionäre, Gesellschaftsorgane sowie Gesellschaftsexterne können das Amtslöschungsverfahren gem. § 24 FamFG anregen, haben jedoch keinen Anspruch auf die Durchführung eines solchen.[988] Das Gericht entscheidet aufgrund des Inhalts der Anregung und ihm bekannter Tatsachen, ob es weitere Ermittlungen anstellt und ein Verfahren einleitet oder nicht.[989] Wird das Verfahren nicht eingeleitet und besteht ein begründetes Interesse des Anregenden, so ist dieser von der Einstellung zu unterrichten.[990] In diesem Fall kann der Anregende erneut die Einleitung des Verfahrens im Hinblick auf die Löschung von Amts wegen anregen oder aber ggf. eine Untätigkeitsbeschwerde einreichen.[991]

Auch in Bezug auf die Vorgehensmöglichkeit Gesellschaftsexterner hat eine positive Freigabeentscheidung als Folge einer seitens der Aktionäre erhobenen Anfechtungs- oder Nichtigkeitsklage Konsequenzen. Zum einen ist die Durchführung des Amtslöschungsverfahrens und mithin auch die Anregung eines solchen blockiert,[992] zum anderen ist fraglich, ob eine Nichtigkeitsfeststellungsklage seitens Dritter trotz Freigabe bezogen auf den in der Freigabeentscheidung abgehandelten Mangel noch zulässig ist. Dafür spricht, dass die Freigabe einen nichtigen Beschluss nicht gültig macht, sondern die Bestandskraft des Beschlusses durch die Eintragung nicht mehr beseitigt werden kann.[993] Da auch in dem der Freigabe zugrundeliegenden Prozess die Nichtigkeit noch festgestellt werden kann – auch wenn der eingetragene Hauptversammlungsbeschluss nicht mehr als nichtig bezeichnet werden kann –[994], könnte auch im Rahmen der allgemeinen Nichtigkeitsfeststellungsklage eine Feststellung dieser Nichtigkeit weiterhin möglich sein. Zudem spricht dafür, dass auch eine erfolgreiche Nichtigkeitsfeststellungsklage nur Wirkung ggü. den Parteien entfaltet und auch nicht im Handelsregister eingetragen wird.[995]

Dagegen spricht, dass die Feststellung der Bestandskraft der Eintragung des Hauptversammlungsbeschlusses ggü. jedermann Wirkung entfaltet.[996] Zudem können selbst die Aktionäre gestützt auf die im Freigabeverfahren geprüften und verneinten Mängel die Wirkung der Eintragung durch eine Klage nicht mehr beseitigen.[997] Sollte eine positive Freigabeentscheidung ergangen sein, ist es daher

---

988 Siehe *Koch* in: Hüffer/Koch, AktG, § 241, Rn. 28; OLG Köln, 2 Wx 62/01 v. 12.12.2001, NZG 2003, 75 (76).

989 *Ulrici* in: Rauscher, MüKo FamFG, § 24, Rn. 6; *Sternal* in: Keidel, FamFG, § 24, Rn. 5.

990 Vgl. § 24 II FamFG.

991 Siehe *Schreiber* in: Kemper/Schreiber, FamVerR-Ko, § 24, Rn. 8.

992 Vgl. § 242 II S. 5 HS. 2 AktG.

993 Siehe Begründung zum Gesetzesentwurf der Bundesregierung zum UMAG, BT-DrS. 15/5092, S. 28.

994 Siehe Begründung zum Gesetzesentwurf der Bundesregierung zum UMAG, BT-DrS. 15/5092, S. 28, sowie § 242 II S. 5 AktG.

995 Siehe hierzu → E. II. 1. a) bb).

996 Vgl. § 246a III S. 5 AktG.

997 Siehe hierzu *Hüffer/Schäfer* in: Goette/Habersack, MüKo, AktG, § 246a, Rn. 15.

bezogen auf denselben Mangel sachgerecht anzunehmen, dass auch Dritten die Nichtigkeitsfeststellungsklage nicht mehr zur Verfügung steht.

cc) Vorgehensmöglichkeiten des Registergerichts

In Bezug auf die Vorgehensmöglichkeiten des Registergerichts ist zu unterscheiden, ob der mangelbehaftete Beschluss zur Eintragung im Handelsregister angemeldet oder ob er bereits eingetragen wurde.

(1) Beschluss wurde zur Eintragung angemeldet

Das Registergericht ist mit einer umfassenden Prüfungskompetenz in Bezug auf die Fehlerhaftigkeit von einzutragenden Hauptversammlungsbeschlüssen ausgestattet und besitzt daher auch die Befugnis, Eintragungen abzulehnen.[998] Während das Vorliegen eines Nichtigkeitsgrunds stets zur Ablehnung der Eintragung verpflichtet,[999] ist hinsichtlich der Anfechtungsgründe danach zu differenzieren, ob der Beschluss unanfechtbar geworden ist oder nicht.

Sollte der Beschluss noch anfechtbar sein oder wurde eine Anfechtungsklage erhoben, kann das Registergericht die Eintragung gem. § 21 I, § 381 FamFG bis zum Ablauf der Anfechtungsfrist bzw. bis zur Klageentscheidung aussetzen.[1000] Für den Fall, dass der Beschluss durch ein rechtskräftiges Anfechtungsurteil für nichtig erklärt wird, hat das Registergericht die Eintragung abzulehnen bzw. bei erfolgter Eintragung auch das Urteil gem. § 248 I S. 3 AktG einzutragen.[1001] Wird die Klage abgelehnt, ist das Registergericht mangels Gestaltungswirkung des Urteils nicht an diese Einschätzung gebunden, so dass es weiterhin eine selbstständige Entscheidung über die Ablehnung der Eintragung treffen kann.[1002] Dennoch wird es aufgrund einer erstrebenswerten Entscheidungsharmonie gründlich prüfen, ob es eine abweichende Sachentscheidung trifft.[1003] Sollte hingegen das Gericht durch Freigabebeschluss festgestellt haben, dass die Erhebung der Anfechtungs- oder Nichtigkeitsklage der Eintragung nicht entgegensteht und Mängel des Beschlusses die Wirkung der Eintragung nicht tangieren, ist dieser Beschluss für das Registergericht gem. § 242 III S. 5 Hs. 1 AktG bindend. Als Konsequenz ist

---

998 Siehe hierzu *Wamser* in: Spindler/Stilz, AktG, § 202, Rn. 46.

999 Siehe *Wamser* in: Spindler/Stilz, AktG, § 202, Rn. 47; *Drescher* in: Spindler/Stilz, AktG, § 241, Rn. 96; *Koch* in: Hüffer/Koch, AktG, § 241, Rn. 32.

1000 *Koch* in: Hüffer/Koch, AktG, § 243, Rn. 52 f. *Hüffer/Schäfer* in: Goette/Habersack, MüKo, AktG, § 243, Rn. 134 f.

1001 *Koch* in: Hüffer/Koch, AktG, § 243, Rn. 54; *Hüffer/Schäfer* in: Goette/Habersack, MüKo, AktG, § 243, Rn. 136.

1002 *Koch* in: Hüffer/Koch, AktG, § 243, Rn. 55; *Hüffer/Schäfer* in: Goette/Habersack, MüKo, AktG, § 243, Rn. 137.

1003 *Koch* in: Hüffer/Koch, AktG, § 243, Rn. 55; *Hüffer/Schäfer* in: Goette/Habersack, MüKo, AktG, § 243, Rn. 137.

der Entscheidungsspielraum des Registergerichts gem. § 21 FamFG ausgehebelt.[1004] Falls der Eintragung nicht noch andere als die im Freigabeverfahren geprüften und verneinten Mängel entgegenstehen, hat das Registergericht die Eintragung vorzunehmen.[1005]

Ist die Anfechtungsfrist abgelaufen, ohne dass eine Anfechtungsklage erhoben wurde, ist umstritten, welche Rechtsfolge sich hieraus für die Abweisungskompetenz des Registergerichts ergibt. Die wohl herrschende Meinung des Registerrechts vertritt den Standpunkt, dass das Registergericht zur Eintragung verpflichtet ist, da sich mit Fristablauf niemand mehr auf die Fehlerhaftigkeit des Beschlusses berufen könne.[1006] Die herrschende Meinung des Gesellschaftsrechts hingegen nimmt an, dass das Registergericht das Recht und die Pflicht hat, die Eintragung rechtswidriger Beschlüsse abzulehnen, wenn durch die Fehlerhaftigkeit des Beschlusses Interessen der Gläubiger, der zukünftigen Aktionäre oder der öffentlichen Ordnung auch lediglich nur mittangiert seien.[1007] Zutreffend wird von dieser Ansicht angeführt, dass die Unanfechtbarkeit des Beschlusses nur dem Rechtsfrieden dient, aber keine Auswirkungen auf die materiell-rechtliche Rechtswidrigkeit hat.[1008] Zudem können die anfechtungsberechtigten Aktionäre nicht über Drittinteressen disponieren.[1009] Das Registergericht, welches auch Funktionen der Rechtsaufsicht wahrnimmt, kann und hat die Rechtswidrigkeit eines Beschlusses nicht zu missachten.[1010] Die Differenzierung der herrschenden Meinung des gesellschaftsrechtlichen Schrifttums ist daher sachgerecht. Mithin kann das Registergericht unter den genannten Voraussetzungen eine Eintragung auch bei bloßer Anfechtbarkeit der Beschlüsse zurückweisen.

(2) Beschluss wurde ins Handelsregister eingetragen

Nach Eintragung des Beschlusses in das Handelsregister kann das Registergericht entweder von Amts wegen oder auf Antrag der berufsständischen Organe

---

1004 *Hüffer/Schäfer* in: Goette/Habersack, MüKo, AktG, § 246a, Rn. 34.

1005 *Hüffer/Schäfer* in: Goette/Habersack, MüKo, AktG, § 246a, Rn. 34.

1006 *Krafka/Kühn,* Registerrecht Rn. 1027; OLG Stuttgart, 8 W 387/11 v. 25.10.2011, NZG 2011, 1301 (1301 f.); OLG München, 31 Wx 192/12 v. 14.06.2012, NZG 2013, 557 (557 f.); OLG Köln, WX 11/81 v. 09.06.1981, BB 82, 579 (579); siehe zum Streit und den Argumenten auch *Hüffer/Schäfer* in: Goette/Habersack, MüKo, AktG, § 243, Rn. 138.

1007 *Koch* in: Hüffer/Koch, AktG, § 243, Rn. 56; *Hüffer/Schäfer* in: Goette/Habersack, MüKo, AktG, § 243, Rn. 138 f. *Drescher* in: Spindler/Stilz, AktG, § 241, Rn. 102.

1008 *Koch* in: Hüffer/Koch, AktG, § 243, Rn. 56; *Hüffer/Schäfer* in: Goette/Habersack, MüKo, AktG, § 243, Rn. 138 f. *Drescher* in: Spindler/Stilz, AktG, § 241, Rn. 102.

1009 *Koch* in: Hüffer/Koch, AktG, § 243, Rn. 56; *Hüffer/Schäfer* in: Goette/Habersack, MüKo, AktG, § 243, Rn. 138 f. *Drescher* in: Spindler/Stilz, AktG, § 241, Rn. 102.

1010 *Koch* in: Hüffer/Koch, AktG, § 243, Rn. 56; *Hüffer/Schäfer* in: Goette/Habersack, MüKo, AktG, § 243, Rn. 138 f. *Drescher* in: Spindler/Stilz, AktG, § 241, Rn. 102.

gem. § 380 I FamFG ein Amtslöschungsverfahren einleiten.[1011] Sollte der zuständige Registerrichter- oder Rechtspfleger[1012] zu dem Ergebnis kommen, dass die Löschungsvoraussetzungen – sprich eine inhaltliche Nichtigkeit und zusätzlich ein öffentliches Interesse an der Löschung[1013] – vorliegen, hat er die Beteiligten von der beabsichtigten Löschung zu benachrichtigen und ihnen eine angemessene Widerspruchsfrist zu setzen.[1014] Sollte kein Widerspruch erhoben sein oder ein solcher durch rechtskräftigen Beschluss zurückgewiesen werden, ist das Registergericht befugt den eingetragenen Beschluss durch einen Vermerk im Handelsregister als „nichtig" zu löschen.[1015] Als Folge ist der Beschluss rückwirkend unwirksam.[1016]

Eine Heilung der Nichtigkeit gem. § 242 AktG schränkt die Möglichkeit, ein Amtslöschungsverfahren einzuleiten, nicht ein.[1017] Mithin kann das Registergericht eingetragene Hauptversammlungsbeschlüsse, die nicht aufgrund einer positiven Freigabeentscheidung eingetragen wurden, theoretisch auch Jahre später noch für nichtig erklären und aus dem Handelsregister löschen. Ist hingegen eine Eintragung aufgrund eines positiven Freigabebeschluss erfolgt, scheidet eine Löschung von Amts wegen gem. § 242 II S. 5 Hs. 2 AktG aus. Somit ist das Registergericht in diesem Fall machtlos.

b) Fazit

Die Untersuchung hat gezeigt, dass de lege lata sowohl die Aktionäre als auch gesellschaftsexterne Personen diverse Möglichkeiten haben, die Nichtigkeit von Hauptversammlungsbeschlüssen geltend zu machen. Dem Registergericht verschafft das Amtslöschungsverfahren die Kompetenz, inhaltlich nichtige eingetragene Beschlüsse nachträglich aus dem Handelsregister zu löschen. Zudem kann

---

1011 Vgl. § 395 I S. 1 FamFG; ausführlich zum Ablauf des Löschungsverfahrens → D. II. 1. f) aa) (3).

1012 Gem. § 17 Nr. 1 e) RPflG ist funktional Richter zuständig; aber Länder können gem. § 19 I Nr. 6 RPflG Richtervorbehalt aufheben und damit Zuständigkeit des Rechtspflegers begründen; siehe hierzu *Krafka* in: Rauscher, MüKo FamFG, § 398, Rn. 11.

1013 Beide Prüfungsvoraussetzungen sind umstritten → siehe ausführlich hierzu D. II. 1. f) aa) (2) (b) und (c).

1014 Vgl. § 395 II FamFG.

1015 Siehe 398 FamFG i.V.m. § 395 III FamFG i.V.m. § 393 V FamFG; Siehe auch § 44 HRV; § 241 Nr. 6 AktG.

1016 H.M., siehe *Heinemann* in: Keidel, FamFG, § 398, Rn. 28; *Schmidt* in: Hopt/Wiedemann, AktG Großkommentar, § 241, Rn. 98; *Hüffer/Schäfer* in: Goette/Habersack, MüKo, AktG, § 241, Rn. 86; *Casper*, Die Heilung nichtiger Beschlüsse im Kapitalgesellschaftsrecht, S. 244 f.; a.A. *Schlegelberger/Quassowski/Herbig/u. a.*, AktG§ 196 Anm. 5; aber teilweise wird jedenfalls für Möglichkeit der Löschung mit ex nunc Wirkung bei Löschung nach Eintritt der Heilung plädiert: *Casper*, Die Heilung nichtiger Beschlüsse im Kapitalgesellschaftsrecht, S. 245; *Schwab* in: Schmidt/Lutter, AktGKom, § 241, Rn. 36.

1017 Vgl. § 242 II S. 3 AktG.

und hat das Registergericht die Eintragung rechtswidriger Beschlüsse abzulehnen, wenn diesen ein Nichtigkeitsgrund anhaftet oder durch die Fehlerhaftigkeit des Beschlusses Interessen der Gläubiger, der zukünftigen Aktionäre oder der öffentlichen Ordnung auch lediglich nur mittangiert sind.[1018]

In Bezug auf Hauptversammlungsbeschlüsse, die Maßnahmen betreffen, die nicht der Freigabe unterliegen, verfügen das Registergericht und die Aktionäre über Instrumentarien, die Nichtigkeit des Beschlusses mit der Folge, dass der Beschluss nicht eingetragen oder gelöscht wird, durchzusetzen. Dritte können die Nichtigkeit im Wege der Nichtigkeitsfeststellungsklage gem. § 256 ZPO oder im Wege der Anregung eines Amtslöschungsverfahrens geltend machen. Während das die Nichtigkeit feststellende Urteil aufgrund der dennoch eintretenden Heilung bei eingetragenen Beschlüssen nur zeitlich begrenzte Wirkung entfalten kann, einem eng umgrenzten Personenkreis zusteht und zudem auch nur inter partes wirkt, schafft das Amtslöschungsverfahren hingegen zwar die gewünschte inter omnes Wirkung, kann jedoch nur angeregt werden und ist zudem sachlich auf eingetragene Beschlüsse begrenzt.

Zudem besteht für „jedermann", also insbesondere auch die Aktionäre und die Gläubiger der Gesellschaft, die Möglichkeit, sich auf die Nichtigkeit bspw. als Einrede Rahmen eines Prozesses zu berufen.

Betrifft der nichtige Hauptversammlungsbeschluss hingegen Maßnahmen, die einem Freigabebeschluss gem. § 246a AktG zugänglich sind, ist die Rechtswirkung einer Nichtigkeitsklage für die Aktionäre ungewiss. Wie aufgezeigt, blockiert das Vorliegen eines Nichtigkeitsgrundes nicht per se die Freigabe. Zwar können die klagenden Aktionäre trotz positiver Freigabeentscheidung verlangen, dass ihnen der aus dem Beschluss entstandene Schaden ersetzt wird, falls die der Freigabe zugrundeliegende Klage in dem trotz Freigabe stattfindenden Prozess erfolgreich war. Sie können jedoch die Wirkung der Eintragung des Beschlusses und somit auch dessen Durchführung nicht verhindern. Sowohl das einstweilige Rechtsschutzverfahren als auch das Amtslöschungsverfahren werden durch den Freigabebeschluss blockiert. Das Registergericht und die Aktionäre müssen mithin die Bestandskraft des eigentlich nichtigen Beschlusses dulden. Dritte können ebenfalls kein Amtslöschungsverfahren anregen und somit keine inter omnes Wirkung der Nichtigkeit herbeiführen. Die allgemeine Nichtigkeitsfeststellungsklage ist jedenfalls nach der hier vertretenen Ansicht ebenfalls bezüglich der in der Freigabeentscheidung geprüften und verneinten Mängel gesperrt.

Die positive Freigabeentscheidung hat mithin nicht nur die Konsequenz, dass der Beschluss eigetragen wird, sondern führt darüber hinaus zur Irreversibilität dieser Eintragung.[1019] Selbst wenn der Hauptversammlungsbeschluss rechtskräftig

---

1018 Siehe hierzu *Koch* in: Hüffer/Koch, AktG, § 243, Rn. 56; *Hüffer/Schäfer* in: Goette/Habersack, MüKo, AktG, § 243, Rn. 138 f. *Drescher* in: Spindler/Stilz, AktG, § 241, Rn. 102.

1019 Vgl. §§ 242 II S. 5, 246a I, IV S. 2 AktG; Siehe auch *Habersack/Stilz*, ZGR 2010, 710 (715 f.).

für nichtig erklärt wurde, kann die Eintragung und Durchführung des Beschlusses weder von Aktionären, noch von Externen oder dem Registergericht wirksam angegriffen werden.

2. Die Möglichkeiten der Geltendmachung von Beschlussmängeln im Fall einer Abschaffung der Kategorie der Nichtigkeit

Die vorstehende Untersuchung hat aufgezeigt, welche Möglichkeiten die verschiedenen Parteien haben, die Nichtigkeit von Hauptversammlungsbeschlüssen de lege lata geltend zu machen. Die Relevanz des Bestandes der Nichtigkeit lässt sich jedoch nur bewerten, wenn man zum Vergleich die Konsequenzen der Abschaffung der Nichtigkeitskategorie und der Nichtigkeitsklage im Aktienrecht heranzieht. Dies zu eruieren ist Gegenstand der nachfolgenden Darstellung.

a) Vorgehensmöglichkeiten gegen die Beschlüsse

aa) Vorgehensmöglichkeiten der Aktionäre

Sollte die Kategorie der Nichtigkeit von Hauptversammlungsbeschlüssen im Aktienrecht abgeschafft werden, bliebe den Aktionären zunächst die Möglichkeit, Anfechtungsklage gegen die Beschlüsse zu erheben, sofern die Anfechtungsfrist noch nicht abgelaufen ist.

Angenommen jedoch, alle anfechtungsberechtigten Personen würden von der Erhebung der Anfechtungsklage innerhalb der Anfechtungsfrist absehen, weil bspw. alle Mehrheitsaktionäre mit dem Beschluss einverstanden sind und die rationale Apathie der Minderheitsaktionäre diese an der Erhebung einer Klage innerhalb der Frist hindert oder aber die Erhebung der Anfechtungsklage innerhalb der Frist versäumt wird. Eine Nichtigkeitsklage gem. § 249 AktG stünde nun nicht mehr zur Verfügung. Man könnte alternativ die Möglichkeit der Erhebung einer Nichtigkeitsfeststellungsklage gem. § 256 ZPO in Betracht ziehen. Fragwürdig ist, ob die Erhebung einer solchen Klage durch die anfechtungsberechtigen Aktionäre und Organen überhaupt zulässig wäre. De lege lata führt die Nichtigkeitsklage grds. zur Unzulässigkeit einer Klage gem. § 256 ZPO wegen mangelndem Rechtsschutz- oder Feststellungsinteresse.[1020] Mit einer Abschaffung der Nichtigkeitsklage würde dieses Argument nun nicht mehr angeführt werden können. Gegen eine Zulässigkeit der Erhebung der allgemeinen Feststellungsklage seitens der Aktionäre spricht jedoch, dass man andernfalls die paradoxe Situation erzeugen würde, dass die bewusste Streichung der an strengere Voraussetzungen geknüpften Nichtigkeitsklage den Rückgriff auf eine allgemeine Vorschrift zulässt. Da die

---

1020 Siehe hierzu *Ehmann* in: Grigoleit, AktGKo, § 249, Rn. 17; *Koch* in: Hüffer/Koch, AktG, § 249, Rn. 12; OLG Koblenz, 6 U 577/05 v. 17.11.2005, NZG 2006, 270 (271).

Aktionäre problemlos ein feststellungsfähiges Rechtsverhältnis zur Gesellschaft und wohl meist auch ein Feststellungsinteresse darlegen könnten, würde die Zulassung des Rückgriffs auf die allgemeine Feststellungsklage, für die das Freigabeverfahren nicht gilt, den Aktionären eine bessere Ausgangssituation bieten – zumal eine Heilung der Nichtigkeit nicht mehr möglich ist.

Selbst bei Befürwortung der Anwendbarkeit der Nichtigkeitsfeststellungsklage auf die genannte Konstellation stellt sich jedoch noch eine viel komplexere rechtliche Herausforderung: Wie ist die Nichtigkeit zu begründen, wenn keine Nichtigkeitsgründe mehr im Aktienrecht normiert sind? Man könnt in Erwägung ziehen, die Nichtigkeit der Beschlüsse durch einen Rückgriff auf das Bürgerliche Gesetzbuch auf die dort in §§ 134, 138, 826 BGB niedergelegten Grundsätze zu stützen. In diesem Fall würde man jedoch – wie die Historie des Aktienrechts gezeigt hat – das Aktienrecht in die Zeit vor der gesetzlichen Normierung der Nichtigkeitsklage zurücksetzen und die Rechtsprechung müsste wiederum im Einzelfall darüber entscheiden, ob der Beschluss nur anfechtbar oder nichtig ist. Dies würde jedoch gleichzeitig auch wieder zu erheblicher Rechtsunsicherheit führen – ein Aspekt, den die Kodifizierung der Nichtigkeitsgründe ja gerade verbessern wollte.[1021] Zudem ist anzumerken, dass die §§ 134 und 138 BGB primär auf Verträge, nicht jedoch auf die komplexen Hauptversammlungsbeschlüsse von Aktiengesellschaften zugeschnitten sind.[1022]

Aufgrund dieser Erwägungen scheidet nach der hier vertretenen Ansicht der Rückgriff auf die allgemeine Feststellungsklage aus. Mangels kodifizierter Nichtigkeitsgründe scheidet auch eine anderweitige Berufung auf die Nichtigkeit aus – bspw. als Einrede im Rahmen eines Prozesses. Den Aktionären bliebe mithin primär nur die Option, Anfechtungsklage zu erheben. Daneben könnten sie, falls die Voraussetzungen des § 398 FamFG vorliegen, ein Amtslöschungsverfahren anregen,[1023] auf dessen Einleitung sie jedoch keinen durchsetzbaren Anspruch haben.[1024]

Während eine Anfechtungsklage bei fehlerhaften Hauptversammlungsbeschlüssen betreffend Maßnahmen, die nicht einem Freigabeantrag unterliegen können, erfolgsversprechend sein würde, bestünde im Anwendungsbereich des § 246a AktG wiederum seitens der Gesellschaft die Möglichkeit, die formelle Registersperre mittels der Beantragung des Freigabeverfahrens zu überwinden. Sollte ein positiver rechtskräftiger Freigabebeschluss ergehen, könnten die Aktionäre im Fall der erfolgreichen Anfechtungsklage nur noch ihren Schaden ersetzt verlangen, nicht jedoch die Wirkung der Eintragung des Beschlusses abwenden. Die

---

1021 Siehe ausführlich hierzu Teil C.

1022 Siehe hierzu *Noack*, FS Baums, 845 (860).

1023 Zur weiterhin bestehenden Möglichkeit der Durchführung eines Amtslöschungsverfahrens siehe ausführlich → E. II. 2. a) cc).

1024 Siehe *Koch* in: Hüffer/Koch, AktG, § 241, Rn. 28; OLG Köln, 2 Wx 62/01 v. 12.12.2001, NZG 2003, 75 (76).

Anregung eines Amtslöschungsverfahrens und die Einleitung des einstweiligen Rechtsschutzverfahrens kämen dann ebenfalls nicht mehr als Option in Betracht.

bb) Vorgehensmöglichkeiten Gesellschaftsexterner

Die Gläubiger und die Allgemeinheit können keine Anfechtungsklage gegen den Beschluss erheben, da sie nicht anfechtungsberechtigt sind.[1025] Zu erwägen ist die Erhebung einer Feststellungsklage gem. § 256 ZPO mit dem Ziel, die Nichtigkeit des Beschlusses festzustellen. Der generellen Zulässigkeit einer solchen Klage steht zunächst nicht die Streichung der speziell auf die Aktionäre und Verwaltungsorgane zugeschnittenen Nichtigkeitsklage entgegen, da Dritte auch de lege lata immer nur auf die allgemeine Feststellungsklage zurückgreifen können.[1026] Es stellt sich jedoch auch hier das Problem, dass die Nichtigkeitsgründe nicht mehr im Aktienrecht normiert sind. Die Nichtigkeit durch einen Rückgriff auf das Bürgerliche Gesetzbuch und die dort in §§ 134, 138, 826 BGB niedergelegten Grundsätze herzuleiten, würde einen Rückschritt darstellen und, wie bereits dargelegt, zu erheblicher Rechtsunsicherheit führen. Zudem würde sich mangels der Normierung einer Heilungsmöglichkeit für nichtige Beschlüsse wiederum das Problem ergeben, dass nichtige Beschlüsse auch noch Jahre später angegriffen werden könnten. Daher scheidet diese Option aus. Ebenso können sich Dritte mangels Normierung der Nichtigkeitsgründe auch nicht „auf andere Weise" auf eine Nichtigkeit berufen.

Als letzte Möglichkeit käme wiederum die Anregung der Löschung von Amts wegen gem. § 398 FamFG für eingetragene Beschlüsse in Betracht. Voraussetzung für die Löschung ist, dass der Beschluss gegen zwingende Vorschriften verstößt und seine Beseitigung im öffentlichen Interesse erforderlich scheint. Zu bedenken ist, dass das Amtslöschungsverfahren nur bei eingetragenen Beschlüssen und spezifischen Nichtigkeitsfällen einschlägig ist. Für den Fall, dass der Eintragung des Beschlusses eine positiven Freigabeentscheidung zugrunde liegt, scheidet eine Amtslöschung aus. Zudem können Dritte das Amtslöschungsverfahren nur anregen; sie haben keinen Anspruch darauf, dass das Registergericht den Beschluss als nichtig löscht.[1027] Mithin ist der Schutzumfang Gesellschaftsexterner durch die Nichtigkeitsklage sehr begrenzt.

1025 Vgl. § 245 AktG.

1026 Vgl. § 249 I S. 1 AktG; siehe auch *Koch* in: Hüffer/Koch, AktG, § 249, Rn. 12; OLG Naumburg, 7 U 236/96 v. 06.02.1997, NZA-RR 1997, 177 (178); BGH, II ZR 80/65 v. 25.04.1966, NJW 1966, 1458 (1459); *Englisch* in: Hölters, Aktiengesetz, § 249, Rn. 7.

1027 Siehe *Koch* in: Hüffer/Koch, AktG, § 241, Rn. 28; OLG Köln, 2 Wx 62/01 v. 12.12.2001, NZG 2003, 75 (76).

cc) Vorgehensmöglichkeiten des Registergerichts

Nach Eintragung des Beschlusses käme auch hier wiederum die Durchführung eines Amtslöschungsverfahrens von Amts wegen oder aufgrund einer Anregung in Betracht. Voraussetzung für eine Löschung des Beschlusses als nichtig von Amts wegen ist der inhaltliche Verstoß gegen zwingende gesetzliche Vorschriften und dass die Beseitigung im öffentlichen Interesse erforderlich erscheint.[1028] Wie bereits aufgezeigt, muss es sich um Mängel handeln, die nicht bloß Form und Verfahren betreffen, und es müssen Mängel sein, die nicht bloß Anfechtbarkeit sondern Nichtigkeit begründen.[1029] Als Anknüpfungspunkt für die Beurteilung der Nichtigkeit dient vorliegend zunächst der Verstoß gegen zwingende gesetzliche Vorschriften: „**Zwingend** sind solche **gesetzlichen Regeln**, die die Gesellschafter auch einstimmig nicht außer Kraft setzen können, seien sie gesellschaftsrechtlicher oder allgemeiner (insbesondere §§ 134, 138 BGB) Art."[1030]

Fraglich ist jedoch, ob die Streichung der Nichtigkeitsgründe und -klage aus dem Aktiengesetz nicht konsequenterweise auch das Amtslöschungsverfahren gem. § 398 FamFG blockiert bzw. diese Vorschrift ebenfalls aus dem Gesetz gestrichen werden müsste. Gegen die Anwendbarkeit dieser Vorschrift spricht zunächst der systematische Zusammenhang mit § 241 AktG und die Überschrift des Gesetzestextes „Löschung nichtiger Beschlüsse". Wurde die Kategorie der ipso iure eintretenden Nichtigkeit von Hauptversammlungsbeschlüssen abgeschafft, erscheint es zunächst widersprüchlich, dieser im Amtslöschungsverfahren weiterhin einen Platz zuzuweisen. So könnte man argumentieren, dass der Gesetzgeber, wenn er die Kategorie der Nichtigkeit aus dem Aktiengesetz streicht, er dies daher konsequenterweise auch in Bezug auf das Amtslöschungsverfahren so handhaben müsste. Eine Löschung des Beschlusses durch einen Rückgriff auf § 395 FamFG – der von § 398 FamFG als lex specialis verdrängt wird[1031] – käme dann auch nicht in Betracht, da dieser nur an die Unzulässigkeit der Eintragung wegen des Mangels einer wesentlichen Voraussetzung anknüpft – wie z.B. die sachliche Unrichtigkeit der Eintragung[1032] – und mithin andere Anforderungen an die Löschung stellt. Ein weiterer Aspekt, der gegen eine Anwendbarkeit des § 398 FamFG spricht, ist, dass nach h.M. und auch hier vertretener Ansicht Grundvoraussetzung für eine Löschung das Vorliegen einer Nichtigkeit gem. § 241 Nr. 3 oder 4 AktG ist.[1033] So könnte man argumentierten, dass bei einer Abschaffung des § 241 AktG auch der Anknüpfungspunkt für einen inhaltlichen Verstoß i.S.v. § 398 FamFG fehlt.

1028 Siehe § 398 FamFG.

1029 Siehe hierzu ausführlich → D. II. 1. f) aa).

1030 *Schlemmeier* in: Haußleiter, FamFG-Ko, § 398, Rn. 3.

1031 OLG Düsseldorf, 3 Wx 44/04 v. 22.06.2004, NZG 2004, 824 (825); *Heinemann* in: Keidel, FamFG, § 395, Rn. 7; *Krafka* in: Rauscher, MüKo FamFG, § 395, Rn. 5.

1032 OLG Düsseldorf, 3 Wx 483/98 v. 14.12.1998, NJW-RR 1999, 1052 (1053); *Krafka* in: Rauscher, MüKo FamFG, § 395, Rn. 12.

1033 Siehe ausführlich hierzu → D. II. 1. f) aa)(2).

Gegen die Notwendigkeit der Streichung des § 398 FamFG spricht hingegen, dass § 398 FamFG dem Wortlaut nach eigene Voraussetzungen an die Nichtigkeit von Hauptversammlungsbeschlüssen stellt und mithin ein Rückgriff auf § 241 AktG oder §§ 134, 138 BGB nicht notwendig scheint. Ein weiteres gewichtiges Argument ist zudem in der Historie der Vorschrift zu finden.[1034] Die Vorgängervorschrift zu § 398 FamFG wurde bereits 1898 erlassen.[1035] Zu dieser Zeit waren jedoch die Nichtigkeitsgründe in Bezug auf Hauptversammlungsbeschlüsse noch nicht gesetzlich normiert, so dass eine zwingende Abhängigkeit der Vorschriften ausscheidet.[1036]

Nach der hier vertretenen Auffassung sprechen mithin die besseren Argumente dafür, auch bei einer Löschung der Nichtigkeitskategorie aus dem Aktiengesetz die Löschung von Amts wegen unter den in § 398 FamFG genannten Voraussetzungen weiter zuzulassen. Konsequenterweise sollte das Registergericht daher nicht nur das Recht und die Pflicht haben, die Eintragung rechtswidriger Beschlüsse abzulehnen, wenn durch die Fehlerhaftigkeit des Beschlusses Interessen der Gläubiger, der zukünftigen Aktionäre oder der öffentlichen Ordnung auch lediglich nur mittangiert seien, sondern auch bei Vorliegen der Tatbestandsvoraussetzungen des § 398 FamFG eine Eintragung ablehnen können Mithin könnte das Registergericht – sofern nicht eine Freigabeentscheidung aufgrund einer Anfechtungsklage die Eintragung des Beschlusses anordnet oder die nachträgliche Amtslöschung blockiert – auch bei einer Abschaffung der Nichtigkeitsgründe unter den genannten Voraussetzungen gegen nichtige Beschlüsse vorgehen.

b) Fazit

Die Löschungen der Nichtigkeitsgründe und –klage aus dem Aktiengesetz hätte weitreichende Konsequenzen für die Vorgehensmöglichkeit gegen fehlerhafte Beschlüsse seitens der Aktionäre und gesellschaftsexterner Personen. Aktionäre könnten Mängel von Hauptversammlungsbeschlüssen nur noch im Wege der Anfechtungsklage geltend machen. Sollten sie sich mittels Anfechtungsklage gegen Beschlüsse über Maßnahmen, die die Einleitung eines Freigabeverfahrens ermöglichen, wehren und ist ein positiver Freigabebeschluss ergangen, könnten sie der Wirkung der Eintragung nichts mehr entgegensetzen. Nach Ablauf der Anfechtungsfrist wären sie gar nicht mehr fähig, gegen den fehlerhaften Beschluss auf dem Klageweg vorzugehen. Ihnen bliebe dann nur noch die Möglichkeit der Anregung des Amtslöschungsverfahrens, dessen Anwendungsbereich jedoch eng umgrenzt ist und dessen Durchführung sie nicht einklagen können.

1034 Zur Historie der Vorschrift → C. II. 2. f).

1035 Siehe § 144 II des Gesetzes über die Angelegenheiten der freiwilligen Gerichtsbarkeit vom 17.05.1898, RGBl. S. 189.

1036 Siehe zur Historie der Vorschrift → C. II. 2. f).

Externe hätten mangels Anknüpfungspunkt für eine Nichtigkeitsfeststellungsklage keine Möglichkeit mehr, die Nichtigkeit von Hauptversammlungsbeschlüssen eigenständig gerichtlich geltend zu machen. Sie könnten zwar ebenfalls weiterhin ein Amtslöschungsverfahren anregen, falls der Beschluss gegen zwingende gesetzliche Vorschriften verstößt und die Beseitigung im öffentlichen Interesse erforderlich scheint, jedoch hätten sie wie die Aktionäre auf die tatsächliche Durchführung des Verfahrens keinen weiteren Einfluss.

Das Registergericht wäre hingegen von einer Löschung der Nichtigkeitskategorie in seinen Handlungsoptionen kaum tangiert, da nach hier vertretener Auffassung die Möglichkeit der Eintragungsverweigerung und der Amtslöschung weiterhin möglich bliebe. Dennoch ist auch diesbezüglich zu bedenken, dass eine zugunsten der Gesellschaft ergehende Freigabeentscheidung wiederum die Amtslöschung blockiert werdenkann.

3. Ergebnis

Die Untersuchung hat die Möglichkeiten für Aktionäre, Externe und das Registergericht aufgezeigt, gegen fehlerhafte Beschlüsse vorzugehen. Für die Aktionäre ist es de lege lata problemlos möglich, die Nichtigkeit von Beschlüssen, die nicht der Freigabe unterfallen, geltend zu machen und die gewünschte Rechtsfolge – nämlich, dass der Beschluss keine Wirkung entfaltet – zu erwirken. Für das Registergericht gilt diese Aussage nach erfolgter Eintragung mit der Einschränkung, dass es sich um eingetragene Beschlüsse handeln muss und die Nichtigkeit nicht allein durch Verfahrensfehler begründet wird. Vor der Eintragung kann und hat das Registergericht nicht nur bei nichtigen, sondern nach hier vertretener Auffassung hingegen auch bei lediglich anfechtbaren Beschlüssen die Eintragung zu verweigern, wenn durch die Fehlerhaftigkeit des Beschlusses Interessen der Gläubiger, der zukünftigen Aktionäre oder der öffentlichen Ordnung auch lediglich nur mittangiert sind. Gesellschaftsfremden Dritten ist es möglich, Nichtigkeitsfeststellungsklage zu erheben, die Nichtigkeit auf sonstige Weise, also bspw. als Einrede in einem Prozess, geltend zu machen oder ein Amtslöschungsverfahren anzuregen.

Betrifft der angegriffene Beschluss Maßnahmen, die der Freigabe unterliegen, und ist eine die Eintragung stattgebende Freigabeentscheidung ergangen, ist es sowohl dem Registergericht als auch den Aktionären und Dritten nicht mehr möglich, gestützt auf den im Rahmen der Freigabeentscheidung abgehandelten Mangel die Wirkung der Eintragung des nichtigen Beschlusses zu modifizieren. So können eine Freigabe der Eintragung und die damit einhergehende „Verweichlichung" der Nichtigkeitsfolge zu schwerwiegenden Rechtsschutzmängeln führen

Die Untersuchung hat zugleich verdeutlicht, dass verglichen mit der Rechtslage de lege lata, die Abschaffung der Kategorie der Nichtigkeit schwerwiegende Konsequenzen mit sich bringen würde. Zwar könnten sich Aktionäre weiterhin im Wege der Anfechtungsklage gegen fehlerhafte Beschlüsse wehren, allerdings hätten sie nach Ablauf der Anfechtungsfrist nur noch die Option, ein Amtslöschungsverfahren wegen inhaltlicher Mängel anzustreben. Gesellschaftsexterne Personen und vor allem Gläubiger der Gesellschaft wären hingegen am stärksten von einer Löschung der Nichtigkeitstatbestände betroffen. Sie hätten überhaupt keine Möglichkeit mehr, die Nichtigkeit gerichtlich durchzusetzen. Auch eine Berufung auf die Nichtigkeit auf sonstige Weise würde ausscheiden. Letztlich könnten sie nur noch ein Amtslöschungsverfahren anregen. Die Optionen des Registergerichts wären hingegen nach hier vertretener Auffassung von einer Löschung der Nichtigkeitstatbestände kaum tangiert.

In Bezug auf die Ausgangsfrage, ob die Kategorie der Nichtigkeit eine Daseinsberechtigung im beschlussmängelrechtlichen Gefüge hat, lässt sich daher aus den Erkenntnissen dieser Untersuchung schlussfolgern, dass die Kategorie der Nichtigkeit jedenfalls zum Schutz außenstehender Dritter und somit zugleich zum Schutz öffentlicher Interessen aufrechterhalten werden muss.[1037]

III. Reformierung der Nichtigkeitstatbestände

1. Überblick über Reformvorschläge

Das vorstehende Kapitel hat dargelegt, dass die Nichtigkeit weiterhin Bestandteil des Beschlussmängelrechts sein sollte. Dennoch haben die Inkonsistenzen der Nichtigkeitskategorie im Rahmen des Beschlussmängelrechts aufgezeigt, dass die Tatbestände zur Nichtigkeit von Hauptversammlungsbeschlüssen sowie die diesbezüglichen Begleitvorschriften reformbedürftig sind. Diese Erkenntnis ist im Einklang mit der Ansicht des Gesetzgebers[1038] und der überwiegenden Ansicht der Literatur.[1039] Jüngst hat sich auch die überragende Mehrzahl der Teilnehmer des

1037 Im Ergebnis so auch *Bayer/Fiebelkorn*, ZIP 2012, 2181 (2190); *Fiebelkorn*, Beschlussmängelklagen, S. 375 ff.; auch *Koch* ist der Ansicht, dass es zum Schutz außenstehender Dritter zusätzlich zum Anfechtungstatbestand weiterhin einer eigenständigen Fehlerkategorie bedarf: *Koch*, Gutachten Beschlussmängelrecht, F 48 f.; der *Arbeitskreis Beschlussmängelrecht* will den Nichtigkeitstatbestand auf seinen „berechtigten Kern“ zurückführen, wobei diesbezüglich der elementare Minderheitenschutz sowie der Schutz der Gläubiger und öffentlicher Interessen maßgeblich sei: *Arbeitskreis Beschlussmängelrecht*, AG 2008, 617 (620).

1038 Vgl. RAusschuss BT-Drs. 18/6681 S. 12 [Vorabfassung]; sowie Koalitionsvertrag zwischen CDU, CSU und SPD, 19. Legislaturperiode, Rn. 6167 f.: „Im aktienrechtlichen Beschlussmängelrecht werden wir im Interesse des Minderheitenschutzes und der Rechtssicherheit Brüche und Wertungswidersprüche beseitigen (...).“

1039 *Arbeitskreis Beschlussmängelrecht*, AG 2008, 617 (619); *Fiebelkorn*, Beschlussmängelklagen, S. 25; *Bayer/Fiebelkorn*, ZIP 2012,2181 (2183 f.); *Koch*, Gutachten Beschlussmängelrecht, F 48 ff. siehe auch *Noack*, FS Baums, 845 (860 ff.); *Fleischer*, ZIP 2014, 149 (156).

deutschen Juristentags für eine Reformbedürftigkeit des Beschlussmängelrechts und damit auch des Nichtigkeitstatbestandes ausgesprochen.[1040]

Die Reformvorschläge sind zahlreich und befürworten in unterschiedlichem Ausmaß eine Neukonzeption des Beschlussmängelrechts.[1041] Auch der Anknüpfungspunkt für eine Reform der Nichtigkeitstatbestände bzw. des Beschlussmängelrechts im Allgemeinen ist sehr vielseitig. Zum Teil wird ein Mindestquorum für die Anfechtungs- und Nichtigkeitsklage angestrebt,[1042] dessen Einführung nach teilweise vertretener Ansicht dem Satzungsgeber selbst überlassen sein sollte.[1043] Andere hingegen befürworten – wenn auch in unterschiedlichem Ausmaß – eine Abschaffung der Registersperre bzw. die Einführung eines umgekehrten Freigabeverfahrens, so dass ein Suspensiveffekt nur aktiv im Wege des einstweiligen Rechtsschutzes zu erreichen ist.[1044] Ein Vorteil dieses Ansatzes sei darin zu sehen, dass ein der Gesellschaft entstandener Schaden durch eine Anwendung von § 945 ZPO verschuldensunabhängig vom Kläger gefordert werden könne, falls die Klage von Anfang an unbegründet war.[1045] Zurzeit muss der Kläger einen Schaden nur unter den strengen Voraussetzungen des § 826 BGB ersetzen.[1046] Des Weiteren sei nicht nachvollziehbar, warum gerade im Gesellschaftsrecht die Klageerhebung die Handlungsfreiheit der Beteiligten derart einschränken sollte, während dies außerhalb des Gesellschaftsrechts nicht der Fall ist und die Klageerhebung hier allenfalls Verzug begründe oder zu einer Veränderung der Gefahrtragungspflichten führe.[1047] Andere hingegen sehen auch de lege lata schon die Möglichkeit, die strenge Nichtigkeitsfolge eng auszulegen und wieder ihrem ursprünglichen Sinn und Zweck zuzuführen.[1048] So sei eine teleologische Reduktion des § 241 Nr. 1 und Nr. 2 AktG möglich, die auch genutzt werden solle.[1049]

Umfangreiche materiell-rechtliche Neugestaltungen des Beschlussmängelrechts haben insbesondere der *Arbeitskreis Beschlussmängelrecht*[1050], sowie *Timo*

1040 Beschluss 1 angenommen (51:3:1). – Die Beschlüsse des 72. Deutschen Juristentags sind abrufbar unter: https://www.djt.de/fileadmin/downloads/72/181130_djt_internet_72_beschluesse.pdf (31.01.2019).

1041 Eine Übersicht findet sich bei *Hüffer/Schäfer* in: Goette/Habersack, MüKo, AktG, § 241, Rn. 4a.

1042 *Grunewald*, NZG 2009, 967 (970); Für Quorum bei Anfechtungsklage: *Bayer/Fiebelkorn*, ZIP 2012, 2181 (2185 f.); für Klagequorum um Rechtsfolge der Beschlusskassation erwirken zu können: *Vetter*, AG 2008, 177 (185 ff.); *Poelzig/Meixner*, AG 2008, 196 (201 ff.).

1043 *Grunewald*, NZG 2009, 967 (970).

1044 *Helm/Manthey*, NZG 2010, 415 (417 f.); *Schmidt*, AG 2009, 248 (256 ff.).

1045 *Helm/Manthey*, NZG 2010, 415 (417 f.).

1046 *Helm/Manthey*, NZG 2010, 415 (417 f.).

1047 *Helm/Manthey*, NZG 2010, 415 (417 f.).

1048 *Fleischer*, ZIP 2014, 149 (156).

1049 *Fleischer*, ZIP 2014, 149 (157); vgl. hierzu auch *Seibert/Hartmann*, FS Stilz, (590 f.).

1050 *Arbeitskreis Beschlussmängelrecht*, AG 2008, 617.

Fiebelkorn[1051] und jüngst *Jens Koch*[1052] im Rahmen seines Gutachtens zum 72. Deutschen Juristentags ausgearbeitet. Die unterbreiteten Vorschläge werden nachfolgend im Rahmen der Reformierung der Nichtigkeitstatbestände dargestellt und bewertet.

2. Die Reformierung der Nichtigkeitstatbestände

a) Beibehaltung der Kategorie der Nichtigkeit

Die vorstehende Untersuchung hat aufgezeigt, dass die Kategorie der Nichtigkeit im Grundsatz neben der Anfechtbarkeit weiterhin eine Daseinsberechtigung hat. Insbesondere für außenstehende Dritte und insbesondere Gläubiger der Gesellschaft wären die Konsequenzen der Abschaffung dieser Kategorie nicht tragbar.

Untermauert wird diese Schlussfolgerung durch die sich de lege lata im Rahmen des Freigabeverfahrens bereits zeigenden negativen Auswirkungen einer „Verweichlichung" der Rechtsfolge der Nichtigkeit. So erweist sich das Freigabeverfahren in seinem Anwendungsbereich zwar als effektive Lösung, missbräuchliche Klagen einzudämmen,[1053] jedoch versperrt die Eintragung aufgrund einer Freigabeentscheidung dem Registergericht, jeglichen (redlichen) Aktionären und Gesellschaftsexternen die Möglichkeit, die Wirkung der Eintragung und damit zugleich den Bestand des Beschlusses zu beseitigen.

b) Einheitsmodell oder Trennungskonzept

Dies festgestellt, verbleibt schließlich noch die Frage, ob es wie de lege lata vorgesehen weiterhin eines eigenständigen Nichtigkeitstatbestandes mit einer Nichtigkeitsklage bedarf, oder ob, wie der *Arbeitskreis Beschlussmängelrecht* vorgeschlagen hat,[1054] eine einheitliche Beschlussmängelklage vorzugswürdig ist.

aa) Meinungsstand

Der überwiegende Teil der in der Literatur unterbreiteten Reformvorschläge stutzt zwar den Nichtigkeitstatbestand zurecht, belässt es jedoch bei einem gesonderten Nichtigkeitstatbestand mit einer gesonderten Nichtigkeitsklage neben der Anfechtbarkeit.[1055]

1051 *Fiebelkorn*, Beschlussmängelklagen.
1052 *Koch*, Gutachten Beschlussmängelrecht.
1053 *S. Seibert* (BMJV): „...das Geschäftsmodell erpresserischer Kläger funktioniert seit UMAG und ARUG nicht mehr"; BOARD 2 / 2016, 50.
1054 Siehe § C des Vorschlags *Arbeitskreis Beschlussmängelrecht*, AG 2008, 617 (618).
1055 *Koch*, Gutachten Beschlussmängelrecht, F 48 ff. *Bayer/Fiebelkorn*, ZIP 2012, 2181 (2190); *Fiebelkorn*, Beschlussmängelklagen, S. 375 f.

Das Konzept des Vorschlags des *Arbeitskreises Beschlussmängelrecht* hingegen basiert darauf, dass es de lege ferenda nur noch einen einheitlichen Beschlussmängeltatbestand mit einer einheitlichen Beschlussmängelklage geben soll.[1056] Innerhalb der Beschlussmängel erfolgt sodann eine Differenzierung zwischen fehlerhaften und nichtigen Beschlüssen, die sich auch auf die Beschlussmängelfolgen und die Beschlussmängelklage auswirkt.[1057] So ermöglicht dieser Vorschlag dem Gericht, statt einer Kassation eines fehlerhaften Beschlusses alternative Sanktionen für die Fehlerhaftigkeit des Beschlusses zu verhängen, wie bspw. der Gesellschaft ein Rügegeld aufzuerlegen.[1058] Jegliche Mängel sollen zudem innerhalb eines Monats nach Klageerhebung geltend gemacht werden.[1059] Für den Fall der Nichtigkeit regelt dieser Vorschlag, dass das Gericht ohne Abweichungsmöglichkeit (ausnahmslos) die Nichtigkeit des Beschlusses festzustellen hat.[1060] Zudem beginnt die Klagefrist im Fall dieser zur Nichtigkeit führenden Mängel erst, wenn der Kläger von den zugrundeliegenden Tatsachen Kenntnis erlangt hat.[1061]

bb) Bewertung

Für das vom *Arbeitskreis Beschlussmängelrecht* vorgeschlagene Einheitsmodell spricht zunächst, dass die einheitliche Regelung eine bessere Übersichtlichkeit über Fehlerarten und Fehlerfolgen bietet. Zudem ist auch in Bezug auf die de lege lata der Anfechtung unterfallenden Mängel eine Alternative zur ex tunc Kassation des Beschlusses begrüßenswert. Trotz dieser Vorteile weist dieses Modell auch einige konzeptionelle Widersprüchlichkeiten und Schwächen – insbesondere in Bezug auf den Schutz gesellschaftsexterner Personen – auf.[1062] Wie *Koch* im Rahmen seines Gutachtens zum 72. Deutschen Juristentag zutreffend anführt, harmoniert eine kraft Gesetzes eintretende Nichtigkeitsfolge nicht mit dem Erfordernis einer Geltendmachung im Klageweg und einer Klagefrist.[1063] Stattdessen müsste laut *Koch* § 249 I S. 2 AktG – der klarstellt, dass die Geltendmachung der Nichtigkeit auch auf andere Weise als durch Klageerhebung erfolgen kann – gelten, der jedoch gemäß dem Vorschlag des *Arbeitskreises Beschlussmängelrecht* ersatzlos zu

---

1056 *Arbeitskreis Beschlussmängelrecht*, AG 2008, 617 (617 ff.).

1057 Siehe §§ A, B und C des Vorschlags *Arbeitskreis Beschlussmängelrecht*, AG 2008, 617 (617 f.).

1058 Siehe § B des Vorschlags *Arbeitskreis Beschlussmängelrecht*, AG 2008, 617 (618).

1059 Siehe § C Abs. I des Vorschlags *Arbeitskreis Beschlussmängelrecht*, AG 2008, 617 (618).

1060 Siehe § B Abs. I des Vorschlags *Arbeitskreis Beschlussmängelrecht*, AG 2008, 617 (618).

1061 Siehe § C Abs. I des Vorschlags *Arbeitskreis Beschlussmängelrecht*, AG 2008, 617 (618).

1062 Siehe hierzu *Koch*, Gutachten Beschlussmängelrecht, F 49 f.

1063 *Koch*, Gutachten Beschlussmängelrecht, F 49.

streichen ist.[1064] Dem ist zuzustimmen, da es dogmatisch sehr verwirrend ist, dass der Vorschlag zwar weiterhin Mängel vorsieht, „die von Gesetzes wegen zur Nichtigkeit führen“[1065], gleichzeitig die Geltendmachung dieser Mängel jedoch an ein Klageerfordernis innerhalb einer bestimmten Klagefrist knüpft.[1066] Des Weiteren bemängelt *Koch* zu Recht, dass laut dem Vorschlag des *Arbeitskreises Beschlussmängelrecht* weiterhin § 245 AktG gelten soll, der jedoch gesellschaftsexterne Personen nicht in die Anfechtungs- bzw. Klagebefugnis integriert.[1067] Letztlich kritisiert *Koch* auch das Nebeneinander von Klagefrist und Heilungsmöglichkeit, da de lege lata der Heilungstatbestand für nichtige Beschlüsse das funktionale Äquivalent zur Anfechtungsfrist bei anfechtbaren Beschlüssen ist.[1068] Im Ergebnis ist *Koch* daher zuzustimmen, dass sich eine Übernahme des Einheitsmodells – so wie vom *Arbeitskreis Beschlussmängelrecht* vorgeschlagen – nicht empfiehlt.[1069]

Nun könnte man natürlich noch erwägen, ein alternatives Einheitsmodell einzuführen, das die genannten Schwächen und konzeptionellen Widersprüche des Vorschlags des *Arbeitskreises Beschlussmängelrecht* behebt. Die Frage ist jedoch, ob sich eine solche Einheitslösung überhaupt empfiehlt. Die Grundproblematik liegt darin begründet, dass jedenfalls für schwerwiegende Mängel – insbesondere solche, die den Interessenkreis gesellschaftsexterner Personen tangieren – nicht die gleichen Rahmenbedingungen gelten können wie für Beschlüsse, die allein gegen Vorschriften verstoßen, die ausschließlich im Aktionärsinteresse gegeben sind.[1070] Wie *Koch* im Rahmen seines Gutachtens zutreffend anführt, kann die Geltendmachung von Schwerstmängeln nicht von der Initiative der Aktionäre abhängen.[1071] Andernfalls bestünde die Gefahr, dass Beschlüsse, die unter schwerwiegenden Verstößen leiden, dauerhaft in Bestandskraft erwachsen, nur weil kein Aktionär hiergegen vorgeht.

Eine generelle Ausweitung der Anfechtungsbefugnis auch auf gesellschaftsexterne Personen oder staatliche Behörden wäre ebenfalls keine sinnvolle Lösung, da die Dispositionsbefugnis der Aktionäre bei Mängeln, die nur sie betreffen, im Grundsatz erhalten bleiben sollte. Daher wäre auch im Rahmen eines Einheitsmodells eine Differenzierung zwischen Beschlussmängeln, die nur von Aktionären bzw. anfechtungsberechtigten Organen geltend gemacht werden können, und solchen, die auch von gesellschaftsexternen Personen weiterhin gerügt werden

---

1064 *Koch*, Gutachten Beschlussmängelrecht, F 49; siehe weiter geltende Vorschriften laut des Vorschlags *Arbeitskreis Beschlussmängelrecht*, AG 2008, 617 (619).

1065 *Arbeitskreis Beschlussmängelrecht*, AG 2008, 617 (621).

1066 *Arbeitskreis Beschlussmängelrecht*, AG 2008, 617 (617 f., 621).

1067 *Koch*, Gutachten Beschlussmängelrecht, F 49.

1068 *Koch*, Gutachten Beschlussmängelrecht, F 49 f.

1069 *Koch*, Gutachten Beschlussmängelrecht, F 50.

1070 Auch *Koch* führt an, dass für außenstehende Dritte Klagefrist- und Klagebefugnis nicht gleichermaßen gelten können: *Koch*, Gutachten Beschlussmängelrecht, F 48.

1071 *Koch*, Gutachten Beschlussmängelrecht, F 49.

können, zwingend geboten. Auch in letzterem Fall eine Geltendmachung des Beschlussmangels zwingend auf dem Klagewege einzuführen, wäre zudem jedoch auch keine befriedigende Lösung, da zum einen die Nichtigkeit grds. absolut wirkt und nicht der Disposition einzelner Personengruppen oder der Geltendmachung innehrhalb einer Klagefrist unterstehen sollte, zum anderen ein Klagezwang gesellschaftsexternen Personen eine nicht zu rechtfertigende Initiativlast auferlegen würde.[1072] Im Ergebnis müsste daher – wie auch der Vorschlag des *Arbeitskreises Beschlussmängelrecht* belegt – selbst bei einer „Einheitslösung" eine Differenzierung nach Fehlerart, Art und Weise der Geltendmachung, dem Personenkreis, der sich darauf berufen darf, etc. vorgesehen werden, um dem Konzept der Nichtigkeit von Beschlüssen, die unter Schwerstmängel leiden, jedenfalls zum Schutz gesellschaftsexterner Personen gerecht werden zu können. Als Konsequenz würde sich jedoch eine Einheitslösung allenfalls auf den ersten Blick als strukturierter und harmonischer geregelt erweisen. Bei genauerer Betrachtung hingegen würde sich dieser Ansatz als eine systematisch schwieriger zu erfassende und schlimmstenfalls verwirrende Zusammenfassung zweier in bestimmten Aspekten grundlegend unterschiedlicher Konzepte darstellen.[1073]

cc) Ergebnis

Im Ergebnis ist daher von einem Einheitsmodell abzuraten.[1074] Vielmehr sollte die bisherige systematische Unterteilung zwischen nichtigen und anfechtbaren bzw. fehlerhaften Beschlüssen beibehalten werden. Es ist daher vorzugswürdig an der derzeitigen Konzeption des Nichtigkeitstatbestandes festzuhalten.

c) Modifikation der Nichtigkeitsgründe

Die Untersuchung der einzelnen Nichtigkeitsgründe hat dargelegt, dass diese zum Teil inkonsistent geregelt sind und de lege ferenda einer Reformierung bedürfen. Im Folgenden werden daher unter Berücksichtigung der gewonnenen Erkenntnisse der bisherigen Untersuchungen und unter Berücksichtigung bereits getätigter Reformvorschläge Schlussfolgerungen für die zukünftige Ausgestaltung der Nichtigkeitsgründe gezogen.

1072 Siehe zur nicht zu rechtfertigenden Initiativlast bereits *Koch*, Gutachten Beschlussmängelrecht, F 49.

1073 Vgl. auch *Koch*, der den Vorschlag des AK in Bezug auf die einheitliche Klage mit automatisch eintretender Nichtigkeit als konzeptionell unklare Vermengung von Anfechtungs- und Nichtigkeitsfolgen bezeichnet: *Koch*, Gutachten Beschlussmängelrecht, F 49.

1074 So im Ergebnis auch *Koch*, Gutachten Beschlussmängelrecht, F 50.

aa) § 241 Nr. 1 AktG

(1) Grundsätzliche Schlussfolgerung der bisherigen Untersuchung

Die Untersuchung des § 241 Nr. 1 AktG im Hinblick auf seine Funktion[1075] hat aufgezeigt, dass die mit der Nichtigkeit geahndeten Einberufungsmängeln den Zweck verfolgen, das Teilnahmerecht und damit verbunden die Einflussmöglichkeit des Aktionärs auf die Geschicke der Gesellschaft abzusichern. Im Kontext der übrigen von § 241 AktG erfassten Nichtigkeitsfälle[1076] stellt dies insoweit einen Sonderfall da, als dass § 241 Nr. 1 AktG die einzige Vorschrift ist, die ausschließlich den Schutz von Aktionärsinteressen bezweckt. Des Weiteren hat die Überprüfung des § 241 Nr. 1 AktG auf seine Konsistenz deutliche Widersprüchlichkeiten aufgedeckt. So führen – ebenfalls schwerwiegende – Verstöße gegen die Vorschriften zur Bekanntgabe der Tagesordnung in der Einberufung sowie zur Wahrung der Einberufungsfrist nur zur Anfechtbarkeit der Beschlüsse, obwohl diese Vorschriften den gleichen Schutzzweck verfolgen wie die zur Nichtigkeit führenden Einberufungsmängel des § 241 Nr. 1 AktG i.V.m. § 121 II, III S. 1, IV AktG. Zudem wurde den Aktionären im Rahmen der zur Nichtigkeit führenden Einberufungsmängel eine dem Konzept der Nichtigkeit widersprechende Dispositionsbefugnis in bestimmten Fällen eingeräumt. Der Nichtigkeitstatbestand bezüglich der Einberufungsmängel sollte daher in seiner jetzigen Form nicht erhalten bleiben. Fraglich bleibt mithin allein, inwieweit sich eine Modifikation empfiehlt.

(2) Meinungsstand

In Bezug auf die Reformierung der zur Nichtigkeit führenden Einberufungsmängel stehen sich im Grundsatz zwei Lager gegenüber: zum einen diejenigen, die dafür plädieren, die zur Nichtigkeit führenden Einberufungsmängel einzuschränken, aber weiterhin der Nichtigkeit zuzuordnen,[1077] und auf der andere Seite diejenigen, die die Einberufungsmängel grundsätzlich aus dem Katalog der Nichtigkeitsgründe herausnehmen und Beschlüsse, die auf einer fehlerhaft einberufenen Hauptversammlung gefasst wurden, nur noch der Anfechtbarkeit zuweisen wollen.[1078]

Als Vertreter der ersten Ansicht ist zunächst der *Arbeitskreis Beschlussmängelrecht* anzuführen. Dieser plädiert dafür, § 241 Nr. 1 AktG in einer verschlankten Form de lege ferenda beizubehalten, um jedenfalls die Wahrung der essentiellen Formanforderungen in Hinblick auf die Einberufung zu

---

1075 Ausführlich hierzu → D. II. 1. a).

1076 Die im Eingangssatz des § 241 AktG genannten Nichtigkeitsgründe bleiben diesbezüglich unberücksichtigt.

1077 *Arbeitskreis Beschlussmängelrecht*, AG 2008, 617 (617, 620); *Noack*, FS Baums, 845 (862 f., 870).

1078 *Fiebelkorn*, Beschlussmängelklagen, S. 376 ff.; *Bayer/Fiebelkorn*, ZIP 2012, 2181 (2190 f.); *Koch*, Gutachten Beschlussmängelrecht, F 50 f.

gewährleisten.[1079] Hauptversammlungsbeschlüsse, die auf einer nicht ordnungsgemäß einberufenen Hauptversammlung gefasst wurden, seien jedenfalls dann mit der Nichtigkeit zu sanktionieren, wenn die „Einberufung nach § 121 AktG die Gesellschaft, die Zeit oder den Ort der Versammlung nicht hinreichend deutlich erkennen ließ, [...]".[1080] Maßgeblich sei diesbezüglich der Horizont eines objektiv urteilenden Aktionärs.[1081] Auch *Noack* argumentiert, dass die Nichtigkeitsfolge von Einberufungsmängeln jedenfalls dann weiterhin angebracht ist, „wenn die Gegenseite es zu toll getrieben hat".[1082] Seiner Ansicht nach sollten daher jedenfalls Verfahrensfehler, die auf einer bewussten Benachteiligung der Aktionäre beruhen, weiterhin zur ipso iure eintretenden Nichtigkeit von Hauptversammlungsbeschlüssen führen.[1083] Da es jedoch auch Fälle geben könne, bei denen man einen Vorsatz schwer nachweisen kann – etwa weil eine chaotische Einladungspraxis verfolgt wird – könnte man laut *Noack* auch alternativ einen Nichtigkeitstatbestand schaffen, der vorsieht, dass Nichtigkeit eintritt, wenn in „so hohem Maße gegen Verfahrensvorschriften verstoßen wurde, dass auch der Anschein einer dem Gesetz entsprechenden Hauptversammlung nicht mehr vorliegt."[1084]

Koch und *Fiebelkorn* plädieren hingegen für eine vollständige Herausnahme der Einberufungsmängel aus dem Katalog der Nichtigkeitsgründe.[1085]

(3) Bewertung

Ausgehend von dem dem Beschlussmängelrecht zugrundeliegendem Konzept, dass bei einer Verletzung von Aktionärsrechten im Rahmen der Hauptversammlung die Aktionäre den Beschluss anfechten können, liegt es zunächst nahe, die zur Nichtigkeit führenden Einberufungsmängel der Anfechtbarkeit zu unterwerfen. Dafür spricht auch, dass den Aktionären somit auch die Dispositionsbefugnis über die Wirksamkeit der Beschlüsse verbleibt. Dies ist jedenfalls dann sachgerecht, wenn Vorschriften verletzt werden, die allein ihre Interessen tangieren. Das Konzept de lege lata räumt den Aktionären zwar auch bezüglich der Einberufungsmängel eine gewisse Dispositionsbefugnis ein, jedoch stellt, wie aufgezeigt, eine solche Dispositionsbefugnis ausgehend von der Konzeption der ipso iure eintretenden Nichtigkeit einen Fremdkörper dar.

Unproblematisch wäre es, wenn die Einberufung der Hauptversammlung durch eine unbefugte Person einen Mangel begründen könnte, der nur zur Anfechtbarkeit der Beschlüsse führt. Für diese Handhabung spricht, dass dieser Fehler im Fall

---

1079 *Arbeitskreis Beschlussmängelrecht*, AG 2008, 617 (620).
1080 *Arbeitskreis Beschlussmängelrecht*, AG 2008, 617 (617, 620).
1081 *Arbeitskreis Beschlussmängelrecht*, AG 2008, 617 (620).
1082 *Noack*, FS Baums, 845 (862).
1083 *Noack*, FS Baums, 845 (863).
1084 *Noack*, FS Baums, 845 (870).
1085 *Fiebelkorn*, Beschlussmängelklagen, S. 376 ff.; *Bayer/Fiebelkorn*, ZIP 2012, 2181 (2190 f.); *Koch*, Gutachten Beschlussmängelrecht, F 50 f.

einer Vollversammlung geheilt werden kann, wenn kein Aktionär der Beschlussfassung widerspricht und somit die Dispositionsbefugnis der Aktionäre – für Nichtigkeitsgründe unüblich[1086] – dennoch gewahrt bleibt. Zudem besteht auch nicht die Gefahr, dass die Aktionäre keine Kenntnis vom Stattfinden der Hauptversammlung haben und somit ihr Anfechtungsrecht relativ problemlos ausüben könnten.

Schwieriger erweist sich hingegen die Einführung der bloßen Anfechtungsmöglichkeit von Beschlüssen, die auf einer Hauptversammlung getroffen wurden, die entweder gar nicht einberufen wurde oder in deren Einberufung nicht die Mindestangaben enthalten waren. Hier besteht die Gefahr, dass der Aktionär erst von der Hauptversammlung erfährt, wenn die Anfechtungsfrist bereits verstrichen ist.[1087] Dennoch gäbe es de lege ferenda die Möglichkeit, durch eine Modifikation des Anfechtungsrechts auch bei Eintritt dieser Mängel den Aktionären ausreichend Schutz zu gebieten. So führt *Fiebelkorn* überzeugend an, dass die Geheimversammlung ein Sonderfall sei, „der nicht zur Grundlage oder Rechtfertigung einer ex lege eintretenden Nichtigkeit bei Einberufungsmängeln gemacht werden kann."[1088] Als eigentliche Schwachstelle der Zuweisung der (bewussten) Nichtladung des Aktionärs zur Anfechtbarkeit identifiziert er nicht die Anfechtungsklage per se, sondern die Anfechtungsfrist.[1089] Unbilligkeiten ergäben sich bei Einberufungsmängeln erst dadurch, dass der nichtgeladene Aktionär erst nach Ablauf der Monatsfrist des § 246 I AktG überhaupt von der Versammlung erfahren und dann gegen den Beschluss nicht mehr vorgehen könnte.[1090] Als Lösungsansatz schlägt *Fiebelkorn* daher vor, den Beginn der Anfechtungsfrist derart zu modifizieren, dass bei einer in den Verantwortungsbereich der Gesellschaft fallenden Unkenntnis des Aktionärs von der Versammlung die Frist erst zu laufen beginnt, wenn der Aktionär „von der Beschlussfassung Kenntnis erlangt oder hätte erlangen müssen."[1091] Auch *Koch* spricht sich dafür aus, dem Sonderfall der Geheimversammlung durch eine kenntnisabhängige Anfechtungsfrist zu begegnen.[1092]

Ausgehend von dem dem Beschlussmängelrecht zugrundeliegendem Konzept, dass die Nichtigkeit die Ausnahme und die Anfechtbarkeit die Regel sein sollte,[1093] ist letzterer Ansicht der Vorzug zu gewähren. Einer ipso iure eintretenden

---

1086 Siehe zur grds. Wirkung der Nichtigkeit: *Hüffer/Schäfer* in: Goette/Habersack, MüKo, AktG, § 241, Rn. 14; BGH, II ZR 167/52 v. 16.12.1953, BGHZ 11, 231 (233); RG, II B 10/25 v. 19.05.1925, RGZ 111, 26 (28); *Koch* in: Hüffer/Koch, AktG, § 241, Rn. 4.

1087 So auch *Koch*, Gutachten Beschlussmängelrecht, F 51; *Bayer/Fiebelkorn*, ZIP 2012, 2181 (2190); *Fiebelkorn*, Beschlussmängelklagen, S. 377.

1088 *Fiebelkorn*, Beschlussmängelklagen, S. 377.

1089 *Fiebelkorn*, Beschlussmängelklagen, S. 377 f.

1090 *Fiebelkorn*, Beschlussmängelklagen, S. 377 f.

1091 *Fiebelkorn*, Beschlussmängelklagen, S. 378.

1092 *Koch*, Gutachten Beschlussmängelrecht, F 51.

1093 *Drescher* in: Spindler/Stilz, AktG, § 241, Rn. 4, 6 ff.

Nichtigkeit bedarf es nur dort, wo Personen zu schützen sind, die keine Anfechtungsbefugnis besitzen. Dieses Schutzkonzept spiegelt sich in den in § 241 Nr. 2, 3, 4 und 6 AktG genannten Nichtigkeitsgründen auch wider. § 241 Nr. 1 AktG, der ausschließlich die gegenwärtigen Aktionäre schützt, ist insoweit ein Sonderfall, der jedoch nicht seine Rechtfertigung darin findet, dass die genannten Fälle per se Schwerstmängel sind – denn andernfalls hätte auch bspw. ein Verstoß gegen die Wahrung der Einberufungsfrist dem Nichtigkeitstatbestand zugeordnet werden müssen – sondern vielmehr darin, dass sichergestellt werden sollte, dass die Aktionäre Kenntnis darüber erlangen, dass, wo und wann eine Hauptversammlung stattfindet. Gerade diese mögliche Unkenntnis der Aktionäre über das Stattfinden sowie Zeit und Ort der Hauptversammlung macht jedoch den Unterschied zu den Anfechtungsgründen aus und ist genau genommen der Grund, warum dieser Fehler so schwer wiegt. Wie *Fiebelkorn* zutreffend anführt, ist die Konzeption der Anfechtungsklage mit der einmonatigen Anfechtungsfrist ab Beschlussfassung – die bereits vor dem Nichtigkeitstatbestand normiert wurde – nicht auf diese Unkenntnis eines Aktionärs eingerichtet. So hätte die Anwendung der Anfechtungsklage auf Einberufungsmängel, die mit einer Unkenntnis der Aktionäre einhergehen, zu erheblichen Unbilligkeiten geführt. Nicht verwunderlich ist es daher, dass der historische Gesetzgeber diesen Verstoß der Nichtigkeit zugeordnet hat. Diese Tatsache rechtfertigt es jedoch nicht, de lege ferenda an dieser Unstimmigkeit festzuhalten. Der Aktionärsschutz kann auch für den Fall der Geheimversammlung hinreichend sicher durch eine modifizierte Anfechtungsfrist erreicht werden. Zugleich würde auch die de lege lata bestehende Unstimmigkeit, dass die eigentlich zur ipso iure eintretenden Nichtigkeit führenden Einberufungsmängel in bestimmten Fällen dann doch wieder der Dispositionsmacht der Aktionäre zu unterliegen, behoben und die Dispositionsbefugnis der Aktionäre über die Geltendmachung von Beschlussmängeln, die allein ihre Interessen tangieren, im Bereich der Einberufungsmängel sichergestellt.

(4) Ergebnis

Im Ergebnis sprechen daher die besseren Argumente dafür, Einberufungsmängel de lege ferenda nur noch der Anfechtbarkeit zu unterstellen. Um den Aktionärsschutz zu gewährleisten, sollte jedoch, wie von *Koch* und *Fiebelkorn* vorgeschlagen, die Anfechtungsklage wegen der in § 241 Nr. 1 AktG angeführten Einberufungsmängel an eine kenntnisabhängige Anfechtungsfrist geknüpft werden. § 241 Nr. 1 AktG ist daher aus dem Katalog der Nichtigkeitsgründe zu streichen.

bb) § 241 Nr. 2 AktG

(1) Grundsätzliche Schlussfolgerungen der bisherigen Untersuchung

Die Untersuchung der Nichtigkeit wegen eines Beurkundungsmangels[1094] hat aufgezeigt, dass der primäre Zweck dieser Regelung die Schaffung von Rechtssicherheit ist. Die Nichtigkeitsfolge tritt jedoch nicht nur bei inhaltlich fehlerhaften Protokollierungen, sondern auch bei formalen Fehlern – wie Nichtangabe von Tag und Ort der Hauptversammlung – ein. So führen im Grundsatz auch bereits durch den Notar und damit durch eine gesellschaftsexterne Person verschuldete „Bagatellmängel" zur Nichtigkeit, zugleich wird jedoch dem Notar eine weitreichende Berichtigungsmöglichkeit für Protokollfehler eingeräumt, die laut jüngster Rechtsprechung des BGH[1095] auch für nicht offensichtliche Protokollierungsmängel selbst nach Aushändigung der Urkunde gelten soll. Diesbezüglich führte der BGH an, dass der Rechtsverkehr ein größeres Interesse an korrigierten und damit fehlerfreien Urkunden habe als an unberichtigten fehlerbehafteten Urkunden.[1096] Diese Argumentation ist im Hinblick auf die Rechtssicherheitsfunktion der Beurkundung nachvollziehbar, steht aber dennoch in Diskrepanz zur grds. absolut wirkenden Nichtigkeitsfolge. Obwohl die ipso iure eintretende Nichtigkeit im Grundsatz nicht disponibel ist, wird dem Notar folglich durch die Berichtigungsmöglichkeit in gewissem Umfang eine Dispositionsbefugnis über die Nichtigkeit eingeräumt.

Eine weitere Unstimmigkeit dieses Nichtigkeitsgrunds hat die Untersuchung in Bezug auf die diesbezügliche Heilungsmöglichkeit aufgezeigt. So besitzt die fehlerhafte Beurkundung bei eintragungsbedürftigen Beschlüssen – im Gegensatz zu allen anderen Nichtigkeitsgründen des § 241 AktG – das Privileg, bereits mit Eintragung ohne zusätzlichen Fristablauf geheilt zu werden. Eine Löschung von Amts wegen ist in diesem Fall nicht mehr möglich. Auch diese Handhabung ist der Rechtssicherheitsfunktion geschuldet, in dem Sinn, dass möglichst schnell Klarheit über das, „was künftig als Willensäußerung der Hauptversammlung anzusehen ist" bestehen soll.[1097] Paradoxerweise scheint dieses Argument jedoch nur für Beurkundungsmängel zu gelten. Zudem ist der tatsächliche Nutzen dieser erleichterten Heilung insbesondere im Hinblick auf die Aktionärsinteressen fragwürdig. So gewährleistet die Heilungsanforderung bei inhaltlichen Mängeln im Rahmen der Beurkundung zwar zügig Rechtssicherheit, aber letztendlich nur dahingehend, dass der Beschluss, so wie er eingetragen wurde, Bestand hat. Nicht von Relevanz ist hingegen, ob der Beschluss inhaltlich den tatsächlichen Willen der Hauptversammlung widerspiegelt.[1098]

1094 Ausführlich hierzu → D. II. 1. b).

1095 BGH, II ZR 375/15 v. 10.10.2017, NZG 2017, 1374 (1377).

1096 BGH, II ZR 375/15 v. 10.10.2017, NZG 2017, 1374 (1377).

1097 Ausführlich hierzu *Koch*, FS 25 Jahre Notarinstitut, 491 (497).

1098 Ausführlich hierzu *Koch*, FS 25 Jahre Notarinstitut, 491 (497 f.).

Nicht nur die Rechtsprechung des BGH in Bezug auf die Berichtigungsmöglichkeit des Notars, sondern auch die Ausführungen des Rechtsausschusses zum Freigabeverfahren[1099] lassen den Schluss zu, dass auch diese die Nichtigkeitsfolge bei Beurkundungsmängeln für zu weitreichend ansehen. Eine Modifikation der Nichtigkeit wegen eines Beurkundungsmangels ist daher angebracht. Fraglich ist, ob sich eine grundsätzliche Herausnahme der Beurkundungsmängel aus dem Katalog der Nichtigkeitsgründe empfiehlt, oder ob es ausreicht, die Beurkundungsmängel auf ihren elementaren Kern zu begrenzen.

(2) Meinungsstand

In der Literatur werden bezüglich der Modifikation der Nichtigkeit auf Grund eines Beurkundungsmangels verschiedene Auffassungen vertreten. So plädiert *Fiebelkorn* dafür, § 241 Nr. 2 AktG zu streichen, das Beurkundungserfordernis aber dennoch aufrecht zu erhalten und ggf. das Fehlen der notariellen Niederschrift im Rahmen einer Ordnungswidrigkeit gem. § 405 AktG zu ahnden.[1100] Andere hingegen wollen den Tatbestand jedenfalls in gestutzter Form aufrecht erhalten. So spricht sich der *Arbeitskreis Beschlussmängelrecht* dafür aus, nur bei vollständigem Fehlen einer notariellen Niederschrift die ipso iure eintretende Nichtigkeitsfolge weiterhin zuzulassen.[1101] Als Begründung führt er an, dass nur in diesem Fall der Verwaltung ein Vorwurf gemacht werden könne, während die fehlerhafte Niederschrift allein dem – wohl kaum vorsätzlich handelnden – Notar anzulasten sei.[1102]

Koch hingegen identifiziert die Rechtssicherheitsfunktion der Beurkundung als primär zu schützendes Element der Nichtigkeitsanordnung.[1103] Er plädiert daher dafür, einen Beschluss dann für nichtig zu erklären, „wenn aufgrund eines Beurkundungsmangels der vom Versammlungsleiter festgestellte Beschlussinhalt nicht klar ermittelt werden kann."[1104] An der Heilung der Nichtigkeit durch Eintragung sollte seiner Ansicht nach festgehalten und die Heilungsvoraussetzung ggf. in den Nichtigkeitstatbestand integriert werden.[1105] Sein Formulierungsvorschlag lautet daher: *„Ein Beschluss der Hauptversammlung ist nichtig, wenn eine Niederschrift fehlt oder wenn die Feststellung des Vorsitzenden über die Beschlussfassung nach § 130 I AktG fehlerhaft protokolliert wurde, es sei denn, der Beschluss wurde in das Handelsregister eingetragen."*[1106] Laut *Koch* sollen Beurkundungsmängel hinsichtlich der Art und des Ergebnisses der Abstimmung hingegen de lege ferenda der

---

1099 Siehe hierzu → D. II. 1. b) cc) (2).

1100 *Fiebelkorn*, Beschlussmängelklagen, S. 380.

1101 *Arbeitskreis Beschlussmängelrecht*, AG 2008, S. 620, 617; Dem zustimmend auch *Noack*, FS Baums, 845 (864).

1102 *Arbeitskreis Beschlussmängelrecht*, AG 2008, 617 (620).

1103 *Koch*, FS 25 Jahre Notarinstitut, 491 (499).

1104 *Koch*, FS 25 Jahre Notarinstitut, 491 (499).

1105 *Koch*, FS 25 Jahre Notarinstitut, 491 (499).

1106 *Koch*, FS 25 Jahre Notarinstitut, 491 (499, Fn. 35).

Anfechtbarkeit zugewiesen werden.[1107] Da jedoch den Aktionären bei unzureichender Beurkundung ggf. die Grundlage fehlt, um Mängel der Beschlussfeststellung aufzudecken, soll es nach *Koch* im Rahmen der Begründung der Anfechtungsklage ausreichen können, dass der Aktionär beweist, dass ein Dokumentationsfehler vorliegt, weil dieser eventuell seine Beweisnot in Bezug auf die behaupteten fehlerhaften Feststellungen des Versammlungsleiters ausgelöst haben kann.[1108] Um auch in diesem Fall allerdings zu verhindern, dass der Beschluss aufgrund eines reinen Formfehlers kassiert wird, schlägt *Koch* in Anlehnung an die jüngste Rechtsprechung des BGH[1109] vor, dass der Nachweis eines Dokumentationsfehlers nur dann eine Anfechtung begründet, „sofern die Gesellschaft nicht ihrerseits darlegen und beweisen kann, dass keine Zweifel über die Ablehnung oder Annahme des Antrags und die Ordnungsmäßigkeit der Beschlussfassung verbleiben."[1110] Fehlerhafte Angaben in Bezug auf Tag und Ort der Hauptversammlung sollen weder zur Nichtigkeit noch zur Anfechtbarkeit führen, da diese laut *Koch* wohl kaum Aktionärsrechte tangieren könnten.[1111]

(3) Bewertung

Ausgangspunkt einer Bewertung, ob die Nichtigkeit wegen eines Beurkundungsmangels generell abgeschafft oder auf einen elementaren Kern reduziert werden sollte, ist die Frage, ob die durch das Beurkundungserfordernis geschützten Interessen eine Nichtigkeitsfolge gebieten. Dem Interesse der Aktionäre entspricht es, dass das, was der Versammlungsleiter ggf. auch fehlerhaft festgestellt hat, auch ebenso dokumentiert wird. Die korrekte Niederschrift einer fehlerfreien Feststellung des Versammlungsleiters führt dazu, dass der Beschluss auch ebenso in das Handelsregister eingetragen wird. Sollten die Feststellungen fehlerhaft sein, nutzt den Aktionären die korrekte Niederschrift, um Beweis über diese Fehlerhaftigkeit in einem Anfechtungsprozess zu erbringen. Die erlangte Rechtssicherheit am Bestand des fehlerhaft dokumentierten Beschlusses durch eine Heilung der Nichtigkeit bei Eintragung wird daher nur im Einzelfall den Bedürfnissen der Aktionäre gerecht. Dies wird allein dann der Fall sein, wenn sich die fehlerhafte Protokollierung nicht auf den Beschlussinhalt selbst bezieht und damit auf die Interessen der Aktionäre keine Auswirkungen hat. Anzunehmen ist dies insbesondere bei Fehlern in Bezug auf Zeit und Ort der Hauptversammlung. Sofern sich jedoch die Feststellungen des Versammlungsleiters im fehlerhaften Protokoll nicht widerspiegeln, wird es nicht im Interesse der Aktionäre sein, dass die Nichtigkeit bereits durch Eintragung geheilt wird, da allein durch die Heilung ihre Beweisnöte

---

1107 *Koch*, FS 25 Jahre Notarinstitut, 491 (499).
1108 *Koch*, FS 25 Jahre Notarinstitut, 491 (499).
1109 BGH, II ZR 375/15 v. 10.10.2017, NZG 2017, 1374 (1379), Rn. 62; siehe zu dieser Rechtsprechung bereits D. II. 1. b) cc) (2) (a).
1110 *Koch*, FS 25 Jahre Notarinstitut, 491 (500).
1111 *Koch*, FS 25 Jahre Notarinstitut, 491 (499).

nicht vermindert werden.[1112] Streng genommen ist der Preis, den die Aktionäre für die Rechtssicherheit zahlen, jedenfalls bei eintragungsbedürftigen Beschlüssen der, dass sie den Beschluss nicht mehr kassieren können, obwohl der Notar fehlerhaft beurkundet hat.

Den Aktionärsinteressen würde daher eine Anfechtungsmöglichkeit von Beschlüssen, die unter einem Beurkundungsmangel leiden, besser gerecht werden. Um Unbilligkeiten durch eine unzureichende Dokumentationsgrundlage auszugleichen, bietet der Vorschlag *Kochs* einen guten Lösungsansatz, der jedoch entsprechend der hier vertretenen Ansicht auf nahezu sämtliche von § 241 Nr. 2 AktG erfassten Protokollmängel ausgeweitet werden müsste. Demnach müssten die Aktionäre nicht beweisen, dass die Feststellungen des Versammlungsleiters fehlerhaft sind, sondern dass ein Beurkundungsmangel vorliegt, da dieser die Beweisnöte herbeigeführt haben könnte. Zudem hätte die Anfechtbarkeit von Beurkundungsmängeln den Vorteil, dass den Aktionären eine Dispositionsbefugnis über den Fortbestand des Beschlusses eingeräumt wird. Ausgehend von der Sichtweise der Aktionäre ist daher insoweit *Fiebelkorn* zuzustimmen, als dass dieser zu dem Schluss kommt, dass die Aktionäre bei Beurkundungsmängeln ihrer Dispositionsbefugnis beraubt werden, indem sie durch „eine ex lege eintretende Nichtigkeit geradezu entmündigt werden [...]“.[1113]

Dennoch darf nicht außer Acht gelassen werden, dass – im Gegensatz zu § 241 Nr. 1 AktG – der von der Nichtigkeitsanordnung bei Beurkundungsmängeln geschützte Rechtskreis nicht auf die Aktionäre begrenzt ist. So dient das Beurkundungserfordernis auch dem Interesse des Rechtsverkehrs, aber auch dem Interesse der zukünftigen Aktionäre, sowie der Gläubiger der Gesellschaft, Rechtssicherheit über Inhalt und Wirksamkeit der gefassten Beschlüsse zu schaffen.[1114] In dem Schutz dieses Personenkreises liegt letztendlich begründet, warum Beeinträchtigungen der Rechtssicherheit durch Beurkundungsmängel mit der Nichtigkeit sanktioniert werden.[1115]

Dennoch ist fragwürdig, inwieweit die Sanktionierung von Beurkundungsmängeln mit der ipso iure eintretenden Nichtigkeit diesem Bedürfnis überhaupt gerecht wird. Um dies zu bewerten, ist es notwendig, die verschiedenen Szenarien der Folgen fehlerhafter Beurkundungen zu eruieren. Für den Fall, dass bei eintragungsbedürftigen Beschlüssen das Protokoll (offensichtlich) fehlerhaft ist und der Registerrichter dies bemerkt, wird er dem Antragssteller eine Berichtigungsmöglichkeit einräumen oder, falls eine Korrektur nicht möglich ist, die Eintragung

1112 Siehe hierzu *Koch*, FS 25 Jahre Notarinstitut, 491 (497).
1113 *Fiebelkorn*, Beschlussmängelklagen, S. 379.
1114 Vgl. *Wicke* in: Spindler/Stilz, AktG, § 130, Rn. 1; *Kubis* in: Goette/Habersack, MüKo, AktG, § 130, Rn. 1; *Koch* in: Hüffer, Hüffer/Koch, AktG, § 130, Rn. 1; *Krieger*, NZG 2003, S. 366, 366; OLG Düsseldorf, 16 U 79/02 v. 28.03.2003, NZG 2003, 816 (818).
1115 *Koch*, FS 25 Jahre Notarinstitut, 491 (497).

verweigern[1116] mit der Folge, dass Rechtssicherheit herrscht.[1117] Sollte der Registerrichter den (nicht offensichtlichen) Mangel nicht bemerken und den Beschluss eintragen, wird die Nichtigkeit geheilt[1118] und es herrscht wiederum Rechtssicherheit.[1119] Bei nicht eintragungsbedürftigen bzw. eintragungsfähigen Beschlüssen ist hingegen eine Heilung gem. § 242 AktG grds.[1120] nicht möglich.[1121] Die Nichtigkeit wegen eines Beurkundungsmangels schwebt daher wie ein *Damoklesschwert* dauerhaft über den Beschlüssen. Der Rechtssicherheit ist in letzterem Fall mithin überhaupt nicht mit der Nichtigkeitsfolge gedient.

Würde man nun sämtliche Beurkundungsmängel[1122] der Anfechtungsfolge zuweisen, ist davon auszugehen, dass das Registergericht, wenn es den Mangel bemerkt, ebenso wie bei der Zuweisung zur Nichtigkeit die Eintragung verweigert.[1123] So hat das Registergericht das Recht und die Pflicht die Eintragung rechtswidriger Beschlüsse abzulehnen, wenn durch die Fehlerhaftigkeit des Beschlusses Interessen der Gläubiger, der zukünftigen Aktionäre oder der öffentlichen Ordnung auch lediglich nur mittangiert seien.[1124] Für den Fall, dass das Registergericht den Mangel nicht bemerkt, würde es – sofern zudem keine Anfechtungsklage erhoben wurde – den Beschluss eintragen. Als Folge würde der Beschluss nach Ablauf der einmonatigen Anfechtungsfrist in Bestandskraft erwachsen. Der wesentliche Unterschied zur Nichtigkeit von Beurkundungsmängeln bestünde aus der Sicht der Öffentlichkeit mithin darin, dass einen Monat Rechtsunsicherheit über den Bestand des Beschlusses dahingehend herrscht, ob der Beschluss noch angefochten wird oder nicht. Zudem können Gesellschaftsexterne den Beurkundungsmangel nicht mehr eigenmächtig anprangern, da sie keine Anfechtungsbefugnis besitzen. Dies erscheint jedoch nicht im Widerspruch zu der Anfechtungslösung zu stehen, da reine Verfahrensfehler auch grds. nicht die Interessen der Öffentlichkeit

---

1116 *Krafka*/Kühn, Registerrecht, Rn. 1375; *Wicke* in: Spindler/Stilz, AktG, § 130, Rn. 67; *Herrler* in: Grigoleit, AktGKo, § 130, Rn. 54.

1117 Siehe hierzu *Fiebelkorn*, Beschlussmängelklagen, S. 379 f.

1118 *Wicke* in: Spindler/Stilz, AktG, § 130, Rn. 67; *Herrler* in: Grigoleit, AktGKo, § 130, Rn. 54.

1119 Siehe hierzu *Fiebelkorn*, Beschlussmängelklagen, S. 379 f.

1120 Einzige Ausnahme sind die in § 253 I S. 2 AktG und § 256 VI AktG normierten Fälle und der Sonderfall, dass bei Einladung mittels eingeschriebenem Brief der nichtgeladene Aktionär gem. § 242 II S. 4 AktG den allein an diesem Mangel leidenden Hauptversammlungsbeschluss genehmigt: *Casper* in: Spindler/Stilz, AktG, § 242, Rn. 1, Rn. 3.

1121 Vgl. § 242 AktG; sowie *Wicke* in: Spindler/Stilz, AktG, § 130, Rn. 67.

1122 Zur Ausnahme des vollständigen Fehlens einer Beurkundung siehe nachfolgend → E. III. 2. c) bb)(4).

1123 *Krafka/Kühn*, Registerrecht, Rn. 1375.

1124 So die h.M. des Gesellschaftsrecht: *Koch* in: Hüffer/Koch, AktG, § 243, Rn. 56; *Hüffer/Schäfer* in: Goette/Habersack, MüKo, AktG, § 243, Rn. 138 f. *Drescher* in: Spindler/Stilz, AktG, § 241, Rn. 102; siehe zu diesem Streitpunkt ausführlich E. II. 1. a) cc)(1).

tangieren, sofern der Beschluss nicht inhaltlich sittenwidrig ist oder gegen Gläubiger- und sonstige öffentliche Interessen verstößt. Vom Aspekt der Rechtssicherheit aus gesehen ist es der Öffentlichkeit wohl auch nicht unzumutbar, ihr die Rechtsunsicherheit über den Bestand des Beschlusses bei einem (nicht offensichtlichen) Protokollierungsmangel während des Laufs der Anfechtungsfrist aufzubürden, zumal der Beschluss selbst bei einem Fortbestand des Protokollierungsmangels als Nichtigkeitsgrund ggf. auch wegen anderer Mängel mit der Anfechtungs- oder Nichtigkeitsklage angegriffen werden könnte. Für die Aktionäre hingegen hätte diese Lösung den Vorteil, dass sie innerhalb der Anfechtungsfrist gegen den fehlerhaft protokollierten Beschluss auch trotz Eintragung noch vorgehen könnten. Zudem wären auch nicht eintragungsbedürftige Beschlüsse nicht mehr dauerhaft dem Risiko der Nichtigkeit ausgesetzt, sondern es würde auch hier nach Ablauf der Anfechtungsfrist Rechtssicherheit über den Bestand des Beschlusses geschaffen werden. Ebenso erscheint die Berichtigungsmöglichkeit des Notars im Rahmen von anfechtbaren Beschlüssen dogmatisch besser verortet. Die Nichtigkeit wirkt im Grundsatz nämlich absolut[1125], so dass es de lege lata in diesem Kontext eigentümlich ist, dem Notar eine Art Dispositionsbefugnis über die Nichtigkeit zu gewähren.

Beurkundungsmängel sollten daher de lege ferenda grds. der Anfechtung unterworfen werden. Wie bereits angeführt, können etwaige Beweisschwierigkeit der Aktionäre dadurch ausgeglichen werden, dass die Aktionäre entsprechend dem Vorschlag *Kochs* nur beweisen müssen, dass ein Dokumentationsmangel vorlag, da eben dieser die Beweisnöte verursacht haben könnte. Fehlerhafte Angaben zu Tag und Zeit der Hauptversammlung sollten hingegen – wie von *Koch* vorgeschlagen – gänzlich ohne Einfluss auf den Bestand des Beschlusses sein, da die Rechte des Aktionärs durch diese Fehler in der Tat wohl kaum beeinträchtigt werden können.[1126]

Eine Reduktion der Nichtigkeit wegen eines Beurkundungsmangels stützt auch die Historie dieser Vorschrift.[1127] Wie aufgezeigt, findet die Nichtigkeit wegen eines Protokollierungsmangels ihren Ursprung bereits im Allgemeinen Deutschen Handelsgesetzbuch von 1884. Artikel 238a ADHGB 1884 statuierte, dass jeder Beschluss der Generalversammlung zu seiner Gültigkeit der gerichtlichen oder notariellen Beurkundung bedürfe. Das Handelsgesetzbuch von 1897 führte diese Beurkundungsanforderungen in § 259 I HGB 1897 fort, der Gesetzgeber ergänzte diese Regelung jedoch noch um drei weitere Absätze, die zusätzliche Erfordernisse an die ordnungsgemäße Beurkundung stellten. Als Folge nahmen Literatur und Rechtsprechung an, dass nunmehr auch ein Verstoß gegen diese neuen Vorschriften die Nichtigkeitsfolge gem. § 259 I HGB 1897 begründeten.[1128] Eine Intention des

1125 *Drescher* in: Spindler/Stilz, AktG, § 241, Rn. 26.
1126 Siehe hierzu *Koch*, FS 25 Jahre Notarinstitut, 491 (497).
1127 So bereits *Koch*, FS 25 Jahre Notarinstitut, 491 (492 f. 499).
1128 Siehe hierzu *Koch*, FS 25 Jahre Notarinstitut, 491 (494); sowie ausführlich C. II. 2. c).

historischen Gesetzgebers, auch diese Mängel der Nichtigkeitsfolge zu unterwerfen, lässt sich hingegen nicht feststellen.[1129] Letztlich hat die Ansicht von Literatur und Rechtsprechung dazu geführt, dass auch diese Mängel bei Normierung des Nichtigkeitstatbestands berücksichtigt wurden.[1130]

(4) Ausnahmeregelung für das vollständige Fehlen einer Protokollierung

Eine Ausnahme ist jedoch für das gänzliche Fehlen einer Protokollierung zu machen. Im Einklang mit dem Vorschlag des *Arbeitskreises Beschlussmängelrecht*[1131] sollte dieser Mangel weiterhin der Nichtigkeit zugewiesen werden. Dafür spricht insbesondere der Aspekt der Rechtssicherheit. Es ist sowohl im Interesse der Aktionäre als auch der Öffentlichkeit, dass dokumentiert wird, was in der Hauptversammlung beschlossen und vom Versammlungsleiter festgestellt wurde. Auch die Historie der Vorschrift legt nahe, jedenfalls den gänzlichen Mangel einer Protokollierung weiterhin der Nichtigkeitsfolge zu unterwerfen. Laut Gesetzesbegründung zum ADHBG 1884 war Zweck der Einführung der Protokollierungsvorschrift gewesen, zum einen Rechtssicherheit in Bezug auf die gefassten Beschlüsse zu bewirken, zum anderen sollte die Mitwirkung eines Richters oder Notars die Einhaltung von Gesetz und Satzung im Rahmen der Generalversammlungsbeschlüsse fördern.[1132] Wie die weit ausgestaltete Berichtigungsmöglichkeit des Notars bei Protokollfehlern sowie die schnelle Heilung durch Eintragung aufzeigt, ist auch heutzutage das Bedürfnis nach Rechtssicherheit noch das dominierende Element des Beurkundungsmangels. Der Vorschlag *Fiebelkorns,* das Fehlen einer notariellen Niederschrift als Ordnungswidrigkeitstatbestand auszugestalten,[1133] geht insoweit fehl, als dass die Auferlegung einer Geldbuße nicht dem Interesse der Aktionäre und der Öffentlichkeit gerecht wird. Die Protokollierung an sich ist die essentielle Grundlage für jegliche Nichtigkeits- und Anfechtungsklagen der Aktionäre. Auch die Öffentlichkeit wird sich nur auf die Nichtigkeit eines Beschlusses berufen könne, wenn dessen Inhalt – ggf. auch fehlerhaft – überhaupt fixiert ist. In Bezug auf die Anforderungen an die Protokollierungen sollte an der Regelung de lege lata insoweit festgehalten werden, als dass bei nichtbörsennotierten Gesellschaften eine vom Vorsitzenden des Aufsichtsrats zu unterzeichnende Niederschrift ausreicht, falls keine qualifizierte Mehrheit für die Beschlussfassung notwendig ist. In allen anderen Fällen ist aus Gründen der Rechtssicherheit und Beweissicherung

---

1129 Laut *Koch* sei dem Gesetzgeber möglichweise nicht bewusst gewesen, dass er mit der Einführung weiterer Formalia auch die Unwirksamkeitsanordnung in § 259 I HGB deutlich erweiterte: *Koch,* FS 25 Jahre Notarinstitut, 491 (494).

1130 Siehe hierzu *Koch,* FS 25 Jahre Notarinstitut, 491 (494); sowie ausführlich C. II. 2. c).

1131 *Arbeitskreis Beschlussmängelrecht,* AG 2008, S. 620, 617.

1132 Siehe Amtliche Begründung zu Art. 238a ADHGB von 1884, abgedr. bei *Schubert/Hommelhoff,* Hundert Jahre Aktienrecht, S. 505 f.

1133 *Fiebelkorn,* Beschlussmängelklagen, S. 380.

weiterhin eine Niederschrift durch einen Notar und somit eine gesellschaftsexterne Person geboten.

(5) Ergebnis

Im Ergebnis sollten Beurkundungsmängel de lege ferenda nur noch der Anfechtbarkeit unterfallen. Um Unbilligkeiten durch eine unzureichende Dokumentationsgrundlage auszugleichen, sollten die Aktionäre im Einklang mit dem Vorschlag *Kochs* im Rahmen einer Anfechtungsklage nicht beweisen müssen, dass die Feststellungen des Versammlungsleiters fehlerhaft sind, sondern dass ein Beurkundungsmangel vorliegt, da dieser die Beweisnöte herbeigeführt haben könnte. Protokollierungsfehler in Bezug auf Tag, Ort und Zeit der Hauptversammlung sollten hingegen auch nicht zur Anfechtbarkeit des Beschlusses führen, da Aktionärsinteressen durch diese Mängel nicht tangiert werden. Einzige Ausnahme vom Grundsatz der Anfechtbarkeit sollte das vollständige Fehlen einer Protokollierung bilden. Wie aufgezeigt, ist die Dokumentation essentielle Grundlage für jegliche Anfechtungs- und Nichtigkeitsklagen, so dass die ipso iure eintretende Nichtigkeit für diesen Fall aufrecht zu erhalten ist.

cc) § 241 Nr. 3 AktG

Gem. § 241 Nr. 3 AktG sind Beschlüsse nichtig, die mit dem Wesen der Aktiengesellschaft nicht zu vereinbaren sind oder durch ihren Inhalt Vorschriften verletzen, die ausschließlich oder überwiegend zum Schutze der Gläubiger der Gesellschaft oder sonst im öffentlichen Interesse gegeben sind.

(1) Grundsätzliche Schlussfolgerungen der bisherigen Untersuchung

Das vorstehende Kapitel[1134] zur Konsistenz der Nichtigkeitsgründe hat aufgezeigt, dass nach der hier vertretenen Ansicht dieser Nichtigkeitstatbestand ausgehend von seiner Funktion in sich konsistent ist. Dennoch hat die diesbezügliche Untersuchung auch verdeutlicht, dass es in Bezug auf inhaltliche Mängel gem. § 241 Nr. 3 AktG in der Literatur nicht nur stark umstritten ist, wie das Verhältnis der Tatbestandsvarianten zueinander ist, sondern auch wie sich dieser Nichtigkeitsgrund zum Grundsatz der Satzungsstrenge verhält. Wenig verwunderlich ist daher insbesondere die Frage, ob die Wesensvariante bei einer Reformierung de lege ferenda aufrecht erhalten werden sollte, im Rahmen der Reformvorschläge stark umstritten.

(2) Meinungsstand

In der Literatur ist man sich einig, dass Beschlüsse, die gegen zwingende im Gläubiger- und öffentlichen Interesse bestehende Regelungen verstoßen,

---

1134 Siehe ausführlich hierzu D. II. 1. c).

weiterhin nichtig sein sollten.[1135] Uneinigkeit besteht hingegen dahingehend, ob es auch weiterhin der Einbeziehung der Wesensvariante bedarf. Die Mehrzahl der Reformvorschläge sieht einen Verstoß gegen das Wesen der AG de lege ferenda als Nichtigkeitsgrund nicht mehr vor.[1136] Dies bedeutet nicht, dass die Grundprinzipien des Aktienrechts de lege ferenda nicht mehr von der Nichtigkeit erfasst werden sollten, sondern es ist viel mehr davon auszugehen, dass diese Ansichten „Wesensverstöße" mittels des Verstoßes gegen öffentliche Interessen ahnden wollen.[1137] So argumentiert der *Arbeitskreis Beschlussmängelrecht*, dass die Aufrechterhaltung „zentraler Strukturelemente" der Aktiengesellschaft im öffentlichen Interesse sei und es daher keiner gesonderten Benennung im Rahmen eines Nichtigkeitsgrunds bedarf.[1138]

Die Problematik einer reinen Begrenzung des Nichtigkeitstatbestands auf Verstöße gegen Regelungen im Gläubiger- und öffentlichen Interesse identifizieren *Koch* und *Noack* jedoch dahingehend, dass der Grundsatz der Satzungsstrenge ausgehebelt werden könnte.[1139] So bestehe die Gefahr, dass die Hauptversammlung eine Satzungsänderung beschließt, die mit § 23 V AktG nicht in Einklang ist, jedoch auch keine Gläubiger- und öffentlichen Interessen tangiert.[1140] Da sich die Nichtigkeit von Satzungsänderungen nach der herrschenden Meinung nicht an § 23 V AktG selbst sondern an § 241 AktG misst, könnte die Hauptversammlung mithin Satzungsänderungen beschließen, die tags zuvor in der Ursprungssatzung noch unzulässig waren.[1141] De lege lata können solche unzulässigen nachträglichen Satzungsänderungen über die Wesensvariante sanktioniert werden.[1142] Laut *Noack* und *Koch* müsste daher bei einer Abschaffung der Wesensvariante jedenfalls eine alternative Regelung geschaffen werden, um die Satzungsstrenge abzusichern.[1143]

1135 Siehe § A Abs. 3 Nr. 3 des Entwurfs, *Arbeitskreis Beschlussmängelrecht*, AG 2008, 617 (617); *Fiebelkorn*, Beschlussmängelklagen, S. 376, 385; *Koch*, Gutachten Beschlussmängelrecht, F 52 f; *Noack*, FS Baums, 845 (864 f.).

1136 Siehe § A Abs. 3 Nr. 3 des Entwurfs, *Arbeitskreis Beschlussmängelrecht*, AG 2008, 617 (617); *Fiebelkorn*, Beschlussmängelklagen, S. 376, 385.

1137 Siehe hierzu *Noack*, FS Baums, 845 (864); *Arbeitskreis Beschlussmängelrecht*, AG 2008, 617 (620).

1138 *Arbeitskreis Beschlussmängelrecht*, AG 2008, 617 (620).

1139 *Koch*, Gutachten Beschlussmängelrecht, F 52 f; *Noack*, FS Baums, 845 (866).

1140 *Koch*, Gutachten Beschlussmängelrecht, F 52 f; *Noack*, FS Baums, 845 (866).

1141 *Koch*, Gutachten Beschlussmängelrecht, F 53; *Koch*, ZHR 2018, 378 (387); *Noack*, FS Baums, 845 (866).

1142 *Koch*, Gutachten Beschlussmängelrecht, F 52 f; *Koch* in: Hüffer/Koch, AktG, § 241, Rn. 17; siehe ausführlich hierzu → D. II. 1. c) aa) (2) und (3).

1143 *Koch*, Gutachten Beschlussmängelrecht, F 52 f; *Noack*, FS Baums, 845 (866); *Koch*, ZHR 2018,378 (387, 392); a.A. wohl *Arbeitskreis Beschlussmängelrecht*, AG 2008, 617 (620).

(3) Bewertung

Die Untersuchung der Nichtigkeit auf ihre Daseinsberechtigung hat aufgezeigt, dass die Nichtigkeit jedenfalls zum Schutz von Gläubiger- und öffentlichen Interessen weiterhin eine Berechtigung im beschlussmängelrechtlichen Gefüge hat. Eine Nichtigkeit von Beschlüssen, die inhaltlich Vorschriften verletzten, die ausschließlich zum Schutz der Gläubiger oder öffentlicher Interessen gegeben sind, muss daher im Einklang mit den genannten Reformvorschlägen als Nichtigkeitsgrund beibehalten werden.

Fraglich bleibt mithin, ob auch ein Verstoß gegen das Wesen der AG weiterhin zur Nichtigkeit der Beschlüsse führen sollte. Wie bereits im Rahmen der Untersuchung der Konsistenz des Nichtigkeitsgrund gem. § 241 Nr. 3 AktG aufgezeigt, hat nach hier vertretener Ansicht die Wesensvariante weiterhin einen klar umrissenen Anwendungsbereich und ist eben kein – wie von der Gegenansicht angeprangert – konturloses Konstrukt. Diese These stützt auch die Historie der Vorschrift.[1144] Das stärkste Argument für die Notwendigkeit, die Wesensvariante aufrecht zu erhalten, ist jedoch die von *Koch* und *Noack* angesprochene Gefahr der Aushebelung des Grundsatzes der Satzungsstrenge durch Satzungsänderungen, die nicht mit § 23 V AktG in Einklang sind, aber der konkrete Verstoß gegen § 23 V AktG dennoch nicht die Schwelle des öffentlichen Interesses erreicht.

Natürlich könnte der Gesetzgeber de lege ferenda die Satzungsstrenge auch durch eine alternative Regelung absichern, jedoch ist die Notwendigkeit für eine solche Neuschaffung fragwürdig, da die Wesensvariante des § 241 Nr. 3 AktG bereits de lege lata Verstöße gegen § 23 V AktG ausreichend abdeckt. Zudem ist der Vorteil dieser Lösung darin zu sehen, dass, wie *Koch* anführt, dem Gericht durch die Aufrechterhaltung der Wesensvariante auch immer eine alternative Begründungsmöglichkeit für die Nichtigkeit zur Hand gegeben wird.[1145] So sei in der Praxis das Verhältnis der Tatbestandsvarianten de lege lata auch kaum von Bedeutung.[1146]

Letztlich sprechen daher die besseren Gründe dafür, § 241 Nr. 3 AktG in seiner jetzigen Form beizubehalten. Empfehlenswert ist es aber, dass der Gesetzgeber für den Fall der Reformierung des § 241 AktG in der Gesetzesbegründung das Verhältnis der Tatbestandsvarianten zueinander sowie zum Grundsatz der Satzungsstrenge klarstellt,[1147] um diesbezügliche Meinungsstreitigkeiten in der Literatur auszuräumen.

1144 Siehe ausführlich hierzu → D. II. 1. c) aa) (3) (b).

1145 Siehe hierzu *Koch* in: Hüffer/Koch, AktG, § 241, Rn. 16; auch *Casper* ist der Ansicht, dass die Tatbestandsvarianten des § 241 Nr. 3 AktG „zwei Kreise mit einer großen Schnittmenge" sind: *Casper*, Die Heilung nichtiger Beschlüsse im Kapitalgesellschaftsrecht, S. 209.

1146 *Koch* in: Hüffer/Koch, AktG, § 241, Rn. 16; vgl. auch *Schmidt* in: Hopt/Wiedemann, AktG Großkommentar, § 241, Rn. 54.

1147 Auch *Koch* plädiert dafür, dass im Zusammenhang mit einer Reformierung des § 241 Nr. 3 AktG das umstrittene Verhältnis von Nichtigkeitsanordnung und

(4) Ergebnis

Wie aufgezeigt, hat sowohl die Wesensvariante als auch der inhaltliche Verstoß gegen Gläubiger- und öffentliche Interessen weiterhin eine Daseinsberechtigung im Rahmen der Kategorie der ipso iure eintretenden Nichtigkeit von Hauptversammlungsbeschlüssen. Im Ergebnis ist § 241 Nr. 3 AktG entsprechend seiner jetzigen Formulierung de lege ferenda aufrecht zu erhalten.

dd) § 241 Nr. 4 AktG

§ 241 Nr. 4 AktG ahndet Beschlüsse, die inhaltlich gegen die guten Sitten verstoßen, mit der ipso iure eintretenden Nichtigkeitsfolge.

(1) Grundsätzliche Schlussfolgerung der bisherigen Untersuchung

Die Untersuchung dieses Nichtigkeitsgrunds auf seine Konsistenz hat bereits aufgezeigt, dass dieser Nichtigkeitsgrund ausgehend von seiner Funktion eine widerspruchsfreie Position einnimmt.[1148] Insbesondere die Begrenzung auf rein inhaltliche Mängel erweist sich als sachgerecht. Dennoch gilt es vorliegend zu erläutern, ob dieser Nichtigkeitsgrund auch weiterhin eine Daseinsberechtigung hat. Dies wird seitens der aktuellen Reformvorschläge der Literatur ernsthaft bezweifelt.

(2) Meinungsstand

Sowohl der *Arbeitskreis Beschlussmängelrecht, Noack* sowie auch jüngst *Koch* plädieren de lege ferenda gegen eine Qualifizierung des Verstoßes gegen die guten Sitten als Nichtigkeitsgrund.[1149] Als Begründung wird angeführt, dass dieser Nichtigkeitsgrund in den Treuepflichten und dem Gleichbehandlungsgrundsatz aufgegangen sei und daher keine praktische Relevanz mehr habe.[1150]

Fiebelkorn hingegen plädiert dafür, die Tatbestände des § 241 Nr. 3 und 4 AktG in einer einheitlichen Regelung zusammenzufügen[1151]: „*Ein Beschluss der Hauptversammlung ist nur nichtig, wenn sein Inhalt im Gläubiger- oder sonstigen öffentlichen Interesse nicht hinnehmbar ist.*“[1152] Seiner Ansicht nach würde hierdurch die Nichtigkeit auf ihren legitimen Kern – nämlich zum Schutz der Gläubiger und öffentlicher Interessen – beschränkt.[1153]

Satzungsstrenge geklärt werden sollte: *Koch*, Gutachten Beschlussmängelrecht, F 52 f.

1148 Ausführlich hierzu → D. II. 1. d).

1149 *Arbeitskreis Beschlussmängelrecht*, AG 2008, 617 (620); *Noack*, FS Baums, 845 (864); *Koch*, Gutachten Beschlussmängelrecht, F 53; *Koch*, ZHR 2018, 378 (381).

1150 *Koch*, ZHR 2018, 378 (381); *Koch*, Gutachten Beschlussmängelrecht, F 53; *Noack*, FS Baums, 845 (859, 864).

1151 *Fiebelkorn*, Beschlussmängelklagen, S. 385.

1152 *Fiebelkorn*, Beschlussmängelklagen, S. 376.

1153 *Fiebelkorn*, Beschlussmängelklagen, S. 385.

(3) Bewertung

Um die Daseinsberechtigung der Sittenwidrigkeit im Rahmen der Nichtigkeitsgründe zu bewerten, muss man sich seine Funktion vor Augen führen. Die Vorschrift dient als Ergänzung zu § 241 Nr. 3 AktG,[1154] der Hauptversammlungsbeschlüsse, die gegen Vorschriften verstoßen, die hauptsächlich oder überwiegend im öffentlichen Interesse gegeben sind, mit der Nichtigkeitsfolge ahndet. § 241 Nr. 4 AktG weitet diesen Schutz auf Fallkonstellationen aus, bei denen der Hauptversammlungsbeschluss zwar nicht gegen eine konkrete Rechtsnorm verstößt, aber dennoch wegen seines sittenwidrigen Inhalts im Gläubiger- und öffentlichen Interesse nicht hinnehmbar ist.[1155] Beschlüsse können zwar grds. auch inhaltssittenwidrig sein, falls nur die Interessen der Aktionäre tangiert sind,[1156] allerdings sind im Einzelfall auftretende Ungleichbehandlungen der Aktionäre, Treuepflichtverletzungen oder Rechtsmissbräuche Verstöße, die nur zur Anfechtbarkeit der Beschlüsse führen.[1157]

Im Einklang mit *Koch* ist es daher zunächst richtig, dass Treuepflichtverletzungen und die Verletzung des Gleichbehandlungsgrundsatzes im Rahmen dieses Nichtigkeitsgrunds nicht von Relevanz sind. Dies allein rechtfertigt jedoch nicht die Schlussfolgerung, dass dieser per se Nichtigkeitsgrund keine praktische Relevanz mehr habe. Die Konsequenz des Wegfalls der genannten Fallgruppen ist, dass § 241 Nr. 4 AktG nunmehr hauptsächlich nur auf Fälle anwendbar ist, bei denen Gläubiger geschädigt werden.[1158] Diese Einschränkung ist auch sachgerecht, da den Aktionären somit die Dispositionsbefugnis über die Gültigkeit von Beschlüssen verbleibt, falls durch diese allein ihre Interessen verletzt wurden.[1159]

Entscheidend ist daher, ob aus Gründen des Gläubigerschutzes bzw. dem Schutz öffentlicher Interessen dieser Nichtigkeitstatbestand bestehen bleiben sollte. Die vorstehende Untersuchung über die Abschaffung der Nichtigkeit hat bereits aufgezeigt, dass die Kategorie der Nichtigkeit per se jedenfalls aus Gründen des Schutzes der Gläubiger- und öffentlicher Interessen weiterhin Bestand haben muss.[1160]

1154 *Drescher* in: Spindler/Stilz, AktG, § 241, Rn. 210.

1155 *Schmidt* in: Hopt/Wiedemann, AktG Großkommentar, § 241, Rn. 66; *Drescher* in: Spindler/Stilz, AktG, § 241, Rn. 210; *Hüffer/Schäfer* in: Goette/Habersack, MüKo, AktG, § 241, Rn. 68.

1156 *Hüffer/Schäfer* in: Goette/Habersack, MüKo, AktG, § 241, Rn. 70; *Schmidt* in: Hopt/Wiedemann, AktG Großkommentar, § 241, Rn. 67.

1157 *Hüffer/Schäfer* in: Goette/Habersack, MüKo, AktG, § 241, Rn. 70; *Koch* in: Hüffer/Koch, AktG, § 241, Rn. 21.

1158 Vgl. hierzu *Hüffer/Schäfer* in: Goette/Habersack, MüKo, AktG, § 241, Rn. 70; *Koch* in: Hüffer/Koch, AktG, § 241, Rn. 21.

1159 Zur Verzichtsmöglichkeit der Aktionäre: *Hüffer/Schäfer* in: Goette/Habersack, MüKo, AktG, § 241, Rn. 70; *Koch* in: Hüffer/Koch, AktG, § 241, Rn. 21.

1160 Im Ergebnis zustimmend auch *Fiebelkorn*, Beschlussmängelklagen, S. 385; *Koch*, Gutachten Beschlussmängelrecht, F 52; *Noack*, FS Baums, 845 (864); *Arbeitskreis Beschlussmängelrecht*, AG 2008, 617 (620).

Würde man im Fall von Beschlüssen, die in einer die Inhaltssittenwidrigkeit begründenden Weise gegen öffentliche und vor allem Gläubigerinteressen verstoßen, von der Nichtigkeitsanordnung absehen, könnten außenstehende Dritte mangels Anfechtungsbefugnis nicht mehr gegen die Beschlüsse vorgehen.[1161] Der Bestand des Beschlusses würde allein der Disposition der Aktionäre unterworfen. Dies ist jedoch nicht sachgerecht. So plädiert die Rechtsprechung sogar dafür, dass ein Beschluss, auch wenn die Formulierung per se keine Sittenwidrigkeit begründet, dennoch nichtig ist, „wenn der Beschluß seinem Wortlaut nach keine Sittenwidrigkeit beinhaltet, aber seinem inneren Gehalt nach in einer sittenwidrigen Schädigung nicht anfechtungsberechtigter Personen besteht [...]. Der rechtspolitische Grund für diese Auffassung liegt darin, daß es den geschädigten Dritten nicht möglich ist, eine Beseitigung des fehlerhaften Beschlusses durch Anfechtungsklage herbeizuführen [...]."[1162]

Die u.a. von *Koch* und *Noack* angeprangerte praktische Irrelevanz dieses Nichtigkeitsgrunds[1163] ist – selbst wenn diese Behauptung zuträfe – kein Argument dafür, dass dieser Nichtigkeitsgrund de lege ferenda abgeschafft werden sollte. Die Androhung der ipso iure eintretenden Nichtigkeitsfolge bei einem Verstoß kann auch präventive Wirkung entfalten. Die Effizienz einer Sanktionsandrohung zeichnet sich in der Praxis wohl kaum dadurch aus, wie häufig dennoch gegen das Verbot verstoßen wurde.

Von Relevanz ist hingegen viel mehr, ob der von der Sanktion verfolgte Schutzzweck diese Rechtsfolge gebietet. Dies ist in Bezug auf die Nichtigkeit von Hauptversammlungsbeschlüssen bei einem inhaltlichen Verstoß gegen die guten Sitten zu bejahen. § 241 Nr. 4 AktG schließt die Lücke, die dadurch entsteht, dass § 241 Nr. 3 AktG an Verstöße gegen Rechtsnormen anknüpft. § 241 Nr. 4 AktG dient dazu, Beschlüsse, die zwar nicht gegen Vorschriften i.S.v. § 241 Nr. 3 AktG verstoßen, aber dennoch wegen ihrer Inhaltssittenwidrigkeit keinen dauerhaften Bestand haben dürfen, zu sanktionieren.

Zudem spricht für die Aufrechterhaltung dieses Nichtigkeitstatbestands, dass der Begriff der Inhaltssittenwidrigkeit,.i.e. der Verstoß gegen das „Anstandsgefühl aller billig und gerecht Denkenden",[1164] eine gewisse Flexibilität bietet, da sich dieses Anstandsgefühl im Laufe der Zeit auch wandeln kann. Im Hinblick

---

1161 *Hüffer/Schäfer* in: Goette/Habersack, MüKo, AktG, § 241, Rn. 70; *Koch* in: Hüffer, Hüffer/Koch, AktG, § 241, Rn. 21.

1162 BGH, II ZR 291/53 v. 08.12.1954, NJW 1955, 221 (222) (im Originaltext keine Unterstreichung); So auch OLG Dresden, 12 U 279/99 v. 14.07.1999, NZG 1999, 1109 (1109); OLG Karlsruhe, 11 Wx 12/01 v. 10.04.2001, FGPrax 2001, 161 (162); OLG Karlsruhe, 2 (7) Ss 89/12 – AK 63/12 v. 19.04.2013, NZG 2013, 818 (819).

1163 *Noack*, FS Baums, 845 (859); *Hüffer/Schäfer* in: Goette/Habersack, MüKo, AktG, § 241, Rn. 46; *Koch*, Gutachten Beschlussmängelrecht, F 53; *Koch*, ZHR 2018, 378 (381).

1164 *Hüffer/Schäfer* in: Goette/Habersack, MüKo, AktG, § 241, Rn. 68; *Koch* in: Hüffer/Koch, AktG, § 241, Rn. 21; BGH, III ZR 164/75 v. 29.09.1977, NJW 1977, 2356 (2357).

auf die Zukunft ermöglicht daher eine solche Norm, Beschlüsse zu sanktionieren, die zwar (noch) nicht gegen kodifizierte Vorschriften verstoßen und damit nicht gem. § 241 Nr. 3 AktG geahndet werden können, aber dennoch mit dem Anstandsgefühl nicht in Einklang zu bringen und damit als sittenwidrig zu bewerten sind. So läge ein sittenwidriger Verstoß vor, wenn ein Beschluss in der Absicht gefasst würde, einzelne oder alle Gläubiger der Gesellschaft zu schädigen, bspw. indem das Vermögen der Gesellschaft oberhalb der Stammkapitalziffer an die Gesellschafter ausgeschüttet wird, mit dem Ziel die Zwangsvollstreckung durch die Gläubiger zu beeinträchtigen.[1165] Anderenfalls müssten gesellschaftsexterne Personen, die kein Anfechtungsrecht besitzen, den Beschluss trotz des gegen sie gerichteten Schädigungsziels dulden.[1166]

(4) Ergebnis

Im Ergebnis ist es daher aus Gründen des Gläubigerschutzes und des Schutzes öffentlicher Interessen weiterhin geboten, eine Nichtigkeit wegen Inhaltssittenwidrigkeit zu normieren. Zu erwägen ist, getreu dem Vorschlag *Fiebelkorns*, § 241 Nr. 3 und 4 AktG in einen einheitlichen Tatbestand zusammenzufassen. M.E. nach ist es jedoch sachgerechter, weiterhin an der de lege lata bestehenden Zweiteilung zwischen Beschlüssen, die gegen Vorschriften verstoßen und solchen die inhaltlich nicht mit den guten Sitten zu vereinbaren sind, festzuhalten. Diese Zweiteilung bietet insbesondere im Hinblick auf § 241 Nr. 3 AktG stärkere Konturen für die Bewertung der Nichtigkeit.

ee) § 241 Nr. 5 AktG

Gemäß § 241 Nr. 5 AktG sind Hauptversammlungsbeschlüsse nichtig, wenn sie durch ein Urteil aufgrund einer Anfechtungsklage rechtskräftig für nichtig erklärt wurden. Die Aufnahme in den Katalog der Nichtigkeitsgründe des § 241 AktG diente weitestgehend nur der Klarstellung, da sich die Nichtigkeitsfolge bereits aus § 248 I S. 1 AktG ergibt.[1167] Anders als im Fall der Nichtigkeit gem. § 241 Nr. 1 bis 4 AktG ist die Nichtigkeit gem. § 241 Nr. 5 AktG nicht die materiell-rechtliche Folge der dort genannten Mängel, sondern es kommt allein auf das Vorliegen der förmlichen Voraussetzungen an.[1168]

1165 OLG Düsseldorf, I-15 U 130/06 v. 07.02.2007 Rn. 28, zitiert nach juris.

1166 OLG Düsseldorf, I-15 U 130/06 v. 07.02.2007 Rn. 28, zitiert nach juris.

1167 Str. dafür: *Hüffer/Schäfer* in: Goette/Habersack, MüKo, AktG, § 241, Rn. 71; *Noack*, FS Baums, 845 (859); *Koch*, Gutachten Beschlussmängelrecht, F 53; *Fiebelkorn*, Beschlussmängelklagen, S. 380; a.A. *Schwab* in: Schmidt/Lutter, AktGKom, § 241, Rn. 34; *Schmidt* in: Hopt/Wiedemann, AktG Großkommentar, § 241, Rn. 69.

1168 Siehe *Hüffer/Schäfer* in: Goette/Habersack, MüKo, AktG, § 241, Rn. 72, Rn. 74.

Im Ergebnis ist § 241 Nr. 5 AktG daher verzichtbar[1169] und könnte ersatzlos aus dem Katalog der Nichtigkeitsgründe gestrichen werden. Dennoch ist zu erwägen, diesen Nichtigkeitsgrund jedenfalls aus Klarstellungsgründen und zur besseren Übersichtlichkeit weiterhin in den Nichtigkeitskatalog aufzunehmen.[1170]

ff) § 241 Nr. 6 AktG

§ 241 Nr. 6 AktG ordnet die Nichtigkeitsfolge für Hauptversammlungsbeschlüsse an, die aufgrund einer rechtskräftigen Entscheidung nach § 398 FGG als nichtig gelöscht worden sind. Gemäß § 398 FGG kann ein Hauptversammlungsbeschluss vom Registergericht als nichtig gelöscht werden, wenn er durch seinen Inhalt zwingende gesetzliche Vorschriften verletzt und seine Beseitigung im öffentlichen Interesse erforderlich scheint.

(1) Grundsätzliche Schlussfolgerungen der bisherigen Untersuchung

Die Untersuchung dieses Nichtigkeitsgrunds auf seine Konsistenz hat aufgezeigt, dass dieser Nichtigkeitsgrund ausgehend von seiner Funktion eine widerspruchsfreie Position einnimmt.[1171] Nach hier vertretener Auffassung erweist sich die Beschränkung auf inhaltliche Mängel i.S.v. § 241 Nr. 3 AktG sowie die zusätzliche Prüfung eines öffentlichen Interesses an der nachträglichen Löschung des Beschlusses als sachgerecht. Dennoch gilt es vorstehend zu eruieren, ob die Auflistung der Amtslöschung im Rahmen der Nichtigkeitsgründe auch weiterhin notwendig ist. Dies wird seitens der aktuellen Reformvorschläge der Literatur ernsthaft bezweifelt.

(2) Meinungsstand

Wie bereits im Rahmen der Untersuchung der Nichtigkeitsgründe auf ihre Konsistenz angemerkt, ist in Bezug auf die Löschung nichtiger Beschlüsse von Amts wegen umstritten, ob § 241 Nr. 6 AktG einen selbstständigen Nichtigkeitsgrund darstellt.[1172]

Der Streit liegt darin begründet, dass als Grundvoraussetzung für eine Löschung von Amts wegen gem. § 398 FamFG nach verbreiteter und auch hier vertretener Auffassung eine inhaltliche Nichtigkeit des Beschlusses gem. § 241 Nr. 3 oder 4 AktG vorliegen muss.[1173] Als Konsequenz wird daher zum Teil angenommen, dass

---

1169 So auch *Fiebelkorn*, Beschlussmängelklagen, S. 380 f.; *Koch*, Gutachten Beschlussmängelrecht, F 53; *Noack*, FS Baums, 845 (859).

1170 Auch *Koch* ist der Ansicht, dass § 241 Nr. 5 AktG gestrichen werden kann „sofern nicht aus Klarstellungsgründen ein geschlossener Überblick über die Nichtigkeitsgründe gewünscht ist." *Koch*, Gutachten Beschlussmängelrecht, F 53.

1171 Siehe ausführlich hierzu → D. II. 1. f).

1172 Siehe hierzu m.w.N. *Schwab* in: Schmidt/Lutter, AktGKom, § 241, Rn. 36.

1173 Siehe hierzu ausführlich → D. II. 1. f) aa) (2)(b).

für den Fall, dass der zu löschende Beschluss bereits gem. § 241 Nr. 3 oder 4 AktG nichtig ist oder aber zusätzlich der Beschluss an einem Mangel gem. § 241 Nr. 1 AktG leidet[1174], die Löschung nur noch rein deklaratorische Bedeutung habe.[1175] Eine konstitutive Bedeutung wird der Löschung von Amts wegen nach letzterer Ansicht nur zugeschrieben, wenn die materiell-rechtlichen Voraussetzungen für eine Löschung nicht vorlagen – sprich der Beschluss tatsächlich nicht gem. § 241 Nr. 3 oder 4 AktG nichtig war – oder aber bereits eine Heilung der Nichtigkeit gem. § 242 AktG eingetreten ist.[1176] Gestützt auf diese Ansicht halten *Koch* und *Fiebelkorn* de lege ferenda die Anordnung der Nichtigkeitsfolge aufgrund einer Amtslöschung im Rahmen des Katalogs der Nichtigkeitsgründe für verzichtbar.[1177] Auch der Reformvorschlag des *Arbeitskreises Beschlussmängelrecht* sieht eine Auflistung der rechtskräftigen Löschung gem. § 398 FamFG im Nichtigkeitskatalog nicht mehr vor.[1178]

Die Gegenansicht hingegen plädiert dafür, dass § 241 Nr. 6 AktG generell einen eigenständigen Nichtigkeitsgrund darstellt, der ggf. neben § 241 Nr. 3 und 4 AktG trete.[1179] Es handele sich dann um den Fall einer „Doppelwirkung im Recht".[1180]

(3) Bewertung

Ein Streitentscheid, ob § 241 Nr. 6 AktG i.V.m. § 398 FamFG einen eigenständigen Nichtigkeitsgrund bildet oder nicht, ist jedenfalls dann entbehrlich, wenn auch nach erster Ansicht die verbleibende konstitutive Wirkung des § 241 Nr. 6 AktG i.V.m. § 398 FamFG ein ausreichendes Argument darstellt, um eine Nennung der Amtslöschung im Rahmen der Nichtigkeitsgründe zu begründen, oder aber andere Erwägungen für eine Beibehaltung dieser Anordnung de lege lata sprechen.

Die Untersuchung dieses Nichtigkeitsgrunds auf seinen historischen Ursprung hat zunächst aufgezeigt, dass eine Löschung von eingetragenen

---

1174 De lege lata wird die Nichtigkeit aufgrund eines Beurkundungsmangels gem. § 241 Nr. 2 AktG bereits durch die Eintragung geheilt (vgl. § 242 I AktG) und kann daher bei Anwendung des Amtslöschungsverfahrens, welches an eingetragene Beschlüsse anknüpft, nicht mehr zusätzlich zur Nichtigkeit gem. § 241 Nr. 3 oder 4 AktG vorliegen.

1175 *Drescher* in: Spindler/Stilz, AktG, § 241, Rn. 218; *Hüffer/Schäfer* in: Goette/Habersack, MüKo, AktG, § 241, Rn. 85.

1176 *Drescher* in: Spindler/Stilz, AktG, § 241, Rn. 218; *Hüffer/Schäfer* in: Goette/Habersack, MüKo, AktG, § 241, Rn. 85.

1177 *Fiebelkorn*, Beschlussmängelklagen, S. 381; *Koch*, Gutachten Beschlussmängelrecht, F 53.

1178 Siehe § A Abs. 3 des Vorschlags, *Arbeitskreis Beschlussmängelrecht*, AG 2008, 617 (617).

1179 *Schwab* in: Schmidt/Lutter, AktGKom, § 241, Rn. 36; *Schmidt* in: Hopt/Wiedemann, AktG Großkommentar, § 241, Rn. 100.

1180 *Schwab* in: Schmidt/Lutter, AktGKom, § 241, Rn. 36; *Schmidt* in: Hopt/Wiedemann, AktG Großkommentar, § 241, Rn. 100.

Hauptversammlungsbeschlüssen von Amts wegen bereits in der Erstfassung des FGG,[1181] welches am 01. Januar 1900 in Kraft trat, vorgesehen wurde. Die Nichtigkeitstatbestände wurden hingegen erst 1937 gesetzlich normiert. Mithin ist diese Regelung zur Amtslöschung älter als der Nichtigkeitsgrund, der auf diese verweist. Laut Begründung zum Aktiengesetz vom 1937 diente die Anordnung der Nichtigkeit aufgrund einer rechtskräftigen Entscheidung über die Löschung von Amts wegen der Klarstellung des Verhältnisses der Nichtigkeitstatbestände zu § 398 FamFG (§ 144 II FGG a.F.).[1182] Zugleich sah der historische Gesetzgeber, der im Rahmen der Kodifizierung der Nichtigkeitsgründe auch einen Heilungstatbestand für nichtige Beschlüsse einführte, in der fortwährenden Möglichkeit der Amtslöschung ein angemessenes Korrektiv zur Heilung.[1183]

Diese historische Betrachtung des Tatbestandes lässt daher zunächst im Einklang mit der herrschenden Meinung den Schluss zu, dass § 241 Nr. 6 AktG tatsächlich keinen eigenen Nichtigkeitstatbestand bildet. Dennoch gilt es auch die Konsequenzen einer Streichung des § 241 Nr. 6 AktG genauer in den Blick zu nehmen. Würde man nun im Einklang mit den Reformvorschlägen den entsprechenden Verweis auf das Amtslöschungsverfahren in § 241 Nr. 6 AktG streichen, ist fraglich, welche Konsequenzen dies hätte. Insofern sind insbesondere die Aussagen *Fiebelkorns* leicht missverständlich formuliert. So führt dieser an: „Eigenständige Bedeutung kommt § 241 Nr. 6 AktG nur bei Löschung der Eintragung nach Heilung der Nichtigkeit und bei inhaltlich zu Unrecht erfolgter Amtslöschung zu. Insoweit ist § 241 Nr. 6 AktG aber verzichtbar."[1184] Die Schlussfolgerung, die man aus dieser Aussage ziehen könnte, ist, dass eine Nichtigkeit aufgrund einer Löschung von Amts wegen generell verzichtbar ist, da diese ja nur noch in den zwei genannten Fällen überhaupt von Bedeutung ist. Da sowohl *Fiebelkorn* als auch der *Arbeitskreis Beschlussmängelrecht* im Rahmen ihrer Reformvorschläge weiterhin die Anwendbarkeit des Amtslöschungsverfahrens nach Heilung vorsehen,[1185] ist allerdings davon auszugehen, dass auch von der herrschenden Meinung nicht per se die Möglichkeit der Amtslöschung für verzichtbar, sondern vielmehr allein die Anweisung der Nichtigkeitsfolge in einem gesonderten Tatbestand für verzichtbar erachtet wird. Dies bedeutet im Umkehrschluss, dass konsequenterweise nach dieser Ansicht eine ex tunc Wirkung der Nichtigkeit durch eine nach Heilung oder materiell zu Unrecht erfolgte Löschung von Amts wegen mit

---

1181 Siehe § 144 II des Gesetzes über die Angelegenheiten der freiwilligen Gerichtsbarkeit, in der Fassung der Bekanntmachung vom 20.05.1898, RGBl. I, S. 771.

1182 Siehe Begr. zu §§ 195 – 196 AktG 1937, abgedr. bei *Klausing*, AktG 1937, S. 174.

1183 Siehe Begr. zu §§ 195, 196 AktG 1937, abgedr. bei *Klausing*, AktG 1937, S. 174 f.

1184 *Fiebelkorn*, Beschlussmängelklagen, S. 381.

1185 Siehe Regelungsvorschlag zu § 242 AktG, *Fiebelkorn*, Beschlussmängelklagen, S. 392; siehe § A Abs. 4, S. 3 des Vorschlags *Arbeitskreis Beschlussmängelrecht*, AG 2008, 617 (618).

der formellen Rechtskraft der Löschungsverfügung[1186] eintritt. Mithin ist eben in diesen verbleibenden Fällen für den Eintritt der Nichtigkeitsfolge nicht die Anweisung in § 241 Nr. 6 AktG von Relevanz, sondern allein das Vorliegen dieser formellen Voraussetzungen. Entgegen der Formulierung *Fiebelkorns* kann mithin nicht § 241 Nr. 6 AktG eine verbleibende konstitutive Bedeutung zugesprochen werden, sondern nur der Amtslöschung gem. § 398 FamFG selbst bzw. der formellen Rechtskraft der Löschungsverfügung.

Ausgehend von diesen Erwägungen könnte man mithin auf eine zusätzliche Anordnung der Nichtigkeitsfolge i.S.v. § 241 Nr. 6 AktG verzichten. Dennoch ist im Rahmen der Bewertung, ob § 241 Nr. 6 AktG kodifiziert bleiben sollte, auch der Aspekt der Rechtsklarheit nicht außer Acht zu lassen. Die im Grundsatz abschließende Auflistung der Nichtigkeit von Hauptversammlungsbeschlüssen in § 241 AktG hat den Vorteil, dass sowohl dem Rechtsanwender als auch einem Laien übersichtlich dargeboten wird, welche Fallgruppen zur ex lege eintretenden Nichtigkeit von Hauptversammlungsbeschlüssen führen.[1187] Diese Übersichtlichkeit würde jedoch verloren gehen, wenn man die gesonderte Nennung von zur Nichtigkeit führenden Tatbeständen allein mangels zwingender Notwendigkeit ausschließt. Im Kontext der Auflistung der rechtskräftigen Amtslöschungsentscheidung als Nichtigkeitsgrund ist noch ein weiterer Aspekt von Relevanz: So könnte durch die Streichung des § 241 Nr. 6 AktG schlimmstenfalls sogar der Eindruck erweckt werden, dass unter den dort genannten Voraussetzungen nun keine Nichtigkeit von Hauptversammlungsbeschlüssen mehr eintritt. Zudem ist zu bedenken, dass die Auflistung in § 241 Nr. 6 AktG zwar einerseits verzichtbar sein mag, aber andererseits der Bestand des § 241 Nr. 6 AktG mit Gewissheit keinen hohen Lästigkeitswert hat.

(4) Ergebnis

Unabhängig davon, ob man § 241 Nr. 6 AktG als eigenständigen Nichtigkeitsgrund einordnet oder die gesonderte Anordnung der Nichtigkeitsfolge für verzichtbar hält, sprechen im Ergebnis die besseren Argumente dafür, diesen Nichtigkeitstatbestand in seiner jetzigen Form beizubehalten. So empfiehlt es sich jedenfalls aus Gründen der Rechtssicherheit und Rechtsklarheit, die Nichtigkeit aufgrund einer rechtskräftigen Löschungsverfügung weiterhin im Rahmen der Nichtigkeitsgründe anzuführen.

1186 Siehe zur Bedeutung der „rechtskräftigen Entscheidung": *Hüffer/Schäfer* in: Goette/Habersack, MüKo, AktG, § 241, Rn. 84.

1187 Auch *Koch* ist der Ansicht, dass § 241 Nr. 6 AktG gestrichen werden kann „sofern nicht aus Klarstellungsgründen ein geschlossener Überblick über die Nichtigkeitsgründe gewünscht ist." *Koch*, Gutachten Beschlussmängelrecht, F 53.

d) *Regelungsvorschlag und Ergebnis*

Im Ergebnis empfiehlt es sich daher, den Nichtigkeitstatbestand wie folgt zu fassen:

§ 241
Nichtigkeitsgründe

Ein Beschluss der Hauptversammlung ist außer in den Fällen des [*geltende Fassung*] nur dann nichtig, wenn er

1. entgegen § 130 Abs. 1 nicht in eine notarielle Niederschrift aufgenommen ist,[1188]
2. mit dem Wesen der Aktiengesellschaft nicht zu vereinbaren ist oder durch seinen Inhalt Vorschriften verletzt, die ausschließlich oder überwiegend zum Schutze der Gläubiger der Gesellschaft oder sonst im öffentlichen Interesse gegeben sind,
3. durch seinen Inhalt gegen die guten Sitten verstößt,
4. auf Anfechtungsklage durch Urteil rechtskräftig für nichtig erklärt worden ist,[1189]
5. nach § 398 des Gesetzes über das Verfahren und in den Angelegenheiten der freiwilligen Gerichtsbarkeit auf Grund rechtskräftiger Entscheidung als nichtig gelöscht worden ist.

3. Die Reformierung der Begleitvorschriften zum Nichtigkeitstatbestand

a) *Modifikation des Heilungstatbestandes*

aa) Grundsätzliches

Die Untersuchung der Konsistenz der Heilungsvorschrift[1190] ausgehend von ihrer Funktion hat aufgezeigt, dass die Heilung per se eine Daseinsberechtigung im Beschlussmängelrecht hat.[1191] Sie dient der Rechtsklarheit, Rechtssicherheit und

---

1188 Diese Formulierung ist dem Regelungsvorschlag des *Arbeitskreises Beschlussmängelrecht* entnommen; siehe § A Abs. 3 Nr. 2 des Vorschlags *Arbeitskreis Beschlussmängelrecht*, AG 2008, 617 (617).

1189 Jedenfalls anzuführen, wenn abschließende Übersicht über Nichtigkeitsgründe gewünscht.

1190 Ausführlich hierzu → D. II. 2. b).

1191 Auch der *Arbeitskreis Beschlussmängelrecht* hält selbst bei einer engeren Neufassung der Nichtigkeitsgründe de lege ferenda eine Heilungsmöglichkeit weiterhin für notwendig: *Arbeitskreis Beschlussmängelrecht*, AG 2008, 617 (620 f.); *Fiebelkorn* hält ebenfalls an einer Heilungsmöglichkeit für die nach seinem Vorschlag verbleibende Inhaltsnichtigkeit fest: *Fiebelkorn*, Beschlussmängelklagen, S. 392, 376; *Koch* spricht sich bei einer Neufassung der Nichtigkeitsgründe gegen eine Heilungsmöglichkeit für Inhaltsmängel aus; bei (reduzierten) zur Nichtigkeit führenden

Rechtsbefriedigung.[1192] Ohne einen Heilungstatbestand könnte die Nichtigkeit von eintragungsbedürftigen Beschlüssen unbegrenzt geltend gemacht werden und würde wie ein *Damoklesschwert* dauerhaft über den Beschlüssen schweben. Zwar fordert die mit der Heilung geschaffene Rechtssicherheit im Einzelfall einen Verzicht auf Gerechtigkeit,[1193] allerdings verbleibt die Amtslöschung als letztes und notwendiges Korrektiv zur Heilung.[1194] Letztere ermöglich eine Durchbrechung der Heilungswirkung, falls der Mangel so schwerwiegend ist, dass das Sanktionsinteresse der Öffentlichkeit das Interesse am dauerhaften Bestand des Beschlusses überwiegt.[1195]

Trotz dieses grundsätzlichen Bedürfnisses nach einem Fortbestand der Heilungsmöglichkeit hat die Untersuchung jedoch auch verdeutlicht, dass die konkreten Voraussetzungen der Heilung überdacht werden sollten. Mithin ist nachfolgend zu eruieren, ob und wie der Heilungstatbestand de lege ferenda modifiziert werden sollte.

bb) Konkrete Ausgestaltung

(1) Ausweitung der Heilung auf nicht eintragungsfähige Beschlüsse

(a) Grundsätzliche Schlussfolgerungen der bisherigen Untersuchung

Die Untersuchung des Heilungstatbestandes auf seine Konsistenz hat aufgezeigt, dass die Begrenzung der Heilungsmöglichkeit auf eingetragene Beschlüsse vom Aspekt der Rechtssicherheit aus betrachtet nicht gerechtfertigt erscheint. So ist es wenig schlüssig, dass gerade Beschlüsse, die der Gesetzgeber als weniger bedeutsam für die Gesellschaft einstuft, theoretisch endlos mit der Nichtigkeit behaftet sind, während wichtige Beschlüsse dies nicht sind.[1196] Wie bereits angeführt, ist

---

Verfahrensmängeln sollte seiner Ansicht nach weiterhin eine Heilung durch Eintragung möglich sein: *Koch*, Gutachten Beschlussmängelrecht, F 53 f; *Noack* plädiert dafür die Heilung jedenfalls bei Verfahrensmängeln durch HR-Eintragung zuzulassen, bei Inhaltsmängel spricht er sich ebenfalls gegen Heilungsmöglichkeit aus *Noack*, FS Baums, 845 (865).

1192 Ausführlich hierzu → D. II. 2. b).

1193 *Casper* in: Spindler/Stilz, AktG, § 242, Rn. 4.

1194 Laut *Casper* sei „die Amtslöschung als Korrektiv für die im Einzelfall zu weitgeratene Heilungsmöglichkeit nach § 242 I S. 1 AktG gedacht (...)“: *Casper* in: Spindler/Stilz, AktG, § 242, Rn. 4,; siehe auch *Casper*, Die Heilung nichtiger Beschlüsse im Kapitalgesellschaftsrecht, S. 258.

1195 Siehe ausführlich hierzu → D. II. 1. f) aa) (2).

1196 Auch der *Arbeitskreis Beschlussmängelrecht* plädiert dafür, dass nicht eintragungsbedürftige Beschlüsse nicht unbegrenzt dem Risiko der Unwirksamkeit ausgesetzt werden sollten; siehe *Arbeitskreis Beschlussmängelrecht*, AG 2008, 617 (621).

zwar bei nicht eintragungsbedürftigen Beschlüssen naturgemäß der Bezugspunkt der Heilung schwieriger zu bestimmen, da diese Beschlüsse ja gerade nicht eingetragen werden, dennoch gäbe es auch bei nicht eintragungsbedürftigen Beschlüssen Fixpunkte, an die der Lauf der Heilungsfrist geknüpft werden könnte.[1197]

Bevor jedoch im Detail auf eine mögliche Ausgestaltung eines Heilungstatbestandes für nicht eintragungsbedürftigen Beschlüssen eingegangen wird, ist zunächst zu erörtern, ob sich eine solche Ausweitung de lege ferenda überhaupt empfiehlt. Denn trotz der eruierten Inkonsistenzen mag es triftige Gründe für eine Begrenzung auf eintragungsbedürftige Beschlüsse geben. In der Literatur ist man sich jedenfalls uneinig, ob eine Einbeziehung von nicht eintragungsbedürftigen Beschlüssen geboten ist.

(b) Meinungsstand

Hinsichtlich der Befürworter einer Ausdehnung der Heilungsmöglichkeit auf nicht eintragungsbedürftige Beschlüsse ist zunächst der *Arbeitskreis Beschlussmängelrecht* anzuführen. Dieser will de lege ferenda auch alle nicht eintragungsbedürftigen Beschlüsse ausnahmslos einer Heilungsmöglichkeit unterwerfen.[1198] Als Begründung führt er an, dass auch nicht eintragungsbedürftige Beschlüsse nicht dauerhaft mit dem Risiko der Nichtigkeit behaftet sein sollten.[1199] So sieht der Vorschlag des *Arbeitskreises Beschlussmängelrecht* vor, bei nicht eintragungsbedürftigen Beschlüssen den Lauf einer dreijährigen Heilungsfrist an den Zeitpunkt der Beschlussfassung zu knüpfen.[1200]

Auch *Ehmann* hält es für wenig nachvollziehbar, dass nicht eintragungsbedürftige und damit in der Regel weniger bedeutsame Beschlüsse dauerhaft mit einer formalen Nichtigkeit behaftet sein sollen.[1201] Er plädiert daher dafür, eine Heilungsmöglichkeit durch Zeitablauf bei nicht eintragungsfähigen Beschlüssen jedenfalls für den Fall, dass die Nichtigkeit durch formale Mängel gem. § 241 Nr. 1 und 2 AktG begründet ist, zuzulassen.[1202]

Fiebelkorn hingegen weitet die Heilungsmöglichkeit nicht generell auf nicht eintragungsbedürftige Beschlüsse aus. Er schlägt jedoch vor, de lege ferenda ein Freigabeverfahren auch bei Nichtigkeitsklagen gegen nicht eintragungsbedürftige Beschlüssen zu ermöglichen.[1203] Demnach kann das Gericht zwar naturgemäß nicht feststellen, dass die Erhebung der Klage der Eintragung nicht entgegensteht, aber jedenfalls „dass Mängel des Beschlusses seinen Bestand unberührt lassen".[1204]

1197 Siehe hierzu nachfolgend den Vorschlag des *Arbeitskreis Beschlussmängelrecht.*
1198 Siehe § A Abs. 4 Nr. 3 des Vorschlags *Arbeitskreis Beschlussmängelrecht*, AG 2008, 617 (618).
1199 *Arbeitskreis Beschlussmängelrecht*, AG 2008, 617 (621).
1200 *Arbeitskreis Beschlussmängelrecht*, AG 2008, 617 (618, 621).
1201 *Ehmann* in: Grigoleit, AktGKo, § 242, Rn. 1.
1202 *Ehmann* in: Grigoleit, AktGKo, § 242, Rn. 1.
1203 Siehe § 249 Abs. 3 des Vorschlags, *Fiebelkorn*, Beschlussmängelklagen, S. 391 f.
1204 Siehe § 249 Abs. 3 des Vorschlags, *Fiebelkorn*, Beschlussmängelklagen, S. 391 f.

Sollte ein entsprechender Beschluss ergehen, stellt er diesen in seiner Wirkungsweise einer Heilung der Nichtigkeit gleich.[1205]

Die Gegner einer partiellen oder vollständigen Ausweitung der Heilungsmöglichkeit auf nichtige nicht eintragungsbedürftige Beschlüsse führen vornehmlich an, dass die Legitimation für die Heilung eintragungsbedürftiger nichtiger Beschlüsse darin bestünde, dass eintragungspflichtige Beschlüsse vor ihrer Eintragung jedenfalls noch vom Registergericht in formeller und materieller Hinsicht auf ihre Wirksamkeit überprüft werden.[1206] Eine solche Überprüfung findet hingegen bei nicht eintragungsfähigen Beschlüssen, die nur eingereicht werden, nicht statt.[1207] *Casper* führt zudem an, dass gerade die i.d.R. gewichtigere Bedeutung von eintragungsbedürftigen Beschlüssen und das mit der Nichtigkeit einhergehende Risiko, dass die Nichtigkeit unbegrenzt geltend gemacht werden könnte, eine Heilung im Interesse der Rechtssicherheit legitimiere.[1208] Letztlich zeige auch die historische Entwicklung der Nichtigkeit von Hauptversammlungsbeschlüssen, dass der Gesetzgeber von 1937 die Heilung bewusst auf eintragungspflichtige Beschlüsse beschränkt habe.[1209]

(c) Bewertung

Wie bereits angeführt, spricht für eine Ausweitung der Heilungsmöglichkeit auf nichtige nicht eintragungspflichtige Beschlüsse die mit der Heilung einhergehende Rechtssicherheit. De lege lata würde die Nichtigkeit nicht eintragungspflichtiger Beschlüsse wie ein *Damoklesschwert* dauerhaft über diesen schweben.

Dennoch sind auch die vorgebrachten Gegenargumente zu berücksichtigen. So stellt insbesondere die Tatsache, dass eintragungsbedürftige Beschlüsse im Gegensatz zu nicht eintragungsbedürftigen Beschlüssen einer zusätzlichen Kontrolle durch das Registergericht unterliegen, ein gewichtiges Argument dafür dar, die Heilungsmöglichkeit auf eintragungsbedürftige Beschlüsse zu beschränken. Des Weiteren ist zu bedenken, dass das Amtslöschungsverfahren naturgemäß nur auf eingetragene Beschlüsse anwendbar ist.[1210] Somit könnten nicht eintragungspflichtige geheilte Beschlüsse, die gegen § 241 Nr. 3 und 4 AktG verstoßen und

1205 *Fiebelkorn*, Beschlussmängelklagen, S. 392 f.

1206 *Hüffer/Schäfer* in: Goette/Habersack, MüKo, AktG, § 242, Rn. 3, Rn. 6; *Casper*, Die Heilung nichtiger Beschlüsse im Kapitalgesellschaftsrecht, S. 98; siehe zur Prüfungsberechtigung/-pflicht des Registergerichts, *Koch* in: Hüffer/Koch, AktG, § 130, Rn. 28.

1207 *Hüffer/Schäfer* in: Goette/Habersack, MüKo, AktG, § 242, Rn. 3, Rn. 6; *Casper*, Die Heilung nichtiger Beschlüsse im Kapitalgesellschaftsrecht, S. 98; siehe zur Prüfungsberechtigung/-pflicht des Registergerichts, *Koch* in: Hüffer/Koch, AktG, § 130, Rn. 28.

1208 *Casper*, Die Heilung nichtiger Beschlüsse im Kapitalgesellschaftsrecht, S. 98.

1209 *Casper*, Die Heilung nichtiger Beschlüsse im Kapitalgesellschaftsrecht, S. 98.

1210 Vgl. §§ 398, 395 FamFG, die beide an einen eingetragenen Beschluss anknüpfen.

deren Beseitigung nach einer Abwägung im öffentlichen Interesse erforderlich erscheint, auch nicht mehr durch dieses letzte Korrektiv zur Heilung von Amts wegen als nichtig gelöscht werden. Sie würden viel mehr ohne jegliche staatliche Kontrolle ab Eintritt der Heilung in dauerhafte Bestandskraft erwachsen. Diese Rechtsfolge erscheint jedoch bei schwerwiegenden inhaltlichen Beschlussmängeln nicht sachgerecht.

(d) Ergebnis

Trotz der angeprangerten Inkonsistenz der Begrenzung der Heilung auf eingetragene Beschlüsse sprechen letztlich die besseren Argumente dafür, die Heilungsmöglichkeit auch weiterhin auf eingetragene Beschlüsse zu beschränken. Diese Handhabung dient zwar nicht der Rechtssicherheit, aber jedenfalls der Einzelfallgerechtigkeit. Zudem sind bei einer Reduktion der Nichtigkeitsgründe – wie hier vorgeschlagen – primär nur noch Verstöße relevant, die öffentliche Interessen betreffen. In diesen Fällen ist die uneingeschränkte Nichtigkeitsfolge bei nicht eintragungsbedürftigen Beschlüssen in Ermangelung einer Kontrollmöglichkeit durch das Registergericht und der fehlenden Möglichkeit der nachträglichen Amtslöschung jedoch auch angebracht. Der einzige die Nichtigkeit begründende Verfahrensmangel – nämlich das vollständige Fehlen einer Protokollierung – ist nicht nur so gravierend, sondern auch für die Gesellschaft und die Aktionäre derart leicht zu erkennen, dass es einer Heilung aus Rechtssicherheitsaspekten hier nicht bedarf.

Im Ergebnis ist mithin die Begrenzung der Heilung auf eintragungsbedürftige Beschlüsse weiterhin sachgerecht. Die damit einhergehende Rechtsunsicherheit bei Inhaltsmängeln ist zugunsten des mit der Nichtigkeit bezweckten Schutzes öffentlicher Interessen hinzunehmen.

(2) Heilung eingetragener Beschlüsse

Letztlich bleibt noch zu klären, ob und wie die Heilungsanforderungen an nichtige eintragungsbedürftige Beschlüsse modifiziert werden sollten. Diesbezüglich erscheint es sachgerecht, im Rahmen der Bewertung zwischen zur Nichtigkeit führenden Verfahrensmängeln (§ 241 Nr. 1 AktG-E) und Inhaltsmängeln (§ 241 Nr. 2 und 3 AktG-E) zu differenzieren.

(a) Heilung von Beurkundungsmängeln gem. § 241 Nr. 1 AktG-E

§ 241 Nr. 1 AktG-E ahndet Beschlüsse nur noch mit der Nichtigkeitsfolge, falls eine notarielle Beurkundung gänzlich fehlt. Der *Arbeitskreis Beschlussmängelrecht* sieht im Rahmen seines Reformvorschlags für diesen Mangel eine Heilung mit Eintragung und zusätzlichem Fristablauf von einem Jahr vor.[1211] Dem Arbeitskreis ist

---

1211 Siehe § A, Abs. 4, Nr. 2 des Vorschlags *Arbeitskreis Beschlussmängelrecht*, AG 2008, 617 (618).

insofern zuzustimmen, als dass es bei einer wie hier vorgenommenen Reduktion der zur Nichtigkeit führenden Beurkundungsmängel nicht sachgerecht erscheint, eine Heilung der Nichtigkeit – entsprechend der Regelung de lege lata – durch bloße Eintragung zuzulassen. Das vollständige Fehlen einer notariellen Beurkundung ist ein zu scherwiegender Verstoß, um die Nichtigkeit des Beschlusses allein durch die Eintragung in das Handelsregister heilen zu lassen. Es verbleibt mithin zu eruieren, ob entsprechend dem Vorschlag des *Arbeitskreises Beschlussmängelrecht* die Heilungsanforderungen verschärft werden sollten. Dies setzt jedoch als Grundannahme voraus, dass es überhaupt weiterhin eines Heilungstatbestandes für diesen Nichtigkeitsgrund bedarf. Eine solche Notwendigkeit ist allerdings zweifelhaft. So ist es jedenfalls in der Theorie kaum vorstellbar, dass ein Registergericht einen Beschluss, der überhaupt nicht beurkundet wurde, dennoch einträgt.[1212] Des Weiteren ist auch fragwürdig, ob die durch die Heilung beabsichtigte Schaffung von Rechtssicherheit bei der Eintragung eines überhaupt nicht durch eine notarielle Niederschrift beurkundeten Beschlusses überhaupt erreicht werden kann. Das vollständige Fehlen einer notariellen Beurkundung stellt bereits de lege lata einen *besonders schweren Rechtsverstoß* im Rahmen des Freigabeverfahrens dar.[1213] Ein weiterer Aspekt, der gegen eine Heilungsmöglichkeit spricht, ist dass das gänzliche Fehlen einer notariellen Beurkundung ein Mangel ist, der auch für alle Beteiligten leicht und eindeutig zu erkennen ist. Zudem spricht auch die Historie dieses Nichtigkeitsgrunds gegen die Notwendigkeit einer Heilungsmöglichkeit. So wurde bereits im Allgemeinen Deutschen Handelsgesetzbuch von 1884 in Artikel 238a ADHGB statuiert, dass jeder Beschluss der Generalversammlung zu seiner Gültigkeit der gerichtlichen oder notariellen Beurkundung bedürfe. Eine Heilungsmöglichkeit wurde für diesen Mangel allerdings zu diesem Zeitpunkt nicht vorgesehen und ein Heilungstatbestand erst 1937 im Zusammenhang mit der Kodifizierung der Nichtigkeitsgründe implementiert. Zwar wurde im Zuge dessen die Heilung der Nichtigkeit auch für Beurkundungsmängel eingeführt, jedoch ist diesbezüglich zu beachten, dass die zur Nichtigkeit führenden Beurkundungsmängel bereits damals weit über das vollständige Fehlen der Protokollierung hinausgingen. Allein aus der Tatsache, dass der Gesetzgeber sich für eine Heilung von zur Nichtigkeit führenden Beurkundungsmängeln entschieden hat, lässt sich mithin nicht mit Gewissheit schlussfolgern, dass er auch bewusst den krassen Fehler des vollständigen Fehlens der notariellen Beurkundung einer Heilung zugänglich machen wollte. Im Ergebnis kann daher auf eine Heilungsmöglichkeit für den Fall des vollständigen Fehlens einer notariellen Beurkundung verzichtet werden.

1212 *Casper*, Die Heilung nichtiger Beschlüsse im Kapitalgesellschaftsrecht, S. 70 f.; *Schmidt* in: Hopt/Wiedemann, AktG Großkommentar, § 242, Rn. 5; *Hüffer* in: Geßler/Hefermehl/Eckardt/u. a., AktG, § 242, Rn. 5; Auch *Noack* hält dies für „kaum vorstellbar" *Noack*, FS Baums, 845 (865).

1213 Jedenfalls bei börsennotierten Gesellschaften: Beschlussempfehlung und Bericht des Rechtsausschusses zum ARUG, BT-Drs. 16/13098, S. 42.

(b) Heilung von Inhaltsmängeln gem. § 241 Nr. 2 und 3 AktG-E

In Bezug auf § 241 Nr. 2 und 3 AktG-E sind die Heilungsvoraussetzungen hingegen schwieriger zu beurteilen, da diese Vorschriften primär den Schutz öffentlicher und Gläubigerinteressen bezwecken. Wenig verwunderlich sind daher auch die Ansichten der Literatur in Bezug auf die Heilung von Beschlüssen, die mit Gläubiger- und öffentlichen Interessen nicht zu vereinbaren sind, sehr gespalten.

(aa) Meinungsstand

Zum Teil wird dafür plädiert, auf einen Heilungstatbestand für diese Mängel gänzlich zu verzichten.[1214] Laut *Koch* handelt es sich bei § 242 II AktG bereits de lege lata um eine „verstörende Vorschrift, die selbst Schwerstmängel dauerhaft perpetuiert, sofern sie nicht auf Initiative des Registergerichts nach § 242 II S. 3 AktG beseitigt werden."[1215] Auch *Noack* ist der Ansicht, dass die Heilung von inhaltlich nichtigen Beschlüssen zu „unerträglichen Ergebnissen" führen könne.[1216]

Der Vorschlag des *Arbeitskreises Beschlussmängelrecht* hingegen sieht bei eintragungsbedürftigen Beschlüssen, die gegen zwingendes Gesetzesrecht verstoßen und im Gläubiger oder öffentlichen Interesse nicht tragbar sind, eine Heilung durch einjährigen Fristablauf ab Eintragung vor.[1217] Als Begründung wird angeführt, dass die Publizität durch die Eintragung der Beschlüsse im Handelsregister eine einjährige Frist rechtfertige, zumal eine Amtslöschung bei schwerwiegenden inhaltlichen Verstößen als Korrektiv weiterhin möglich bleibe.[1218] Auch *Fiebelkorn* spricht sich weiterhin für eine Heilung durch Eintragung aus, verlangt jedoch – wie de lege lata für Inhaltsmängel bereits vorgesehen – den Ablauf einer dreijährigen Frist ab Eintragung der Beschlüsse.[1219]

(bb) Bewertung

Wie bereits aufgezeigt, hat die Heilung der Nichtigkeit aus Gründen der Rechtssicherheit und der Rechtsbefriedigung eine Daseinsberechtigung im Beschlussmängelrecht. Die Nichtigkeit von Beschlüssen wegen eines Inhaltsmangels gänzlich nicht der Heilung zugänglich zu machen, ist daher nicht sachgerecht. So bergen die Vorschläge *Kochs* und *Noacks* die Gefahr, dass die Nichtigkeit wie ein *Damoklesschwert* dauerhaft über den Beschlüssen schwebt. Eine solche dauerhafte Rechtsunsicherheit über den Bestand des Beschlusses liegt jedoch weder im Interesse der

---

1214 *Koch*, Gutachten Beschlussmängelrecht, F 54; *Noack*, FS Baums, 845 (865); *Ehmann* in: Grigoleit, AktGKo, § 242, Rn. 1.

1215 *Koch*, Gutachten Beschlussmängelrecht, F 54.

1216 *Noack*, FS Baums, 845 (865).

1217 *Arbeitskreis Beschlussmängelrecht*, AG 2008, 617 (617 f.), § A Abs. 4 Nr. 2 des Entwurfs.

1218 *Arbeitskreis Beschlussmängelrecht*, AG 2008, 617 (621).

1219 *Fiebelkorn*, Beschlussmängelklagen, S. 392.

Aktionäre, der Gesellschaft noch der Öffentlichkeit. Auch führt eine Heilungsmöglichkeit in Bezug auf diese Inhaltsmängel nicht per se zu „unerträglichen Ergebnissen", da trotz einer Heilung weiterhin eine Löschung von Amts wegen möglich ist.[1220] Letztere ermöglicht insofern einen angemessenen Ausgleich zwischen Rechtssicherheit und Einzelfallgerechtigkeit. Die grundsätzliche Möglichkeit der Heilung von inhaltlich nichtigen eingetragenen Beschlüssen ist daher weiterhin angebracht.

Zu klären bleibt mithin letztlich nur noch, welche Frist ab Eintragung für die Heilung angesetzt werden sollte. Auf Grund der Tatsache, dass ein inhaltlich nichtiger Beschluss schwerwiegende Konsequenzen für öffentliche Interessen haben kann, greift trotz der durch die Eintragung im Handelsregister geschaffenen Publizität eine einjährige Frist zu kurz. Den Gläubigern und der Öffentlichkeit, deren Schutz durch die Nichtigkeit bezweckt ist, muss ausreichend Zeit zur Verfügung stehen, sich über die gefassten Beschlüsse zu informieren und die Nichtigkeit anzuprangern. Im Einklang mit der Regelung de lege lata und dem Vorschlag *Fiebelkorns* ist es daher vorzugswürdig, die Heilung inhaltlich nichtiger Beschlüsse weiterhin an den Ablauf einer dreijährigen Frist ab Eintragung zu knüpfen.

cc) Regelungsvorschlag und Ergebnis

Im Ergebnis empfiehlt es sich daher den Heilungstatbestand wie folgt zu fassen:

§ 242
Heilung der Nichtigkeit

(1) [1] Ist ein Hauptversammlungsbeschluss nach § 241 Nr. 2 oder 3 nichtig, so kann die Nichtigkeit nicht mehr geltend gemacht werden, wenn der Beschluss in das Handelsregister eingetragen worden ist und seitdem drei Jahre verstrichen sind. [2]Ist bei Ablauf der Frist eine Klage auf Feststellung der Nichtigkeit des Hauptversammlungsbeschlusses rechtshängig, so verlängert sich die Frist, bis über die Klage rechtskräftig entschieden ist oder sie sich auf andere Weise endgültig erledigt hat. [3]Eine Löschung des Beschlusses von Amts wegen nach § 398 des Gesetzes über das Verfahren in Familiensachen und in den Angelegenheiten der freiwilligen Gerichtsbarkeit wird durch den Zeitablauf nicht ausgeschlossen.

(2) *[geltende Fassung]*

1220 Auch *Eberspächer* spricht sich gegen eine teleologische Reduktion der Heilung bei Inhaltsmängeln aus, da aufgrund der fortbestehenden Möglichkeit der Amtslöschung eine „unerträgliche Zementierung gesetzeswidrigen Satzungsinhalts" nicht zu besorgen sei, *Eberspächer*, Nichtigkeit, S. 143 f; ebenso hält der *Arbeitskreis Beschlussmängelrecht* an einer Heilung fest und konstatiert, dass aufgrund der Möglichkeit der Amtslöschung „gravierende inhaltliche Rechtsverstöße nicht hingenommen werden müssen" *Arbeitskreis Beschlussmängelrecht*, AG 2008, 617 (621).

[§ 242 I S. 4 AktG ist ersatzlos zu streichen; zum Fortbestand von § 242 I S. 5 AktG siehe nachfolgend → E. III. 3. c)]

b) Befristung der Nichtigkeitsklage

Die Entwurfsverfasser der Aktienrechtsnovelle 2016 erwogen, eine relative Befristung der Nichtigkeitsklage einzuführen, um missbräuchlich nachgeschobene Nichtigkeitsklagen einzudämmen.[1221] So wurde vorgeschlagen, eine Regelung zu kodifizieren, die vorsieht, dass Aktionäre eine Nichtigkeitsklage gegen einen Beschluss, der bereits mittels Klage angegriffen wurde (Ausgangsklage), nur innerhalb eines Monats ab Bekanntgabe der Erhebung dieser Ausgangsklage in den Gesellschaftsblättern[1222] erheben können.[1223] Letztlich entschied man sich gegen diese punktuelle Gesetzesänderung, da eine Überprüfung und Reformierung des Beschlussmängelrechts in seiner Gesamtheit vorzugswürdig sei.[1224] Der Gedanke der Befristung der Nichtigkeitsklage ist nicht neu[1225] und wurde auch in den seitens der Literatur unterbreiteten Reformvorschlägen zum Beschlussmängelrecht teilweise erwogen.

aa) Meinungsstand

Fiebelkorn plädiert primär mit der Begründung der Schaffung von Rechtssicherheit dafür, die Nichtigkeitsklage generell einer Frist zu unterwerfen.[1226] Bei eintragungsbedürftigen Beschlüssen soll entsprechend seinem Vorschlag die Klage innerhalb eines Monats ab Beschlussfassung erhoben werden müssen.[1227] Bei nicht eintragungsbedürftigen Beschlüssen soll die Frist hingegen erst zu laufen beginnen, „wenn der Aktionär von den die Nichtigkeit begründenden Tatsachen Kenntnis erlangt oder hätte erlangen müssen."[1228]

1221 Siehe Begründung der Bundesregierung zum Gesetzesentwurf zur Änderung des Aktiengesetzes, Bt-DrS. 18/4349, S. 30.

1222 Gem. § 246 IV S. 1 AktG.

1223 Siehe Begründung der Bundesregierung zum Gesetzesentwurf zur Änderung des Aktiengesetzes, Bt-DrS. 18/4349, S. 30; kritisch hierzu: *Bungert/Wettich*, ZIP 2011, 160 (162 f.); *Bungert/Wettich*, ZIP 2012, 297 (300 f.); *Noack*, DB 2010, 2656 (2659 f.).

1224 Beschlussempfehlung und Bericht des Ausschusses für Recht- und Verbraucherschutz zu dem Gesetzesentwurf der Bundesregierung, Bt-DrS. 18/6681, S. 12; so bereits: *Noack*, DB 2010, 2656 (2661).

1225 *Paschos/Johannsen-Roth*, NZG 2006, 327 (333); *Brouwer*, NZG 2014, 201 (204); *Vetter*, AG 2008, 177 (193); jedenfalls für Beschlussmängelklagen gegen eintragungsbedürftige Beschlüsse, für die das Freigabeverfahren eröffnet ist, sollte einheitliche Monatsfrist eingeführt werden: *Handelsrechtsausschuss des DAV*, ZIP 2005, 774 (780).

1226 *Fiebelkorn*, Beschlussmängelklagen, S. 398.

1227 *Fiebelkorn*, Beschlussmängelklagen, S. 398.

1228 *Fiebelkorn*, Beschlussmängelklagen, S. 398.

Der *Arbeitskreis Beschlussmängelrecht* fordert ebenfalls für die Geltendmachung von Beschlussmängeln eine Klagefrist von einem Monat ab Beschlussfassung einzuführen, will jedoch im Gegensatz zu *Fiebelkorn* bei nichtigkeitsbegründenden Mängeln den Fristbeginn unabhängig davon, ob der Beschluss eintragungspflichtig ist oder nicht, generell an die Kenntnis des Klägers knüpfen.[1229]

Noack hingegen spricht sich jedenfalls bei einer Begrenzung der Nichtigkeitsgründe auf ihren elementaren Kern dafür aus, eine Befristung der Nichtigkeitsklage nicht vorzusehen.[1230] *Koch* führt an, dass eine generelle Befristung der Nichtigkeitsklage zunächst erfordere, dass „der Gedanke einer Nichtigkeit ex lege aufgegeben werden müsste – andernfalls bedarf es keiner Klage. Für den Nichtigkeitstatbestand ist das funktionale Äquivalent der Anfechtungsfrist die Heilungsfrist nach § 242 AktG, die folgerichtig nicht an eine Klageerhebung anknüpft."[1231] Ein Nebeneinander von Klagefrist und Heilung – wie vom *Arbeitskreis Beschlussmängelrecht* vorgeschlagen – überzeuge daher nicht.[1232]

bb) Bewertung

Unabhängig von der konkreten Ausgestaltung einer Befristung, ist zunächst zu hinterfragen, ob es überhaupt einer Befristung der Nichtigkeitsklage de lege ferenda bedarf. Dafür spricht zunächst der von *Fiebelkorn* angeführte Aspekt der Rechtssicherheit. Dagegen spricht jedoch, dass der Rechtssicherheit bereits durch die Heilungsmöglichkeit nichtiger Beschlüsse gedient wird. Eine zusätzliche Befristung der Nichtigkeitsklage wirkt daher widersprüchlich neben einem Heilungstatbestand von einem oder drei Jahren ab Eintragung. So müssten laut dem Vorschlag *Fiebelkorns* die Aktionäre die Nichtigkeitsklage innerhalb eines Monats ab Beschlussfassung erheben, obwohl die Nichtigkeit bei eintragungsbedürftigen Beschlüssen erst mit Ablauf einer dreijährigen Frist ab Eintragung geheilt wird.[1233] Zudem beruht das Konzept der Nichtigkeit im Gegensatz zur Anfechtbarkeit ja gerade darauf, dass die Nichtigkeit ex lege eintritt und gem. § 249 I S. 2 AktG auch auf andere Weise als durch Klageerhebung geltend gemacht werden kann. Diese Grundsätze würden jedoch konterkariert, würde man die Geltendmachung der Nichtigkeit zwingend an eine Klageerhebung knüpfen.[1234] Im Gegensatz zum *Arbeitskreis Beschlussmängelrecht*,[1235] sieht der Vorschlag *Fiebelkorns* eine Streichung des § 249 I S. 2 AktG de lege ferenda nicht vor.[1236] Dies würde streng genommen zu

1229 *Arbeitskreis Beschlussmängelrecht*, AG 2008, 617 (618), § C Abs. 1 des Entwurfs.
1230 *Noack*, FS Baums, 845 (865).
1231 *Koch*, Gutachten Beschlussmängelrecht, F 53 f.
1232 *Koch*, Gutachten Beschlussmängelrecht, 49 f.
1233 Siehe *Fiebelkorn*, Beschlussmängelklagen, S. 392, 398.
1234 So bereits *Koch*, Gutachten Beschlussmängelrecht, F 53.
1235 *Arbeitskreis Beschlussmängelrecht*, AG 2008, 617 (619).
1236 Laut des Vorschlags *Fiebelkorns* hat § 249 I AktG weiterhin Bestand, *Fiebelkorn*, Beschlussmängelklagen, S. 391.

der eigentümlichen Konsequenz führen, dass die Aktionäre eine Nichtigkeitsklage nur innerhalb eines Monats ab Beschlussfassung erheben könnten, sich aber bis zum Eintritt der Heilung dennoch weiter „auf andere Weise“[1237] auf die Nichtigkeit berufen könnten, obwohl sie diese nicht mehr klageweise anprangern könnten. Ein solches Konzept überzeugt nicht. Zugleich stellt sich auch die Frage, ob und wie sich die Befristung der Klage auf die Geltendmachung der Nichtigkeit durch außenstehende Dritte – wie bspw. Gläubiger der Gesellschaft – auswirken würde.

Letztlich muss man sich auch das Konzept der Heilung vis à vis einer Klagefrist vor Auge führen. Wie *Koch* diesbezüglich zutreffend anführt, ist die Heilungsvorschrift in Bezug auf die Nichtigkeit das „funktionale Äquivalent“ zur Anfechtungsfrist bei Anfechtungsklagen.[1238] Bereits der historische Gesetzgeber erwog die Nichtigkeit zeitlich zu beschränken, entschied sich aber stattdessen dafür, die Nichtigkeitsgründe sachlich einzuschränken und zugleich einen Heilungstatbestand einzuführen.[1239] Der Gesetzgeber sah in dieser Heilungsmöglichkeit einen angemessenen Ausgleich zwischen den Interessen der Gesellschaft und dem öffentlichen Interesse.[1240] So habe die Gesellschaft grds. davon ausgehen können, dass mit Eintragung (und ggf. zusätzlichem Fristablauf) der Hauptversammlungsbeschluss Bestand haben würde.[1241]

Die genannten Argumente sprechen im Übrigen auch gegen die Einführung einer – wie von den Entwurfsverfassern der Aktienrechtsnovelle 2016 erwogenen – relativen Befristung der Nichtigkeitsklage. Des Weiteren sieht auch dieser Entwurf keine Modifikation § 249 I S. 2 AktG vor. Daher hätte eine Umsetzung des Entwurfs – wie bereits bezüglich des Vorschlags *Fiebelkorns* kritisiert – ebenfalls zu dem paradoxen Ergebnis geführt, dass die Aktionäre sich auf die Nichtigkeit auf sonstige Weise berufen, diese aber für den Fall, dass die relative Befristung zum Zuge kommt und die einmonatige Frist abgelaufen ist, nicht mehr klageweise anprangern könnten.

cc) Ergebnis

Im Einklang mit der Ansicht *Kochs* überzeugt daher ein Nebeneinander von Klagefrist und Heilungsmöglichkeit in Bezug auf die Nichtigkeitsgründe nicht.[1242] Eine Befristung widerspricht dem Konzept der ex lege eintretenden Nichtigkeit und ist daher abzulehnen.[1243] Dem Bedürfnis nach Rechtssicherheit wird der Heilungstatbestand ausreichend gerecht.

1237 Vgl. § 249 I S. 2 AktG.
1238 *Koch*, Gutachten Beschlussmängelrecht, F 53 f.
1239 Siehe Begr. zu §§ 195 – 202 AktG 1937, abgedr. bei *Klausing*, AktG 1937, S. 172.
1240 Vgl. Begr. zu §§ 195 – 196 AktG 1937, abgedr. bei *Klausing*, AktG 1937, S. 174 f.
1241 Vgl. Begr. zu §§ 195 – 196 AktG 1937, abgedr. bei *Klausing*, AktG 1937, S. 174 f.
1242 *Koch*, Gutachten Beschlussmängelrecht, F 49 f.
1243 Im Ergebnis so auch *Koch*, Gutachten Beschlussmängelrecht, F 49.

c) *Fortbestehende Anwendbarkeit des Freigabeverfahrens auf Nichtigkeitsklagen*

aa) Ausgangspunkt

In Bezug auf die künftige Ausgestaltung der Nichtigkeitstatbestände stellt sich abschließend noch die Frage, ob das Freigabeverfahren weiterhin von der Gesellschaft für den Fall der Erhebung von Nichtigkeitsklagen gegen Strukturmaßnahmen beantragt werden können soll. Die Untersuchung des Freigabeverfahrens auf seine Konsistenz hat aufgezeigt, dass die Anordnung der dauerhaften Bestandskraft der Eintragung eines nichtigen Beschlusses eine dogmatisch widersprüchliche Rechtsfolge ist.[1244] Zudem erweist es sich als widersprüchlich, dass nicht jeder Nichtigkeitsgrund einen besonders schweren Rechtsverstoß begründet. De lege lata lässt sich diese Freigabemöglichkeit allerdings noch damit rechtfertigen, dass die Nichtigkeitsgründe selbst inkonsistent geregelt sind. So hat auch *Koch* konstatiert: „Die derzeit mögliche Gestaltung, dass ein Gericht die dauerhafte Bestandskraft eines nichtigen Beschlusses anordnet, überrascht, ist in der Sache aber doch sinnvoll, solange auch Bagatellmängel noch vom Nichtigkeitstatbestand erfasst werden."[1245]

Letztlich gilt es daher zu bewerten, ob sich eine Freigabe überhaupt noch rechtfertigen lässt, wenn die Nichtigkeitsgründe entsprechend des im Rahmen dieser Arbeit unterbreiteten Vorschlags auf schwere Rechtsverstöße reduziert werden. Eine umfassende Analyse zum Bestand bzw. der Reformierung der Freigabemöglichkeit gem. § 246a AktG würde jedoch über das Thema dieser Dissertation hinausgehen. Die nachfolgenden Darstellungen und Bewertungen dienen daher allein dazu, eine Einschätzung darüber zu geben, ob es überhaupt noch einer Eilentscheidung über die Eintragung von Beschlüssen im Rahmen von Nichtigkeitsklagen bedarf. Im Folgenden werden daher zunächst die bereits unterbreiteten Reformvorschläge zu dieser Thematik dargestellt und bewertet. Dem folgt sodann eine eigene Beurteilung, deren Grundlage die im Rahmen dieser Arbeit vorgeschlagene Reduktion des Nichtigkeitstatbestands ist.

bb) Meinungsstand

Fiebelkorn ist der Ansicht, dass es auch bei einer Reduktion der Nichtigkeitsgründe der Gesellschaft weiterhin möglich sein sollte, auf Antrag durch Beschluss feststellen zu lassen, dass die Erhebung der Klage der Eintragung nicht entgegensteht und Mängel des Beschlusses die Wirksamkeit der Eintragung unberührt lassen.[1246] Anders als de lege lata soll ein solcher Beschluss ergehen, wenn die Klage unzulässig oder offensichtlich unbegründet ist oder „das alsbaldige Wirksamwerden des

1244 Siehe ausführlich hierzu → D. II. 2. c).
1245 *Koch*, Gutachten Beschlussmängelrecht, F 54 f.
1246 *Fiebelkorn*, Beschlussmängelklagen, S. 390 f.

Hauptversammlungsbeschlusses vorrangig erscheint, weil die vom Antragssteller glaubhaft gemachten wesentlichen Nachteile für die Gesellschaft und ihre Aktionäre nach freier Überzeugung des Gerichts die Nachteile für die Gläubiger und das öffentliche Interesse an der Einhaltung der verletzen Norm überwiegen".[1247] Sollte sich die Klage trotz der Freigabe als begründet erweisen, stellt das Gericht auf Antrag des Klägers die Rechtswidrigkeit des Beschlusses fest und kann daneben anordnen, dass der Tenor in den Gesellschaftsblättern zu veröffentlichen ist oder der Gesellschaft ein Rügegeld auferlegt wird.[1248] Ein weiterer Unterschied zur Regelung de lege lata besteht darin, dass ein Antrag der Gesellschaft nicht nur bei sämtlichen eintragungsbedürftigen Beschlüssen möglich sein soll, sondern das Gericht auch bei nicht eintragungsbedürftigen Beschlüssen feststellen kann, dass „Mängel des Beschlusses seinen Bestand unberührt lassen".[1249] Als Begründung führt *Fiebelkorn* an, dass trotz der Reduktion der Nichtigkeitsgründe wichtige Beschlüsse weiterhin durch Nichtigkeitsklagen verzögert werden könnten.[1250] Zudem zielt der Vorschlag *Fiebelkorns* darauf ab, dass de lege lata zweifelhafte Konstrukt, dass ein Beschluss gleichzeitig nichtig und bestandskräftig sein kann, zu beheben.[1251] So soll zum einen bei erfolgter Freigabe zwar das Hauptsacheverfahren von Klägern weiterbetrieben werden können, jedoch muss er seine Klage auf die Feststellung, dass der Beschluss rechtswidrig gewesen ist, umstellen.[1252] Zum anderen plädiert *Fiebelkorn* dafür, im Rahmen der Heilungsvorschrift eine Anpassung dergestalt vorzunehmen, dass die Nichtigkeit nicht mehr geltend gemacht werden kann, wenn ein entsprechender Beschluss im Rahmen des Freigabeverfahrens ergangen ist und der Beschluss daraufhin eingetragen wurde.[1253] Es handele sich dann um eine „echte Heilung".[1254] Die entsprechend seinem Vorschlag rein institutionelle Funktion der Nichtigkeitsklage sieht *Fiebelkorn* dadurch umfassend gewürdigt, dass – anders als de lege lata – im Rahmen der Abwägung nicht mehr nur das Interesse des einzelnen Klägers in die Abwägungsentscheidung einfließt, sondern das Interesse der Gesellschaft die Nachteile für die Gläubiger und das öffentliche Interesse wesentlich überwiegen müssen.[1255] Laut seiner Einschätzung werde dies in der Praxis jedoch nur selten der Fall sein.[1256]

Der *Arbeitskreis Beschlussmängelrecht* schlägt vor, statt des Freigabeverfahrens de lege ferenda eine Zwischenentscheidung des Gerichts der Hauptsache

1247 Siehe § 249 II AktG-E, *Fiebelkorn*, Beschlussmängelklagen, S. 391.
1248 Siehe § 249 II S. 6 und 7 AktG-E, *Fiebelkorn*, Beschlussmängelklagen, S. 391 f.
1249 § 249 III S. 1 AktG-E, *Fiebelkorn*, Beschlussmängelklagen, S. 392.
1250 *Fiebelkorn*, Beschlussmängelklagen, S. 390.
1251 *Fiebelkorn*, Beschlussmängelklagen, S. 394.
1252 *Fiebelkorn*, Beschlussmängelklagen, S. 394.
1253 § 242 I AktG-E, *Fiebelkorn*, Beschlussmängelklagen, S. 392, 393 f.
1254 *Fiebelkorn*, Beschlussmängelklagen, S. 393.
1255 *Fiebelkorn*, Beschlussmängelklagen, S. 393.
1256 *Fiebelkorn*, Beschlussmängelklagen, S. 393.

vorzusehen, falls eine Entscheidung in der Hauptsache nicht binnen drei Monaten nach Klageerhebung ergeht.[1257] Demnach soll das Gericht innerhalb dieser Frist durch Beschluss anordnen, dass die Klage der Eintragung nicht entgegensteht, falls es nicht zu der Ansicht kommt, dass die Klage zulässig ist und nach einer „überwiegende<n> Wahrscheinlichkeit" entweder ein Nichtigkeitsgrund vorliegt oder die besondere Schwere des Rechtsverstoßes eine Vernichtung des Beschlusses ex tunc gebietet.[1258] Den Vorteil dieser Zwischenentscheidung sieht der *Arbeitskreis Beschlussmängelrecht* darin begründet, dass aufgrund der flexiblen Rechtsfolgen die Eintragung nicht zur dauerhaften Bestandskraft des Beschlusses führt, da eine Aufhebung des Beschlusses mit ex nunc Wirkung auch weiterhin möglich bleibt.[1259] Die Eintragung gewährleiste daher viel mehr nur die Wirksamkeit des Beschlusses bis zur endgültigen Entscheidung in der Hauptsache.[1260] Eine Ausnahme hiervon macht der *Arbeitskreis Beschlussmängelrecht* für wichtige Strukturmaßnahmen der Gesellschaft.[1261] Sollten diese aufgrund einer Zwischenentscheidung eingetragen und durchgeführt werden, ist auch eine Aufhebung ex nunc nicht mehr möglich, da Mängel des Beschlusses in diesem Fall die Wirksamkeit nicht mehr tangieren.[1262]

Im Einklang mit dem *Arbeitskreis Beschlussmängelrecht* spricht sich auch *Koch* im Rahmen seines Gutachtens zum 72. Deutschen Juristentag ebenfalls dafür aus, flexible Rechtsfolgen für die Anfechtungsklage einzuführen.[1263] So könnte neben der Kassation ex tunc, entsprechend dem Vorschlag des *Arbeitskreises Beschlussmängelrecht*, alternativ eine Kassation ex nunc, ein Rügegeld oder die Veröffentlichung des Tenors in den Gesellschaftsblättern vom Gericht angeordnet werden.[1264] Als Grundlage für die Frage, welche Rechtsfolge angemessen ist, könnte laut *Koch* eine Verhältnismäßigkeitsprüfung in Gestalt eines beschlussbezogenen und klägerbezogenen Filters dienen.[1265] Im Rahmen des beschlussbezogenen Filters soll geprüft werden, ob „ die dauerhafte Bestandskraft des Beschlusses unter Berücksichtigung der Schwere des mit der Klage geltend gemachten Verstoßes zur Abwendung der vom Antragssteller dargelegten Nachteile für die AG und ihre Aktionäre vorrangig erscheint."[1266] Ein zusätzlicher klägerbezogener Filter soll sicherstellen, dass der Kläger eine gewisse Grundbetroffenheit nachweist, die ihn zur Kassation berechtigt.[1267] Als vorzugwürdige Ausgestaltung würde sich

1257 *Arbeitskreis Beschlussmängelrecht*, AG 2008, 617 (618) § D Abs. 3 des Entwurfs.
1258 *Arbeitskreis Beschlussmängelrecht*, AG 2008, 617 (618 f.), § D Abs. 3, § B Abs. 2 des Entwurfs.
1259 *Arbeitskreis Beschlussmängelrecht*, AG 2008, 617 (624 f.).
1260 *Arbeitskreis Beschlussmängelrecht*, AG 2008,617 (625).
1261 *Arbeitskreis Beschlussmängelrecht*, AG 2008,617 (625).
1262 *Arbeitskreis Beschlussmängelrecht*, AG 2008, 617 (618, 624), § B Abs. 5 des Entwurfs.
1263 *Koch*, Gutachten Beschlussmängelrecht, F 37 f.
1264 *Koch*, Gutachten Beschlussmängelrecht, F 38 f.
1265 *Koch*, Gutachten Beschlussmängelrecht, F 30 ff.
1266 *Koch*, Gutachten Beschlussmängelrecht, F 30.
1267 *Koch*, Gutachten Beschlussmängelrecht, F 34.

laut *Koch* ein Kassationsquorum anbieten.[1268] Zugleich könnte man erwägen, eine Ausnahme von diesem Quorum für schwere Verstöße vorzusehen.[1269] Diese flexiblen Rechtsfolgen sollen zudem dem Richter auch bei Klagen gegen Beschlüsse über nicht strukturändernde Maßnahmen zur Verfügung stehen, wobei laut *Koch* dann ggf. der klägerbezogene Filter aufgrund des geringeren Missbrauchspotenzials nicht zur Anwendung kommen sollte.[1270] *Koch* plädiert im Einklang mit dem *Arbeitskreis Beschlussmängelrecht* zudem dafür, neben dieser Verhältnismäßigkeitsprüfung ein beschleunigtes Freigabeverfahren vorzusehen, das als Zwischenentscheidung in das Hauptsacheverfahren integriert werden sollte.[1271] Das Gericht der Hauptsache soll bei Klagen gegen eintragungsbedürftige Beschlüsse[1272] die Freigabe anordnen können, „wenn es trotz gebotener Beschleunigung nicht gelungen ist, innerhalb von drei Monaten zu beurteilen, ob die Kassationsvoraussetzungen vorliegen, es aber überwiegend wahrscheinlich ist, dass sie nicht vorliegen."[1273]

In Bezug auf die vorliegend relevante Frage, ob eine Freigabe auch weiterhin im Rahmen der Nichtigkeitsklage möglich sein sollte, konstatiert *Koch* zunächst, dass bei einer de lege ferenda vorzunehmenden Reduktion der Nichtigkeitsgründe auf ihren berechtigen Kern die de lege lata bestehende Möglichkeit, dass ein Gericht die dauerhafte Bestandskraft eines nichtigen Beschlusses anordnen kann, nicht mehr zu rechtfertigen sei.[1274] Dennoch schließt er es nicht aus, dass ein Eilverfahren von Nutzen sein könne, „wenn die Beweisaufnahme über die vom Kläger vorgetragenen Schwerstmängel nicht in der gebotenen Frist abgeschlossen werden kann."[1275]

cc) Bewertung

(1) Bewertung der Vorschläge

Wie bereits im Rahmen der Untersuchung der Konsistenz der Nichtigkeit angeführt, sind die Rechtsfolgen der Freigabe vis a vis der Nichtigkeit eine dogmatisch inkonsistente Lösung. Es ist schon de lege lata schwerlich begründbar, warum ein nichtiger Beschluss dauerhaft in Bestandskraft erwachsen kann. Dies gilt – im Einklang mit der Ansicht *Kochs* – erst recht, wenn man die Nichtigkeitsgründe auf ihren elementaren Kern reduziert. Gegen den Vorschlag *Fiebelkorns* lässt sich

1268 *Koch*, Gutachten Beschlussmängelrecht, F35.
1269 *Koch*, Gutachten Beschlussmängelrecht, F35 f.
1270 *Koch*, Gutachten Beschlussmängelrecht, F46.
1271 *Koch*, Gutachten Beschlussmängelrecht, F39.
1272 Laut *Koch* bedarf es keiner Eilentscheidung bei nicht eintragungsbedürftigen Beschlüssen: *Koch*, Gutachten Beschlussmängelrecht, F46 f.
1273 *Koch*, Gutachten Beschlussmängelrecht, F43.
1274 *Koch*, Gutachten Beschlussmängelrecht, F54 f.
1275 *Koch*, Gutachten Beschlussmängelrecht, F55.

daher zunächst einwenden, dass es widersprüchlich erscheint, die Nichtigkeitsgründe auf ihren essentiellen Kern zum Schutz der Gläubiger und öffentlicher Interessen zu reduzieren, zugleich aber die Freigabemöglichkeit bei Nichtigkeitsklagen nicht nur auf alle eintragungsbedürftigen Beschlüsse sondern auch auf nicht eintragungsbedürftige Beschlüsse zu erweitern. Auch *Fiebelkorns* Vorschlag die Rechtsfolgen der Freigabe einer Heilung der Nichtigkeit gleichzusetzen, mag zwar den dogmatischen Widerspruch zwischen Nichtigkeit und gleichzeitiger Bestandskraft abschwächen, ist jedoch in der Sache eine Vorwegnahme der Hauptsache im Rahmen einer Eilentscheidung.[1276] Die dem Kläger weiterhin mögliche Feststellung der Rechtswidrigkeit stellt auch keinerlei Kompensation zu dem Verlust der Beschlusskassation dar.

Auch der *Arbeitskreis Beschlussmängelrecht* will eine Zwischenentscheidung über die Eintragung auf alle eintragungsbedürftigen Beschlüsse ausweiten. Im Gegensatz zu *Fiebelkorns* Vorschlag findet allerdings keine Abwägung der widerstreitenden Interessen statt, sondern umgekehrt ist eine „Freigabe" zugunsten der Gesellschaft jedenfalls dann untersagt, wenn nach *überwiegender Wahrscheinlichkeit* ein Nichtigkeitsgrund vorliegt.[1277] Anders als bei *Fiebelkorn* erfolgt durch eine die Eintragung anordnende Zwischenentscheidung des Prozessgerichts auch keine Vorwegnahme der Hauptsache, da trotz Freigabe – mit Ausnahme von Beschlüssen über Strukturmaßnahmen – jedenfalls eine Kassation ex nunc weiterhin möglich sein soll.[1278] Dennoch verbleibt es dabei, dass auch der Vorschlag des *Arbeitskreises Beschlussmängelrecht* jedenfalls bei Strukturmaßnahmen weiterhin eine dem Konzept der Nichtigkeit widersprechende Bestandskraft trotz Nichtigkeit vorsieht.

(2) Bewertung im Lichte des eigenen Vorschlags zur Reduktion der Nichtigkeitsgründe

Aufgrund der Tatsache, dass die Vorschläge *Fiebelkorns, Kochs* und des *Arbeitskreises Beschlussmängelrecht* in Bezug auf die künftige Ausgestaltung der Nichtigkeitstatbestände jeweils nur teilweise deckungsgleich mit der hier vorgeschlagenen Ausgestaltung der Nichtigkeitsgründe de lege ferenda sind, ist es empfehlenswert, eine eigene Bewertung vorzunehmen, deren Ausgangspunkt der hier gemachte Reformvorschlag ist.

Wie bereits angeführt dient das Freigabeverfahren dazu, missbräuchliche Anfechtungs- und Nichtigkeitsklagen einzudämmen und zugunsten der Gesellschaft möglichst schnell Rechtssicherheit über den Bestand des Beschluss zu schaffen. Dies ist ein legitimes Anliegen. Die primäre Fragestellung ist daher, ob eine

1276 Siehe zur Vorwegnahme der Hauptsache im einstweiligen Rechtsschutzverfahren: *Kruis* in: Heussen/Hamm, RA-Handbuch, § 4, Rn. 18 ff.

1277 Siehe § D Abs. 3 des Entwurfs, *Arbeitskreis Beschlussmängelrecht*, AG 2008, 617 (618 f.).

1278 *Arbeitskreis Beschlussmängelrecht*, AG 2008, 617 (624 f.).

Eilentscheidung über den dauerhaften Bestand der Eintragung eines Beschlusses auch noch gerechtfertigt werden kann, wenn die Nichtigkeitsgründe – entsprechend der Empfehlung dieser Arbeit – bereits auf Schwerstverstöße beschränkt sind. Um dies bewerten zu können, ist es notwendig, das Missbrauchspotenzial in Bezug auf die verbleibenden Nichtigkeitsgründe zu eruieren.

Im Hinblick auf Verfahrensmängel sieht die Neuregelung vor, dass § 241 Nr. 1 AktG-E Hauptversammlungsbeschlüsse nur noch mit der ex lege eintretenden Nichtigkeit ahndet, wenn eine notarielle Beurkundung vollständig fehlt. In diesem Fall würde jedoch auch eine Freigabe der Eintragung des gänzlich nicht durch eine über die Hauptversammlung aufgenommene Niederschrift beurkundeten Beschlusses bestehende Rechtsunsicherheiten kaum ausräumen können und weder den Aktionären noch der Öffentlichkeit von Nutze sein. Zudem ist davon auszugehen, dass eine Freigabe auch gar nicht erfolgen würde, da bereits de lege lata der Rechtsausschuss das völlige Fehlen einer notariellen Beurkundung als Schwerstverstoß i.S.v. § 246a II Nr. 3 AktG ansieht.[1279] Ein weiterer Aspekt, der gegen die Notwendigkeit einer Eilentscheidung im Rahmen von Nichtigkeitsprozessen wegen eines Beurkundungsmangels spricht, ist, dass das vollständige Fehlen einer notariellen Beurkundung auch vom Gericht der Hauptsache leicht zu überprüfen ist, so dass ein langwieriges Verfahren wohl kaum zu befürchten ist. In Bezug auf einen Nichtigkeitsprozess wegen eines Beurkundungsmangels gem. § 241 Nr. 1 AktG-E lässt sich daher eine Eilentscheidung nicht rechtfertigen. Dies gilt entsprechend im Umwandlungsrecht für das gänzliche Fehlen einer notarieller Beurkundung eines Verschmelzungsbeschlusses sowie von Zustimmungserklärungen einzelner Anteilsinhaber gem. § 13 III S. 1 UmwG. Laut Begründung zum Gesetzesentwurf zum UmwBerG erfüllt die zwingende notarielle Beurkundung der Zustimmungserklärungen der Anteilsinhaber eine Warnfunktion und soll zudem dem Registergericht die Prüfung erleichtern, ob alle Anforderungen in Bezug auf die Umwandlungen gewahrt wurden.[1280] Daher erscheint es sachgerecht, jedenfalls für den Fall des vollständigen Fehlens einer notariellen Beurkundung der gesetzlich notwendigen Zustimmungserklärungen ein Eilverfahren gem. § 16 III UmwG auszuschließen. Zudem ist es auch in diesem Fall für das Registergericht, dem die gesetzlich notwendigen Zustimmungserklärungen bei Anmeldung der Verschmelzung gem. § 17 I UmwG vorzulegen sind, leicht zu überprüfen, ob notarielle Beurkundungen gänzlich fehlen.

Mithin ist für die Notwendigkeit einer Eilentscheidung allein von Relevanz, ob bei einer Berufung auf eine Nichtigkeit wegen eines inhaltlichen Verstoßes gem. § 241 Nr. 2 und 3 AktG-E das Missbrauchspotenzial und das Rechtssicherheitsbedürfnis

---

1279 Beschlussempfehlung und Bericht des Rechtsausschusses zu dem Gesetzesentwurf der Bundesregierung, BT-DrS. 16/13098, S. 42.

1280 Begründung zum Entwurf eines Gesetzes zur Bereinigung des Umwandlungsrechts, BT-DrS. 12/6699, S. 86.

so groß sind, dass eine abschließende Klärung im Hauptsacheverfahren nicht abgewartet werden kann.

Wie aufgezeigt, hat das rechtliche Konzept der ipso iure eintretenden Nichtigkeit primär seine Daseinsberechtigung zum Schutz der Gläubiger und öffentlicher Interessen. Sollte ein Beschluss mit diesen Interessen nicht in Einklang zu bringen sein, muss er entsprechend sanktioniert werden. Die Problematik im Rahmen eines Nichtigkeitsprozesses besteht jedoch gerade darin, einen solchen inhaltlichen Verstoß festzustellen. Langwierige Verfahren werden nicht bei krassen offensichtlichen Verstößen gegen § 241 Nr. 2 oder Nr. 3 AktG-E zu befürchten sein, sondern gerade dann, wenn ein solcher Verstoß nicht bereits eindeutig vorliegt. Eben solche nicht offensichtlichen Verstöße könnten sich jedoch räuberische Aktionäre zu Nutze machen und die Eintragung von für die Gesellschaft wichtigen Beschlüssen durch langwierige Verfahren behindern.

Allein die Reduktion der Nichtigkeitsgründe in der hier vorgeschlagenen Form wird daher nicht ausreichen, um Missbräuche einzudämmen. Somit gibt es auch de lege ferenda noch ein Bedürfnis für eine Eilentscheidung im Rahmen eines Nichtigkeitsprozesses. Die konkrete Ausgestaltung obliegt dem Gesetzgeber. Eine reine Interessensabwägungsklausel, entsprechend dem Modell de lege lata, wird jedoch bei einer Reduktion der Nichtigkeitsgründe auf Schwerstverstöße nicht mehr zu rechtfertigen sein.

(3) Ausschluss des Amtslöschungsverfahren

(a) Ausgangspunkt

Sollte man im Einklang mit der hier vertretenen Ansicht das grds. Bedürfnis nach einer Freigabe- oder Zwischenentscheidung weiterhin bejahen, ist es notwendig, den Ausschluss des Amtslöschungsverfahren bei einer Eintragung des Beschlusses aufgrund einer solchen Entscheidung zu überdenken. De lege lata regelt § 242 II S. 5 Hs. 2 AktG, dass das Amtslöschungsverfahren keine Anwendung mehr findet, wenn ein positiver Freigabebeschluss ergangen ist und der Hauptversammlungsbeschluss eingetragen wurde. Laut Gesetzesbegründung zum UMAG dient diese Ausschlussregelung dazu, die dauerhafte Bestandskraft der Eintragung strukturändernder Beschlüsse zu sichern.[1281]

Zweifelhaft ist jedoch, ob eine solche Ausschlussregelung nicht über das Ziel hinausschießt bzw. ob der mit der Eintragung aufgrund einer Freigabeentscheidung geschaffenen Rechtssicherheit stets Vorrang einzuräumen ist. Das Amtslöschungsverfahren dient dazu, die Löschung inhaltlich nichtiger Beschlüsse, die unter einem inhaltlichen Verstoß leiden und zusätzlich aufgrund einer umfassenden Interessenabwägung im öffentlichen Interesse nicht aufrecht erhalten werden

1281 Begründung zum Gesetzesentwurf der Bundesregierung zum UMAG, Bt.-Drs. 15/5092, S. 28.

können, trotz Heilung zu sanktionieren.[1282] Es stellt mithin das einzige, aber auch notwendige Korrektiv der Heilung dar,[1283] um im Einzelfall nicht zu duldende Unbilligkeiten beseitigen zu können. Eine der Heilung ähnliche Wirkung kommt jedoch auch der positiven Freigabeentscheidung zu. So ist trotz der Nichtigkeit des Beschlusses eine Beseitigung der Bestandskraft nicht mehr möglich. Fraglich ist daher, warum nicht auch im letzteren Fall noch eine Amtslöschung als letzte Korrekturmöglichkeit verbleiben sollte. Um dies bewerten zu können, ist es notwendig, die Konsequenzen einer Anwendbarkeit und die Voraussetzungen der Amtslöschung zu erörtern.

(b) *Verhältnis von Amtslöschungsverfahren und dem Urteil des Prozessgerichts*

Zunächst ist daher zu eruieren, wie sich im „Normalfall" das Urteil in der Hauptsache auf die Amtslöschung auswirkt. Sollte eine Nichtigkeitsklage Erfolg haben, ist ein Amtslöschungsverfahren obsolet, da das Registergericht der Eintragungs- und Bekanntmachungspflicht gem. § 248 I S. 3 und 4 und § 249 I S. 1 AktG Folge zu leisten hat.[1284] Für den Fall der Klageabweisung gelten hingegen andere Grundsätze. Sollte die Klage ohne materielle Prüfung abgewiesen worden sein, bspw. wegen fehlender Klagebefugnis, ist das Registergericht keinesfalls an diese Feststellung gebunden.[1285] Ebenso verhält es sich zwar für den Fall, dass die Klage mangels Vorliegens eines Nichtigkeitsgrunds abgewiesen wurde, jedoch wird in der Praxis das Registergericht diese Bewertung des Gerichts auch ohne förmliche Bindung an das Urteil beachten.[1286] Im Rahmen des Freigabeverfahrens de lege lata besteht nun allerdings die Besonderheit, dass das Urteil bei einer positiven Freigabeentscheidung nicht mehr gem. § 248 I S. 3 AktG eingetragen wird.[1287] Fraglich ist daher, welche Konsequenzen man hieraus für das Amtslöschungsverfahren zieht.

Da, wie aufgezeigt, im Normalfall das Registergericht das die Nichtigkeit feststellende Urteil eintragen und bekanntmachen müsste, erscheint es zunächst angebracht, jedenfalls die Möglichkeit der Einleitung eines Amtslöschungsverfahrens zu bejahen, wenn das Gericht der Hauptsache nach erfolgter Freigabe der Eintragung festgestellt hat, dass dem Beschluss ein Nichtigkeitsgrund gem. § 241 Nr. 2 oder 3 AktG-E anhaftet. Aufgrund der Tatsache, dass das Registergericht grds. eine eigene Prüfungskompetenz besitzt und auch im Normalfall nicht an das die Nichtigkeit ablehnende Urteile gebunden ist, sollte auch für den Fall der Klageabweisung im

1282 Ausführlich hierzu → D. II. 1. f).
1283 *Casper*, Die Heilung nichtiger Beschlüsse im Kapitalgesellschaftsrecht, S. 258.
1284 *Hüffer/Schäfer* in: Goette/Habersack, MüKo, AktG, § 241, Rn. 87.
1285 *Schmidt* in: Hopt/Wiedemann, AktG Großkommentar, § 241, Rn. 107.
1286 *Schmidt* in: Hopt/Wiedemann, AktG Großkommentar, § 241, Rn. 107; *Hüffer/Schäfer* in: Goette/Habersack, MüKo, AktG, § 241, Rn. 87.
1287 Siehe § 242 II S. 5 1. Hs. AktG.

Rahmen des der Freigabeentscheidung zugrundeliegenden Hauptsacheverfahrens die Einleitung eines Amtslöschungsverfahrens grds. noch möglich sein. Sollte man diesen Weg nicht beschreiten wollen, wäre für den Fall der Klageabweisung auch eine differenzierte Lösung möglich. So könnte man eine Regelung einführen, die das Registergericht nach erfolgter Freigabe der Eintragung an die Klageabweisung des Gerichts der Hauptsache jedenfalls dann bindet, wenn dieses das Vorliegen eines Nichtigkeitsgrunds verneint hat.

(c) Abwägung der Vor- und Nachteile der Anwendbarkeit des Amtslöschungsverfahrens trotz Freigabeentscheidung

Letztlich sind noch die Argumente, die für bzw. gegen eine Anwendbarkeit des Amtslöschungsverfahrens nach erfolgter Eintragung aufgrund einer Freigabeentscheidung sprechen, gegeneinander abzuwägen. Das wohl gewichtigste Argument gegen eine Anwendbarkeit des Amtslöschungsverfahrens ist, dass die durch den Ausschluss bezweckte Rechtssicherheit über den Bestand wichtiger Beschlüsse – also insbesondere solche, die Strukturmaßnahmen betreffen,– nicht mehr allein durch die Eintragung aufgrund einer Freigabeentscheidung erreicht werden könnte. Diesem Argument ist allerdings entgegenzuhalten, dass sich diese Situation betreffend die Rechtsunsicherheit weder von der unterscheidet, die vorläge, wenn überhaupt keine Nichtigkeitsklage erhoben worden wäre oder aber ein die Nichtigkeit verneinendes Urteil ergangen wäre. Würde kein Aktionär gegen den nichtigen Beschluss vorgehen, würde dieser – wenn dem Registergericht der Mangel nicht auffällt – eingetragen und nach Ablauf von drei Jahren wäre die Nichtigkeit geheilt. Dennoch bestünde auch in diesem Fall weiterhin die Gefahr, dass eine Löschung von Amts wegen erfolgt. Anders gesagt, selbst wenn es keine räuberischen Aktionäre gäbe, die sich den Lästigkeitswert von Nichtigkeitsklagen zu Nutze machen, könnte die Gesellschaft auch nach der Heilung der Nichtigkeit von Beschlüssen über Strukturmaßnahmen nicht darauf vertrauen, dass der strukturändernde Beschluss nicht doch noch im Wege der Amtslöschung als nichtig gelöscht wird. Des Weiteren würde selbst ein die Nichtigkeit verneinendes Urteil das Registergericht nicht binden, so dass dieses grds. weiterhin eine Löschung von Amts wegen durchführen könnte.[1288] Durch den Ausschluss der Amtslöschung in Bezug auf eingetragene Beschlüsse, deren Bestandskraft mittels einer Freigabe erwirkt wurde, steht die Gesellschaft mithin letztendlich sogar besser, als wenn ein die Nichtigkeit verneinendes Urteil ergangen wäre oder sogar niemand Klage erhoben hätte. Dieser überschießende Rechtsschutz scheint daher nicht sachgerecht.

Für eine Möglichkeit der Amtslöschung im Kontext des Freigabeverfahrens spricht hingegen, dass der dogmatische Widerspruch, dass ein Beschluss zugleich nichtig und bestandskräftig ist, zwar nicht behoben wird, aber jedenfalls im

1288 Siehe hierzu → E. III. 3. c) cc) (3) (b).

Einzelfall noch einer Korrektur zugänglich ist. Zudem würde der Ausgang des der Freigabeentscheidung zugrundeliegenden Prozesses in der Hauptsache nicht mehr nur von Relevanz für etwaige Schadensersatzansprüche des Klägers sein, sondern würde zugleich als Indiz dienen, ob überhaupt noch eine Löschung von Amts wegen zu befürchten ist. Für die Anwendbarkeit des Amtslöschungsverfahrens spricht zudem, dass dieses nicht dem Risiko des Missbrauchs durch räuberische Aktionäre ausgesetzt ist, da Aktionäre ein solches Verfahren nur anregen, aber nicht erzwingen können.[1289] Letztlich ist noch zu bedenken, dass im Rahmen der Abwägungsentscheidung über die Löschung von Amts wegen auch berücksichtigt wird, ob der Beschluss bereits eingetragen und durchgeführt wurde. Es ist daher davon auszugehen, dass nur bei schwerwiegenden Verstößen gegen öffentliche Interessen überhaupt eine nachträgliche Löschung stattfinden wird.

(d) Ergebnis

Der Ausschluss des Amtslöschungsverfahrens für den Fall der Eintragung aufgrund einer Freigabe führt zu einem überschießenden und nicht zu rechtfertigenden Bestandsschutz. Im Ergebnis sprechen daher die besseren Argumente dafür, die Möglichkeit der Amtslöschung trotz einer Eintragung der Beschlüsse aufgrund einer Freigabe- bzw. Eilentscheidung im Rahmen eines Nichtigkeitsprozesses gesetzlich nicht auszuschließen. § 242 II S. 5 Hs. 2 ist daher ersatzlos zu streichen.

dd) Ergebnis

Im Ergebnis lässt sich festhalten, dass selbst durch eine Reduktion der Nichtigkeitsgründe das Missbrauchspotenzial von Nichtigkeitsklagen seitens räuberischer Aktionäre noch nicht hinreichend eingedämmt ist. Mithin besteht auch de lege ferenda weiterhin das Bedürfnis nach einer Regelung, die jedenfalls bei wichtigen Strukturmaßnahmen eine zügige Entscheidung über die Eintragung gewährleistet. Die Tatsache, dass eine Einschränkung der Wirkung der Nichtigkeit auf der Rechtsfolgenseite einen dogmatischen Widerspruch erzeugt, wird daher letztlich im Kauf zu nehmen sein. So ist es auf der einen Seite notwendig, räuberischen Aktionären entgegenzutreten, indem man durch einen Freigabebeschluss oder eine Zwischenentscheidung des Prozessgerichts die Durchführung wichtiger Strukturmaßnahmen ermöglicht. Auf der anderen Seite stellt sich das Problem, dass eine Modifikation der Nichtigkeit auf der Rechtsfolgenseite mit dem Konzept der ipso iure eintretenden Nichtigkeit nicht in Einklang zu bringen ist. Letztlich scheint es daher eine dogmatisch konsistente Lösung für dieses „Dilemma“ nicht zu geben. Die konkrete Ausgestaltung obliegt dem Gesetzgeber. Es ist jedoch anzumerken, dass sich bei einer Reduktion der Nichtigkeitsgründe in der hier vorgeschlagenen

---

1289 Vgl. § 24 FamFG sowie *Koch* in: Hüffer/Koch, AktG, § 241, Rn. 28; OLG Köln, 2 Wx 62/01 v. 12.12.2001, NZG 2003, 75 (76).

Weise eine reine Interessenabwägung verbietet, da der verbleibende Nichtigkeitstatbestand per se nur noch *besonders* schwere Rechtsverstöße erfasst.

In Bezug auf den de lege lata bestehenden Ausschluss des Amtslöschungsverfahrens bei per Freigabeentscheidung eingetragenen Beschlüssen hat die vorstehende Untersuchung aufgezeigt, dass dieser Ausschluss eine ungerechtfertigte Besserstellung der Gesellschaft mit sich bringt. So erscheint es als überschießender Rechtsschutz, dass sich die rechtliche Ausgangslage der Gesellschaft in Bezug auf die dauerhafte Bestandskraft des Beschlusses bei einer Eintragung aufgrund einer Freigabeentscheidung letztendlich sogar besser darstellt, als wenn ein die Nichtigkeit verneinendes Urteil ergangen oder sogar überhaupt kein Aktionär Klage erhoben hätte. Ein Vorteil der hier befürworteten Anwendbarkeit der Regelung zur Amtslöschung ist hingegen darin zu finden, dass das konzeptionell unbefriedigende Ergebnis, dass ein Beschluss zugleich nichtig und bestandskräftig ist, noch einer Korrektur im Einzelfall zugänglich ist. Des Weiteren ist das Amtslöschungsverfahren auch nicht missbrauchsanfällig. Ein Ausschluss für den Fall der Eintragung aufgrund einer Freigabe ist daher nicht gerechtfertigt.

F. Ergebnis

I. Abschließende Bewertung

Das Ziel dieser Arbeit war es zu eruieren, ob und wie die Nichtigkeitsgründe reformiert werden sollten. Zunächst wurde daher die historische Entwicklung der Nichtigkeitsgründe aufgearbeitet und aufgezeigt, warum diese Fehlerkategorie und die einzelnen Tatbestände gesetzlich kodifiziert wurden. In einem zweiten Schritt wurden sodann die seit 1937 im Kern erhalten gebliebenen Nichtigkeitsgründe und ihre Begleitvorschriften auf ihre Funktion und Konsistenz untersucht. Schließlich wurden auch die Konsequenzen einer hypothetischen Abschaffung der Nichtigkeitskategorie ermittelt und evaluiert. Die Erkenntnisse dieser Arbeit in Bezug auf die Reformierung der Nichtigkeitsgründe stützen sich somit auf eine Analyse und Bewertung der Nichtigkeitsgründe aus drei verschiedenen Perspektiven.

Die Arbeit hat aufgezeigt, dass die Nichtigkeitstatbestände und die diesbezüglichen Begleitvorschriften jedenfalls teilweise einer Reformierung bedürfen. Zugleich hat diese Arbeit verdeutlicht, dass es einer Kategorie der Nichtigkeit neben der Anfechtbarkeit jedenfalls zum Schutz der Öffentlichkeit und außenstehender Dritter – wie insbesondere der Gläubiger – weiterhin bedarf. Somit sollten die de lege lata zur Nichtigkeit führenden Inhaltsmängel als Nichtigkeitsgründe normiert bleiben. Verfahrensmängel sollten hingegen unter entsprechender Anpassung der Anfechtungsfrist (Einberufungsmängel) und der Beweislast (Beurkundungsmängel) de lege ferenda nur noch der Anfechtbarkeit zugewiesen werden. Eine Ausnahme hiervon sollte allein für den schwerwiegenden und eindeutig zu erkennenden Fall des vollständigen Fehlens einer notariellen Beurkundung gemacht werden. Die Nichtigkeit aufgrund eines rechtskräftigen Anfechtungsurteils oder einer Amtslöschungsverfügung muss nicht zwingend im Katalog der Nichtigkeitsgründe angeführt werden. Es empfiehlt sich aber aus Gründen der Rechtssicherheit und Rechtsklarheit einen vollständigen Überblick über die Nichtigkeitstatbestände zu geben. Darüber hinaus ist dem Gesetzgeber anzuraten, im Rahmen einer Reformierung des Beschlussmängelrechts Streitpunkte – wie bspw. das Verhältnis der Tatbestandsvarianten des § 241 Nr. 3 AktG zueinander und zum Grundsatz der Satzungsstrenge – zu klären.

In Bezug auf die Heilung der Nichtigkeit empfiehlt es sich, den Heilungstatbestand aufrecht zu erhalten und ihn weiterhin auf eingetragene Beschlüsse zu begrenzen. Dafür spricht zwar nicht der Aspekt der Rechtssicherheit, aber die Tatsache, dass eintragungsbedürftige Beschlüsse im Gegensatz zu nicht eintragungsbedürftigen Beschlüssen zum einen vor ihrer Eintragung einer Überprüfung durch das Registergericht unterzogen werden, zum anderen auch trotz Heilung noch mittels des Amtslöschungsverfahrens beseitigt werden können. Hinsichtlich der konkreten Voraussetzungen der Heilung sollten inhaltliche Mängel weiterhin mit Eintragung und zusätzlichem Fristablauf von drei Jahren heilen. Die Nichtigkeit aufgrund des vollständigen Fehlens einer notariellen Beurkundung sollte hingegen nicht mehr geheilt werden können. Zum einen ist dieser krasse Mangel von allen Beteiligten leicht zu erkennen, so dass es höchst unwahrscheinlich ist, dass dieser gravierende Fehler vom Registergericht übersehen wird. Zum anderen ist zweifelhaft, ob die mit der Heilung bezweckte Rechtssicherheit in diesem Fall durch eine Heilung überhaupt erreicht werden kann.

Das derzeitige Trennungskonzept zwischen nichtigen und anfechtbaren Beschlüssen sollten aufrecht erhalten werden. So würde auch ein Einheitsmodell eine Differenzierung nach Fehlerart, Art und Weise der Geltendmachung, dem Personenkreis, der sich darauf berufen darf, etc. vorgesehen werden, um gesellschaftsexterne Personen entsprechend dem Konzept der Nichtigkeit ausreichend vor nichtigen Hauptversammlungsbeschlüssen zu schützen. Letztlich würde sich daher ein Einheitsmodell allenfalls auf den ersten Blick als strukturierter und harmonischer geregelt erweisen. Bei genauerer Betrachtung hingegen würde sich dieser Ansatz als eine systematisch schwieriger zu erfassende und schlimmstenfalls verwirrende Zusammenfassung zweier in bestimmten Aspekten grundlegend unterschiedlicher Konzepte darstellen.

Eine absolute oder generelle Befristung der Nichtigkeitsklagen ist entsprechend den Erkenntnissen dieser Arbeit abzulehnen. Eine solche Befristung ist weder mit dem Konzept einer ex lege eintretenden Nichtigkeit noch mit der zugleich bestehenden Heilungsmöglichkeit zu vereinbaren.

Hinsichtlich der Anwendbarkeit des Freigabeverfahrens auf Nichtigkeitsklagen gegen Strukturmaßnahmen hat die Arbeit die konzeptionellen Widersprüche zur ipso iure eintretenden Nichtigkeit – insbesondere auf der Rechtsfolgenseite der Freigabe – verdeutlicht. Dennoch ist zu konstatieren, dass allein eine Reduktion der Nichtigkeitsgründe den Lästigkeitswert von Nichtigkeitsklagen und damit zugleich das Missbrauchspotenzial räuberischer Aktionäre nicht hinreichend limitieren wird. Es besteht daher auch de lege ferenda weiterhin das Bedürfnis nach einer Freigabe- oder Eilentscheidung bei Nichtigkeitsklagen gegen Hauptversammlungsbeschlüsse über für die Gesellschaft wichtige Strukturmaßnahmen. Eine reine Interessensabwägungsklausel ist jedoch bei einer wie hier vorgenommenen Reduktion auf schwerwiegende Mängel nicht mehr zu rechtfertigen. Zudem hat diese Arbeit verdeutlicht, dass ein Ausschluss des Amtslöschungsverfahrens bei einer Eintragung aufgrund einer Freigabeentscheidung einen nicht zu rechtfertigenden überschießenden Bestandsschutz mit sich bringt. Außerhalb der Freigabe verbleibt selbst in den Fällen, in denen überhaupt kein Aktionär Klage erhebt oder das Gericht der Hauptsache eine Nichtigkeit verneint hat, dem Registergericht eine Prüfungs- und Löschungskompetenz erhalten. Für den Fall der Eintragung aufgrund einer Freigabe sollten daher keine anderen Grundsätze geltend. Alternativ könnte die Anwendbarkeit des Amtslöschungsverfahrens jedenfalls dann als zulässig normiert werden, wenn das Gericht der Hauptsache in dem der Freigabeentscheidung zugrundeliegendem Prozess das Vorliegen eines inhaltlichen Nichtigkeitsgrunds bejaht hat.

II. Ausblick

Die Reformbedürftigkeit des Beschlussmängelrechts und damit auch der Nichtigkeitstatbestände ist heutzutage sowohl von der Rechtslehre[1290] als auch der Gesetzgebung[1291] überwiegend anerkannt. Jüngst hat sich auch die überragende Mehrheit der stimmberechtigten Teilnehmer des 72. Deutschen Juristentags in Leipzig für eine Reformierung des Beschlussmängelrechts ausgesprochen.[1292] An detaillierten Reformvorschlägen für die künftige Ausgestaltung des Beschlussmängelrechts mangelt es nicht.[1293] Laut Koalitionsvertrag von 2018 will sich nunmehr die Großen Koalition dieser Aufgabe widmen und „Im aktienrechtlichen Beschlussmängelrecht [..] im Interesse des Minderheitenschutzes und der Rechtssicherheit Brüche und Wertungswidersprüche beseitigen."[1294] Es bleibt somit zu hoffen, dass die längst überfällige Reformierung des Beschlussmängelrechts nun auch seitens des Gesetzgebers konkrete Formen annimmt. Die vorliegende Arbeit leistet in Bezug auf die künftige Ausgestaltung der Nichtigkeitstatbestände ihren Beitrag.

1290 *Arbeitskreis Beschlussmängelrecht*, AG 2008, 617 (619); *Fiebelkorn*, Beschlussmängelklagen, S. 25; *Bayer/Fiebelkorn*, ZIP 2012, 2181 (2183 f.); *Habersack/Stilz*, ZGR 2010, 710 (723); *Diekmann/Nolting*, NZG 2011, 6 (9); *Verse*, NZG 2009, 1127 (1132); *Helm/Manthey*, NZG 2010, 415 (418); *Koch*, Gutachten Beschlussmängelrecht, F 11, F 107.

1291 Vgl. RAusschuss BT-Drs. 18/6681 S. 12 [Vorabfassung]; sowie Beschlussempfehlung und Bericht des Ausschusses für Recht- und Verbraucherschutz zu dem Gesetzesentwurf der Bundesregierung, Bt-DrS. 18/6681, S. 12

1292 Stimmverhältnis 51:3:1, siehe Beschlüsse 72. Deutscher Juristentag Leipzig 2018, S. 33.

1293 *Arbeitskreis Beschlussmängelrecht*, AG 2008, 617 (617 ff.); *Fiebelkorn*, Beschlussmängelklagen; *Bayer/Fiebelkorn*, ZIP 2012, 2181 (2181 ff.); *Koch*, Gutachten Beschlussmängelrecht.

1294 Koalitionsvertrag zwischen CDU, CSU und SPD, 19. Legislaturperiode, Rn. 6167 f.

G. Zusammenfassung der wesentlichen Ergebnisse in Thesen

I. Die Konsistenz der Nichtigkeitsgründe und der Begleitvorschriften

1. Die verfahrensrechtlichen Nichtigkeitsgründe sind de lege lata inkonsistent geregelt.
2. Die inhaltsbezogenen Nichtigkeitstatbestände und die Voraussetzungen der Löschung von Amts wegen sind ausgehend von ihrer Funktion in sich konsistent geregelt.
3. Die ex lege eintretenden Nichtigkeitsfälle weisen ein uneinheitliches Schutzkonzept auf. So schützt § 241 Nr. 1 AktG ausschließlich Aktionärsinteressen, während §§ 241 Nr. 2 AktG jedenfalls auch und § 241 Nr. 3 und 4 AktG sogar überwiegend den Schutz der Interessen außenstehender Dritter – sprich insbesondere der Gläubiger – sowie öffentlicher Interessen bezweckt. Die Zuweisung von Einberufungsmängeln zur ex lege eintretenden Nichtigkeit findet jedoch de lege lata noch ihre Rechtfertigung darin, dass die Anfechtungsklage den Aktionären in Bezug auf Beschlüsse einer Hauptversammlung, zu der ein Aktionär vorsätzlich oder versehentlich nicht geladen wurde, keinen ausreichenden Schutz vermittelt.
4. Die Heilung der Nichtigkeit von Hauptversammlungsbeschlüssen hat ausgehend von ihrer Funktion eine Daseinsberechtigung im Beschlussmängelrecht.
5. Rein funktional betrachtet ist die Begrenzung der Heilung auf eingetragene Beschlüsse nicht zu rechtfertigen.
6. Zur Nichtigkeit führende Beurkundungsmängel allein mit Eintragung ohne jeglichen zusätzlichen Zeitablauf heilen zu lassen, ist allein mit Rechtssicherheitserwägungen nicht hinreichend zu rechtfertigen.
7. Das Freigabeverfahren führt im Anwendungsbereich der Nichtigkeitsklage zu unstimmigen Ergebnissen und hebelt in der Rechtsfolge das Konzept der ipso iure eintretenden Nichtigkeit aus.

II. Die Nichtigkeitsgründe de lege ferenda

1. Die Regelungen zur Nichtigkeit sind reformierungsbedürftig.
2. Die Kategorie der ipso iure eintretenden Nichtigkeit von Hauptversammlungsbeschlüssen hat jedenfalls zum Schutz außenstehender Dritter und insbesondere der Gläubiger- und öffentlicher Interessen weiterhin eine Daseinsberechtigung im aktienrechtlichen Beschlussmängelrecht.

3. De lege ferenda empfiehlt es sich, das Trennungskonzept zwischen Anfechtbarkeit und Nichtigkeit aufrecht zu erhalten.
4. Es empfiehlt sich den Nichtigkeitstatbestand wie folgt zu modifizieren:
   a) Einberufungsmängel sollten de lege ferenda nicht mehr der ex lege eintretenden Nichtigkeit unterfallen und nur noch zur Anfechtbarkeit der Beschlüsse führen. Für den Sonderfall der Geheimversammlung sollte eine kenntnisabhängige Anfechtungsfrist eingeführt werden.
   b) In Bezug auf Beurkundungsmängel sollte nur noch das vollständige Fehlen einer notariellen Beurkundung mit der ex lege eintretenden Nichtigkeitsfolge sanktioniert werden. Fehlerhafte Angaben in Bezug auf Tag und Ort der Hauptversammlung sollten keine Anfechtbarkeit der Beschlüsse begründen können. Die übrigen de lege lata zur Nichtigkeit führenden Beurkundungsmängel sollten der Anfechtbarkeit zugewiesen werden. Um Beweisschwierigkeiten der Aktionäre in Bezug auf nicht dem geäußerten Willen der Hauptversammlung entsprechende und damit fehlerhafte Feststellungen des Versammlungsleiters in einem Anfechtungsprozess zu erleichtern, sollte es für die Anfechtung ausreichend sein, dass der Aktionär einen Dokumentationsmangel nachweist, der möglicherweise seine Beweisschwierigkeiten verursacht haben könnte.
   c) Beschlüsse, die mit dem Wesen der Aktiengesellschaft nicht zu vereinbaren sind oder durch ihren Inhalt Vorschriften verletzen, die ausschließlich oder überwiegend zum Schutze der Gläubiger der Gesellschaft oder sonst im öffentlichen Interesse gegeben sind, sollten weiterhin mit der ex lege eintretenden Nichtigkeit sanktioniert werden. Das Wesen der Aktiengesellschaft hat nicht nur eine eigenständige Bedeutung neben den anderen Tatbestandsvarianten, sondern dient vor allem auch der Absicherung des Grundsatzes der Satzungsstrenge. Es ist aber empfehlenswert, dass der Gesetzgeber im Rahmen einer Reformierung des Beschlussmängelrechts zugleich das Verhältnis der Tatbestandsvarianten zueinander sowie zum Grundsatz der Satzungsstrenge klargestellt, um diesbezügliche Streitigkeiten beizulegen.
   d) Die Nichtigkeit eines Beschlusses wegen Inhaltssittenwidrigkeit ist aus Gründen des Gläubigerschutzes und des Schutzes öffentlicher Interessen aufrecht zu erhalten. Die Relevanz einer Sanktionsandrohung misst sich nicht daran, wie häufig ein Gesetzesverstoß tatsächlich eingetreten ist. Zudem gewährleistet der die Inhaltssittenwidrigkeit begründende Verstoß gegen das zeitlichen und gesellschaftlichen Wandlungen unterworfene „Anstandsgefühl aller billig und gerecht Denkenden" eine notwendige Flexibilität. So ermöglichen die Anforderungen an die Inhaltssittenwidrigkeit, Beschlüsse mit der Nichtigkeitsfolge zu sanktionieren, bevor der Gesetzgeber fähig war, dieses gewandelte Anstandsgefühl in konkrete Rechtsnormen i.S.v. § 241 Nr. 3 AktG zu fassen.
   e) Die Nichtigkeit aufgrund eines rechtskräftigen Anfechtungsurteils kann aus dem Katalog der Nichtigkeitsgründe herausgenommen werden. Diese

Rechtsfolge ergibt sich bereits aus § 248 I S. 1 AktG. Dennoch ist es empfehlenswert, diesen Tatbestand weiterhin im Katalog der Nichtigkeitsgründe aufzuführen, um dem Rechtsanwender und dem Laien einen abschließenden Überblick über die Nichtigkeit von Hauptversammlungsbeschlüssen zu geben.

   f) Die Nichtigkeit aufgrund einer Löschung von Amts wegen gem. § 398 FamFG ist weiterhin geboten. Eine gesonderte Auflistung der Nichtigkeit aufgrund einer rechtskräftigen Amtslöschungsentscheidung im Katalog der Nichtigkeitsgründe ist zwar nicht zwingend erforderlich, aber dennoch aus Gründen der Rechtssicherheit und Rechtsklarheit empfehlenswert. Es sollte jedoch vom Gesetzgeber klargestellt werden, dass die inhaltlichen Verstöße, auf die § 398 FamFG Bezug nimmt, auf Verstöße gegen § 241 Nr. 2 und 3 AktG-E begrenzt sind und zudem eine gesonderte Prüfung des öffentlichen Interesses erforderlich ist, um diesbezügliche Streitigkeiten auszuräumen.

5. De lege ferenda bedarf es weiterhin aus Gründen der Rechtssicherheit und Rechtsbefriedigung einer Heilungsvorschrift für nichtige Beschlüsse.
6. Die Löschung von Amts wegen ist ein angemessenes und notwendiges Korrektiv zur Heilung.
7. Trotz der mit Rechtssicherheitserwägungen nicht zu rechtfertigen Begrenzung der Heilung auf eingetragene Beschlüsse erweist sich die Beschränkung der Heilung auf eingetragene Beschlüsse aufgrund der zusätzlichen Kontrolle durch das Registergericht und der verbleibenden Möglichkeit der Amtslöschung als sachgerecht. Eine Ausweitung der Heilung auf nicht eintragungsbedürftige Beschlüsse ist daher nicht zu empfehlen.
8. Bei eintragungsbedürftigen Beschlüssen ist der Heilungstatbestand teilweise zu modifizieren.
   a) Die Nichtigkeit wegen eines vollständigen Fehlens einer notariellen Beurkundung sollte der Heilung nicht zugänglich sein. Eine Heilung ist nicht angebracht, da dieser Mangel für alle Beteiligten leicht und eindeutig zu erkennen ist, eine Eintragung trotz Prüfung durch das Registergericht unwahrscheinlich ist und zudem zweifelhaft ist, ob die mit einer Heilung beabsichtigte Schaffung von Rechtssicherheit bei einem vollständigen Fehlen der notariellen Beurkundung überhaupt erreicht werden kann.
   b) In Bezug auf zur Nichtigkeit führende Inhaltsmängel ist zur Schaffung von Rechtssicherheit die Regelung de lege lata – sprich Heilung mit Eintragung und Fristablauf von drei Jahren ab Eintragung – beizubehalten. Durch die fortbestehende Möglichkeit der Löschung von Amts wegen können im öffentlichen Interesse nicht hinnehmbare inhaltliche Verstöße auch weiterhin sanktioniert werden.
9. Eine Befristung der Nichtigkeitsklage steht in einem konzeptionellen Widerspruch zur ex lege eintretenden Nichtigkeit sowie zur Heilungsvorschrift und ist daher nicht zu empfehlen.

10. Allein die Reduktion der Nichtigkeitsgründe ist nicht ausreichend, um den Lästigkeitswert von Nichtigkeitsklagen und damit das Missbrauchspotenzial räuberischer Aktionäre einzudämmen.
11. Eine Freigabe- oder Eilentscheidung ist daher auch de lege ferenda bei Nichtigkeitsklagen gegen Hauptversammlungsbeschlüsse über wichtige Strukturmaßnahmen weiterhin empfehlenswert. Die konkrete Ausgestaltung obliegt dem Gesetzgeber. Eine Freigabe der Eintragung aufgrund einer Interessenabwägung ist allerdings im Zuge einer wie hier vorgeschlagenen Reduktion der Nichtigkeitsgründe auf Schwerstmängel nicht mehr zu rechtfertigen.
12. Die Löschung des Beschlusses von Amts wegen gem. § 398 FamFG sollte auch bei einer Eintragung eines Beschlusses aufgrund einer Freigabe-/Eilentscheidung weiterhin möglich sein. Der de lege lata gem. § 242 II S. 5 Hs. 2 AktG angeordnete Ausschluss führt zu einem überschießenden Bestandsschutz des Beschlusses. So kann auch außerhalb des Freigabeverfahrens weder ein die Nichtigkeit abweisendes rechtskräftiges Urteil, noch die Nichterhebung einer Nichtigkeitsklage seitens der Aktionäre das Registergericht in seiner Prüfungs- und Löschungskompetenz beschränken. Zudem ist das Amtslöschungsverfahren auch nicht missbrauchsanfällig und gewährleistet, dass nur nach einer umfassenden Prüfung und Abwägung der widerstreitenden Interessen eine Löschung vollzogen wird. In diesen Fällen wird daher eine Durchbrechung der Bestandskraft auch gerechtfertigt sein. Zugleich ist der konzeptionelle Widerspruch, dass ein Beschluss zugleich bestandskräftig und nichtig ist, im Einzelfall einer Korrektur zugänglich. Als Alternative zum gänzlichen Ausschluss oder zur uneingeschränkten Zulassung des Amtslöschungsverfahrens bei per Freigabe- oder Eilentscheidung eingetragenen Beschlüssen könnte man erwägen, als Grundvoraussetzung für die Einleitung des Amtslöschungsverfahrens zu fordern, dass das Gericht der Hauptsache in dem der Freigabe zugrundeliegenden Verfahren trotz Freigabe der Eintragung die Nichtigkeit des Beschlusses festgestellt hat.

Literaturverzeichnis

Arbeitskreis Beschlussmängelrecht, Vorschlag zur Neufassung der Vorschriften des Aktiengesetzes über Beschlussmängel, Die Aktiengesellschaft 2008, S. 617–626.

Bamberger, Heinz Georg/ Roth, Herbert/ Hau, Wolfgang/ Poseck, Roman (Hrsg.), Beck´scher Online-Kommentar BGB, 52. Edition, 2019 (Zit.: *Bearbeiter*, in: Bamberger/Roth/Hau u.a., BeckOKBGB).

Baumbach, Adolf/ Hueck, Alfred/ Hueck, Götz (Hrsg.), Aktiengesetz, 13. Auflage, München 1968 (Zit.: *Bearbeiter*, in: Baumbach/Hueck/Hueck, Aktiengesetz 1968).

Baums, Theodor, Eintragung und Löschung von Gesellschafterbeschlüssen, Heidelberg 1981.

Bayer, Walter/ Fiebelkorn, Timo, Vorschläge für eine Reform des Beschlussmängelrechts der Aktiengesellschaft, ZIP 2012, S. 2181–2193.

Bayer, Walter/ Möller, Sven, Beschlussmängelklagen de lege lata und de lege ferenda, Neue Zeitschrift für Gesellschaftsrecht 2018, S. 801–811.

Behrends, Hendrik, Einberufung der Hauptversammlung gem. § 121 IV AktG (mittels eingeschriebenem Brief) trotz abweichender Satzungsbestimmung, Neue Zeitschrift für Gesellschaftsrecht 2000, S. 578–583.

Bekker, E. J., Beiträge zum Aktienrecht, Zeitschrift für das gesamte Handelsrecht 1872, S. 379–465.

Blanke, Gernot, Private Aktiengesellschaft und Deregulierung des Aktienrechts, Betriebsberater 1994, S. 1505–1512.

Brodmann, Erich, Aktienrecht Kommentar, Berlin und Leipzig 1928 (Zit.: *Bearbeiter*, in: Brodmann, AktG Kom 1928).

Brodmann, Erich, Nichtige und anfechtbare Generalversammlungsbeschlüsse im Entwurf, Juristische Wochenschrift 1931, S. 775–778.

Brouwer, Tobias, Unternehmensrechtliche Herausforderungen der 18. Legislaturperiode aus Sicht der Realwirtschaft, Neue Zeitschrift für Gesellschaftsrecht 2014, S. 201–206.

Bungert, Hartwin/ Wettich, Carsten, Kleine Aktienrechtsnovelle 2011 – Kritische Würdigung des Referentenentwurfs aus Sicht der Praxis, Zeitschrift für Wirtschaftsrecht 2011, S. 160–167.

Bungert, Hartwin/ Wettich, Carsten, Aktienrechtsnovelle 2012 – der Regierungsentwurf aus Sicht der Praxis, Zeitschrift für Wirtschaftsrecht 2012, S. 297–305.

Bürgers, Tobias/ Körber, Torsten (Hrsg.), Aktiengesetz, 4. Auflage 2017 (Zit.: *Bearbeiter*, in: Bürgers/Körber, AktG).

Casper, Matthias, Die Heilung nichtiger Beschlüsse im Kapitalgesellschaftsrecht, Köln 1998.

Danielcik, Hans Peter, Aktiengesetz nebst Einführungsgesetz und Nebengesetzen, Berlin 1937 (Zit.: *Bearbeiter,* in: Danielcik, AktG-Kommentar).

Diekmann, Hans/ Nolting, Andre, Aktienrechtsnovelle 2011, Neue Zeitschrift für Gesellschaftsrecht 2011, S. 6–10.

Ding, Yong, Missbräuchliche Anfechtungsklage im Aktienrecht, Frankfurt am Main 2011.

Dornbach, Phillip, Die aktienrechtliche Anfechtungsklage zwischen subjektivem Rechtsschutz und objektiver Rechtskontrolle: ein Beitrag zur Reform des Beschlussmängelrechts, Köln 2013.

Eberspächer, Friedemann, Nichtigkeit von Hauptversammlungsbeschlüssen nach § 241 Nr. 3 AktG, 1. Auflage, Baden-Baden 2009.

Emmerich, Markus, Die historische Entwicklung von Beschlußverfahren und Beschlußkontrolle im Gesellschaftsrecht der Neuzeit unter besonderer Berücksichtigung des Aktienrechts, Berlin

Entwurf eines Handelsgesetzbuches für die preußischen Staaten nebst Motiven, Teil I: Entwurf, Teil II: Motive, Berlin 1857.

Faßbender, Karl-Josef, Die Hauptversammlung der Aktiengesellschaft aus notarieller Sicht, Rheinische Notar-Zeitschrift 2009, S. 425–457.

Fiebelkorn, Timo, Die Reform der aktienrechtlichen Beschlussmängelklagen, 2013.

Flechtheim, Die satzungsmässige Befugnis des Aufsichtsrats zur Festsetzung von Abschreibungen und Rücklagen., Bank-Archiv, Zeitschrift für Bank- und Börsenwesen 1917,

Fleischer, Holger, Bagatellfehler im aktienrechtlichen Beschlussmängelrecht, Zeitschrift für Wirtschaftsrecht 2014, S. 149–159.

Frhr. von Godin, Reinhard/ Wilhelmi, Hans, Gesetz über Aktiengesellschaften und Kommanditgesellschaften auf Aktien (Aktiengesetz), Berlin und Leipzig 1937 (Zit.: *Bearbeiter,* in: Frhr. von Godin/Wilhelmi, AktG 1937).

Gadow, Wilhelm/ Heinichen, Eduard/ Schmidt, Eberhard/ Schmidt, Walter/ Weipert, Otto (Hrsg.), Großkommentar Aktiengesetz, Berlin 1939 (Zit.: *Bearbeiter,* in: Gadow/Heinichen/Schmidt/u.a., Großkom AktG 1939).

Geiler, Karl, Die Berichtigung notarieller Generalversammlungsprotokolle, Zentralblatt für Handelsrecht 1928,S. 259–265.

Geßler, Ernst, Nichtigkeit von Hauptversammlungsbeschlüssen und Satzungsbestimmungen, Zeitschrift für Unternehmens- und Gesellschaftsrecht 1980, S. 427–454.

Geßler, Ernst/ Hefermehl, Wolfgang/ Eckardt, Ulrich/ Kropff, Bruno, Aktiengesetz, München 1986 (Zit.: *Bearbeiter,* in: Geßler/Hefermehl/Eckardt/u.a., AktG).

Goette, Wulf/ Habersack, Mathias (Hrsg.), Münchener Kommentar zum Aktiengesetz, Bd. 1, 5. Auflage 2019 (Zit.: *Bearbeiter,* in: Goette/Habersack, MüKo, AktG).

Goette, Wulf/ Habersack, Mathias (Hrsg.), Münchener Kommentar zum Aktiengesetz, Bd. 4, 4. Auflage, 2016 (Zit.: *Bearbeiter*, in: Goette/Habersack, MüKo, AktG).

Goette, Wulf/ Habersack, Mathias (Hrsg.), Münchener Kommentar zum Aktiengesetz, Bd. 3, 4. Auflage 2018 (Zit.: *Bearbeiter*, in: Goette/Habersack, MüKo, AktG).

Goll, Ulrich/ Schwörer, Frank, Beschlussmängelrecht: Reförmchen oder Reform?, Zeitschrift für Rechtspolitik 2008, S. 245–248.

Grigoleit, Hans Christoph, *Aktiengesetz* Kommentar, 1. Auflage 2013 (Zit.: *Bearbeiter*, in: Grigoleit, AktGKo).

Grumann, Marc-Olaf/ Gillmann, Michael, Aktienrechtliche Hauptversammlungsniederschriften und Auswirkungen von formalen Mängeln, Neue Zeitschrift für Gesellschaftsrecht 2004, S. 839–845.

Grunewald, Barbara, Satzungsfreiheit für das Beschlussmängelrecht, Neue Zeitschrift für Gesellschaftsrecht 2009, S. 967–970.

Habersack, Mathias/ Stilz, Eberhard, Zur Reform des Beschlussmängelrechts – Bestandsaufnahme nach ARUG und Perspektiven -, Zeitschrift für Unternehmens- und Gesellschaftsrecht 2010, S. 710–732.

Hahn, Karl/ Mugdan, Benno (Hrsg.), Die gesammten Materialien zu den Reichs-Justizgesetzen, Berlin 1898.

Handelsrechtsausschuss des DAV, DAV-Stellungnahme zum RegE UMAG, Zeitschrift für Wirtschaftsrecht 2005, S. 774–780.

Haußleiter, Martin, FamFG, Gesetz über das Verfahren in Familiensachen und in den Angelegenheiten der freiwilligen Gerichtsbarkeit, Kommentar, 2. Auflage München 2017 (Zit.: *Bearbeiter*, in: Haußleiter, FamFG-Ko).

Heidel, Thomas (Hrsg.), Aktienrecht und Kapitalmarktrecht, 4. Auflage 2014 (Zit.: *Bearbeiter*, in: Heidel, AktKap, 4. Auflage 2014).

Heidel, Thomas (Hrsg.), Aktienrecht und Kapitalmarktrecht, 5. Auflage 2020 (Zit.: *Bearbeiter*, in: Heidel, AktKap).

Helm, Thorsten/ Manthey, Nikolaus Vincent, Missbräuchliche Anfechtungsklagen im Aktienrecht – Rechtsvergleich und Lösungsansätze, Neue Zeitschrift für Gesellschaftsrecht 2010, S. 415–418.

Henssler, Martin/ Strohn, Lutz (Hrsg.), Gesellschaftsrecht, 4. Auflage 2019 (Zit.: *Bearbeiter*, in: Henssler/Strohn, GesR).

Heussen, Benno/ Hamm, Christoph (Hrsg.), Becksche's Rechtsanwalts-Handbuch, 11. Auflage München 2016 (Zit.: *Bearbeiter*, in: Heussen/Hamm, RA-Handbuch).

Hoffmann-Becking, Michael, Münchener Handbuch des Gesellschaftsrechts, Bd. 4, 4. Auflage 2015 (Zit.: *Bearbeiter*, in: Hoffmann-Becking, Hdb. GesellschR).

Hölters, Wolfgang (Hrsg.), Aktiengesetz: Kommentar, 3. Auflage, München 2017 (Zit.: *Bearbeiter*, in: Hölters, Aktiengesetz).

Höppner, Martin, Praxis des Aktienrechts, Hamburg 1935.

Hopt, Klaus J./ Wiedemann, Herbert, Aktiengesetz: Großkommentar, Bd. 5, 5. Auflage, Berlin 2019 (Zit.: *Bearbeiter*, in: Hopt/Wiedemann, AktG Großkommentar).

Hopt, Klaus J./ Wiedemann, Herbert, Aktiengesetz: Großkommentar, Bd. 7/2, 4. neubearbeitete Auflage, Berlin 2013 (Zit.: *Bearbeiter*, in: Hopt/Wiedemann, AktG Großkommentar).

Hopt, Klaus J./ Wiedemann, Herbert, Aktiengesetz: Großkommentar, Bd. 2/1, 5. Auflage, Berlin 2016 (Zit.: *Bearbeiter*, in: Hopt/Wiedemann, AktG Großkommentar).

Hopt, Klaus J./ Wiedemann, Herbert, Aktiengesetz: Großkommentar, Bd. 7/1, 5. Auflage, Berlin 2017 (Zit.: *Bearbeiter*, in: Hopt/Wiedemann, AktG Großkommentar).

Horrwitz, Hugo, Das Recht der Generalversammlungen der Aktiengesellschaften und Kommanditgesellschaften auf Aktien, Berlin 1913.

Horrwitz, Hugo, Zur Lehre von der Nichtigkeit und Anfechtbarkeit der Generalversammlungsbeschlüsse der Aktiengesellschaften, Zentralblatt für Handelsrecht 1926, S. 181–188.

Huber, Ulrich, Europäische Rechtsgedanken in Geschichte und Gegenwart, Feststschrift für Helmut Coing zum 70. Geburtstag, München 1982, S. 166 – 192.

Hueck, Alfred, Anfechtbarkeit und Nichtigkeit von Generalversammlungsbeschlüssen bei Aktiengesellschaften, Mannheim (u.a.) 1924.

Hüffer, Uwe, Beschlußmängel im Aktienrecht und im Recht der GmbH – eine Bestandsaufnahme unter Berücksichtigung der Beschlüsse von Leitungs- und Überwachungsorganen, Zeitschrift für Unternehmens- und Gesellschaftsrecht 2001, S. 833–874.

Hüffer, Uwe, Aktiengesetz, 5. Auflage, München 2002 (Zit.: *Bearbeiter*, in: Hüffer, AktG, 5. Auflage).

Hüffer, Uwe (Hrsg.), Aktiengesetz, 10. Auflage, München 2012 (Zit.: *Bearbeiter*, in: Hüffer, AktG, 10. Auflage).

Hüffer, Uwe/ Koch, Jens (Hrsg.), Aktiengesetz: AktG, 13. Auflage 2018 (Zit.: *Bearbeiter*, in: Hüffer/Koch, AktG).

Jolly, Julius, Das Recht der Aktiengesellschaft, Zeitschrift für Deutsches Recht und Deutsche Rechtswissenschaft 1847, S. 317–449.

Kanzleiter, Rainer, Die nachträgliche Berichtigung notarieller Urkunden, Deutsche Notarzeitschrift 1990, S. 478–493.

Keidel, Theodor, FamFG – Gesetz über das Verfahren in Familiensachen und in den Angelegenheiten der freiwilligen Gerichtsbarkeit – Kommentar, 20. Auflage 2020 (Zit.: *Bearbeiter*, in: Keidel, FamFG).

Kemper, Rainer/ Schreiber, Klaus (Hrsg.), Familienverfahrensrecht Handkommentar, 3. Auflage 2015 (Zit.: *Bearbeiter*, in: Kemper/Schreiber, FamVerR-Ko).

Kießling, Erik, Das preußische Eisenbahngesetz von 1838, Aktienrecht im Wandel, Tübingen 2007, S. 126–167.

Kießling, Erik, Das preußische Aktiengesetz von 1843, Aktienrecht im Wandel, Tübingen 2007, S. 193–236.

Kiethe, Kurt, Abkauf von Anfechtungsrechten der Aktionäre – neuere Tendenzen rechtsmissbräuchlichen Verhaltens räuberischer Aktionäre, Neue Zeitschrift für Gesellschaftsrecht 2004, S. 489–494.

Kindler, Peter, Die Aktiengesellschaft für den Mittelstand Das Gesetz für kleine Aktiengesellschaften und zur Deregulierung des Aktienrechts, Neue Juristische Wochenschrift 1994, 3041–3048.

Klausing, Friedrich, Gesetz über Aktiengesellschaften und Kommanditgesellschaften auf Aktien (Aktiengesetz) nebst Einführungsgesetz und „Amtlicher Begründung", Berlin 1937.

Koch, Jens, Festschrift 25 Jahre Deutsches Notarinstitut, München 2018, S. 491–501.

Koch, Jens, Nichtigkeit oder Anfechtbarkeit? Auf der Suche nach einem rechtsformübergreifenden Sortiermechanismus, Zentralblatt für das gesamte Handels- und Wirtschaftsrecht 2018, S. 378–413.

Koch, Jens, Gutachten zum 72. Deutschen Jursitentag; Empfiehlt sich eine Reform des Beschlussmängelrechts im Gesellschaftsrecht?, München 2018.

Krafka, Alexander/ Kühn, Ulrich, Registerrecht, 10. Auflage, München 2017.

Krieger, Gerd, Berichtigung von Hauptversammlungsprotokollen, Neue Zeitschrift für Gesellschaftsrecht 2003, S. 366–372.

Krieger, Karl/ Lenz, Otto, Firma und Handelsregister, Kommentar zu den einschlägigen Vorschriften des Handelsgesetzbuchs, des Gesetzes betr. die Angelegenheiten der freiwilligen Gerichtsbarkeit und zur Handelsregisterverfügung, Berlin 1938 (Zit.: *Bearbeiter*, in: Krieger/Lenz, Firma und Handelsregister Kommentar).

Kropff, Bruno, Aktiengesetz, Düsseldorf 1965.

Lehmann, Karl/ Ring, Viktor, Das Handelsgesetzbuch für das Deutsche Reich, Berlin 1902 (Zit.: *Bearbeiter*, in: Lehmann/Ring, HGB-Kommentar).

Ludewig, Wilhelm, Hauptprobleme der Reform des Aktienrechts, Marburg in Hessen 1929.

Lutter, Marcus, Das neue „Gesetz für kleine Aktiengesellschaften und zur Deregulierung des Aktienrechts", Die Aktiengesellschaft 1994, S. 429–447.

Mosse, Albert/ Litthauer, Felix (Hrsg.), Handelsgesetzbuch (ohne Seerecht), 16. Auflage Berlin und Leipzig 1920 (Zit.: *Bearbeiter*, in: Mosse/Litthauer, HGB).

Noack, Ulrich, Fehlerhafte Beschlüsse in Gesellschaften und Vereinen, 1989.

Noack, Ulrich, ARUG: das nächste Stück der Aktienrechtsreform in Permanenz, Neue Zeitschrift für Gesellschaftsrecht 2008, S. 441–447.

Noack, Ulrich, Aktienrechtsnovelle 2011, Der Betrieb 2010, S. 2656–2661.

Noack, Ulrich, Festschrift für Theodor Baums zum siebzigsten Geburtstag, 2017, S. 845–870.

Paschos, Nikolaos/ Johannsen-Roth, Tim, Freigabeverfahren und Bestandsschutz bei aktien- und umwandlungsrechtlichen Strukturmaßnahmen – Kritische Bestandsaufnahme aus Anlass der Einführung eines allgemeinen aktienrechtlichen Freigabeverfahrens (§ 246a AktG) durch das UMAG, Neue Zeitschrift für Gesellschaftsrecht 2006, S. 327–333.

Poelzig, Dörte, § 826 BGB als Instrument gegen „räuberische Aktionäre" Besprechung von OLG Frankfurt a. M., Urt. v. 13. 1. 2009, OLGFRANKFURTAM 13.01.2009 Aktenzeichen 5 U 183/07, Deutsches Steuerrecht 2009, S. 1151–1154.

Poelzig, Dörte/ Meixner, Philipp, Die Bekämpfung missbräuchlicher Anfechtungsklagen gegen börsennotierte Gesellschaften, Die Aktiengesellschaft 2008, S. 196–208.

Rauscher, Thomas (Hrsg.), Münchener Kommentar zum FamFG, Bd. 1, 3. Auflage 2018 (Zit.: *Bearbeiter*, in: Rauscher, MüKo FamFG).

Rauscher, Thomas (Hrsg.), Münchener Kommentar zum FamFG, Bd. 2, 3. Auflage 2019 (Zit.: *Bearbeiter*, in: Rauscher, MüKo FamFG).

Reinganum, Paul, Die Rechte der Actionäre und die Haftbarkeit des Aufsichtsraths, Frankfurt am Main 1881.

Reithmann, Christoph/ Albrecht, Andreas, Handbuch der notariellen Vertragsgestaltung, 8. Auflage München 2001 (Zit.: *Bearbeiter*, in: Reithmann/Albrecht, Hdb. der notariellen Vertragsgestaltung).

Reithmann, Christoph, OLG Hamm: Nr. 8 Bezeichnung des Noatrvertreters in der Niederschrift, Deutsche Notarzeitschrift 1988, S. 565–570.

Renaud, Achilles, Das Recht der Actiengesellschaften, 1. Auflage, Leipzig 1863.

Renaud, Achilles, Das Recht der Actiengesellschaften, 2. Auflage, Leipzig 1875.

Ritter, Carl/ Ritter, Justus, Aktiengesetz, Erläutert von Carl Ritter, 2. Auflage, München und Berlin 1938 (Zit.: *Bearbeiter*, in: Ritter/Ritter, AktG-Ko 1939).

Röll, Ludwig, Anmerkung zu OLG Köln: Beurkundungsverfahren bei Gesellschafterbeschlüssen; Nichtigkeit von Gesellschafterbeschlüssem, Mitteilungen des Bayerischen Notarvereins, der Notarkasse und der Landesnotarkammer Bayern 1993, S. 172.

Säcker, Jürgen/ Rixecker, Roland/ Oetker, Hartmut/ Limperg, Bettina (Hrsg.), Münchener Kommentar zum Bürgerlichen Gesetzbuch, Bd. 2, 8. Auflage, München 2019 (Zit.: *Bearbeiter*, in: Säcker/Rixecker/Oetker/u.a., MüKo BGB).

Saenger, Ingo (Hrsg.), Zivilprozessordnung – Familienverfahren / Gerichtsverfassung / Europäisches Verfahrensrecht; Handkommentar, 8. Auflage 2019 (Zit.: *Bearbeiter*, in: Saenger, ZPO-Kom.).

Sauerbruch, Florens, Das Freigabeverfahren gem. § 246a Aktiengesetz – eine rechtsökonomische Untersuchung, Hamburg 2008.

Scheuerle, Wilhelm A., Das Wesen des Wesens – Studien über das sogenannte Wesensargument im juristischen Begründen, Archiv für die civilistische Praxis 163 1963, S. 429–471.

Schlegelberger, Franz/ Quassowski, Leo/ Herbig, Gustav/ Geßler, Ernst/ Hefermehl, Wolfgang, Aktiengesetz, 3. Auflage 1939.

Schmidt, Karsten, Refelexionen über das Beschlussmängelrecht – Dogmatik und Rechtspolitik der Anfechtungsklagen für Heute und Morgen -, Die Aktiengesellschaft 2009, 248–259.

Schmidt, Karsten/ Lutter, Marcus, Aktiengesetz Kommentar, 3. Auflage, Köln 2015 (Zit.: *Bearbeiter*, in: Schmidt/Lutter, AktGKom).

Schubert, Werner/ Hommelhoff, Peter, Hundert Jahre modernes Aktienrecht – Eine Sammlung von Texten und Quellen zur Aktienrechtsreform 1884 mit zwei Einführungen, 1984.

Schubert, Werner/ Hommelhoff, Peter (Hrsg.), Die Aktienrechtsreform am Ende der Weimarer Republik: die Protokolle der Verhandlungen im Aktienrechtsausschuß des Vorläufigen Reichswirtschaftsrats unter dem Vorsitz von Max Hachenburg, Berlin 1987.

Schubert, Werner/ Schmid, Werner/ Regge, Jürgen (Hrsg.), Akademie für Deutsches Recht, 1933–1945: Protokolle der Ausschüsse, Aktienrecht, Berlin 1986.

Schubert, Werner/ Schmiedel, Burkhard/ Krampe, Christoph (Hrsg.), Quellen zum Handelsgesetzbuch von 1897, Frankfurt am Main 1988.

Seibert, Ulrich/ Hartmann, Constantin, Festschrift für Eberhard Stilz zum 65. Geburtstag, München 2014.

Spindler, Gerald/ Stilz, Eberhard (Hrsg.), Kommentar zum Aktiengesetz: AktG, 4. Auflage 2019 (Zit.: *Bearbeiter*, in: Spindler/Stilz, AktG).

Staub, Hermann, Kommentar zum Handelsgesetzbuch, 6./7. Auflage, Berlin 1900 (Zit.: *Bearbeiter*, in: Staub HGB).

Staub, Hermann (Hrsg.), Staub´s Kommentar zum Handelsgesetzbuch, 12. und 13. Auflage Leipzig 1926 (Zit.: *Bearbeiter*, in: Staub HGB Kom.).

Verse, Dirk A., Das Beschlussmängelrecht nach dem ARUG, Neue Zeitschrift für Gesellschaftsrecht 2009, S. 1127–1132.

Vetter, Jochen, Modifikation der aktienrechtlichen Anfechtungsklage, Die Aktiengesellschaft 2008, S. 177–196.

Wachter, Thomas (Hrsg.), AktG Kommentar, 3. Auflage 2018 (Zit.: *Bearbeiter*, in: Wachter, AktG).

Wiener, Heinrich/ Goldschmidt, Levin/ Behrend, Schriften des Vereins für Socialpolitik, Leipzig 1873.

Wilhelmi, Hans/ Friedrich, Werner, Kleine Aktienrechtsreform: Gesetz über die Kapitalerhöhung aus Gesellschaftsmitteln und über die Gewinn- und

Verlust-Rechnung; Gesetz über steuerrechtliche Maßnahmen bei Erhöhung des Nennkapitals aus Gesellschaftsmitteln; zugleich Nachtrag zu „Godin-Wilhelmi, Aktiengesetz", Berlin 1960 (Zit.: *Bearbeiter,* in: Wilhelmi/Friedrich, Kleine Aktienrechtsreform).

Zöllner, Wolfgang (Hrsg.), Kölner Kommentar zum Aktiengesetz, 1. Auflage Köln 1985 (Zit.: *Bearbeiter,* in: Zöllner, KK, 1. Auflage).

Zöllner, Wolfgang/ Noack, Ulrich (Hrsg.), Kölner Kommentar zum Aktiengesetz, Band 3/1 Teil 2, 3. Auflage 2010 (Zit.: *Bearbeiter,* in: Zöllner/Noack, KK).

Zöllner, Wolfgang/ Noack, Ulrich (Hrsg.), Kölner Kommentar zum Aktiengesetz, Band 5 Teil 3, 3. Auflage 2018 (Zit.: *Bearbeiter,* in: Zöllner/Noack, KK).